视频著作权纠纷实务要点与案例评析

曹丽萍　著

中国法制出版社
CHINA LEGAL PUBLISHING HOUSE

序 言

Preface

2006年7月，中国互联网络信息中心（CNNIC）第18次《中国互联网络发展状况调查统计报告》中的统计数据显示，在线影视收看及下载用户规模达到4500万人，报告同时“预计未来一段时间内，网络视频作为一项互联网热点应用会迎来更大的发展”。正是这个时间，我国首部《信息网络传播权保护条例》开始施行，而我，刚刚离开校园进入北京市海淀区人民法院知识产权庭工作，第一次接触到知识产权案件。从那时起，“著作权”“信息网络传播权”便从教科书上的程式化概念跃然成为我的世界中鲜活的存在。

2008年初，我接触到第一个网络视频著作权相关的侵权案件，因某视频分享网站传播当年的贺岁大片被影视公司起诉侵犯信息网络传播权。双方当事人围绕视频分享网站到底帮助了影片传播，扩大了影片影响力，还是减少了影视公司收益，损害了著作权人权利；赔偿数额应按视频点播量计算网站广告收入，还是将点播量作为观影人数计算票房收入反复辩论，让我陷入了深深的思考。

2009年开始，随着部分视频网站投融资成效的陆续显现，部分视频网站开始推进“正版化”模式，影视剧权利人以及获得了正版授权的视频网站出于打击盗版、净化市场、“全方位竞争”等各种目的开启了维权诉讼的帷幕。大批网络视频著作权侵权案件似夏日里的疾风骤雨般忽如而至，让法院的工作量也大大增加。此时出现的网络视频著作权纠纷，以各类网站提供用户分享视频在线点播、下载为主。侵权性质往往是显而易见的，在法院作出一定数量的判决后，更多的纠纷案件以双方在前案司法定价的基础上和解、调解结束。每当有一批案件调解成功，作为案件承办人的我，虽然会因某些典型案例无法再以判决书形式记录分析思考过程，甚至有些已基本成型的判决草稿终将作废而略有遗憾，但看着案件系统里减少的未结案数据，也会稍稍安慰自己，“忙完这一批，就可以忙下一批了”。

2013年之后，网络著作权侵权案件变得日益复杂。复杂之处既有争议事实本身——网络技术再披上新型商业模式的外衣，特别是视频聚合平台、错综复杂的网站合作关系的出现，审判人员在个案中面对有限的证据、零碎的事实，总有一份雾里看花，“不识庐山真面目”的胆战心惊。也有法律适用困难，《信息网络传播权保护条例》中规定的“避风港”规则在网络视频著作权案件中的适用率可谓凤毛麟角，几乎可以忽略，受到不少行业人士及学者们的批评，认为法院的适用标准过于严苛，限缩对“避风港”规则的适用空间影响了网络视频行业的发展。也是从这段时间开始，曾经因为网站提供音乐链接该如何认定侵权行为引发的争议再次出现在视频著作权纠纷的侵权判定中。所幸的是，诸如视频聚合平台这样的以技术创新、模式创新标榜自己的新业态在网络“正版化”浪潮中黯然消退，相关案件也随之消失。

2016年以后，各类移动端App应用经营者逐步替代了网站经营者作为被告出现在网络视频著作权纠纷中。为了适应移动端App在移动设备屏幕中的展示效果，迎合用户的使用习惯，App经营者使用视频的方式更加多样化，使得App应用中的长视频更加隐蔽、短视频无处不在。权利人在这些App中寻找侵权视频的难度不断加大，从视频能否受著作权法保护，视频制作者、传播者是谁，被告的传播行为有无过错、能否免责，对裁判者侵权判定的考验也日益加剧。再后来，不仅视频类型越来越丰富——除了影视剧，还有综艺节目、体育赛事节目、游戏画面，甚至动画特效、游戏过关奖励动态礼花等等，而且侵权形式也日益复杂，从网站、移动App传播，到电视端App，小程序传播；从点播到直播，再到粉丝推荐视频，不断考验着权利人和裁判者的智慧。

根据中国互联网络信息中心2022年2月第49次《中国互联网络发展状况调查统计报告》发布的统计数据，截至2021年12月，我国网络视频（含短视频）用户规模达9.75亿。网络视频已经成为仅次于即时通信的用户使用率最高的应用类型，使用率达到94.5%，远超网络新闻、网络音乐等其他应用类型。十多年中，网络视频以惊人的发展速度席卷大江南北，用户基础从未成年人到老年人全面覆盖各个年龄段。曾经，一些以专业制作引以为傲的影视剧权利人认为网络基础环境、屏幕显示条件等难以达到最优质呈现其影视剧效果，不愿与网络经营者合作，到后来各路视频网站为抢占优质视频资源，频频推高影视剧发行价格，让影视剧权利人不断刷新收益预期。而近年来的现实情况更让一些影视剧权利人放弃传统的影院首映模式，改由视频网站的“云影院”等方式首映。视频传播媒体的转变，使得利益链条的重心不断倾向于网络，由此引发的权利之争、利益分配之争仍将继续演绎。

笔者见证了网络视频著作权侵权案件的发展历程，承办并参与审理了数千件网络视频著作权案件，亲历了这类案件审理思路、裁判标准的反复讨论、纠结、确定的演变过程。本书是笔者多年办案实践中承担日常繁重审判工作任务间隙学习思考的点滴积累，其中精心挑选的代表性案件都来自真实案例，只因部分案件时间久远，无法从公开权威的裁判文书网站上查询到完整的裁判文书而只是提炼了其中的基础事实和观点，或者替代性选取了其他案件进行介绍。选择这些案件是为了更形象具体地呈现分析思考过程，不代表作者赞同或反对其中的观点。

本书共选取近十年中视频著作权相关侵权典型案例100余件，分六章，从视频著作权纠纷的基本情况、视频所属客体的认定、权属认定、侵权判定中的基础问题和难点问题，以及赔偿责任问题结合案例展开，意在完整展现此类案件的审理思路。

骐骥一跃，不能十步；驽马十驾，功在不舍。著作权法律问题不仅因为思想、表达，独创性高低、有无等基础问题存在主观判断因素，而且因为客体类型多、权项种类多而使需要讨论的问题成倍增加，再加上快速迭代发展的技术、商业模式令作品的使用更加精彩纷呈，也使每一个身处纠纷解决中的人无一例外感受到知识更新的浪潮不断汹涌向前，只有持续不断学习思考才能尽力追赶上前浪的步伐。

感恩于笔者曾经所在的北京市海淀区人民法院在网络快速发展的近些年中因地域管辖优势受理了大量涉及网络的新类型知识产权纠纷案件，给予知识产权法官学习研究前沿法律问题的机会，也感谢曾经的领导同事们的帮助支持，在“人案矛盾”极其严重的情况下，始终保持学习研究的团队集体氛围，让我在完成审判任务的同时，还有热情和动力去学习思考，不断积累！基层法官是一群默默付出，凭着自己的理解认知和公允善良之心直面不断增长且变化多端的矛盾纠纷的裁判者，不论是反复推敲、深思熟虑后撰写的裁判文书，还是晓之以理、动之以情的耐心劝说后让当事人握手言和，达成和解甚至进一步合作的撤诉调解文书，都是基层法官最好的名片。这些名片会在成长路上闪烁着点点微光，如影相随。笔者十多年一路走来，偶尔低头拾遗完成本书，疏漏错误难免，欢迎读者批评指正。

作者

2022 年 7 月

目 录

Contents

第一章

网络视频著作权纠纷的基本情况

汉代刘向在《说苑·理政》中写道，“夫耳闻之，不如目见之”。视觉可以同时获得空间+时间维度的信息，而听觉仅能获得时间维度信息。不论从信息传输效率还是传输数量方面衡量，视觉都是人类获取信息的主要感官途径，人类通过视觉获得的信息远胜于通过听觉获得的信息。

当视频存储、传播的技术及成本问题随着Web2.0时代的到来被逐步解决后，通过网络传播视频已非难事，各类视频传播也满足了不同用户生活、娱乐、工作、学习的需求。2005年曾被业内称为国内“视频网站元年”[①]。互联网短时间内快速传播的规模效应不断显现。视频权利人对网络视频行业的迅猛发展深感不安，与各视频网站发生的侵权纠纷不断诉诸法院。

2009年开始，法院受理涉及视频著作权的侵权案件与日俱增，也是从这一年开始，部分网站宣布成立“中国网络视频反盗版联盟”[②]，呼吁网络视频行业正版化。当然，这一联盟在启动的同时亦宣布向多家视频网站发起维权诉讼，也表明诉讼途径已成为视频网站间的竞争手段。此后，随着视频行业的竞争分化，部分获得上市机会的网站逐步正版化，从曾经被诉的侵权人转变为积极维权的权利人。2015年前后，得益于视频行业进一步正版化的趋势，加之视频分享模式、视频聚合模式的不断演化、更迭，实际进入诉讼的视频著作权纠纷曾一度减少，但2016年开启的短视频热潮，在2017年进入爆发态势至2018年6月，短视频用户即达5.94亿人[③]，快速将短视频著作权案件推向人们关注的视野。目前，涉及各类视频的网络侵权案件依然是侵害著作权案件的重要组成部分，更多新型且具有隐蔽性的侵权行为给权利人维权增加了难度，但各界不断加大侵权惩罚力度的呼声也使权利人维权动力不减。

---

① 《〈中国视频社会化趋势报告〉发布》，载人民网，http：//it.people.com.cn/n1/2020/1126/c1009-31945945.html；《行业格局趋于稳定中国多家视频网站筹划海外上市》，载中华网，http：//tech.china.com.cn/internet/20180319/338330.shtml，最后访问时间：2021年6月20日。

② 《搜狐：与盗版的战役一直打下去》，载人民网，http：//media.people.com.cn/n1/2017/0330/c40606-29179866.html，最后访问时间：2022年1月4日。

③ 《第47次中国互联网络发展状况统计报告》，载中国互联网络信息中心网站，http：//www.cnnic.net.cn/hlwfzyj/hlwxzbg/hlwtjbg/202102/t20210203_ 71361.htm，最后访问时间：2022年1月4日。

法律法规层面，1991 年施行的《著作权法》（简称 1991 年《著作权法》）第 3 条第 5 项中规定了“电影、电视、录像作品”，同时又在第四章第三节中规定了“录像制品”。1991 年《著作权法实施条例》对前述作品界定为“摄制在一定物质上，由一系列有伴音或者无伴音的画面组成，并且借助适当装置放映、播放的作品”，“录像制品”是指上述作品以外“任何有伴音或者无伴音的连续相关形象的原始录制品”。2001 年修正的《著作权法》（简称 2001 年《著作权法》）在保留录像制品的基础上，将此前的电影等作品修改为“电影作品和以类似摄制电影的方法创作的作品”，并在 2010 年修正的《著作权法》（简称 2010 年《著作权法》）中得以延续。2013 年修订的《著作权法实施条例》[①] 也将此作品定义调整为“摄制在一定介质上，由一系列有伴音或者无伴音的画面组成，并且借助适当装置放映或者以其他方式传播的作品”。由于“电影作品和以类似摄制电影的方法创作的作品”这一名称过长过于烦琐，实务界普遍将之简称为“影视作品”或“类电影作品”。

2020 年修正后的现行《著作权法》（简称 2020 年《著作权法》）[②] 将“电影作品和以类似摄制电影的方法创作的作品”概念统一为“视听作品”，[③] 仍保留了录像制品。

由于网络视频著作权法律纠纷主要集中在视频传播领域，本书主要介绍网络视频传播过程中引发侵权纠纷涉及的相关法律问题。关于视频制作中的侵权判定问题主要在第五章进行简单介绍。

作者多年从事知识产权民事审判工作，见证了网络视频行业的发展过程，也亲历了网络视频著作权纠纷的发展演变过程。本章共分三节，主要从司法实务角度介绍此类纠纷的基本情况，包括发展演变历程、容易引发纠纷的视频类型以及审理思路三个方面，就网络视频侵害著作权纠纷集中反映以及需要重点关注的内容进行了梳理。

---

① 本书编写时，《著作权法实施条例》正在修订过程中，此处是指本书编写时有效的《著作权法实施条例》，以下不再另作提示。

② 2020 年 11 月 11 日第十三届全国人民代表大会常务委员会第二十三次会议通过《关于修改〈中华人民共和国著作权法〉的决定》，第三次修正的《中华人民共和国著作权法》，于 2021 年 6 月 1 日起施行。

③ 本书选用的案例主要发生于 2001 年、2010 年《著作权法》施行期间，故对案例的分析介绍中会涉及“电影作品和以类似摄制电影的方法创作的作品”或“类电影作品”等概念，为便利表述，本书非介绍案例时使用“视听作品”概念。

第一节　网络视频著作权纠纷的发展演变

为迎合大众口味而不断演化出新的视频类型，导致视频权利人、侵权主体以及侵权行为等方面随之发生变化，并产生了一系列法律问题。

一、被诉视频——从影视剧到短视频

视频著作权纠纷中涉及的争议对象，往往与当下公众关注的视频热点有关。热播影视剧一直是容易引发争议的焦点，因某些电视台推出的综艺节目备受关注，涉及综艺节目的视频著作权纠纷也会接踵而至。2010 年之后，部分网站或电视台重金购得一些国际国内体育赛事转播权，随之开始针对体育赛事视频盗播行为积极开展维权。2013 年之后，移动互联网的兴起带来了网络游戏从端游向手游的发展，以及近年来因短视频行业的火爆而引发的游戏画面、短视频相关的视频著作权纠纷等，每一波视频热潮的出现都催生了网络著作权纠纷中新的热点、难点问题。

作为争议对象的各类视频在著作权纠纷案件中引发的焦点问题集中在著作权法的基础问题上，如连续动态画面，特别是直播信号所承载的连续动态画面是否属于著作权法保护的对象；如果属于著作权法保护的对象，该认定为作品还是录像制品；如果可以认定为作品，该认定为何种类型的作品。如综艺节目央视《春晚》，有认定为汇编作品[①]，也有认定为类电影作品，亦有认定为录像制品。此外，还有人主张电视台每日播出节目属于汇编作品等[②]。

不同的对象产生不同的权利，如作品所产生的著作权包括了 2020 年《著作权法》第 10 条第 1 款规定的十七项权利，而录音录像制品所产生的权利仅

① 如未特别注明，本书案例均选取自中国裁判文书网与北京法院审判信息网，以下不再另外提示。一审：北京市海淀区人民法院（2016）京 0108 民初 19032 号民事判决书；二审：北京知识产权法院（2017）京 73 民终 982 号民事判决书。一审：广州市天河区人民法院（2013）穗天法知民初字第 842 号民事判决书；二审：广州市中级人民法院（2014）穗中法知民终字第 1144 号民事判决书。

② 北京市海淀区人民法院（2016）京 0108 民初 38605 号民事判决书。

有署名权、复制权、发行权、出租权和信息网络传播权。另外，同样是作品，谁能成为权利人也多有不同，如汇编作品的著作权人为汇编者，而视听作品的权利一般归属于制片者。

即便权属问题得以解决，因被诉视频类型不同，他人使用时侵权判定的标准也存在差异。自从有了可供用户上传视频的网络空间，以影视剧为典型代表的长视频被认定侵权相对容易达成共识，而短视频出现在网络空间中，是否能与长视频侵权判定采用同样的标准存在分歧。

近年来，短视频元素日益丰富多样，使前述相关问题更加复杂。目前活跃在各大短视频平台的各类视频中有用户自行制作的短视频（UGC）；有根据平台提供的参考视频、编辑元素，结合用户的创意制作而成的短视频；有用户根据已有元素，如他人漫画、照片、现成视频进一步动态化编辑制作而成的短视频；还有截取自热播影视剧的长视频等。对于平台而言，即使仅是自动配音播放了一组某个网红日常生活照片的视频，只要能带来用户流量都是受欢迎的资源。但从法律要件判断，由于独创性程度参差不齐，是否产生新作品，是否存在可保护利益，如何判定被诉行为的过错等重要问题，要得出客观有说服力的结论并非易事。

案例

“这智商没谁了”短视频案[①]

“二驴”是一名拥有上千万粉丝的快某 App 用户，其发布了一段 18 秒名为“这智商没谁了”的双人互动表演短视频。

视频内容为：一人坐在汽车中问：“你干啥呢二驴?”另一人站在另一辆汽车旁回答：“没事哥，我这车坏了，我在这修修车。”车中人问：“用帮忙不?”车旁人边用打气筒给汽车轮胎打气边称：“不用不用，我这还得且等一会呢，你先走吧，嗯！走吧走吧，我这还得且等一会呢。”镜头在两个表演者间切换。

截至 2017 年 9 月 25 日，该视频有“321.2w 播放”“47509 喜欢”。快某公司提交证据主张其获得了该视频所涉及知识产权的独家权利。

---

① 一审：北京市海淀区人民法院（2017）京 0108 民初 51249 号民事判决书；二审：北京知识产权法院（2018）京 73 民终 2053 号民事裁定书。

华某公司经营补某App，在该App中搜索“网红排行榜”，进入“网红大V粉丝排行榜”，其中第四位的“二驴”名下能找到被诉视频并播放，播放界面显示“176次播放”，视频播放时长18秒。

快某公司主张华某公司侵害其信息网络传播权，要求华某公司赔偿其经济损失1万元。华某公司主要的抗辩理由为：涉案视频不构成作品，不应受著作权法保护，一是涉案视频时间很短，仅有18秒。二是涉案视频不具有独创性，其主要表现用打气筒给汽车打气的诙谐场景，类似场景早在网络上广泛流传。一审法院判决认定涉案视频构成类电影作品，华某公司侵害了快某公司就涉案视频享有的信息网络传播权，并支持了快某公司的赔偿请求。

被诉视频的演变过程给司法审判带来的难题是显而易见的，除了前述所列主要问题和争议之外，还会影响对被告过错、行为性质的判定结果等。

二、维权主体——从制片者到传播者

十多年中，视频著作权纠纷的维权主体的变化是从原始权利人为主逐渐演变成为继受权利人为主。早期，视频著作权纠纷的原告集中在国内外大大小小、知名或不知名的影视剧制片公司。这些公司发现他人未经许可传播其影视剧后，侵权赔偿的期望值较高，所提出的赔偿损失依据大多为其投资成本，以及将网站侵权传播该剧的点播数量视为影视剧发行量减少的依据。

某影视制作公司制作了2008年贺岁片，上映后广获好评，首映票房2.6亿元，居当年内地电影票房前列。首映期间，该影视制作公司发现在某视频网站上可免费在线播放该电影，且点击量非常高，故起诉该视频网站，索赔经济损失100万元。

某影视制作公司所提出的100万元赔偿请求，计算依据主要为网络用户在观看了被告网站提供的该片后对院线收入的影响，按影院票价乘以网站点击量计算后取整数。院线收入是电影原始权利人的直接利益，网络侵权行为显然会对这部分收益造成较大的影响，但能否直接将网站点击量与影院售票数量同等对待是需要考虑的。法院最终未采纳该计算标准，但判决的赔偿数额中也对这部分影响予以考量。

近年来，原告较少为影视剧原始权利人，大多是经过原始权利人授权的继受权利人。究其原因，一方面体现了行业分工带来市场细分的结果。虽然著作权人享有十多项财产权利，但原始权利人往往因作品传播能力的局限性无法充分行使权利，而且会因为专业度不够在市场交易中无法取得最优对价。另外，当前各类专业制作视频，如电影、电视剧大多投资成本巨大，非一家制作公司能一力承担，而是需要有多家企业共同投资、制作完成，这些主体共有相关影视剧的权利。针对侵权行为进行维权时，集齐全部共同权利人作为共同原告存在较大难度，也不经济、不效率。

另一方面由于视频制作者的权益大多通过视频首次传播得以实现，而作为继受权利人的视频传播者通过自身投入及市场运作往往使视频本身的价值得以提升，加上侵权行为的主要类型集中在未经许可传播相关视频，严重挤占传播者的市场收益，使视频传播者有压力，也有动力对传播过程中的侵权行为提起维权诉讼，客观结果就是，继受权利人比原始权利人更加积极地维护自身权益。

案例

电视剧《大军师司马懿之××××》案[①]

某酷公司经《大军师司马懿之××××》电视剧著作权人授权取得了通过信息网络传播，以及通过网络直播该剧的相关权利，期限为十年，2017年6月22日晚两家卫视台首播该剧，而某酷公司则可从该日凌晨0点起向优酷网VIP付费会员提供该剧在线点播。某酷公司为此要向上手权利人支付2.52亿元。

某酷公司发现，被告开发运营的手机电视直播App，首页“卫视频道”同步直播两家卫视台播出的该电视剧，并提供部分剧集的回看点播服务。为此，某酷公司起诉被告侵害其对该电视剧享有的信息网络传播权以及通过网络直播的权利，并索赔经济损失及合理开支600万元。法院经审理后支持了某酷公司的侵权主张。

维权主体的演变过程给司法审判带来的难点问题主要体现在对原告的权利人身份的核实及权利的认定方面。

---

① 一审：北京市海淀区人民法院（2017）京0108民初35128号民事判决书；二审：北京知识产权法院（2019）京73民终967号民事判决书。

关于原告的权利人身份核实：由于原告主要以作品继受权利人起诉维权，授权链条的完整与否决定了原告是否享有其主张的权利。授权链条的完整性主要从两个方面考虑，一是核实原始权利人情况，这是授权链条的起点。只有把权利起点查清楚了，判断授权链条是否完整才有意义。原始权利人身份一般通过作品上的署名来判断。如果作为原告的继受权利人距离原始权利人较远，一旦作品上的署名出现瑕疵或难以解释的矛盾等问题，原告要进一步提交补充证据会存在困难。这就要求继受权利人获取权利时仔细审查上手权利人身份情况。二是授权链条本身的完整性，随着传播终端逐渐个性化、细化，权利人的授权内容也越来越复杂。在诉讼中，法院会严格审核授权的期限、地域范围、权利性质、授权使用方式等关键问题。

另外，还出现了一些普通许可的被许可人，通过上手权利人专门授予诉讼维权的权利而作为原告起诉，或者出现原告取得使用作品的实体权利期限与针对侵权进行维权诉讼的权利期限不一致的情况。由此引发了原告作为权利人身份是否合法的较多争议。

关于权利认定问题：由于大部分原告不再是原始权利人，就需要审查其获得的授权链条是否完整。当前以影视剧为代表的视频节目大多非单一原始权利人，而是存在多个共同共有的原始权利人。根据《著作权法实施条例》第 9 条规定，合作作品不可以分割使用的，其著作权由各合作作者共同享有，通过协商一致行使；不能协商一致，又无正当理由的，任何一方不得阻止他方行使除转让以外的其他权利，但是所得收益应当合理分配给所有合作作者。对于此条的理解，有观点认为，出于鼓励作品传播、满足大众获得更多文化产品的目的，应当允许部分合作作者对外许可他人使用作品，只要原告取得的授权链条能追溯到作品原始权利人，即使不是全部合作作者作出统一意思表示进行授权，也应当认定原告所获权利合法有效，有权提起维权诉讼并获得赔偿。但也有观点认为，如果允许部分合作作者在不征得其他合作作者同意的情况下擅自对外授权，客观上会发生不同合作作者分别对外授权他人使用作品，不同的被许可人在使用作品过程中容易发生矛盾冲突，特别是当部分合作作者对外授予专有权时，会引起市场权利安排和收益分配的混乱。

2020 年《著作权法》第 14 条第 2 款排除了部分原始权利人对外授予专有权，一定程度上能解决部分争议，但在实体权利和维权的权利分别授权的情况下，依然存在部分争议。

三、被诉行为主体——从网站经营者到与网络视频服务相关的经营者

正是由于视频对于网络用户而言有着比其他产品更强的吸引力，不少网络经营者都希望能“搭乘”视频的“东风”，从而促使与网络有关的经营者都愿意以提供热播影视剧、综艺节目、欧美大片等视频节目为亮点吸引流量，从而提升自己产品的用户体验、快速聚集用户流量。

早期，视频仅是某些综合性网站为丰富内容和吸引用户的点缀，其中的视频涉嫌侵权，网站经营者则作为被诉侵权主体。

曾有知名相声演员发现某网站传播有其作品的 Flash 动画，且画面粗糙，存在画面声音脱节等情况，主张某网站经营者侵犯其作品著作权，且丑化其表演，要求被告停止侵权、赔礼道歉、赔偿其经济损失。被告强调涉案动画都是由网友制作并上传到其网站中的，且位于电子公告服务栏目，用户注册时必须同意不侵犯他人的合法权益，所以出现在该栏目中的内容应由用户承担全部法律责任。

法院经审理认为，涉案动画存储于被告网站中，从下载路径所显示的网页看，并无允许网络用户自行上传的区域或版块，页面内容仅由被告上传并编辑，以供用户点击浏览或下载。被告为该作品传播和下载的提供者，最终认定被告构成侵权。

之后，专业的视频网站成为主要的被诉行为主体。

甲公司经授权取得某电视剧的独家信息网络传播权。后甲公司发现，在乙公司经营的某视频网站首页中搜索剧名，共有数十个相关视频。点击其中一个搜索结果，能够正常播放视频。视频所在的路径为“专辑—电视”，视频上方有“热点”“原创”“电视”“电影”“音乐”等分类。甲公司起诉乙公司，主张乙公司侵权。诉讼期间，乙公司认可其网站上仍然存在该电视剧，辩称该作品系从其他公司处取得授权，但未提交相应证据。法院最终认定乙公司侵害了甲公司对涉案电视剧享有的信息网络传播权。

随着移动互联网时代的来临，用户使用 PC 电脑通过网站在线观看影视剧的情形减少，经营者通过客户端软件提供各类网络服务的模式兴起。当然，通过客户端软件提供服务一方面能减少自身服务被其他经营者干扰的因素，

另一方面也是因为提供视频的经营者更多希望用户在其客户端软件提供的“闭环”服务中，增强用户黏性的同时提高其整体服务被用户关注的程度。

甲公司经授权取得了某电视剧专有信息网络传播权，期限自 2011 年 1 月 14 日起至 2016 年 1 月 13 日止。

2012 年 3 月 20 日，甲公司发现，使用某品牌 PAD 下载乙公司客户端软件，在“电视剧”频道中可搜索到该剧并点击播放。同时，在手机中下载风行软件，亦可搜索点播该剧。甲公司主张乙公司侵权。

乙公司抗辩称其曾就涉案电视剧取得甲公司的授权，仅在授权到期后播放影片，主观恶意不大。PAD 端产品上，只有某品牌 PAD 上能够播放该剧，但是该品牌 PAD 的销量并不大。法院最认定乙公司侵害了甲公司对涉案电视剧享有的信息网络传播权。

再后来，与视频相关的硬件服务商也会作为被告或共同被告被权利人起诉。特别是随着“三网融合”① 的推进，通过广播电视网传播互联网节目日益增多，各类智能电视、电视机顶盒大多以能提供与互联网中海量视频节目为卖点，增加产品吸引力。由此，各类智能电视相关硬件产品引发大量著作权纠纷。

案例

电视机顶盒播放综艺节目《××向上》案②

2006 年 6 月 30 日起，某电视台将其所属卫星频道的自有版权及经合法授权的电视节目内容和品牌资源的经营权，包括与互联网相关的权利独家授予某某阳光公司，期限为 10 年。《××向上》是某卫视 2008 年 8 月起推出的娱乐综艺节目，该节目持续播出十多年。

同某公司开发经营的“同某灵悦 3 智能电视宝”是一款电视机顶盒。该公司网站宣传有“海量高清片源”“智能检索、轻松呈现”等介绍，其中

① “三网融合”是指电信网、广播电视网、互联网相互交叉融合，2001 年 3 月 15 日通过的《中华人民共和国国民经济和社会发展第十个五年计划纲要》明确提出“三网融合”概念，2006 年 3 月 14 日通过的《中华人民共和国国民经济和社会发展第十一个五年规划纲要》强调积极推进“三网融合”。2015 年 9 月 4 日国务院办公厅发布《三网融合推广方案》，载中国政府网，http：//www.gov.cn/zhengce/content/2015-09/04/content_10135.htm，最后访问时间：2021 年 6 月 29 日。

② 一审：北京市海淀区人民法院（2014）海民（知）初字第 19960 号民事判决书；二审：北京知识产权法院（2015）京知民终字第 559 号民事判决书。

“海量高清片源”项下显示“灵悦·智能电视宝独创的兔子视频平台，聚合了17家主流的在线视频网站，拥有超过百万的正版视频资源……”

2013年9月12日，某某阳光公司公证取证显示，打开同某“灵悦3”电视机顶盒中预置的兔子视频软件，点击界面左侧的“影视分类”，选择“综艺”“2011”，在界面右侧的影视作品海报中翻找并选中涉案节目，跳出页面中显示涉案节目主演、类型及简介等，点击“分集”，可播放10期《××向上》节目。点击上述剧集后，页面左侧显示“兔子视频 HD2.0”，右侧显示“正在分析接入点…”“y××××”标识及进度条，并显示某酷网页面。

法院最终认定同某公司侵害了某某阳光公司对《××向上》节目的信息网络传播权。

近年来，包括短视频平台经营者在内的各类平台经营者不断加入视频著作权案件的被诉行为主体队列。

被告主体身份的变化，对于司法审判所带来的难点问题主要集中在判断被告是否如其自称的主体身份角色。这需要根据当事人提交的证据，运用逻辑推理、日常生活经验常识等进行判断。不同的行为主体会影响对其所实施行为性质的判断，也会产生不同的预防或制止侵权义务，从而导致对侵权认定以及责任承担判断标准方面的不同。

四、被诉行为——从直接提供视频到提供与视频相关的网络服务

视频著作权案件中，最初的被诉行为体现为相关网站提供他人影视剧的在线播放和下载服务。这类行为被认定构成侵权一般无争议。此后，视频网站的版权采购成本增加，加上行业竞争日趋激烈，许多网站一方面为了尽可能以丰富的视频资源吸引用户，另一方面也为了减少视频采购成本及存储视频产生的服务器资源成本，当然同时也为了减少被权利人追究侵权的风险，会鼓励用户上传视频资源或对其他网站的视频资源设置链接。

甲公司经授权取得了某电影的独家信息网络传播权。后甲公司发现，乙公司经营的“某主流资讯互动平台”所设“论坛”列有“影视动漫区”，其中的“电影区”页面显示板块主题列表，均为影视作品名称。翻看第2页，有包含涉案影片名称的链接，页面中即显示涉案影片的剧照及简介，点击页

面下方“点击下载”按钮，即能下载涉案影片。

甲公司主张乙公司侵害其享有的信息网络传播权。乙公司则强调其论坛中的影片资源均由用户上传，其已及时删除，不应承担责任。法院认为被告对涉案影片的传播存在主观过错，构成侵权。

早期，视频权利人大多笼统主张视频网站未经许可传播视频，侵害其著作权。这类被诉行为的证据形式和事实表现相对清晰简单。部分视频网站认可被诉视频由其上传，不作侵权抗辩，仅对原告索赔金额提出异议；部分视频网站提出被诉视频由用户上传，其不知情，应当适用“避风港”规则免责，其中，有些视频网站能提供上传用户的相关信息，有些无法提供。法院会按照证据规则来判断涉案视频是否属于用户上传，被告提交的证据若无法证明存在上传用户，且被诉视频传播未经权利人许可的，则认定视频网站经营者构成直接侵权。

无论网站是提供视频存储空间鼓励用户上传，还是提供论坛空间鼓励用户分享链接，仅凭用户分享的视频资源存在质量欠佳、稳定性差等缺陷。同时，视频网站经过数年的竞争分化，相当一批视频网站转型或被淘汰，主流视频网站正版化模式推高了版权支出等方面的运营成本。免费正版视频的供应有限与用户观看网络视频日益增加的需求之间的矛盾加剧，催生了一批视频聚合平台。这类平台或者以网站的形式经营，或者以聚合 App 形式经营，只是把网络中相关视频文件的链接地址（部分情形涉及破解视频网站播放密钥等技术措施）整合后提供给用户，无须支付存储视频文件的成本和视频版权成本，还能区分清晰度、流畅度等指标提供给用户最优选择，广泛吸引用户的同时，引发了视频权利人的极大不满，维权诉讼激增。

案例

电视剧《×××的战火青春》案①

甲公司经授权取得了电视剧《×××的战火青春》独家信息网络传播权，期限自 2013 年 12 月在卫视台首轮播出起 5 年。

---

① 一审：北京市海淀区人民法院（2017）京 0108 民初 21250 号民事判决书；二审：北京知识产权法院（2018）京 73 民终 1921 号民事判决书。

2015年8月6日，甲公司发现，使用某平板电脑“乙视频HD版”，在“分类”中搜索涉案电视剧，右侧显示该剧海报。点击海报进入涉案电视剧界面，有节目简介、全部选集、更多推荐，简介下方有“马上播放正剧第1集”“最近更新正剧第31集”“全部剧集”“加入收藏”选项。选择“全部剧集”，显示全部剧集列表，随机点击第1集，页面显示“正在解析优×”后显示“正在解析××TV”，下方有多家视频网站的字样及其图标，随后页面显示“努力加载中”，下方显示“即将播放：×××的战火青春正剧第1集（风×超清）”随即开始播放第1集，播放页面左上角有“风×网”水印，随机点击第15集、第31集均可正常播放。上述播放过程均在涉案软件界面中完成，未出现页面跳转，亦未显示涉案电视剧来源网址信息。

甲公司主张乙视频公司侵害其对涉案电视剧的信息网络传播权。法院经审理后判决乙视频公司构成侵权。

聚合平台经营者往往抗辩称其仅提供了视频链接，并不直接提供视频，在及时断开链接的情况下可以免责。但许多视频聚合平台经营者为了满足用户体验，从用户端去除了跳转、标注来源网址等环节和步骤，与经营者直接提供视频无异，此时要证明是链接，视频文件实际来源于其他网站并不容易。

视频聚合模式从诞生之日起就受到了视频权利人以及正版网络视频经营者的强烈抵制，司法裁判也未对该模式所标榜的技术创新、模式创新下普遍存在的侵权行为网开一面，视频聚合经营者难以成为网络视频经营者的主流力量。视频聚合平台大多由一些中小企业经营者经营，面对大规模维权诉讼，大多难以维持原有的模式经营，此类纠纷大致持续了两三年时间即逐渐减少。

单纯的视频传播模式经营成本越来越高，而网络经营者为了提升自己的产品和服务的用户吸引力，开始提供内容更为丰富的网络平台服务。此种平台化的模式提供包括视频服务在内的多种产品和服务，为平台用户提供更多选择和体验。平台经济兴起，短视频、公众号、网络直播等各类网络平台纷纷因与视频相关的服务而引发纠纷。平台经营者提供了侵权视频，还是提供了存储空间服务，其行为是否有过错，能否免责，再次成为讨论热点。

第二节　容易引发纠纷的常见视频类型

一般而言，容易引发视频著作权纠纷的常见视频类型集中在用户点播量大、喜闻乐见的各类视频，会随着用户需求的变化、视频行业的创意发展而有所不同。当然，从司法裁判的角度，进入诉讼程序涉及的被诉视频类型除了主要体现出视频行业的热点及新发展之外，还与诉讼代理人维权策略有关。后者体现为著作权案件中一直存在的商业维权现象。近年来，各地知识产权侵权案件激增，相当一部分原因是商业维权造成的。商业维权并不是一个法定概念，而是通常由专业维权团队基于批量的权利基础向一类被告分别提起的批量诉讼。不少人对商业维权现象的正当性提出质疑①，但从法院角度，如果原告起诉的权利基础合法正当，被告行为并无法合法理由，一般难以认定属于恶意诉讼，案件量大可能恰是侵权现象严重的表现，因此通常不会以商业维权为由而削弱对权利人的保护。

这些常见的视频，按内容划分，主要可以分为影视剧、动漫、纪录片、综艺节目、体育赛事画面、网络游戏画面等。按保护客体性质划分，一般可以分为视听作品、录像制品，在极少数情况下，不排除一些动态画面可以作为美术作品对待，如将静态的漫画做简单短时的动态化处理，一些动态画面可以作为摄影作品的集合或汇编作品对待，如自动播放模式下的相册等。按时长划分，可以分为长视频、短视频。影视剧一般属于长视频，用户自行制作分享在短视频平台的数分钟、甚至数秒钟的视频为短视频。多年来，专业制作的长视频（包括视听作品或录像制品）属于容易引发纠纷视频中的主要类型。下文列举了多种容易引发纠纷的视频类型，以长视频为主，分别介绍长视频中涉及的影视剧、综艺节目、游戏画面、体育赛事画面。近来，短视频已成为视频著作权案件中的热点视频类型，下文中亦对短视频作专门介绍。

① 戴婧：《版权商业维权，"打假"还是打劫》，载《法制与社会》2017 年第 8 期。

一、影视剧

电影、电视剧统称为影视剧。一直以来，影视剧是视频著作权纠纷中主要的被诉视频，其中以国内制作并首次发行的影视剧为主。

2016年颁布的《中华人民共和国电影产业促进法》第2条第2款规定了“电影，是指运用视听技术和艺术手段摄制、以胶片或者数字载体记录、由表达一定内容的有声或者无声的连续画面组成、符合国家规定的技术标准、用于电影院等固定放映场所或者流动放映设备公开放映的作品”。按照《现代汉语词典》中的解释，电影“是指一种综合艺术，用强光把拍摄的形象连续放映在银幕上，看起来像真实活动的影像”。电影是一门视觉和听觉的现代艺术，也是一门可以容纳戏剧、摄影、绘画、音乐、舞蹈、文字、雕塑、建筑等多种艺术的现代科技与艺术的综合体。电影的独特之处还在于，其在艺术表现力上不但具有其他各种艺术的特征，又通过技术手段使各种艺术表现融合出新的视听感受，而且影片可以大量复制放映，从而深入人类社会生活的方方面面，成为人们日常生活不可或缺的一部分。

电视剧是随着电视广播事业的诞生而发展起来的。按照《现代汉语词典》中的解释，电视剧“是指为电视台播映而编写、录制的戏剧”。电视剧与电影在艺术表现方式上存在较多相同之处，也是兼容了多种艺术元素，并主要为适应电视广播特点、融合舞台和电影艺术的表现方法而形成的现代艺术样式。一般分单本剧和系列剧（电视影集）。生活中，电视剧一般取狭义的定义，仅指电视剧集系列。

从法律人的角度看待电影，电影也被称为“活动着的画面”（motion pictures）[①]，“是由上下相关的一系列画面构成的，在通过机器设备进行播放时，能够给观众以画面中的人或事物在运动的感觉。一套幻灯片虽然也能被连续放映，而且上下两张之间也有一定关联，但只要在放映时无法给人以运动的感觉，仍然不能构成影视作品”。[②] 当然，随着技术的发展，将静态美术作品、摄影作品或幻灯片通过工具软件进行连续放映，给人以运动的感觉已非难事。

---

① 郑成思：《版权法》，中国人民大学出版社1997年版，第111页。

② 王迁：《著作权法》，中国人民大学出版社2015年3月版，第106页。

之所以影视剧成为最容易引发著作权纠纷的视频类型，除影视剧本身包含了经过专业制作的画面、声音、演员表演以及主题内容等元素的综合性表达，带给各年龄背景群体的观众所产生的吸引力远超其他类型的视频，在一定程度上促使经营者为了吸引用户而提供影视剧外，同时也存在以下原因：

一是影视剧的传播媒体不断拓展。早期，电视剧一般仅在电视台播出，电影则仅在影院放映，影视剧传播渠道的限制一定程度上也限制了他人实施侵权行为。由于影视剧数字化载体的出现，极大地丰富了影视剧的传播方式。目前，各类网络环境所提供的技术条件均能向用户便利地传播影视剧。虽然电视剧通常不在影院放映，但其播出媒体早已不受电视台限制，包括视频网站等网络媒体，以及通过航空器等交通工具，酒店、商场等公开场所提供的视听或广告宣传媒介都能提供电视剧播放服务。电影的播放媒体更广，除了电视剧可传播的媒体之外，还包括影院。传播途径、传播媒体的扩展，意味着对影视剧使用行为、使用场景的增加，从而更容易引发影视剧侵权纠纷。

二是影视剧与其他文化娱乐产品联动效应明显。市场能及时敏感地捕捉到符合公众娱乐、审美需求的各类作品，许多热播影视剧往往改编自热门小说①，翻拍各类经典影视剧等。如某科幻小说自 2015 年起获得多个国际大奖名噪一时，不久，便有相关组织筹备投资拍摄相关科幻电影。某持续运营多年的经典网游也被改编为电影于 2016 年上映。影视剧丰富的衍生品市场也使围绕影视剧相关的纠纷日益增加。

三是影视剧投资成本较高。通常认为，影视剧的投资成本主要包括拍摄制作成本和营销成本。近年来不断增加的拍摄制作成本中，相当部分为演员片酬。为此，首都广播电视节目制作协会于 2020 年 4 月 17 日发出《关于厉行节约，共克时艰，规范行业秩序的倡议书》，建议我国电视剧、网络剧制作成本应控制在每集 400 万元人民币以内，摄制人员酬劳亦应同步降低 30%，同时需进一步调整主创和主演人员酬金过高的现象，避免造成主要创、演人员与普通专业工种的收入失衡。根据国际惯例，一部电视剧、网络剧的编剧、导演和男、女一号主演的酬金，各自最高不得超过制作成本的 10%，全体演

---

① 艾瑞报告：《热门小说改编影视剧人气居高不下》，载艾瑞网，http：//report. iresearch. cn/content/2015/08/252901. shtml，最后访问时间：2021 年 6 月 20 日。

员酬金不得超过制作成本的40%。[①] 国家广播电视总局办公厅发布了《国家广播电视总局办公厅关于进一步加强文艺节目及其人员管理的通知》，明确抵制高价片酬[②]。因此，影视剧投资收益回报的期望值较高，一旦发生侵权，权利人维权动力也较强。影视剧的收益回报周期有一定规律，如电影的大部分投资收益由公映后的院线票房收入实现，电视剧的投资收益曾主要是卫视台播出期间的收益。近年来网络产业的发展，一方面助推了影视剧在热播期间以及此后阶段的收益，另一方面也明显增加了网络侵权风险，且后者在相当程度上影响了传统渠道可获得的收益。为此，影视剧权利人有动力通过积极维权打击侵权盗版行为，保证正版授权市场收益。

四是影视剧诉讼维权团队专业化程度较高。为了尽可能获得市场收益，权利人会对影视剧按不同渠道、不同终端、不同时间段、不同权项等方式划分权利对外进行分发许可。针对这些影视剧细分市场中发生的侵权行为，北京、上海、杭州、广州等地已经形成一批专业的诉讼维权团队，针对侵权行为往往能在较短的时间内完成发现侵权行为、发送侵权通知、取证、提起诉讼等一系列环节。

近年来，网络电影兴起，业内一度引发讨论，网络电影是否是电影，与院线电影是否有本质差异[③]。从法律对电影作品的规定要件判断，符合电影作品的要件主要是其创作形式和表现方式，与传播途径无关。因此，是否在院线发行，还是通过电视台播放，抑或通过网站播出都不影响电影作品的性质。

二、综艺节目

综艺节目是指一种娱乐性的节目形式，通常包含了许多类型的演出，如音乐与搞笑等类型，传统的综艺节目一般是由电视台制作只在电视上播出。近年来出现了网络综艺等新型综艺节目，同时逐渐扩展出多个类型，如晚会、

---

① 《关于厉行节约，共克时艰，规范行业秩序的倡议书》，载首都广播电视节目制作业协会网站，http://www.cbbpa.org.cn/Detail/889_4960. 最后访问时间：2022年1月6日。

② 《国家广播电视总局办公厅关于进一步加强文艺节目及其人员管理的通知》，载国家广播电视总局网站，http://www.gov.cn/zhengce/zhengceku/2021-09/02/content_5635019.htm.，最后访问时间：2022年1月6日。

③ 一审：北京市东城区人民法院（2016）京0101民初22069号民事判决书；二审：北京知识产权法院（2018）京73民终251号民事判决书。

生活、访谈、音乐、游戏、旅游、真人秀、美食、选秀、益智、搞笑、纪实、曲艺、舞蹈、脱口秀等。

近年来的综艺节目也不断花样翻新，有将传统综艺节目形式与纪录片、辩论赛等形式相结合，通过视觉和听觉艺术在娱乐中传递文化、价值观。

综艺节目曾经是电视台的“专利”，从早期的中央电视台《正大综艺》节目开始，到后来湖南卫视推出的《快乐大本营》《天天向上》、江苏卫视推出的《非诚勿扰》，再到后来各地电视台从国外引进的选秀类综艺节目，总是能给人耳目一新的感觉，把因为互联网兴起而成为网民的相当数量的用户拉回到电视屏幕前。

互联网的兴起，使人们文化娱乐生活发生了质的飞跃。互联网对文化创意产业可以实现全方位的兼容，综艺节目这种能广泛吸引用户的文化娱乐产品也随着互联网产业的深入发展而出现。中国互联网络信息中心发布的第 38 次《中国互联网络发展状况统计报告》① 中，在网络视频板块首次提及“视频内容方面，各大视频网站在版权购买上的竞争趋缓，自制内容朝着精品化、差异化方向发展。随着网络视频产业链成熟，主流视频平台基本都涉足上游内容研发与制作，专业化的运作显著提升了自制内容的水准。目前各主流视频平台自制节目数量有赶超版权购买之势。各大视频网站一方面保持对超级 IP、纯网综艺节目的投入力度，另一方面加大对体育、财经、漫画、音乐等垂直领域的内容建设，打造差异化的内容平台”。

进入维权诉讼领域的综艺节目，涵盖了电视台制作的各类综艺节目，如《央视春晚》②《舌尖上的中国》③《快乐大本营》④《奔跑吧，兄弟》⑤ 等，以及多家视频网站自制的网络综艺节目，如《奇葩说》⑥《中国有嘻哈》⑦ 等。

---

① 《中国互联网络发展状况统计报告》，载中国互联网络信息中心网站，http：//www.cnnic.cn/hlwfzyj/hlwxzbg/hlwtjbg/201608/P020160803367337470363.pdf. 最后访问时间：2021 年 6 月 20 日。

② 北京知识产权法院（2020）京 73 民终 3268 号民事判决书。

③ 北京市海淀区人民法院（2018）京 0108 民初 1674 号民事判决书。

④ 北京知识产权法院（2019）京 73 民终 3330 号民事判决书。

⑤ 北京互联网法院（2020）京 0491 民初 17286 号民事判决书。

⑥ 北京知识产权法院（2020）京 73 民终 235 号民事判决书。

⑦ 一审：北京市海淀区人民法院（2018）京 0108 民初 28455 号民事判决书；二审：北京知识产权法院（2019）京 73 民终 3390 号民事裁定书。

三、网络游戏画面

网络游戏（Online Game），又称“在线游戏”或“网游”，是与单机游戏相对应的概念，具体而言是指以个人电脑、平板电脑、智能手机等为游戏平台，以游戏运营商服务器为处理器，以互联网为数据传输媒介，通过对游戏人物角色或场景的操作实现娱乐、休闲、交流、取得虚拟成就为目的的游戏方式，是具有可持续性的多用户同时参与的游戏①。

端游也称客户端游戏，是指由游戏公司所架设的服务器来提供游戏，玩家们通过游戏公司所提供的客户端软件连上游戏公司服务器操作游戏。早期、大型的网络游戏大多为此类形式，代表了 PC 时代的网络游戏，特征是大多数玩家都会有一个专属于自己的角色（虚拟身份），而一切角色资料以及游戏资讯均记录在服务器端。时至今日，一些经典的网络游戏依然人气不减，热心粉丝忠实追随。如魔兽世界、穿越火线、梦幻西游等。

当网络的发展足以支持只需打开浏览器即可登录游戏界面操作游戏，页游应运而生。页游，也称网页游戏，此类游戏不需要下载客户端软件，是基于 Web 浏览器的网络在线多人互动游戏。特点是不存在玩家机器配置不够的问题，最重要的是关闭或者切换极其方便，只要能打开网页即能游戏。各种社区养成类游戏多为网页游戏。当然，相比端游，页游存在一些难以克服的缺陷，比如画面质量不如端游，这是因为端游画面元素大多已经下载到本地电脑的游戏资源库中，可供玩家操作时随时调用。而页游画面元素并不存储在本地，只能通过网络从游戏公司服务器中调用，为了实现游戏画面各触点反映更流畅，同时避免浏览器技术对游戏画面展现的相关限制等问题，页游画面的清晰度、元素丰富程度一般远低于端游。

手游，一般是指手机游戏，实际是指可安装在手机、平板电脑等移动端设备中的网络游戏。早期的手机游戏主要是指单机游戏，当前的手机游戏大

① 该定义综合了各媒体中介绍“网络游戏”概念后整理形成的，海淀法院课题组在《关于网络游戏侵犯知识产权案件的调研报告》中亦使用了类似定义，载微信公众号“北京审判”，https：//mp. weixin. qq. com/s？ src = 11&timestamp = 1641716611&ver = 3547&signature = gcSYSnSd2T5ilGIPIh8L7urewySShOo173kjridC4EgZNFFpL * RG1YpUYMievFVHMmjqxG62RnCWN8xP1eN3fsQbVs006TEmbtCa8QjOwbQmtTXI9iqEpXN00VfgU7MG&new = 1. 最后访问时间：2022 年 1 月 6 日。

多为已具备社交属性的可多人联网操作的游戏。手游的优点是显而易见的，只要脱离PC电脑的终端设备限制，就能使玩家可以随时利用碎片化的时间玩游戏，同时也提升了游戏的登录频率、用户留存率等活跃度指标。

无论是端游，还是页游，运行基础都离不开PC电脑。移动互联网的发展，智能手机的普及、网络带宽的提高、以及上网资费的降低，使用户利用碎片化时间上网的需求获得了极大满足，手游市场也“忽如一夜春风来，千树万树梨花开”，满足各年龄背景群体需求的手游逐渐成为网络游戏中的主力。

当前，云游戏已进入市场。云游戏是以云计算为基础的游戏方式，在云游戏的运行模式下，所有游戏程序都在服务器端运行，并将渲染完毕后的游戏画面压缩后通过网络传送给用户。在客户端，用户的游戏设备不需要任何高端处理器和显卡，只需要具备基本的视频解压能力就可以了。

从基础层面看，网络游戏本质上是计算机软件，是游戏开发人员在“游戏引擎”① 基础上编写开发出底层软件代码，同时配以各种游戏画面图像、声音的资源库，从而形成能实现满足交互体验的网络游戏。用户操作网络游戏的过程，实际上是通过游戏程序软件调用资源库中的声像资源呈现游戏进程的过程。

早期涉及游戏的著作权纠纷，大多为某些网站提供破解版单机游戏而引发游戏软件著作权侵权案件，少数纠纷为游戏企业员工离职带走游戏源代码后又开发出一款类似游戏并投入市场，从而引发侵权纠纷。

例如，甲公司为一家专业的手机游戏研发公司，开发有某系列手机游戏，从官方途径下载该系列手机游戏需支付一定费用。甲公司发现，登录乙公司经营的网站，可搜索并免费下载该系列游戏，将该游戏安装到手机中运行时，启动画面显示与甲公司相关的标识。甲公司主张乙公司提供破解版的该系列手机游戏，侵害其享有的信息网络传播权，最后获得了法院支持。

---

① 游戏引擎是指一些已编写好的可编辑电脑游戏系统或者一些交互式实时图像应用程序的核心组件。这些系统为游戏设计者提供各种编写游戏所需的各种工具，其目的在于让游戏设计者能容易和快速地做出游戏程式而不用由零开始。大部分游戏引擎都支持多种操作平台，如Linux、Mac OS X、微软Windows。游戏引擎包含以下系统：渲染引擎（即“渲染器”，含二维图像引擎和三维图像引擎）、物理引擎、碰撞检测系统、音效、脚本引擎、电脑动画、人工智能、网络引擎以及场景管理。转引自百度百科对“游戏引擎”词条解释，https：//baike. baidu. com/item/%E6%B8%B8%E6%88%8F%E5%BC%95%E6%93%8E/620879？fr=aladdin，最后访问时间：2021年6月20日。

随着网络游戏市场的发展，网络游戏复杂程度提升，想要破解或盗取一款网络游戏软件源代码，难度非常大。另外，随着网络游戏行业分工的成熟、细化，网络游戏企业激烈比拼的重点逐步转向网络游戏 IP① 及游戏画面质量。

反映到诉讼中，因为网络游戏计算机软件而引发的侵害著作权民事纠纷数量基本可忽略，但日益突出的网络游戏侵权纠纷主要涉及网络游戏运行画面，包括游戏画面的保护方式，该整体保护，还是拆分元素保护；对网络游戏画面适用著作权保护时，该将游戏画面视为何种作品、制品，还是不受著作权法保护。这些著作权领域的基础问题，随着网络游戏画面元素日益多元化、构成日益复杂而变得愈加难以判断。

案 例

游戏《××王》案②

端游《××岛》在韩国推出后，广受好评。2004 年即引进国内，后某龙公司获得在国内运营该游戏的权利，经过多年的宣传推广，并经历百余次版本更新，该游戏在国内取得了众多游戏大奖，积累了大量粉丝玩家。

优某公司于 2011 年开发完成《××王》手游。后于 2012 年 12 月 1 日将《××王》手游在通信网络中发行、传播、销售、运营的权利独家授予奇某公司，期限为 2 年。

某龙公司主张《××岛》游戏中的“红十字盾牌”“钢铁方盾”“三角赤盾”“所罗门之剑”“骆驼”“智慧爷爷”“树妖”“树妖王”“流氓”9 个游戏元素构成美术作品，奇某公司运营的《××王》游戏中的“轻盾”“木甲盾”“‘来自猩猩的圣骑士’所持的剑”“骆驼”“村长”“树妖”“树妖王”“流氓”抄袭使用了上述形象，侵害了其作品的改编权、信息网络传播权。奇某公司提出上述游戏元素形象均有客观原形，不构成作品。

---

① IP 即指 Intellectual Property，或 Intellectual Property Rights，虽然是指知识产权，但并非严格的法律意义上的知识产权。笔者理解，人们惯称的游戏 IP 主要是游戏画面资源主题内容，涵盖著作权、商标权，甚至专利权在内的知识产权以及不体现知识产权的故事题材、主题，如西游类、武侠类主题等。游戏 IP 一般决定了游戏本身的风格、定位、价值观，一个成功的游戏 IP 往往能吸引新玩家、留住旧玩家。参见《游戏 IP：立足于玩家情感的粉丝经济》，载百家号“孙志超说”https：//baijiahao.baidu.com/s? id=1606861661581540671&wfr=spider&for=pc，最后访问时间：2021 年 6 月 30 日。

② 北京市海淀区人民法院（2015）海民（知）初字第 25704 号民事判决书。

法院经审理认为，《××岛》游戏中的“骆驼”造型头大身子小，鼻子部分占头部比例较大，表情呆萌，系Q版卡通形象；“树妖”为拟人造型，有四条腿，腿短且粗，眼睛线条简单突出，头部为树桩造型并有长出一带叶的树枝；“树妖王”亦为拟人形象，较“树妖”造型细长，有四条腿，腿短且粗，双目呈叶片形状的黑洞造型，嘴部为锯齿状，表情狰狞，头部有多个分叉树枝，头部树枝挂有红色装饰。据此，上述3个游戏元素虽均来源于现实中的动植物形象，但系权利人在现实形象的基础上进行的卡通化演绎，体现了权利人的独创性设计，可以成为受著作权法保护的美术作品。法院另确认了“所罗门之剑”“智慧爷爷”属于美术作品，但认为“红十字盾牌”“钢铁方盾”“三角赤盾”不体现独创性，否认构成作品。

相比较影视作品，网络游戏已经获得了双重保护，即底层的计算机软件，以及网络游戏画面及元素亦可作为美术作品、视听作品等对待，但在各种“山寨”游戏屡禁不止且获益巨大，对正版游戏造成显而易见的市场冲击和利益分流的情况下，网络游戏企业似乎对此并不满足，依然寻求游戏玩法、规则等游戏设计层面的著作权保护。在《太极××》与《花××》游戏案中①，《太极××》游戏研发公司苏州某公司主张该游戏核心元素——游戏规则，被成都某公司等推出的手游《花××》全面抄袭，故主张侵害其游戏规则的著作权。一审判决认定苏州某公司主张的游戏规则构成作品。

四、体育赛事画面

目前，大型体育赛事已成为吸引观众的“利器”，一些电视台，互联网公司不惜重金购买各类比赛直播、转播权利。如2015年10月，体奥动力以80亿元的惊人价格拿下2016年至2020年5个中超赛季的媒体版权合作权益。已知信息显示，体奥动力随后以每年13.5亿元的价格，将合作周期前两年的新媒体独家转播权分别售予当时的乐视体育、苏宁体育。② 例如，苏宁以5.64

---

① 一审：苏州市中级人民法院（2015）苏中知民初字第201号民事判决书；二审：江苏省高级人民法院（2018）苏民终1054号民事判决书，该案入选2019年江苏法院知识产权司法保护十大典型案例，载江苏法院网，http：//www.jsfy.gov.cn/art/2020/04/22/66_100052.html，最后访问时间：2022年1月6日。

② 肖赧：《中超版权合作由“独家”变“分销”》，载《北京青年报》2021年3月2日。

亿英镑（折合48亿人民币）提前三年购买了2019年至2022年三个赛季的英超联赛国内转播权①。

虽然资本的投入不一定能带来完美的预期利益，但能带来可观的用户流量。根据中国互联网络信息中心（CNNCI）发布的《第48次中国互联网络发展状况统计报告》显示，体育直播的用户规模为2.46亿，同比增长5305万，占网民整体的24.4%。②

随着近年来网络的快速发展，包括体育赛事在内的内容资源成为各方争抢的对象，在一些大型知名国际赛事期间，相当部分用户已脱离传统的电视直播观看模式转向电脑、手机、平板电脑、智能电视等网络设备可实现的直播加点播观看模式，由此引发体育赛事画面成为视频著作权纠纷中常见的视频类型之一。

本书之所以将之概括为体育赛事画面，而不直接使用体育赛事，主要原因是体育赛事可笼统泛指用户观看的体育比赛，不仅包括现场客观发生的比赛活动，而且也包括通过电视机、电脑等播放设备播出的赛事画面。前者仅是客观事实，比赛活动本身无法作为智力成果受著作权法保护，只有后者在一定条件下可受著作权法保护。进一步而言，本书所指的体育赛事画面，仅指经专业拍摄制作传输的反映体育赛事活动的视频画面。

事实上，体育赛事画面本身，也是个复杂事物，不仅包括比赛直播画面，也包括比赛回放画面；不仅包括纯比赛活动画面，也包括以比赛活动画面为主配合观众反应、导播解说等的画面；不仅包括体育赛事组织方指定的公用信号所承载的画面，也包括在公用信号基础上根据转播方需要而添加其他内容的画面。所谓体育比赛的公用信号，以奥运会节目为例，奥运电视转播节目由“国际公用信号”和“单边专用信号”组成，前者由国际奥委会广播电视委员会下设的奥运会广播服务组织负责提供，后者则是由获得授权转播的机构在主转播机构的组织下独立完成的，两组信号的结合才是电视观众看到的体育赛事转播节目画面。③

---

① 黄永顺：《苏宁天价拿下英超转播权》，载《新民晚报》2016年11月19日。

② 《第48次中国互联网络发展状况统计报告》，载中国互联网络信息中心网站，http://www.cnnic.net.cn/hlwfzyj/hlwxzbg/hlwtjbg/202109/t20210915_71543.htm. 最后访问时间：2022年1月6日。

③ 王树森：《奥运转播国际公用信号与单边专用信号的构成》，载《电声技术》2008年第6期。

案例

体育赛事直播案①

中国足球协会授权某超公司代理开发经营足球联赛的电视、广播、互联网及各种多媒体版权。2012 年 3 月 7 日，某超公司与某浪公司签订协议，约定某浪公司有权自 2012 年 3 月 1 日起至 2014 年 3 月 1 日止，享有在门户网站领域独家播放足球联赛视频，包括但不限于比赛直播、录播、点播、延播等的权利。

某浪公司后发现凤某网设置有“体育视频直播室”直播足球比赛。某浪公司对该直播室中 2018 年 8 月 1 日的“山东鲁能 VS 广东富力”“申鑫 VS 舜天”两场比赛进行了公证取证，并据此主张凤某网擅自将电视台正在直播的足球比赛的电视信号通过信息网络同步向公众进行转播，侵犯了某浪公司享有的以类似摄制电影方式创作的涉案体育赛事节目的作品著作权，同时构成不正当竞争，索赔 1000 万元。一审判决支持了某浪公司提出的凤某网经营者天某公司侵害涉案体育赛事节目作品著作权的主张，判决天某公司赔偿某浪公司经济损失 50 万元等。

天某公司不服提起上诉。某浪公司在二审中明确其主张权利的范围限于公用信号所承载的连续画面。二审判决认定“涉案两场赛事公用信号所承载连续画面既不符合电影作品的固定要件，亦未达到电影作品的独创性高度，故涉案赛事公用信号所承载的连续画面未构成电影作品”，因此不属于著作权法保护的对象。

某浪公司不服二审判决提出了再审申请。再审判决认为：作品是否具有独创性与作者是否从事了创作，属于同一问题的两个判断角度，而创作是一种事实行为，对于是否存在创作这一事实行为，只能定性，而无法定量；同理，对于作品的独创性判断，只能定性其独创性之有无，而无法定量其独创性之高低。从体系解释的角度来看，电影作品与录像制品的划分标准应为独创性之有无，而非独创性之高低。二审法院将“摄制在一定介质上”解释为

① 一审：北京市朝阳区人民法院（2014）朝民（知）初字第 40334 号民事判决书；二审：北京知识产权法院（2015）京知民终字第 1818 号民事判决书；再审：北京市高级人民法院（2020）京民再 128 号民事判决书。

对电影作品具有“固定”要求，并将“固定”要求进一步限定为“应已经稳定地固定在有形载体上”，过度限缩了该类作品的内涵和外延，依据不足。再审判决撤销二审判决，维持一审判决。

案例

“伦敦奥运会”直播案[①]

某国际公司经某电视台授权，独占享有通过信息网络向公众转播某电视台的全部频道及提供各频道播出的全部电视节目的权利。2012 年 7 月，某国际公司发现，某爱聊公司擅自通过其经营的名为“××粉”的安卓系统手机客户端软件，向用户实时转播某电视台的“××TV-1”等共计 16 个电视频道节目。同时，某爱聊公司在前述软件中设置了“2012 伦敦奥运专区”栏目，向用户实时转播某电视台播出的大量伦敦奥运会比赛节目。某国际公司主张某爱聊公司侵害其广播权、广播组织权并构成不正当竞争，请求判令赔偿经济损失 100 万元等。某爱聊公司主要以其仅提供链接为由否认侵权，同时否认构成不正当竞争。

一审法院认为：“某国际公司基于授权获得的权利，虽然难以用信息网络传播权、广播组织权等权利来完全涵盖、对应，但不能因该授权是按照使用方式笼统授予的，而否认某国际公司享有在著作权法上应受保护的权利。除法律规定的情形外，他人未经许可不得擅自传播涉案电视节目。”

二审法院认为：“××TV5 等涉案电视频道转播的体育竞赛节目非以展示文学艺术或科学美感为目标，不构成著作权法意义上的作品。”

在某国际公司诉某某通公司、某通讯公司哈尔滨分公司关于巴西世界杯案[②]中，一、二审法院都认为“某电视台对世界杯赛事现场画面进行加工、制作、直播，通过多镜头切换、截取画面信息，并辅以解说和回顾，付出了创造性劳动，使制作、直播的足球赛事节目具有独创性，属于作品，应受著作权法等法律保护”。此外，还有判决认为奥运会开幕式“由文艺表演、火炬传

---

① 一审：北京市海淀区人民法院（2013）海民初字第 21470 号民事判决书；二审：北京市第一中级人民法院（2014）一中民终字第 3199 号民事判决书。

② 黑龙江省高级人民法院（2017）黑民终 272 号民事判决书。

递及点燃仪式等相关环节构成，通过主创人员的创造性劳动，体现了该届奥运会的主题及奥林匹克运动的精神，具有一定的独创性，属于我国著作权法规定的作品”①。

对于体育赛事画面性质理解的不同，影响了对之应产生的权利。因体育赛事画面产生的权利包括信息网络传播权、广播权、其他权利、广播组织权等。由此，原告据以主张的请求权基础不同，法院确认权利，并判决认定被告是否侵权的结论不同。

五、短视频

2016 年起，短视频行业迎来快速发展期。第 48 次《中国互联网络发展状况统计报告》显示，截至 2021 年 6 月，我国网络视频（含短视频）用户规模达 9.44 亿，较 2020 年 12 月增长 1707 万，占网民整体的 93.4%。其中短视频用户规模为 8.88 亿，较 2020 年 12 月增长 1440 万，占网民整体的 87.8%。②另根据中国信通院政策与经济研究所与他人联合发布的《中国网络直播行业景气指数及短视频报告》显示，2018 年上半年，短视频行业带宽总量增长接近三番，引来爆发式增长③。

艾瑞咨询曾在其 2017 年发布的研究报告中将短视频行业发展动力归结为外部和内部两个方面因素。其中外部因素表现在四个方面：一是短视频监管力度加大，规范行业生态，促进良性发展；二是智能手机和 4G 网络的普及，打破视频消费的时间和空间限制，是短视频得以滋生的土壤；三是用户内容消费需求从图文扩展到视频；四是短视频商业模式的想象空间大，流量获取成本低，吸引大量资本进入。内部驱动力表现也有四个方面：一是健康的内容生态驱动行业更多优质内容的产生；二是平台不断涌现，刺激产业链扩张和发展；三是广告商青睐短视频营销价值，商业模式潜力强劲；四是用户规

---

① 一审：上海市闵行区人民法院（2013）闵民三（知）初字第 241 号民事判决书；二审：上海市第一中级人民法院（2013）沪一中民五（知）终字第 227 号民事判决书。

② 第 48 次《中国互联网络发展状况统计报告》，载中国互联网络信息中心网站，http：//www.cnnic.net.cn/hlwfzyj/hlwxzbg/hlwtjbg/202109/t20210915_ 71543.htm. 最后访问时间：2022 年 1 月 6 日。

③《中国网络直播行业景气指数及短视频报告》，载中国信通院网站，http：//www.caict.ac.cn/kxyj/qwfb/qwsj/201811/t20181101_ 187988.htm. 最后访问时间：2022 年 1 月 6 日。

模增长迅速，推动行业流量红利。①

从市场层面，移动网络市场的成熟以及短视频所承载的信息与当下用户需求的契合是短视频行业成为互联网“新宠”的充分条件；从法律层面，短视频能将公众喜闻乐见的大部分作品形式精炼融合到数分钟，甚至数秒钟内，成为实现大量作品在短时间内得以广泛传播的必要条件。因此，井喷式爆发的短视频不仅成为行业发展关注的热点，而且成为著作权法领域积极研究的对象。

何谓“短视频”，目前没有权威定义，主要可以分为三类，数量上占主要比例的首先是 UGC（User Generated Content）短视频，主要由普通用户制作并上传于自媒体平台传播的时长在数秒至数分钟间的视频，内容涉及生活日常、幽默搞笑、技能分享等各个领域；其次为 PGC（Professinoally Generated Content）短视频，即由专业机构制作并上传的短视频；最后还有 PUGC（Professional User Generated Content）短视频，即由平台专业用户制作并上传的短视频等。

行业对短视频的界定有一个发展变化的过程：2016 年，艾瑞咨询在其短视频研究报告中将短视频定义为“一种视频长度以秒计数，主要依托于移动智能终端实现快速拍摄和美化编辑，可在社交媒体平台上实时分享和无缝对接的一种新型视频形式。它融合了文字、语音和视频，可以更加直观、立体地满足用户的表达、沟通需求，满足人们之间展示与分享的诉求”②。易观智库发布其《中国短视频市场专题研究报告 2016》中，将短视频界定为“视频长度不超过 20 分钟，通过短视频平台拍摄、编辑、上传、播放、分享、互动的，视频形态涵盖纪录短片、DV 短片、视频剪辑、微电影、广告片断等的视频短片的统称”③。艾瑞咨询 2017 年发布的短视频研究报告中则将短视频界定为“播放时长在五分钟以下，基于 PC 端和移动端传播的视频内容形式”。2018 年，中商产业研究院发布的《2018 年中国短视频行业研究报告》中则明确为

---

① 艾瑞报告：《2017 年中国短视频行业研究报告》，载艾瑞网，http：//report. iresearch. cn/report/201712/3118. shtml，最后访问时间：2021 年 6 月 30 日。

② 艾瑞报告：《2016 年短视频行业发展研究报告》，载艾瑞网，http：//report. iresearch. cn/report/201609/2643. shtml，最后访问时间：2021 年 6 月 30 日。

③ 易观报告：《中国短视频市场专题研究报告 2016》，载易观分析网，https：//www. analysys. cn/article/analysis/detail/1000134. 最后访问时间：2021 年 6 月 30 日。

“播放时长在五分钟以下的网络视频，具有社交属性强、创作门槛低、观看时长和场景便捷等特征，更加符合移动互联网时代的碎片化内容消费习惯”①。

为了与长视频区分，有人将时长作为限定“短视频”的要件，但到底多长应视为“短视频”，存在各家之言。上文提及研究机构将短视频时长分别限定为五分钟、二十分钟内；还有人将五分钟之内，一般不超过八分钟的视频称为短视频②。即便对短视频应当多短有不同观点，也不宜绝对化，不能因为5分钟是短视频，5分01秒就成了长视频。时长作为认定为短视频的因素，只是一个大致的参考标准，而非严格的要件。

司法实践中涉及的短视频，不限于原创类的UGC、PGC、PUGC短视频，还包括对已有长视频的切割视频，如热播影视剧片段、体育赛事精彩集锦画面、综艺节目片断、游戏画面片断等。事实上，法院受理短视频案件的时间远早于短视频行业兴起的时间。

如甲电影公司2010年发现乙视频网站上出现了其电影的部分画面，该视频由某用户“发表于2年前”，为某歌曲的MV，以演唱为主，配有电影的部分剪辑镜头，整个MV片长3分31秒，其中涉及电影的镜头约37秒。甲电影公司认可该视频由网友上传，但主张乙视频网站经营者构成侵权。最终法院认定乙视频网站经营者对涉案视频传播不存在过错，驳回了甲电影公司的诉讼请求。

同时，起诉到法院的被诉短视频也不存在严格的时长区间限制，与一般时长的电影、电视剧、综艺节目、动漫等相比，时长相对短的完整视频或视频片断都可以称之为“短视频”。

之所以短视频会成为容易引发诉讼纠纷的常见视频类型，一方面，与2016年以来短视频行业爆发有关，当一类文化娱乐产品在市场中形成一定程度的用户群体，这类产品在传播、使用过程中形成的利益就需要进行合理分配。由此产生的纠纷矛盾会与短视频传播量呈正相关的关系。

另一方面，短视频时长从数秒至数十分钟不等，其中声音、画面效果表现的内容中可能涵盖词曲类音乐作品、美术作品、摄影作品、舞蹈作品、文字作品、类电影作品、录音制品、表演等著作权及邻接权保护的对象。这就

---

① 中商产业研究院：《2018年中国短视频行业研究报告》，载中商情报网，http：//www.askci.com/news/chanye/20180419/144321121804.shtml，最后访问时间：2021年6月30日。

② 汪文斌：《向网而生——网络原创视听节目现状分析》，载《电视研究》2017年第3期。

意味着同一段短视频，可能涉及的权利及权利主体众多且有重叠的情况，不同权利人可针对自己所享有的权利进行维权。

理论上，虽然短视频的“短”不应成为影响其性质判断因素，但时长短，显然会带来长视频纠纷中一般不发生的问题。例如，时长短，是否会影响视频画面的独创性表达空间，从而影响相关视频是否具有独创性；是否存在引用、介绍等情形的合理使用；是否降低了网络服务提供者的注意义务；计算赔偿数额应如何比照长视频减少等。

第三节 网络视频著作权案件的审理思路

网络视频侵害著作权案件的基本审理思路与传统侵害著作权案件的审理思路并无实质性差异，一般可分为四个步骤：第一步，判断争议对象的性质，是否属于受著作权法保护的对象，是作品、制品，还是表演；如果属于著作权法保护的对象，进入第二步，判断客体所产生的权利；第三步，判断权利人以及权利人与原告的关系；当认定原告享有其主张的权利，有权提起诉讼之后，进入第四步，判断被告的行为是否侵害原告享有的权利，同时审查被告是否存在合法的抗辩理由，在认定被告侵权成立的基础上，再考虑被告应承担的侵权责任。

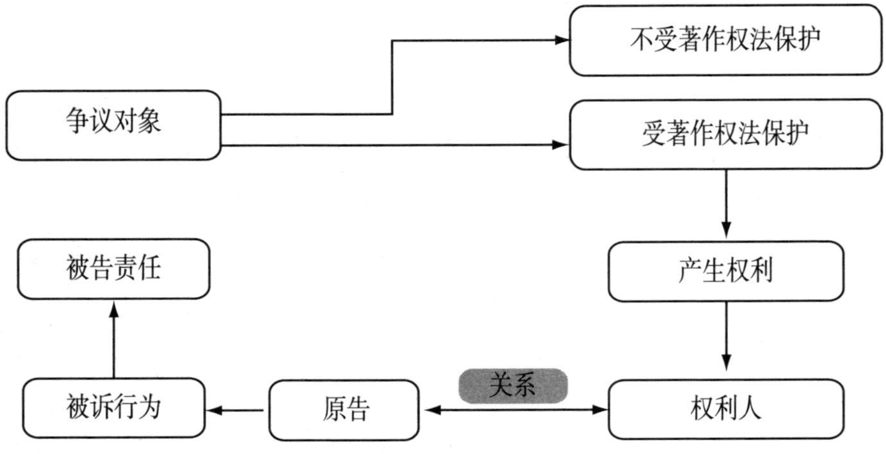

侵害著作权案件审理思路

一、一般审理思路

（一）被诉视频的客体性质

网络视频著作权的相关侵权案件，首要步骤是判断被诉视频的客体性质。只有当被诉视频属于著作权法保护的客体，才可能产生著作权法规定的法定权利，并为之后的侵权判定奠定基础。虽然大部分视频著作权纠纷中，被诉视频的法律性质不属于争议焦点，如专业制作的电影、电视剧、录像制品，均属于相对明晰且典型的受著作权法保护的对象，但判断被诉视频的法律性质是审理侵犯著作权纠纷的起点。

部分视频性质的认定是随着相关行业的成熟而形成法律共识的。比如，综艺节目该认定为视听作品、录像制品、还是汇编作品，在不同的时期存在不同的认识。早期，部分案件中综艺节目曾被认定为汇编作品。

随着综艺节目制作的规范成熟，以及法律界对此了解的深入，目前的基本共识为：除非只是用户个人或单位非专业拍摄、机位有限且未做后期制作的综艺节目视频可作为录像制品对待，观众通过电视机等设备播放的综艺节目视频影像画面，一般属于视听作品。

在判断被诉视频客体性质的过程中，有以下几点值得注意：

第一，视频本身的性质与视频画面中的具体内容无关。正如于 2015 年发布的《北京市高级人民法院关于审理涉及综艺节目著作权纠纷案件若干问题的解答》第 1 条即强调“综艺节目可以区分为现场综艺活动和综艺节目影像。本《解答》仅对综艺节目影像作出相关规定”。实际上，现场综艺活动可能因仅体现游戏、娱乐活动本身而无法构成作品，也可能因类似于央视《春晚》由多个不同主题节目编排组合而成而构成汇编作品。但不论现场综艺活动是什么，都不影响综艺节目影像的性质。就好比摄影作品，其独创性的体现主要在于摄影师对入镜画面、角度、光线强弱的选择，并通过调整光圈、曝光度、白平衡等一系列技术参数来实现最终成像，与被拍摄的对象是自然风光、人物特写，还是“两个西红柿一个西葫芦”的静物无关。

第二，“摄制”并非视听作品与录像制品的构成要件。被诉视频在客体判断方面，最常见的是视听作品或录像制品。根据《著作权法实施条例》第 4

条第1款第11项、第5条第1款第3项的规定，录像制品是比照视听作品而规定的。电脑制作声像技术的成熟与运用使影视剧，如动画片等，仅“制作”完成，并无“摄制”环节，也不影响其成为视听作品。“摄制”这一动词在当前的视频制作过程中已非必要。

第三，连续动态画面的视听作品、录像制品与静态画面美术作品、摄影作品间的关系不可绝对化。早期，电影是由每秒16格或24格运动的活动图片摄制而成的，利用了人眼对快速移动形象存在一定时间滞留而达到动画效果。正如上文分析，当“摄制”已不成为视听作品或录像制品的构成要件时，是否就意味着视听作品和录像制品可以分解为无数幅美术作品或摄影作品呢?

2020年《著作权法》第17条第3款规定了“视听作品中的剧本、音乐等可以单独使用的作品的作者有权单独行使其著作权”。据此，能否意味着视听作品权利人同时也是其中各幅美术作品或摄影作品的著作权人？某电视文化投资有限公司诉扬州某商贸有限公司、浙江某网络有限公司侵害作品信息网络传播权纠纷案中，法院认定，“影视作品的截图虽取自影视作品，但已经丧失了‘动态’这一基本特征，不应再定性为影视作品，如果将对截图的使用定性为侵害影视作品著作权将破坏影视作品与摄影作品间的界限……鉴于涉案电视剧特定帧画面达到了著作权法要求的独创性高度，符合我国著作权法关于作品要件的规定，属于摄影作品”。①

不排除影视剧中某些特别的画面是经过了专业设计而创作出的摄影作品或美术作品，可以作为单独享有权利的作品对待。也就是说，作品之部分可能具有独立于作品整体的独创性表达而成为与作品整体不同的其他类型作品，如电影插曲可以独立成为音乐作品。但一般情况下，视频连续画面中单独帧对应的画面属于视频整体画面的一部分，其性质同视频整体所属的客体。与影视作品的独创性应以有无为判断标准，摄影作品的独创性亦不应以高低为标准，一些非摄影专业人士手机随手拍的照片无疑都能作为摄影作品对待。如果连续画面中的随意一帧都属于摄影作品，就可能出现整体画面仅为录像

① 《视听作品中截屏取得的单张作品性质的认定与保护》，载微信公众号“杭州中院”，https：//mp. weixin. qq. com/s？ src = 11&timestamp = 1641725625&ver = 3548&signature = Y22uMAgTHNeXjlxxVESXni * YmO * z8k1LpaMoIcm6 - xLyaaA8ZvRH * 7Rzse28MUgAWwlfdKDLn98y8dM00LUK6blLhPN * DhfTDz3E4Do4oTUUPhA6VLwvmi2uyrcu-Og1&new = 1. 最后访问时间：2022年1月6日。

制品，但权利人却可以按无数幅摄影作品进行主张的情况，出现明显的逻辑悖论。

需要说明的是，相当部分的视频中含有表演者的表演，表演也属于信息网络传播权对应的客体之一，但实践中，极少有权利人起诉他人通过网络传播视频，侵害其表演的信息网络传播权。原因在于，在视频制作过程中，表演者与制作者之间一般都已通过合同安排了权益分配及维权主体，他人针对视频的侵权行为，通常由视频权利人进行维权，表演者无须单独对其表演进行维权诉讼。

（二）权属认定

判断了被诉视频的客体性质后，下一步则要认定该视频的权利人。此处的“权利人”是一个宽泛概念，既包括原始权利人，也包括继受权利人，继受行为同时包含转让和许可行为。著作权法体系下，著作权包含人身权利，即使视频所对应的财产权利转让后，原始权利人行使其人身权依然不受影响。

原始权利人的判断规则为：

原始权利人的认定=署名+其他权属证据-相反证据。

上述等式中，“署名”或“其他权属证据”是证明原始权利人身份的常见证据。如果没有“其他权属证据”或“相反证据”，则可依署名推定作者。

“其他权属证据”可以作为署名推定的补充证据，也可以作为在缺少署名证据的情况下证明作者身份的证据。例如，作品上不方便署名、作者未署名、署名人与创作者等实际贡献者不一致的，可以通过作品底稿、对权利归属作出安排的合同等证据证明原始权利人。

“相反证据”是指与“署名”以及“其他权属证据”相对抗的证据，其作用是降低或抵销权属相关证据的证明效力。因此，只要能在证据效力方面与“署名”或“其他权属证据”证明力相当甚至更优，就能否定原告所主张的权利人身份。

继受权利人的判断主要依据合同约定。通过审查授权文件来判断授权链条的真实性、合法性、完整性。此项判断相对复杂，不仅涉及对原始权利人的判断，而且涉及对继受权利人的权利是否有合同依据的判断。实践中常见的问题如：作品等著作权法保护的客体为合作成果，原始权利人为共同共有的关系，作为继受权利人的原告仅从部分原始权利人处获得授权，如何判断原告权利是否存在瑕疵？作为继受权利人的原告所获得的授权同时包含实体权利和维权权利，若上手权利人对实体权利和维权权利设定的期限、地域范围等限制条件不一致，如何判断原告的权利人身份适格？在授权链条中，授权文件中所授予权利的措辞不规范、不准确，如授权内容使用“电子出版”“网络播放”“网络广播”等词汇，如何解释授权合同？第三章将对以上问题展开论述。

《著作权法》规定了著作权人享有著作权项下的十七项权利，录音录像制作者享有许可他人复制、发行、出租、通过信息网络向公众传播并获得报酬的权利。如果原告是原始权利人，其可以享有前述法律规定的全部权项，但继受权利人则要依合同约定判断其享有的权项。

对原告权属的认定主要是判断原告是否有权提起诉讼，是否享有其主张的权利。这是侵权案件中必然包含的确权程序，该确权程序具有一定的“对世性”。原告通过侵权案件所获得的确权结果，可以直接用于其他确权案件或侵权案件中，在没有相反证据的情况下，能继续维持该确权结果。同时，该确权程序是最终认定被告侵权的必要条件，只有满足原告权利无瑕疵这一条件，被诉行为构成侵权，被告才有必要向原告承担侵权责任。

（三）侵权判定

涉及网络的视频著作权案件集中于被诉行为发生在网络中的纠纷，这些行为是否落入原告所主张权利的范围，是此类案件侵权判定的关键。

2020 年《著作权法》权利体系下，视频通过网络传播涉及的权利主要有“广播权”和“信息网络传播权”。侵权判定需要通过双方证据来判断被告行为所属的权项范围。

比如广播权，2010 年《著作权法》规定的广播权可控制三类行为：一是以无线方式公开广播或传播作品；二是以有线传播或者转播的方式向公众传播广播的作品；三是通过扩音器或者其他传送符号、声音、图像的类似工具向公众传播广播的作品。第二、三类行为都是建立在第一类行为基础上的。对广播权的理解共识为以初始无线方式单向传播作品，以初始有线方式单向传播作品则无法纳入。出于价值判断和利益分配等因素的考虑，法院会将以初始有线方式单向传播作品认定为属于著作权人享有的“其他权利”。当然，2020 年《著作权法》修改了广播权的定义，将以有线方式公开传播或转播作品也纳入广播权范畴，解决了前述问题。

又如信息网络传播权，该权利可控制的播放行为实质在于“交互式”的传播方式，即“公众可以在其个人选定的时间和地点获得作品”。这种“交互式”传播方式最初发生在互联网中，由网站向用户提供视频节目供点播，因而有些人会误认为“交互式”传播方式就是互联网上作品的传播方式，但在“三网融合”的大趋势下，除了互联网之外，电信网、广播电视网也同样能满足供用户按需点播的要求。

案例

电视剧《扇×》案①

佳韵某公司于2012年获得电视剧《扇×》的独家信息网络传播权，期限自首轮播出日起五年。2015年8月6日，佳韵某公司发现，在平板电脑中下载“某力视频HD版”，可搜索到该电视剧。在全部剧集列表中随机点击第1、15、25、39集等，均可正常播放。佳韵某公司主张某力公司侵权，主张赔偿经济损失及合理开支共计20万元。

某力公司认可其开发运营“某力视频HD版”应用软件，也认可该应用可全剧播放涉案电视剧，其主要抗辩为该应用软件仅提供涉案电视剧的播放链接，实际提供者为第三方，但未提交证据。法院认定某力公司通过开发运营的“某力视频HD版”提供了涉案电视剧，使公众可在个人选定的时间和地点获得作品，侵害了佳韵某享有的信息网络传播权，并判令其赔偿经济损失5万元。

2010年《著作权法》施行期间，通过网络传播视频，若非交互式传播，但权利人的权利确有必要保护时，法院一般会适用该法所规定的著作权人享有的“其他权利”解决这一问题。比如，针对网站提供影视剧的定时播放的行为。

---

① 一审：北京市海淀区人民法院（2017）京0108民初21249号民事判决书；二审：北京知识产权法院（2018）京73民终1887号民事判决书。

案例

电视剧《奋×》案①

成某多媒体公司经授权取得电视剧《奋×》的独家信息网络传播权。时某公司是某视网的经营者。成某多媒体公司发现，某视网中按预先设定的时间表滚动播出该电视剧《奋×》，于是将时某公司起诉到法院，认为侵害其信息网络传播权，请求判令经济损失30万元。

一审法院认为，“只要网络用户通过信息网络在其选定的时间可以获得作品的部分内容，作品传播者就构成了《著作权法》第10条第1款第12项规定的‘使公众可以在其选定的时间和地点获得作品的权利’。法律并未规定要使公众在其选定的时间获得作品的全部或任意一部分内容，通过信息网络传播作品者才构成对作品信息网络传播权的行使。本案的公证书表明，虽然网络用户在其选定的时间不能够获得该电视剧的全部或任意一集的内容，但却能够获得网站正在播放的那一集内容”，一审法院判令时某公司侵害了成某多媒体公司享有的信息网络传播权。二审法院维持了被诉行为侵害信息网络传播权的认定。

此案最早引发了学术界、实务界对“信息网络传播权”含义的探讨。部分学者认为按时间点提供作品的方式并不符合法律对信息网络传播权规定的“交互式传播”要件，不属于该权利控制范畴，只能落入兜底权项的“其他权利”②。

2018年4月，北京市高级人民法院发布的《北京市高级人民法院侵害著作权案件审理指南》（以下简称《北京高院著作权审理指南》）中第9.24条“定时播放”和第9.25条“同步转播”将此两类行为都规定为应适用兜底权项规范的行为。

---

① 一审：北京市海淀区人民法院（2008）海民初字第4015号民事判决书；二审：北京市第一中级人民法院（2008）一中民终字第5314号民事判决书。该案审结后，北京市第一中级人民法院网站发布《网络公司未经授权在线播放电视剧〈奋某〉终审被判侵权》的结案消息，载北京市第一中级人民法院网：https：//bj1zy. chinacourt. gov. cn/article/detail/2008/06/id/1445336. shtml，最后访问时间：2022年1月6日。

② 此类反对文章较多，有代表性的如王迁：《论“信息网络传播权”的含义——兼评成功多媒体诉时越案一审判决》，载《法律适用》2008年第12期。

随着网络直播作品情形增多，涉及视频直播类纠纷也日渐增长。直播，也可以称之为“实时转播”“同步转播”。参考《罗马公约》第3条的规定，转播是指一个广播组织的广播被另一个广播组织同时广播。一般认为“转播”是“同步”或“实时”的。由于此种作品传播方式不满足交互式传播特点，也无法归入信息网络传播权范畴，因此通常也将之纳入“其他权利”。北京市高级人民法院发布的《北京市高级人民法院关于涉及网络知识产权案件审理指南》（简称《北京高院涉网知识产权审理指南》）第15条也明确了此种情形可适用“其他权利”。

在侵权判定部分如此细致地考察权利问题，原因在于：对被告行为是否构成侵权的认定，不仅是审查被告行为本身，而是要根据查明的被告行为判断该行为落入了何种权利范畴，再将之与原告主张的权利进行比对、印证，只有被告行为涉及的权利属于原告主张的权利，侵权判定才有可能完成。此过程的意义在于，如果原告是原始权利人，其所享有的著作权权项众多，被诉行为一般不会针对全部权项。因此，需要原告明确被侵害的具体权项。如果原告是继受权利人，特别是被许可使用人，由于被许可的权利往往是部分权项，则需要厘清被告行为涉及的权项是否包含在原告所享有的权项范围内。

（四）法律责任

依照我国《民法典》第120条①的规定，被侵权人有权请求侵权人承担侵权责任。在网络视频著作权案件中，若可判定被告行为侵害了原告享有的著作权或邻接权，最后一步就是判断被告应承担的法律责任。虽然《民法典》第179条规定了多项侵权责任承担方式。由于视频所涉及的著作权、邻接权具有无形性特点，不会涉及返还财产、恢复原状等明显针对有形财产适用的法律责任形式。针对视频著作权案件，通常适用的侵权责任承担方式为停止侵害、赔偿损失、赔礼道歉以及消除影响。

停止侵害是视频著作权案件中普遍适用的法律责任，对被告而言属于不以过错为要件的法律责任，不论被告对被诉行为的发生是否存在主观过错，只要该行为损害了原告权利且没有合法理由，则被告一般都应及时采取适当

① 《民法典》中关于侵权责任的部分主要吸纳了《侵权责任法》中的相关规定，下文中有关《侵权责任法》中的相关内容，都直接引用《民法典》中的内容。

措施停止该行为。

当然，许多案件中法院并未判令被告承担停止侵害的法律责任，一般存在下列情形：一是原告起诉后，被告即停止了被诉行为，法院无须再判令被告停止侵害；二是原告并未主张停止侵害，民事诉讼的基本原则是“不告不理”，法院裁判得依据原告请求作出，若原告并未提出此项请求，法院不得超出原告诉求范围裁判；三是原告提出的停止侵害方式难以实现，也非必要，如有些案件中原告因被告网站未经许可传播侵权影视剧，要求法院判令被告关闭网站，此类诉求一般得不到支持。

极少数情况下也存在例外情形，法院出于利益平衡等考虑，即使认定被告构成侵权，也不判令停止侵害。如某案中①，法院认为，被告建设的房山区人口文化园属于供公众参观或了解我国人口计划生育政策的公益性公共设施，其建设资金来源于国家拨款。现文化园中的雕塑已被建成，如判决要求被告拆除相关雕塑，则将造成国家已投入建设资金的损耗，并对公共利益造成一定影响，最终未判决被告停止侵权。《北京高院著作权审理指南》第 8.1 条则规定：“如果被告停止被诉侵权行为可能有悖公序良俗，或者违反比例原则的，可以不判令停止侵害，宜根据案件情况从高确定赔偿数额或者判令被告支付相应的对价。”

赔礼道歉的法律责任通常针对原告所享有的人身权被侵害时适用，因涉及原告的人格利益，相应的，需要通过赔礼道歉这样的责任方式给予弥补。当然，赔礼道歉这一具有中国特色的侵权责任方式，在适用时是否能恰当地弥补因著作权或邻接权中的人身权被侵害造成的损害，以及在“人身不可强制”的基本原则下，强制要求被告赔礼道歉是否合适，存在不同的观点。②

消除影响的法律责任一般适用于侵权行为、影响范围大或者影响较为恶劣的情形，此法律责任通常属于法院依原告请求根据个案情节确定的责任方式。

赔偿损失是最普遍适用的法律责任。在侵害著作权案件中，绝大部分案件当事人最关注的是判决确定的赔偿数额。本书第六章重点讨论赔偿责任问题。

---

① 一审：北京市第一中级人民法院（2012）一中民初字第 9669 号民事判决书；二审：北京市高级人民法院（2013）高民终字第 766 号民事判决书。针对该案撰写的案例分析：亓蕾：《作品类型的判断和停止侵权责任的限制》，载《中国知识产权报》2016 年 3 月 31 日。

② 姚辉、段睿：《“赔礼道歉”的异化与回归》，载《中国人民大学学报》2012 年第 2 期。

根据2020年《著作权法》的规定，赔偿损失的计算方法主要有四种：一是按原告实际损失计算；二是按被告侵权获利计算；三是权利使用费，在使用前两种方式难以计算赔偿数额时，可以参照权利使用费给予赔偿；四是前三种方式都难以计算的，由法院根据侵权情节适用法定赔偿。2020年《著作权法》对赔偿损失的计算方法作了较大调整，不仅提高法定赔偿额上限至500万元，也设定了赔偿额下限500元，而且还规定了惩罚性赔偿。

2001年修正的《著作权法》以及2010年《著作权法》主要规定了三类赔偿计算方法：权利人的实际损失、侵权人的违法所得以及法定赔偿，且法定赔偿额上限为50万元。考虑到近二十年中物价、作品传播方式等情况的变化，提高赔偿数额的呼声渐高，司法裁判也不乏突破50万元上限的情形。

案 例

综艺节目《×××声音》案[①]

某讯公司经授权取得《×××声音（第三季）》的独家信息网络传播权，期限自该节目在电视台2014年8月8日首轮播出起三年，授权费为1.2亿元。

暴某公司开发经营暴某影音播放器。2014年8月29日，某讯公司发现，在暴某影音播放器中搜索“×××声音第三季”，可搜索到该节目，并可点击播放其中一期“××××小鲜肉扎堆飙歌”。暴某公司在涉案节目前添加数十秒广告。某讯公司委托他人数次向暴某公司发送侵权通知，要求删除暴某播放器中的涉案节目，但暴某公司未及时处理。

法院酌情考虑本案具体情况：“1. 综艺节目《×××声音（第三季）》”具有很高的知名度和影响力；2. 根据原告支付的授权费用及节目广告收入情况，可以证明该节目具有极高的商业价值；3. 被告在该节目被列入国家版权局公布的36部重点影视作品预警名单之后，在原告委托中国版权保护中心多次发出预警通知的情况下，仍然在涉案节目热播期间实施侵权行为，其侵权主观恶意非常明显；4. 被告网站的知名度高，用户数量大，广告客户覆盖面广，且被告在涉案节目片头、相关播放页面上投放了广告，应推定其通过实

---

① 一审：北京市石景山区人民法院（2016）京0107民初4688号民事判决书；二审：北京知识产权法院（2017）京73民终1262号民事判决书。

施侵权行为违法获利数额较大。……本院足以确信原告因被告涉案侵权行为所遭受的经济损失明显超出著作权法法定赔偿数额的上限50万元，为弥补权利人的经济损失，惩戒恶意侵权行为，酌定本案赔偿数额为100万元。”

上案是适用裁量性赔偿计算赔偿数额的典型案例。最高人民法院副院长在2016年全国法院知识产权审判工作座谈会暨全国法院知识产权审判“三合一”推进会上提出了裁量性赔偿的概念，要“善于运用根据具体证据酌定实际损失或侵权所得的裁量性赔偿方法，引导当事人对于损害赔偿问题积极举证，进一步提高赔偿计算的合理性”。“要充分考虑知识产权市场价值的客观性和不确定性双重特点，在确定知识产权损害赔偿数额时，既要力求准确反映被侵害的知识产权的相应市场价值，又要适当考虑侵权行为人的主观状态，实现以补偿为主、以惩罚为辅的双重效果。”①

在适用法定赔偿的情况下，司法裁判无法突破法定赔偿额上限，但为了回应社会需求，使赔偿数额尽可能体现知识产权市场价值，在无法精确计算权利人实际损失或侵权人违法所得，但又有证据可大致对权利人损失或侵权人获利进行估算，裁量计算赔偿数额，不失为保障权利人利益的一种有效方式。

二、直接侵权与帮助侵权

我国《信息网络传播权保护条例》第20条至第23条中规定的四类网络服务提供者可予免责的规定，通常认为是参考了外国的有关“避风港规则”的规定。在网络视频著作权案件中，原告主张被告侵害其著作权，许多被告都会抗辩其仅是网络服务提供者，应适用“避风港规则”免责。因“避风港规则”属于舶来品，有观点认为，该规则没有取代过错原则成为一项归责原则，是否适用“避风港规则”属于被告能否免责，即该规则属于免责条款；另有观点则认为该规则属于限制、减轻网络服务商的侵权责任，该规则属于归责条款。②

从规范层面，“避风港规则”属于免责条款还是归责条款的争议，并不影

① 《最高法：进一步加大知识产权案件损害赔偿力度》，载人民网，http：//ip. people. com. cn/n1/2016/0708/c136655-28538337. html，最后访问时间：2022年2月16日。

② 陈锦川：《著作权审判原理解读与实务指导》，法律出版社2014年版，第253~254页。孔祥俊：《网络著作权保护法律理念与裁判方法》，中国法制出版社2015年版，第105~106页。

响其在司法实践中主要体现为被告抗辩能否被法院采纳，并直接衍生出对直接侵权和帮助侵权的判定思路：即在查明存在侵权行为的前提下，应判断被告构成直接侵权还是帮助侵权；若是直接侵权，是直接单独使用他人视频构成侵权，还是与他人以分工合作方式使用他人视频构成侵权，或是实施了破坏视频传播的技术措施构成侵权；若是帮助侵权，能否因为不存在过错而可予免责。

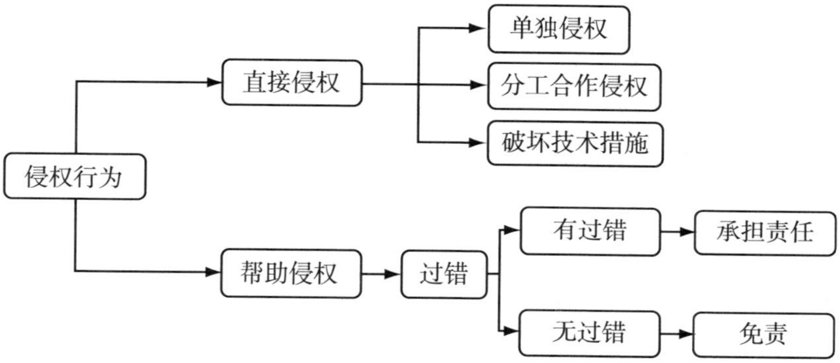

判定思路

在我国民法体系中并没有“直接侵权”的概念，《民法典》中规定了“侵权”“共同侵权”“教唆、帮助侵权”概念。有人认为，在知识产权领域，特别是在著作权领域，使用“直接侵权”和“间接侵权”的概念是有意义的，目的在于区分直接使用作品等著作权法客体的侵权行为与对该直接使用行为进行教唆、帮助的行为。特别是“没有实施受知识产权‘专有权利’控制的行为（即没有实施知识产权‘直接侵权’），但故意引诱他人实施‘直接侵权’，或在明知或应知他人即将或正在实施‘直接侵权’时为其提供实质性的帮助，以及在特定情况下‘直接侵权’的准备和扩大其侵权后果的行为”。①

网络服务提供者的间接侵权或帮助侵权行为性质的判定要以存在直接侵权行为为基础和前提，此观点基本成为近年来我国司法裁判中的主流观点。

当然，不少民法学者认为知识产权领域的问题完全可以使用传统民法概念解决，但却标新立异引入一些不必要的概念，如“避风港规则”完全可按归责原则纳入过错责任原则范畴，“直接侵权”“间接侵权”完全可以通过现

① 王迁、王凌红：《知识产权间接侵权研究》，中国人民大学出版社 2008 年版，第 3 页。

有的侵权概念体系，即“侵权”和“共同侵权”解决。《信息网络传播权保护条例》规定了四类可免除赔偿责任的网络服务行为，以区别于服务对象（通常为网络用户）直接提供侵权作品的行为。国务院法制办负责人就该条例答记者问中在解释网络服务提供者法律责任的问题时，同时也强调网络服务提供者“如果明知或者应知作品侵权仍链接的，应承担共同侵权责任”。[①]

2012年12月17日公布的《最高人民法院关于审理侵害信息网络传播权民事纠纷案件适用法律若干问题的规定》（以下简称《信息网络传播权司法解释》，该解释已于2020年12月29日修正）中，虽然未使用“直接侵权”“间接侵权”概念，但在发布该司法解释时最高人民法院知识产权庭相关负责人的答记者问中提及“将信息网络传播行为划分为作品等内容提供行为和网络服务提供行为，在此基础上规定了直接侵权与间接侵权”，并将教唆侵权和帮助侵权作为“间接侵权”的两种形式。[②]

此后，部分省市高院在制定本辖区内参考适用的办案指南时都使用了“直接侵权”的概念，但均未使用“间接侵权”，如《北京高院著作权审理指南》第9.6条规定了“直接侵权”的构成要件；《天津市高级人民法院关于侵害信息网络传播权纠纷案件审理指南（试行）》中亦规定有“直接侵权”。

在网络著作权领域，“间接侵权”主要是指网络服务提供者因提供网络服务过程中教唆、帮助侵权作品传播或扩大侵权作品传播范围，其存在主观过错而需要承担法律责任的侵权形式，包括了“共同侵权”概念下的“教唆侵权”“帮助侵权”。目前的司法实践中，认定教唆侵权的案件较少，大部分“间接侵权”行为都被法院认定属于“帮助侵权”行为。

案例

电影《港×》案[③]

某成华视公司经授权取得了电影《港×》的信息网络传播权，期限自

① 张建华主编：《信息网络传播权保护条例释义》，中国法制出版社2006年版，第111页。

② 《加强网络环境下著作权保护 促进信息网络产业健康发展——最高人民法院知识产权庭负责人答记者问》，载中国法院网，https：//www.chinacourt.org/article/detail/2012/12/id/807633.shtml，最后访问时间：2021年6月30日。

③ 一审：北京市西城区人民法院（2016）京0102民初22671号民事判决书；二审：北京知识产权法院（2017）京73民终1802号民事判决书。

2015 年 9 月 17 日起十年。该电影于 2015 年 9 月 25 日在中国大陆地区公映。

2016 年 7 月 2 日，某成华视公司公证取证发现，某网公司经营的某视网（www. tv××××. com）在“×社区”“论坛”栏目“热门资源下载专区”中，通过“账号”“密码”登录“高清电影/3D 电影”版块，查看其中的帖子“《港×》高清影院蓝光原盘下载”，显示该帖为“××女神”于 2015 年 10 月 8 日发布，点击量 154181 次。该帖的网页信息包括“影视推荐”、加注“某视网”及网站图标水印的《港×》电影海报、港×（蓝光原盘）（1080p）. torrent 下载地址（标注大小为 34. 33KB，下载次数为 1845）。

某视网对上传发帖的网络用户设有积分，涉案帖获 36 积分；在涉案帖右侧还有“3D 电影海量下载”“活跃用户”图标等。点击涉案帖所附影片下载地址“港×（蓝光原盘）（1080p）. torrent”，可通过××软件完成涉案影片的下载、观看。

某成华视公司主张，某网公司对于网友在“论坛”版块内传播涉案影片有鼓励、推荐行为，构成教唆侵权、帮助侵权，主张某视网赔偿经济损失 5 万元。

法院认为，某网公司对于网络用户“××女神”在电影《港×》的热播期上传该片的直接侵权行为应当知晓，但放任该片传播，对直接侵权行为构成帮助，判决某视网赔偿某成华视公司经济损失 3. 5 万元。

上案是构成帮助侵权的典型案件。原告在起诉时，为了最大限度获得法院支持，会将其取证时与被告行为相关的细节一一指出，类似于以积分奖励等方式鼓励用户上传信息等，原告往往会据此主张被告教唆侵权或帮助侵权。而且，《信息网络传播权司法解释》第 7 条第 2 款中明确规定：“网络服务提供者以言语、推介技术支持、奖励积分等方式诱导、鼓励网络用户实施侵害信息网络传播权行为的，人民法院应当认定其构成教唆侵权行为”，将网络服务提供者引诱、鼓励他人侵权的行为认定为教唆侵权。

关于“教唆”，民法上主要关注无行为能力或限制行为能力人实施侵权行为的教唆者责任，通常作为共同侵权承担连带责任的认定基础。如德国民法典第 830 条第 2 款就将教唆人和帮助人视为“共同行为人”。史尚宽先生认为，违法行为之共同，无须为实行行为，苟对于结果可认为与以相当之条件或原因者，纵仅教唆、帮助，亦为共同侵权。[①] 在网络著作权案件中，认定构成教唆侵权并不多见，原因在于网站论坛等此类时常通过积分奖励等形式诱导、鼓励用户上传信息的经营者，其诱导、鼓励的对象是用户分享资源，一般不是主要针对被诉侵权作品。如上案中，给用户提供积分的情节并不是专门鼓励向“高清电影/3D电影”栏目上传资源，而是一般性地针对论坛用户上传相关资源的行为。所以，网站经营者通过给用户提供积分等奖励形式鼓励上传资源的行为，通常体现了网站的一项经营模式，在结合其他侵权情节综合考虑后判断网站经营者的主观过错，从而得出是否应承担侵权责任的结论。

近年来，法院在处理涉及网络服务提供者侵害视频著作权纠纷案件中，一般采用直接侵权和帮助侵权的审理思路。

（一）基本共识

《北京高院著作权审理指南》在9.1条中规定了“在侵害信息网络传播权案件中，应当将被诉侵权行为区分提供内容（作品、表演、录音录像制品）行为和提供技术服务行为”。

事实上，传统的侵害著作权案件中就存在直接侵权与帮助侵权的问题，例如涉及侵权图书的案件中，作者、出版社与销售商的侵权认定规则不同。2020年《著作权法》第59条中规定的复制品的发行者，视听作品、软件、录音录像制品的出租者即属于为传播相关作品或制品提供帮助的主体，其侵权责任要件中专门强调了复制品合法来源的问题。多年来，在涉及侵权图书的案件中，相关书店往往作为销售商而成为共同被告，但当书店在提交了图书进货单据等合法来源证据，对销售侵权图书不存在过错时，法院一般都不判其承担赔偿责任。

直接侵权与帮助侵权通常视为两类不同性质的侵权行为，二者的构成要件不同、所需承担的法律责任亦不同。除了法律明确规定可予免责的情形之外，直接侵权人还是侵权行为直接且主要的责任承担者，而帮助侵权人在满足一定条件下可以免除赔偿责任。之所以在网络著作权案件中尤其强调直接侵权和帮助侵权，主要是因为随着技术和商业模式的发展，各类网络经营者

---

① 史尚宽：《债法总论》，中国政法大学出版社2000年版，第172~173页。

分工日益细化，传播作品的形式和技术实现的逻辑复杂多样，出现了对作品传播起到帮助作用的各类网络服务提供者。直接提供作品与帮助传播作品行为的界限日益模糊，包括权利人在内的普通公众难以直接从外在表象作出准确判断。认定直接侵权和帮助侵权成为相关案件中的争议焦点和难点问题。但同时，网络服务提供者对侵权作品广泛持续传播起到至关重要的作用，网络服务提供者甚至从帮助侵权作品传播中取得了可观的经济利益，可能会被判令其承担较重的赔偿损失责任。

在规范意义上的共识依然会在某些情形下存在理解适用边界模糊的问题。《信息网络传播权司法解释》第 3 条第 2 款中明确了何谓提供作品、表演、录音录像制品的信息网络传播行为，即“通过上传到网络服务器、设置共享文件或者利用文件分享软件等方式，将作品、表演、录音录像制品置于信息网络中，使公众能够在个人选定的时间和地点以下载、浏览或者其他方式获得的，人民法院应当认定其实施了前款规定的提供行为”。此规定的目的必然包含厘清信息网络传播行为的构成要件，但囿于中华语言文化的博大精深，为解释一个概念而引入另一个概念，在一定程度上便于理解被解释概念的同时，也容易引发对被引入概念的理解分歧，如对“置于”一词该作何理解。

立法并未进一步规定“网络服务”的要件，一则规范性文件所规定的行为要件通常无法也无须体现技术性表达，二则网络服务作为当前市场经济最活跃的行为，立法仅能就典型、已知的行为方式及效果给予抽象提炼，无法周延地对此类行为进行概括。《信息网络传播权保护条例》及有关司法解释主要是从免责条件、举证责任等方面对“网络服务”进行规范，在与直接提供行为进行对比适用时，因对相关概念的理解认识差异而容易产生分歧意见。

（二）事实基础

判断被告实施了直接提供行为还是帮助行为，有一个重要的前提，即有证据证明原告主张的被诉行为存在。只有发生了未经许可传播原告享有著作权或邻接权客体的行为，且该行为根据初步证据判断与被告存在一定关联时，才需要进一步考察被告行为的性质。

案例

电影《××记》案[①]

某某骄阳公司经授权取得电影《××记》的专有信息网络传播权，期限自2010年7月2日至2015年8月16日。2012年10月，某某骄阳公司授予某某艺公司及其关联公司传播该电影，但不得以任何方式授权第三方使用。

动某公司经营某光网，该网站上既有众多电影，也有影评。2013年6月13日，在某光网上搜索“××记”，搜索结果页面最下方显示有“××记-正版全片在线观看”栏目。点击标注来源为“某某艺”的“标清版”图标后，页面跳转至某某艺网电影频道进行在线播放。

某某骄阳公司主张动某公司侵害其信息网络传播权，主张赔偿其经济损失3万元。动某公司否认侵权，抗辩其提供的是链接服务，点击相关电影链接后会跳转至某某艺网站在线播放。

二审法院认为动某公司对涉案电影提供了来自某某艺网站的链接，“链接行为本身并未对信息进行复制、存储，亦不能从技术上完全控制被链接网站的信息，一旦被链接网站网址发生变化或者网站采取加密等限制访问措施，用户的访问要求就会被拒绝。由此可见，链接是一种信息定位工具，是在信息已经被提供、已处于网络传播状态时方便用户查询、获得信息的手段，提供链接服务并非传播信息的行为。因此，尽管链接行为客观上扩大了被链接作品或制品的传播范围，但链接行为本身不属于受信息网络传播权控制的行为”。最终，二审法院判决驳回了某某骄阳公司的诉讼请求。

上案中，由于动某公司仅设置了某某艺网站的链接，用户点击该链接，会直接跳转进入某某艺网站播放涉案电影。这种情形符合通常意义上提供网络服务的链接行为。因此，二审法院认为这种设置跳转链接的行为并不是直接提供作品的行为，只是作为某某艺公司向公众提供涉案电影行为的辅助行为，某某艺公司的行为不构成侵权，也就不存在某某骄阳公司诉称的侵权行为。

互联网的发展使各网络主体之间的合作关系加深，侵权行为所涉及的关

---

① 北京知识产权法院（2015）京知民终字第796号民事判决书。

联主体也更多，原告主张的侵权行为需要查明两类相关事实：第一，确有被诉行为发生。如上案中，某某骄阳公司主张动某公司未经许可传播涉案电影，但二审法院查明，动某公司仅提供了该电影的链接，并非直接提供电影本身。第二，被诉行为与被告有关。只有被诉行为与被告有关，才能进一步判断被告是否需要因被诉行为承担法律责任。在部分案件中，一些提供应用软件分发的网络平台对上传者的身份资质材料审查不严，对其平台上相关应用软件实际提供者的标注也不规范，致使权利人发现某应用软件存在侵权内容按平台所标注的提供者起诉时，被诉对象称涉案应用软件非其产品，与其无关。此种情况不仅增加了权利人的维权成本，而且，如果平台经营者无法提供准确的直接侵权人信息，不排除需要对被诉行为承担相应的法律责任。

（三）前提条件

《民法典》第 1195 条第 1 款、第 2 款、第 1197 条规定了因网络用户实施直接侵权行为，而网络服务提供者对直接侵权行为提供帮助所需承担的法律责任。该规定对网络服务提供者施以法律责任的基本逻辑也是在网络用户实施了直接侵权行为的前提下，网络服务提供者对该直接侵权行为存在过错的，需要为此承担相应的法律责任。

《北京高院著作权审理指南》第 9.8 条规定，“被告作为技术服务提供者构成教唆、帮助侵权的，应当以存在直接侵权行为为前提条件”。

实践中，容易发生纠纷的网络服务行为主要有两类：一是信息存储空间服务；二是搜索链接服务。有关自动接入或自动存储服务主要不是对作品等的使用行为，通常属于在信息传输过程中基础性的网络服务，权利人一般不会向这类网络服务经营者主张权利，但信息存储空间服务和搜索链接服务涉及的服务内容，即存储对象或链接对象往往就是作品、录音录像制品本身，会对权利人控制作品、录音录像制品在网络中的传播造成影响。要认定网络服务提供者对侵权视频传播提供了帮助，且应承担相应的法律责任，前提条件是要认定网络服务提供者所提供的服务中涉及直接传播侵权视频的行为。只有存在直接侵权行为时，再来判断网络服务提供者是否要为帮助该直接侵权行为而应承担法律责任。

三、权利共有与共同侵权

合作作者容易产生权利共有的法律关系，当部分原始权利人作为原告维权时，需要考察是否遗漏其他共有权利人，或原告是否从其他权利人处取得单独维权的授权。当原告为继受权利人时，则需要考察原告是否从全部原始权利人处取得了维权诉讼的权利。当被诉行为有多个实施主体，被告可能会提出被诉行为的主要实施主体为他人，其非适格被告或其应当与他人成为共同被告。之所以将权利共有与共同侵权比照讨论，是为了清晰地反映网络视频著作权案件中存在共同原告或共同被告时的审理思路。

（一）权利共有

在网络视频著作权案件中，由于诉争对象为视频，诸如影视剧、综艺节目、网络游戏等专业程度高、投资巨大的视频节目，原始权利人往往不止一家，而视频节目与文字作品等可分割作品不同，共有权利人之间的权利通常不可分割。一般情况下，共有权利人之间的市场收益分配会有明确的合同约定，但针对他人侵权行为的维权诉讼，约定可能并不清晰，当发生他人未经许可通过网络传播相关视频节目时，要求全部原始权利人共同积极参与维权并不现实。此时，原始权利人之间可以通过合同约定，由其中部分权利人进行维权，或者授予他人相关权利，并由被许可人进行维权。

民法上，共同共有，是指数人依一定原因成立共同关系，并基于该共同关系不分份额地对一物共同享有所有权。至于共同关系，是指二人以上因共同目的而成立，依法律或习惯足以成为共同共有基础的法律关系。[①] 我国《民法典》第 299 条对共同共有作了规定，共同共有人对共有的不动产或者动产共同享有所有权。权利人既然共同享有视频的著作权或邻接权，那么每一个共有人在法律上对该视频的权利平等，要将该视频授予他人使用，应当获得全部共有人的许可。但为了促进作品等智力成果的传播，《著作权法实施条例》第 9 条规定："合作作品不可以分割使用的，其著作权由各合作作者共同享有，通过协商一致行使；不能协商一致，又无正当理由的，任何一方不得

① 梁慧星、陈华彬：《物权法（第四版）》，法律出版社 2007 年版，第 237 页。

阻止他方行使除转让以外的其他权利，但是所得收益应当合理分配给所有合作作者。”2020 年《著作权法》第 14 条第 2 款对前述规定作了修改，增加了“许可他人专有使用、出质”为必须共同行使的权利。

理论上，不论是原始权利人还是继受权利人，均可能共有视频涉及的著作权或邻接权，但实践中，共有通常存在于原始权利人之间，较少情形下涉及两个以上的主体共有继受权利，这是因为许多视频创作过程中需要集中不同主体的智慧合作完成，而视频传播主要涉及市场分割和利益分配的问题，主体分散且权利共有不利于高效集约地实现财产权利。但继受权利人从多个共有原始权利人取得许可时，许可使用关系的证据也应当合法有效。

案例

电影《张××》案①

电影《张××》片头显示某影公司某电影制片厂、某某城公司；片尾显示某市委宣传部、某影公司第一制片分公司、某某城公司、新某某公司联合摄制。某影公司第一制片分公司于 2008 年 12 月 4 日注销，由某影公司承担其民事责任。

2004 年 5 月 22 日，某影公司与某市委宣传部、某某城公司、新某某公司就涉案电影签订的《联合摄制合同》，约定某市委宣传部应向电影主管部门申请单片出品权，批准后由其与某影公司联合出品，共同享有影片版权。

2006 年 6 月 17 日，某影公司出具《授权书》，委托某某城公司作为其代理人，代表其实施保护涉案影片著作权的行为，包括代表其提起关于保护该电影著作权的侵权纠纷诉讼、提起、承认、变更和放弃诉讼请求等。某某城公司认可某影公司给其的授权仅是代为维权的权利，亦明确对某影公司同时授予其涉案影片的著作权无法提交证据证明。最终法院驳回了某某城公司提出的诉讼请求。

这对被许可人在订立合同时提出了进一步要求，即应审查许可人的专有使用许可意思表示是否得到全部原始权利人的授权。

---

① 一审：北京市海淀区人民法院（2017）京 0108 民初 26910 号民事判决书；二审：北京知识产权法院（2018）京 73 民终 2229 号民事判决书。

（二）共同侵权

传统民法上，共同侵权行为，是指“数人共同不法对于同一之损害与以条件或原因之行为”。①《民法典》第 1168 条规定，二人以上共同实施侵权行为，造成他人损害的，应当承担连带责任。这是法律对于共同侵权的基本规定。由于民事法律关系复杂多样，导致民法上的共同侵权理论悠久而复杂。知识产权领域，一般不存在共同危险行为引发的共同侵权，网络视频著作权案件中涉及的共同侵权，通常涉及教唆、帮助侵权。

之所以还需要在此部分讨论共同侵权，是因为实践中除了有证据证明的帮助侵权人与直接侵权人构成共同侵权之外，还有三种情形值得关注。一是多被告之间以分工合作方式提供视频，构成共同侵权；二是原告出于管辖考虑而主张多被告共同侵权；三是被告申请追加其他共同行为人为被告。

1. 被告分工合作提供视频。《信息网络传播权司法解释》第 4 条规定了“有证据证明网络服务提供者与他人以分工合作等方式共同提供作品、表演、录音录像制品，构成共同侵权行为的，人民法院应当判令其承担连带责任……”这是针对实践中有些网络服务提供者在经营活动中既提供网络服务，又提供作品等内容服务，但当发生诉讼纠纷时，网络服务提供者强调其仅提供网络服务，应适用“避风港规则”给予免责。此时，法院会根据涉案证据判断网络服务提供者实施行为的性质。一旦认定网络服务提供者与他人以分工合作形式提供视频节目，那么不论该网络服务提供者在整个提供视频过程中实施了哪些具体行为，都以直接提供视频论。

案 例

电视剧《××的战争》案②

电视剧《××的战争》于 2009 年年底在某电视台四套首播。锋某公司经授权取得该剧独家信息网络传播权，期限自 2011 年 11 月 1 日至 2014 年 12 月 31 日。

微某公司经营 cn. m××. com 网站。锋某公司于 2012 年 7 月 4 日取证显示，

---

① 史尚宽：《债法总论》，中国政法大学出版社 2000 年版，第 172 页。

② 一审：北京市海淀区人民法院（2015）海民（知）初字第 19556 号民事判决书；二审：北京知识产权法院（2015）京知民终字第 2405 号民事判决书。

于该网站“视频”栏目网址为m××. tv. ××××. com，网页名称为“M××视频频道-M××中文网”，网页上端显示“m××中文网首页”、Messenger、m××等标识。网页上半部分排列有“m××视频”栏目“首页”“电视剧”“电影”“综艺”等。搜索“××的战争”，结果显示共33集，并有33集完整列表，随机点击第1、13、30集，可正常播放该剧相应剧集。锋某公司主张微某公司与搜某公司系合作经营，共同提供该剧在线播放服务，构成共同侵权，应共同赔偿经济损失1.5万元及合理开支5000元。

微某公司抗辩称，涉案网站是其与搜某公司战略合作的结果，其仅在M××网站首页提供视频接口，进入后m××. tv. ××××. com的网页内容都是搜某公司经营的，双方于2012年年底结束合作，该网站也不存在了。即使发生侵权行为，其不应该承担责任。搜某公司同意微某公司的抗辩意见。

法院经审理认为，微某公司与搜某公司承认双方存在战略合作，合作模式为微某公司从其经营的M××中文网上开设视频栏目，为搜某公司提供网站接口，由搜某公司存储包括涉案电视剧在内的视频节目。该合作方式下，涉案网站可同时视为M××中文网与搜某公司网站的组成部分。二被告使用联合域名，以分工合作形式共同提供涉案电视剧的在线播放服务。法院判决二被告均构成共同侵权。

随着网络行业细分程度加剧，越来越多的经营主体需要与他人合作开展经营，在此情况下，如何认定网络经营者以分工合作方式提供视频，或是以分工合作方式提供网络服务，抑或仅是对他人网站所提供的视频文件设置了链接，界限并不清楚。本书第五章将对此部分内容具体开展。

2. 原告出于管辖目的起诉被告共同侵权。在部分案件中，原告会将与被诉行为相关的多个主体作为共同被告起诉，有些网络服务提供者被拉进诉讼是为了确定管辖连接点。例如，某案①中，针对某腾公司经营的网站“电视剧”栏目下提供该剧在线播放服务，且播放界面内有“搜某视频”水印，播放框下方有“搜某视频”字样，该剧权利人某动公司就将搜某公司和某腾公司共同起诉到搜某公司所在地法院，该院经审理后仅判决某腾公司承担侵权责任。

---

① 一审：北京市海淀区人民法院（2015）海民（知）初字第12794号民事判决书；二审：北京知识产权法院（2015）京知民终字第2209号民事判决书。

2015 年发布的《最高人民法院关于适用〈中华人民共和国民事诉讼法〉的解释》（简称《民事诉讼法司法解释》）[①] 施行后，通过增加共同被告，以被告住所地作为管辖连接点的案件渐少。原因是该司法解释第 25 条规定了“信息网络侵权行为实施地包括实施被诉侵权行为的计算机等信息设备所在地，侵权结果发生地包括被侵权人住所地”。此规定给了权利人极大的管辖选择权，既可以按被告住所地为管辖连接点在被告住所地法院起诉，也可以在更有利于原告的被侵权人住所地法院起诉。

一旦发生多个被告与被诉行为有关，则要分析讨论被告之间的关系，所实施行为的内容以及责任主次问题。

3. 被告申请追加其他共同行为人为被告。

除了原告积极主张多被告共同侵权之外，实践中还存在一类较为普遍的情况，即被告认为其不该承担原告主张的法律责任，而实施被诉行为另有其人，因此申请法院追加他人为共同被告。在视频著作权案件中，追加被告参加诉讼的情形非常复杂。本书第四章第三节中将对追加当事人问题详细展开。

---

① 该司法解释已于 2022 年修改。

第二章

视频所属客体的认定

本书第一章中关于网络视频著作权纠纷的演变以及容易引发纠纷的常见视频类型已经涉及视频所对应客体的内容，之所以还有必要专门介绍视频所属客体的司法认定问题，是因为：一方面，判断被诉视频所属客体的法律性质是侵害著作权案件中权利判断的起点，权属认定、侵权判定以及法律责任问题都需要在解决此问题基础上展开；另一方面，视频被认定的客体不同，权利人享有的权利不同。视听作品的权利体系更完善，这也是实践中视频权利人更愿意将其视频主张为视听作品的原因。例如，音乐喷泉案[①]中，中某某景公司曾于 2016 年 4 月 28 日向国家版权局申请对其“水上花园”音乐喷泉进行作品登记，登记证书记载该作品类型为“电影和以类似摄制电影方法创作的作品”。之所以将音乐喷泉登记为类电影作品，中某某景公司称，由于法律上并无“音乐喷泉作品”这一单独类别，因此，选择了与“音乐喷泉作品”最相近的类电影作品进行登记，“音乐喷泉作品”所要保护的是其舞美设计、编曲造型、各种意象和装置配合而形成的喷泉在特定音乐背景下的喷射表演效果。该案最重要的争议焦点即音乐喷泉是否属于著作权法保护的作品，若属于，系何种作品。一审法院认为，音乐喷泉所要保护的对象是喷泉在特定音乐配合下形成的喷射表演效果，属于著作权保护范围，并适用“法律、行政法规规定的其他作品”给予保护。

二审法院审理后对法院能否适用“法律、行政法规规定的作品”进行了详细论证，并引用了法律释义中的内容，强调我国著作权法在制定时，为当时尚未列入但以后可能列入法定类型的作品预留了空间。但由于这种“其他作品”有“法律、行政法规规定”所设定条件的限制，特别是法律释义明确强调了必须由法律、行政法规规定，这就意味着在立法之初就明确限制了司法对该条款进行扩大解释适用。所以，在目前尚无法律、行政法规明确增加了其他具体作品类型的情况下，在司法裁判中适用该条款是立法明确排除的。

---

① 北京知识产权法院（2017）京 73 民终 1404 号民事判决书；《北京知识产权法院审结“中国喷泉著作权纠纷第一案”》，载北京法院网，https：//bjgy. chinacourt. gov. cn/article/detail/2018/07/id/3379894. shtml，最后访问时间：2022 年 1 月 11 日。

二审法院最终将音乐喷泉认定为美术作品。

此案例引发了广泛关注和讨论。2020 年《著作权法》中，作品的兜底性规定为“符合作品特征的其他智力成果”，同时将作品概括定义为“文学、艺术和科学领域内具有独创性并能以一定形式表现的智力成果”。此规定基本解决了上案中的争议焦点问题。本书引用该案例主要是为了强调在侵害视频著作权案件中，视频客体性质确定的重要性。

本章主要分两节内容，围绕著作权所保护的客体问题展开，从作品构成要件开始分析视频所涉及的客体，以及在诉讼中认定相关客体所涉及的常见问题。

第一节 请求权基础的基础

按王泽鉴老师的观点，请求权基础，是指可供一方当事人向他方当事人有所主张的法律规范，即为请求权规范基础，简称请求权基础。① 每一个侵害著作权纠纷所涉及的请求权基础，一般都包含了物权上的不作为请求权中的停止侵害请求权，以及损害赔偿请求权中基于侵权行为的损害赔偿请求权。另外，部分侵害著作人身权的案件还会涉及人身权请求权。②

不论是哪一项请求权规范基础，都需要首先考察符合相应法律规范的请求权本身，是否建立在满足法定要件基础之上。在视频著作权案件中，只有视频满足著作权法规定的要件成为受保护客体时，权利人所主张的请求权基础才有可能被法院支持。郑成思老师在其《版权法》中就明确指出：“在维护版权的过程中，尤其在通过诉讼方式维护版权的过程中，最困难的事情首先是确认版权在有关作品中存在，其次是确认侵权。这要比专利、商标诉讼中确认侵权都困难……在国际上，如果确定有某作品可受版权保护，则该作品具有‘版权性’（Copyrightability，或 Authorship）。”③ 近年来，我们看到大量

---

① 王泽鉴：《民法思维——请求权基础理论体系》，北京大学出版社 2009 年版，第 36~41 页。

② 邹碧华：《要件审判九步法》，法律出版社 2010 年版，第 57~58 页。

③ 郑成思：《版权法》，中国人民大学出版社 1997 年版，第 90 页。

文章在探讨经济生活中出现的新事物可否受著作权法保护时，喜欢使用“可版权性”一词，实际就是在讨论该新事物能否成为著作权法保护的客体。

一、作品的构成要件

毋庸置疑，作品是最主要的著作权客体。世界知识产权组织编写的《著作权与邻接权法律术语汇编》中指出，“所有以可复制形式表达的独创性的智力成果”①。我国《著作权法实施条例》第2条明确规定了“著作权法所称作品，是指文学、艺术和科学领域内具有独创性并能以某种有形形式复制的智力成果”。2020年《著作权法》第3条将其中“有形形式复制”修改为“以一定形式表现”。如果直接从该立法定义中进行抽象，作品的要件有四项，一是领域范围，即文学、艺术和科学领域内；二是独创性，这是作品的实质性要件；三是一定表现形式；四是智力成果。

视频著作权纠纷中，原告对被诉视频最主要的主张是作品，少部分案件中，原告会主张被诉视频为录像制品。由于作品的构成要件较为复杂，且录像制品与视听作品在构成要件上存在可类比性因素，下文主要以作品为例结合实践中的情形分析。

（一）领域范围

将作品限定在“文学、艺术和科学领域内”，主要来源于国际公约，目的在于划分著作权与工业产权，著作权主要用于审美目的，工业产权则强调实用性。虽然很多学者呼吁作品要增加实用艺术作品，即使著作权法增加了此作品类型，也不会突出强调其实用性，而是关注其艺术性。比如，外观设计专利属于工业产权，外观设计专利权仅限于在特定产品（载体）上使用的外观设计，虽然作品一般也需要载体呈现，但作品本身不受载体的限制。专利法上，使用“制造”的称谓而非“复制”。专利法中的制造，是指生产出具备相应实用功能的产品，作品的“非实用性”，是指作品仅以满足

① 世界知识产权组织编：《著作权与邻接权法律术语汇编》，刘波林译，北京大学出版社2007年版，第12页。

人们的感知需求为目的，而非以与产品结合为目的。[①] 当然，“文学、艺术、科学领域”所覆盖的范围非常大，通常能满足实践中所主张保护客体的需求，而较少情形下会以此要件否定诉争客体属于作品，网络视频本身一般也不会超出该领域范围。

案例

广播体操案[②]

某报业总社主张，国家体育总局组织投入人力、物力，经过多年努力，在前八套广播体操的基础上，创编了我国第九套广播体操。2011 年 6 月 27 日，某报业总社经独家授权，获得了该套广播体操的复制、出版、发行等权利。2012 年 3 月，某报业总社在图书大厦处购得由某音像公司出版、某文化公司总经销的涉案第九套广播体操音像制品。某报业总社认为，除音乐、动作、播音侵权外，不科学的动作设计还严重误导使用者，被告的行为侵犯了其对于第九套广播体操动作设计编排、伴奏音乐、口令以及相关音像制品所享有的专有复制、发行权，请求法院判令被告停止侵害、消除影响、赔偿经济损失 49 万元等。

某音像公司、某文化公司主要抗辩广播体操不属于著作权法保护的作品，其出版发行的音像制品是另行录制的版本，没有侵犯某报业总社的录音录像制作者权。

法院经审理后认为，第九套广播体操的动作不是文学、艺术、科学领域内的智力成果，本质上属于一种健身方法、步骤或程序，不具备作为作品的法定要件，故不属于著作权法意义上的作品，不受著作权法保护。

（二）独创性

独创性要件是研究著作权理论时反复讨论的内容，王迁老师将“独创性”

① 李琛：《著作权基本理论批判》，知识产权出版社 2013 年版，第 117~118 页。

② 北京市西城区人民法院（2012）西民初字第 14070 号民事判决书，本案入选北京市法院 2012 年知识产权诉讼十大案例，载北京法院网，https：//bjgy. chinacourt. gov. cn/article/detail/2013/03/id/931715. shtml，最后访问时间：2022 年 1 月 11 日；祝文明：《第九套广播体操是否“作品”引热议》，载人民网，http：//ip. people. com. cn/n/2012/1224/c136655-19993339. html，最后访问时间：2022 年 1 月 11 日。

拆分成“独”和“创”分别阐释①。李琛老师则将“独创性”解释为两层含义，一层含义是“作品系作者独立完成”，允许偶合；如果两部作品的雷同系出于巧合，则两部作品平等地受到著作权法的保护。另一层含义是“作品应具有一定程度的独特性”，只有当主体与作品之间存在特定联系时，才能证明该主体创造了作品。② 第一层含义体现的是客观事实，是就是，不是就不是，并没有理解解释方面的模糊地带。第二层含义中“一定程度的独特性”，需要他人对作者创作作品时是否达到了“一定程度”的个性化取舍进行主观判断。之所以施加第二层含义，一般认为“创作”需要与单纯“额头出汗”的独立劳动相区别。

不同国家的立法传统和渊源不同，在审视作品要件的时候，对前述两层含义的考察是不同的。如英国版权法把作品分成两大类：第一类为文学、戏剧、音乐和艺术作品；第二类为录音、录影、广播和字型作品，法律只对第二类作品不要求具有独创性，只要独立完成。德国著作权法对独创性有较高的要求，但是反不正当竞争制度完备，不具有独创性的表达可能受到反不正当竞争的保护③。一般认为，以作者权体系作为重心的大陆法系国家认为作品属于作者人格的外化，因此在考察作品独创性时需要判断独创性程度高低。对于独创性程度低，甚至没有独创性的智力成果该如何保护（如数据库），不同国家会通过其法律体系的整体安排给出解决方案。

2020 年《著作权法》所规定的作品类型中，除了“符合作品特征的其他智力成果”之外，《著作权法实施条例》第 4 条对 2010 年《著作权法》第 10 条中规定的其余十三类作品的具体定义，难以用统一的独创性标准来考察不同作品的构成要件。相关作品定义方式不同，有的以创作和播放方式来界定，如视听作品；有的以表达形式来界定，如文字作品、舞蹈作品等；有的以使用目的来界定，如图形作品。

司法实践中，法官往往会以更宽容、简单的标准来看待一个作品是否满足独创性要件，对于常规类型的作品，如文字、音乐、美术、摄影、视听作品等，原告通常无须专门举证其作品具有独创性，否定独创性的过程一般由

---

① 王迁：《著作权法》，中国人民大学出版社 2015 年版，第 20~37 页。
② 李琛：《著作权基本理论批判》，知识产权出版社 2013 年版，第 130 页。
③ 李琛：《著作权基本理论批判》，知识产权出版社 2013 年版，第 133~134 页。

被告提交反证或法官凭日常生活经验判断，只要原告提交的内容并非构成元素过于简单，被告也无法举证证明原告非独立完成，一般都可以认定原告主张保护的内容具有独创性。

对于不同类型作品独创性的把握，理论和实务界在国际公约、法律法规等立法渊源基础上，基本能达成共识，“不应对独创性提出高要求，只要具有一定程度的个性、创造性、作品中体现除了作者某种程度的取舍、选择、安排、设计，就应认为具有独创性”。[①] 如摄影作品，是“指借助器械在感光材料或者其他介质上记录客观物体形象的艺术作品”。实践中，原告能提供照片底片，一般就能根据该照片认定存在摄影作品，不论该照片是专业人士使用专业照相器材取景拍摄，还是业余人员使用手机的随手拍。不是所有类型作品的认定都如此简单，至少美术作品和建筑作品的定义中都强调了具有“审美意义”，这可以理解为具有一定高度的独创性。

（三）表现形式

2020 年《著作权法》在作品的定义中的规定了作品的表现形式，而《著作权法实施条例》中规定，以某种有形形式复制一般理解为可复制性。

刘某是一名专业发型师，在普通中长发基础上设计了一款新的发型，并聘请模特和摄影师拍摄了一幅该发型设计的图片，该发型制作步骤主要包括：1. 垂直于耳部划一条耳对耳线，在前区将两个鬓角区和刘海区加以区分，后区从骨梁区开始划出上下两区；2. 从后下区取一正三角形分份，水平修剪，以此长度为引导线，放射状修剪，直至将整个后下区全部修剪完毕；3. 将后下区靠近骨梁区的长度作为引导长度，以此为基准将冠顶区修剪成渐增层次，直至整个后冠顶区修剪完毕……刘某主张涉案发型为雕塑作品，其对涉案发型及图片均享有著作权。

刘某在《××百科报》上发现一篇广告文章，该文配发了一幅署名为“××丽缘美容美发机构发型师阿星作品”的图片，该图片即为涉案图片。刘某认为××丽缘美容美发机构和××百科报社侵犯了其对涉案发型的署名权，亦侵犯了其对涉案图片的著作权，要求被告赔礼道歉、赔偿经济损失 3 万元等。

××丽缘美容美发机构抗辩其未在《××百科报》上刊登广告；××百科报社

---

① 陈锦川：《著作权审判原理解读与实务指导》，法律出版社 2014 年版，第 3 页。

主要抗辩称，发型设计不属于著作权法保护的作品范围。

法院确认刘某享有涉案发型图片的专有使用权。对于刘某称其创意和设计的涉案发型属于著作权法保护的雕塑作品，并由此主张对涉案发型享有署名权。法院认为，刘某主张的发型设计系由一系列的技巧和步骤构成，对技巧和步骤的模仿和使用，著作权法无权予以制止，故其并非著作权法保护的客体。而就技巧和步骤所形成的具体结果，即发型本身，其造型的固定性不同于雕塑；加诸于人体本身的发型因适用于人体，在形状、长短、直发或卷发等选择取舍上，均须依人体自然规律之要求，造型并未超出公有领域，不属于著作权法意义上的作品。

值得一提的是，上述案例最终未将涉案发型认定为美术作品，主要还是由于该发型体现了人体自然规律之要求，造型本身未超出公有领域，可复制性只是认定不构成作品的综合判断因素之一。另外，商业活动中需要的非真人模特发型等，可复制性难以成为否定作品要件的障碍。近年来，也有部分法院将真人发型认定属于立体美术作品，给予著作权保护①。另外，按照表现形式来判断，更容易认定相关智力成果满足表现形式要求。

（四）智力成果

智力成果要件主要强调了是体现“人”的意志的智力成果。天然形成的地形地貌、自然风光，不论有多美轮美奂、鬼斧神工，也无法成为作品。前些年，曾有一例猩猩拍摄照片是否享有版权的案例引发了全球讨论，普遍观点与法院最终的意见相一致，不论猩猩拍摄的照片艺术价值多高，因其不是人创作的智力成果，不应享有版权②。

当前，人工智能日益发达，通过智能工具撰写新闻稿、制作音乐或视频是否享有著作权不能一概而论。有观点认为，“人工智能不具备法律主体资格要件……人工智能生成物实质只不过是人的生成物，人工智能生成物是否构

① 杭州市中级人民法院（2011）浙杭知终字第 54 号民事判决书；袁博：《发型设计可以构成受著作权法保护的作品吗?》，载人民网，http：//ip. people. com. cn/n1/2018/0313/c179663 - 29863895. html，最后访问时间：2022 年 1 月 11 日。

② *Monkey has no standing to assert copyright infringement in selfie case*, *9th Circuit rules*, https：//www. abajournal. com/news/article/monkey_ has_ no_ standing_ to_ assert_ copyright_ infringement_ in_ selfie_ case_ 9th. 最后访问时间：2021 年 9 月 30 日。参见相关学者的论文：张玲、王果：《动物“创作成果”的民事法律关系三要素分析》，载《知识产权》2015 年第 2 期。

成著作权法意义上应受保护的作品，也应当按照著作权法关于人的创作物是否属于应受保护的作品标准进行判断”。[①] 类似的观点认为，“人工智能生成内容之上的著作权，应当归属于人工智能的所有者，所有者被‘视为’作者。赋权给人工智能的所有者，根本理由在于确保完整产业链的形成，维系产业的发展。需要明确的是，不给予人工智能生成内容著作权法的保护，会影响到人工智能产业的发展”。[②] 也有观点认为，可以给予人工智能创作成果以邻接权保护，“倘若人工智能创作物在作品著作权相同的保护模式下直接流入版权市场，不但会分割人类作品的原有利益，还将导致以激励创新为核心的著作权制度在理论上难以自洽……著作权法在邻接权的保护期限、保护力度等方面均低于对著作权的保护水平。因此，将人工智能创作物作为邻接权客体，既能为产业发展提供必要的制度保障，又能合理地调和相关利益的冲突”。[③]

尽管法学理论界对上述前沿问题讨论热烈，但这些问题尚未广泛形成诉讼纠纷，司法裁判对此问题的回应也是个案性、探索性的。值得一提的是，在视频著作权纠纷中，法官处理纠纷依赖当事人提交证据所展现的事实，即使将来诉争的视频节目实际上由人工智能软件“创作”完成，但只要原告提供带有自然人署名的视频文件、创作底稿等体现“人”的创作痕迹的证据，对方无法提供相反证据推翻时，法院一般也难以直接判断，甚至是没有必要判断相关视频节目的创作主体实际是自然人还是人工智能软件。

事实上，从法条定义中抽象出来的前述四项要件，在司法实践中常用且容易引发争议的是第二项独创性要件，特别是针对不同的作品，独创性如何理解、把握，往往存在较多争议。此外，关于争议客体是否属于作品，重要焦点集中在对“表达”的判断上。

（五）对思想的表达

著作权法所保护的作品，应当体现为对思想的表达，而非思想本身。这是著作权法的基本原理之一。具体到诉讼中，何谓“思想”，何谓“表达”

---

① 李扬、李晓宇：《康德哲学视点下人工智能生成物的著作权问题探讨》，载《法学杂志》2018年第9期。

② 孙山：《人工智能生成内容著作权法保护的困境与出路》，载《知识产权》2018年第11期。

③ 许明月、谭玲：《论人工智能创作物的邻接权保护——理论证成与制度安排》，载《比较法研究》2018年第6期。

就不那么泾渭分明、一目了然了。

多年来，国内各大卫视纷纷引进各类综艺节目，许多媒体报道称之为“引进版权模式”。虽然部分引进的节目在传播过程中引发了广受关注的法律纠纷，但综艺节目本身发生著作权纠纷的并不多见。

案例

电视节目《××》案①

世某公司准备制作一档与“性”有关系的电视节目。2004年7月，世某公司与中国人口宣传教育中心就联合制作《××》节目约定：由该中心负责节目选题审定和内容终审，提供政策指导，组织相关专家参与节目，派专人负责节目制作，并以该中心名义向全国电视台发行；世某公司承担资金投入，负责节目策划、市场营销、组织随片广告销售等工作，双方未签订书面协议。世某公司随即开始先期制作样片等工作。

2004年11月起，多家媒体相继报道了《××》节目将于2005年1月在电视台播出的消息，在相关报道中提到：面罩言谈—由戴着面罩的嘉宾讲述自己在性生理和心理方面所遇到的问题；专家访谈—对嘉宾疑难进行解答；好视—性专家对影视作品中的经典性爱镜头分析；媒事—媒体上关于性问题的经典篇章。报道中还提到，节目中的受访者都要戴上世某公司专门制作的面罩接受采访，并配发了节目录制过程中的部分图片，包括主持人、戴面罩的受访者、专家点评等。由于世某公司未取得《广播电视节目制作经营许可证》，直至发生纠纷，该节目并未在电视台播出。

2005年4月起，某狐公司在某狐网站上推出了一档同名谈话实录节目，标题为“《××》—网上讲述真情故事—一档感动大多数网友的大型故事性情感类谈话节目”，基本形式为主持人与嘉宾围绕节目主题进行交流，嘉宾戴着面罩参与节目，该节目包括文字及视频两种方式。

世某公司主张某狐公司侵犯了其《××》节目模式的著作权，节目模式包括节目名称—《××》、节目形式—主持人与嘉宾访谈、节目道具—面罩、节

① 王迁：《著作权法》，中国人民大学出版社2015年版，第42~43页；参见北京市海淀区人民法院作出的（2005）海民初字第15050号民事判决书。

目内容—以“性”为主导的人性的探讨和思索，属于著作权法规定电影作品和以类似摄制电影的方法创作的作品。

法院认为，从世某公司主张的节目模式包括内容来看，实际上是世某公司对《××》节目的构思、创意，世某公司只有通过语言文字、符号、线条、色彩、声音、造型等客观形式将这种构思、创意表达出来，才能被人们所感知，才能以有形形式进行复制。同时，当这种表达是独创的且符合法律规定时，才构成著作权法保护的作品。故世某公司关于《××》节目构思、创意本身并不属于我国著作权法规定的作品保护范围。由于《××》节目模式并不属于著作权法意义上的作品，故对世某公司要求认定某狐公司制作的《××》节目侵犯其著作权的主张不予支持。

这是主张节目模式适用著作权法保护的典型案例。目前，理论和实务界基本的共识是，商业模式等各类经营模式本身属于自由竞争范畴，法律虽然鼓励市场主体创新模式，推出新奇有特色的各类商业模式，但并不会对模式本身提供垄断性保护。相反，法律鼓励市场主体在相同或近似的模式下开展竞争，从而提供给公众更加质优价廉的产品和服务。

《北京市高级人民法院关于审理涉及综艺节目著作权纠纷案件若干问题的解答》就综艺节目模式是否受著作权法保护的问题，作出如下解答：综艺节目模式是综艺节目创意、流程、规则、技术规定、主持风格等多种元素的综合体。综艺节目模式属于思想，不受著作权法的保护。但也明确了综艺节目中的节目文字脚本、舞美设计、音乐等构成作品的，可以受著作权法的保护。

当用于表达的元素，如文字片段，声音、画面等元素极为有限时，能否完整地传达创作者的思想而成为该思想外化的表达，值得讨论。

案例

游戏《我叫××》案①

某越公司是移动终端游戏《我叫××》的著作权人，前述游戏改编自系列

① 北京知识产权法院（2014）京知民初字第1号民事判决书；《北京知识产权法院2015年审理的典型案件》，载中国知识产权网，http：//www. cnipr. com/CNIPR/CNIPR4/xcz2016/anli/201604/t20160421_ 196409. htm，最后访问时间：2022年1月6日。

3D 动漫《我叫××》。某越公司主张，其享有“我叫××”名称及其中“哀木涕、傻馒、劣人、呆贼、神棍德”五个人物名称的文字作品著作权。

某享公司是被诉游戏《超级××》的开发商，某维公司是被诉游戏《超级××》、游戏网站的运营商，在线公司共同运营该游戏官网。被诉游戏中有“小 T”“小德”“小馒”“小劣”“小呆”五个游戏人物，其名称与原告游戏的人物名称相似。某越公司主张三被告未经许可在被诉游戏中使用前述五个游戏人物名称，侵害了其对游戏中五个人物名称的文字作品改编权、信息网络传播权等。

法院认为，只有具有独创性的表达才构成作品。对于作者不具有选择与安排空间的词组或短语，因属于“思想与表达的混合”，故不被认定有创作性。作品是作者思想情感的表达，是沟通作者和其他社会成员的桥梁或纽带，一个词组或短语如果不能给予读者一个确切的意思，不应认定其有创作性。法院对某越公司的此部分诉讼请求，未予支持。

上案的争议焦点之一就是短小的词组是否能认定为作品。短小的词组虽然不是一概不构成作品，如法院曾认定空调广告语“横跨冬夏，直抵春秋”满足了独创性表达的要件，构成文字作品①，但更多情形仍和前述案例类似。对于名称、标题等词组或短语而言，判断其是否有创作性，应考虑其是否同时具有以下特征：其一，该词组或短语是否存在作者的取舍、选择、安排、设计。对于作者不具有选择与安排空间的词组或短语，因属于“思想与表达的混合”，不被认定有创作性。普通的或者常用的词组或短语，亦不具有独创性。其二，该词组或短语能否相对完整地表达或反映出作者的思想情感、传达一定的信息。作品是作者思想情感的表达，是沟通作者和其他社会成员的桥梁或纽带，一个词组或短语如果不能给予读者一个确切的意思，不应认定其有创作性。

上案中法院抽象了两个要件来判断短小的词组能否被认定为作品，一是要能体现作者的个性化取舍，这体现了独创性要求；二是要能完整反映作者的思想情感，这体现了对思想进行表达的要求。在一般情况下，短小的词组较难以体现作者的个性化选择和取舍。

---

① 《“微作品”也有著作权》，载人民网，http：//ip. people. com. cn/n/2013/0725/c136655-22321044. html，最后访问时间：2022 年 1 月 6 日。

早期，视频著作权纠纷中的被诉视频往往是专业制作的长视频，视频节目本身是否属于表达，一般没有争议。但当声像编辑技术不断发展，特别是短视频行业兴起以后，包括动画特效、可反复循环的动态表情、GIF 动图，以及用户使用短视频软件形成的仅有数秒钟的视频片段，能否成为体现创作者思想的“表达”，这类问题就开始纷争迭起。

实践中，对于被诉视频是否属于表达存在争议时，通常需要结合个案因素考虑。能够获得著作权法保护的表达是能将思想、感情传达于外的符号形式。当然，也要注意到不同类型的作品，满足“表达”的要素并不完全一致。例如，一幅单字书法，一般难以成为文字作品意义上的表达，但从字型结构、笔画走向、运笔风格等角度，可以成为美术作品意义上的表达。

对于体现一定时长的视频节目，根据现行著作权法规则，在一般情况下或者属于视听作品，或者属于录像制品，但若仅是将静态美术作品或摄影作品短时动态化，在动态化的过程中未增加独创性表达元素，则依然属于美术作品或摄影作品。

二、被诉视频可能涉及的客体

（一）视听作品

据不完全统计，近些年中涉及视频的著作权纠纷，绝大部分被诉客体为视听作品，以影视剧、综艺节目居多，凡是有些热度的电影、电视剧大多都被各类视频网站、视频 App，或者为了吸引人气而附带提供视频内容的各类软硬件使用。

（二）录像制品

另一类较多涉及的视频客体为录像制品。相较于视听作品，录像制品在诉讼中通常涉及讲课或培训视频、地方戏剧等。由于仅有少量机位拍摄，也缺少复杂的剪辑制作，观众更多关注的是视频中的内容，而非画面的表现形式。视频内容还会涉及其他类型的作品。

案例

《×××轻松写作文》授课视频案①

《×××轻松写作文》授课视频由毛某根据其出版的图书内容录制，并制作成了VCD。毛某发现，注册某学习网会员后，登录进入“辅导课程”的“作文辅导”栏目，显示有“××××轻松写作文”，点击后可免费播放部分视频内容，继续观看则需注册为收费会员。毛某主张某学习网经营者侵害其授课视频的信息网络传播权。

某学习网经营者认可授课视频中主讲人为毛某，但认为授课视频属于录像制品，毛某无证据证明其为制作者，无权主张侵权。毛某表示制作VCD的音像出版社已注销，其在本案中主张授课视频中的口述作品。法院后确认毛某主张的权利客体为口述作品。

可见，类似于讲课内容的视频引发纠纷时，部分权利人并不关注录像制作者是否侵权，而是对录像中图、文、音频、动态画面等内容可能涉及的作品更为关注。而录像中的内容往往涉及口述作品、文字作品、美术作品、摄影作品、表演者的表演等权利客体，由此引发的侵权纠纷在判断实质性相似时比较复杂。特别是，其中还体现一定的史实或公有领域素材时，需要排除部分不受著作权法保护的内容，判断哪些内容可受保护，被诉内容是否与该部分内容构成实质性相似将更加复杂。

（三）其他类型作品

随着近年来视频行业的发展，各类简单易操作且功能强大的视频软件不断出现，用户可以使用相关软件制作各类视频，比如将视频文件进行拼接，将静态的漫画动态化，将多幅摄影作品配音后制作成动态的连续画面等，相关视频应当认定为何种客体性质就需要分析。《中华人民共和国著作权法释义》强调：能否作为著作权法所称的其他作品，必须由法律、行政法规规定，不能由其他规范性文件规范，以保证法制的统一。② 有观点认为，2010年

① 北京互联网法院（2020）京0491民初15795号民事判决书。

② 胡康生主编：《中华人民共和国著作权法释义》，法律出版社2002年版，第21页。

《著作权法》体系下，法律、行政法规并未规定“其他作品”，法院对此项没有适用的空间。也有观点认为，《中华人民共和国著作权法实施条例》既规定了作品的定义，也列举了典型作品，并不意味着作品类型是一个封闭的系统。

在立法技术上，人们通常将已经认识到的作品类型详细列举，分类的主要标准是依据作品的表达媒介，即符号构成。例如，文字符号、声音符号、线条色彩符号或身体动作符号，分别构成文字作品、音乐作品、美术作品和舞蹈作品。①因此，作品类型的定义并不是一个逻辑的产物，而是与人们的常识认知有关。这样的争论和思考推动了立法的发展，2020 年《著作权法》已接纳了开放式作品类型的规定。当然，即便如此，法院对非典型作品的认定也是慎之又慎的，不能因为行业技术或载体的变化而轻易认定新类型作品，如近些年中广泛热议的网络游戏画面、AI 成果等能否新辟作品类型，还是需要拨开商业和技术外衣寻找作品的本质，从作品法定构成要件出发来进行判断。大部分被诉视频还是可以纳入现有的典型作品类型中。

第二节　视频所涉客体认定中的常见问题

一、视听作品与录像制品的差异

由于我国著作权体系区分了著作权和邻接权，相对应的，对于有伴音或无伴音的连续画面也被分成视听作品和录像制品。区分的标准，通常以独创性为判断要件。当然，是以独创性有无还是以独创性高低来评判，仍存在争议。②

---

① 李琛：《知识产权法关键词》，法律出版社 2006 年版，第 22 页。

② 北京知识产权法院（2015）京知民终字第 1055 号民事判决书。部分学者认为“邻接权与著作权的分立，主要是利益斗争的结果。通说已经将邻接权解释为‘基于劳动与投资取得的权利’，邻接权为人们保护非独创性表达提供了依据”。李琛：《知识产权法关键词》，法律出版社 2006 年版，第 137 页。北京市高级人民法院发布的《关于审理涉及综艺节目著作权纠纷案件若干问题的解答》第 2 条则明确规定：“综艺节目影像，根据独创性的有无，可以分别认定为以类似摄制电影的方式创作的作品或录像制品。”

虽然理论上将视频认定为视听作品还是录像制品存在不同观点，但绝大多数权利人在诉讼中都会极力主张其视频应认定为视听作品，之所以做此选择，原因是显而易见的：

第一，权项范围广。作品权利人享有著作权，著作权法规定了著作权包含十七项权利，不仅有复制权等具体权项，还留有其他权利的开放性规定。录像制作者所享有的录像制作者权范围较窄，仅享有复制、发行、出租、信息网络传播及获得报酬的权利，并无开放性的其他权利。

第二，权利人保护期限不同。作品的权利保护期为五十年。视听作品区分发表权与其他著作财产权的保护期，起始时间分别为作品创作完成时、作品首次发表后；录像制品的权利保护期虽然也是五十年，但起始时间为首次制作完成后。

第三，能否吸收视频中其他作者的权利不同。2020 年《著作权法》规定的视听作品区分了电影、电视剧以及其他视听作品。视听作品为电影、电视剧的，编剧、导演、摄影、作词、作曲等作者享有署名权，有权按照与制片者签订的合同获得报酬，则影视剧的著作权归制作者。电影、电视剧以外的视听作品，著作权归属由当事人约定，没有约定或者约定不明的，由制作者享有，但其中的相关作者享有署名权和获得报酬的权利。视听作品中能单独使用的音乐、剧本等的作者可单独行使权利。

此外，视听作品中，表演者权被吸收，表演者不能就其视听作品中的表演单独主张权利，但录像制作者权不能吸收录像制品中表演者权，而应当同表演者订立合同，并支付报酬。

案 例

秦腔剧《××东》案[①]

2003 年 3 月 12 日，百某公司与某秦剧团签订了《投资拍摄合同》，约定：某秦剧团接受百某公司投资排演包括折子戏《××东》在内的秦腔作品，某秦剧团负责选定导演、演员，配备制作团队，选择拍摄场地，准备化妆、服装、

① 一审：北京市海淀区人民法院（2019）京 0108 民初 19448 号民事判决书；二审：北京知识产权法院（2019）京 73 民终 3920 号民事判决书。

布景、道具、舞美，参加人员的走位、排练，组织正式演出；百某公司负责对排演过程进行后期制作、出版、发行等的投资，享有作品的完整著作权。

百某公司后通过音像出版社出版《××××之秦腔本戏——××东》三碟装VCD光盘，其中视频总时长149′10″，视频的内容是表演者在舞台上扮演涉案剧目的角色，除有部分远近景的镜头切换外，没有其他变化。百某公司主张上述视频内容中导演、选角、走位、布景、道具等均体现了独创性，构成以类似摄制电影的方法创作的作品。

法院审理后认为，涉案视频系对舞台上表演戏曲剧目的过程进行的录制及少许技术加工。该剧目为传统剧目，在唱腔、动作、服装等方面具有高度程式化特点。同时，从其拍摄角度、拍摄光线、后期剪辑等方面来看，很难体现出该视频制作者对各个创作要素之间的素材选择、编排从而表达出某种精神内容的创造性劳动，不符合著作权法意义上作品的要求。法院认定涉案视频属于录像制品。

上案反映了一类典型情况，即当事人主张其视频节目构成作品，理由为视频中所记载的内容体现了拍摄者或组织者的独特创意，如上案中原告主张涉案视频的独创性体现为"《拍摄投资合同》中约定了有关于选定导演、演员、制作团队等内容，导演或演员的不同，以及演出的过程中需要演员之间的配合以及演员和乐队的配合等"。被拍摄内容可以因拍摄需要作调整，但不属于视频画面是否具有独创性的评价基础，视听作品的独创性，应当体现为制作者通过镜头语言或连续动态的画面按个性化特点进行的选择取舍，否则，拍摄自然景物或野生动物等非人为组织活动就不可能纳入视听作品范畴，显然不合理。

二、视听作品的构成要件

我国的著作权法将有伴音或无伴音的连续画面分为两类保护客体，即视听作品（2001年、2010年《著作权法》将其称为电影作品和以类似摄制电影的方法创作的作品）或录像制品。这两类客体分别涉及著作权及邻接权两类权利。法律释义对这两类客体作了如下介绍："电影是一种特殊作品，它是由众多作者创作的综合性艺术作品，如由小说作者、将小说改编成剧本的作者、将剧本改编成分镜头剧本的作者（导演）、拍摄影片的摄影作者、配曲配调的词曲作者、美工设计的作者等共同创作合成的。”同时列举了视听作品的典型代表包括“故事片、教科片、美术片等”。“复制性的录制他人报告、讲学等而制作的电视片、录像片，如电视台制作先进人物报告会的电视片、录像片，电视大学制作某教授讲课的录像片等不属于作品。”①

视听作品中的电影、电视剧，属于一类需要多人合作共同创作完成的复杂作品。电影、电视剧并不是指电影剧本，而是拍摄完成的影片。正如在著作权法释义中提及的，创作电影需要经历多个步骤，整个过程涉及编剧、导演、演员、摄像、道具、布景、场记、配音、剪辑等众多作者共同创作的结果，因此有些国家将电影演员等视为作者（如法国）。当然，实践中称之为电影的不只涉及故事片类，世界知识产权组织在定义“电影作品”时，曾指出其包括“一切电影及以拍摄电影的方式表现的其他作品”。世界知识产权组织曾经试图统一不同国家对电影作品、录像制品等的不同规定，在 1989 年 4 月主持缔结的《视听作品国际登记条约》（Regulations under the Treaty on the International Registration of Audiovisual Works）中，该组织认为：一系列镜头伴随或不伴随声响而固定在一定介质上，可以复制、可以供人们视、听的作品，统称“视听作品”，按照这个定义，电影、电视、录像中的绝大部分内容，都被包括进去了，都属于“视听作品”。② 当然，2020 年《著作权法》中的视听作品，仅指作品，不包括录像制品，司法实践中作品和制品判断标准之争仍将继续。

邻接权，最初也称之为“作品传播者权”，其诞生源于表演者的出现。狭义的邻接权是为了保护表演者权，而广义的邻接权则不限于表演者权。③ 我国著作权法对邻接权的相关规定，都使用了“与著作权有关的权利”这一概念，其中包括了出版者权利、表演者权、录音录像制作者权和广播组织权。最初仅有录音制作者，此后随着录像技术的普及才出现了录像制品，才将录制者权扩展至录音录像制作者，即将录制品中的音像固定在该录制品中的，并为这种录制活动负责的人。④

尽管我国著作权法规定了视听作品和录像制品，但正如上文分析二者的

---

① 胡康生：《中华人民共和国著作权法释义》，法律出版社 2002 年版，第 19 页。

② 郑成思：《知识产权论》，法律出版社 2003 年版，第 249~250 页。

③ 郑成思：《版权法》，中国人民大学出版社 1997 年版，第 49 页。

④ 郑成思：《版权法》，中国人民大学出版社 1997 年版，第 59 页。

区别以及法律释义中解释设置录像制品所规范的对象，视频权利人大都希望法院能将其主张的视频认定为视听作品，而非录像制品。在通常情况下，对使用有限的录像设备简单机械地录制视频画面属于录像制品并无争议。比如，某单位组织春节联欢会时，摄像师在观众席后排架设固定机位对全景形成的稳定连续画面，即属于录像制品。但对于一些制作工艺复杂的视频，视频权利人认为将之认定为视听作品才能与其付出的较高成本以及所形成的较高画质相匹配。

要认定某视频构成视听作品，需要符合视听作品的法定构成要件。对于视听作品构成要件的理解，一方面要考虑立法对视听作品的定义，另一方面也要回归到著作权法对作品所设定的基本要件中。

从社科法学的角度看，法律不可定义。无论如何，定义对复杂多变的社会来说都是不周延的。然而从规范法学角度看，没有定义就不知道法律是什么，就无法根据法律思考，无法实现简单依法办事的法治。① 定义都是为了抽象出一类事物，能让人更清晰明了地理解该事物的基本特征。《著作权法实施条例》第 4 条中规定的电影作品和以类似摄制电影的方法创作的作品定义，可以提炼出四项要件：一是摄制，在一般情况下，定义中的动词是该定义对所涉对象如何产生的重要限定；二是一定介质，这反映了作品载体；三是有伴音或无伴音的连续画面，这是该定义所涉对象的形式要件；四是播放或传播方式。在《著作权法实施条例》未随 2020 年《著作权法》修订之前，可以将前述规定作为视听作品的定义。视听作品的定义不仅要能充分反映该作品类型的本质特征，也应满足一般作品的基本要求。并且，针对客观事物的定义还需要回归到现实中进行验证，只有不被证伪的定义才是科学严谨的。

首先，我们将视听作品的前述定义与现实生活的相关事物进行验证。其中，电影曾被称为活动图片（Motion Pictures）。早些年，能形成活动图片的仅有电影胶片所呈现的影像。此后随着技术的发展，非使用胶片拍摄也能形成活动图片，比如 Flash 动画。第一章的 Flash 案中，法院认为，“Flash 系使用计算机软件制作的配有声音和字幕的可使用播放软件播放的连续漫画，属于以类似电影方法创作的作品”。显然，Flash 并非摄制形成，除此以外的动

① 陈金钊：《体系思维及体系解释的四重境界》，载《国家检察官学院学报》2020 年第 4 期。

画电影，甚至近年来需要突出场景画面的部分热门大片也越来越多使用电脑特技制作出声像效果。因此，“摄制”这一动词在当下的影视剧市场中，已经不再作为作品的本质特征存在。事实上，即使追溯立法渊源，《伯尔尼公约》第2条第1款中规定，“电影作品和以类似摄制电影的方法表现的作品”应当受到保护，世界知识产权组织编写的该公约指南指出，对此类作品的定义并不考虑制作它的“工艺方法”。大部分国家在对电影作品的规定中也没有出现“摄制”这样的用语。①

其次，视听作品需要有一定介质，介质通常认为是作品载体。我们注意到，《著作权法实施条例》所规定的具体类型作品中，对作品载体作出明确规定的不多，仅摄影作品和视听作品，绝大部分作品仅从表现形式方面进行限定，如文字作品要求系以文字形式表现的作品；口述作品系以口头语言形式表现的作品；曲艺作品系以说唱为主要形式表演的作品等。这些未限定载体仅限定表现形式的作品，在实践中并不存在认定和区分困难。那么，如视听作品这样限定了作品的载体，又当如何看待。

一般电视台制作精良的综艺节目为视听作品（2020年《著作权法》施行前通常认为与电影作品性质无异）。如果电视台为了吸引更多观众，直播某综艺节目年终总决赛，在直播过程中，整个综艺节目是通过直播数据流的形式实时传输给用户的。假设电视台直播完毕并未存储，即电视台并未将该综艺节目“摄制在一定介质上”，而观看直播的用户使用自己的电脑将直播画面录制下来。倘若事后有人未经许可通过网络向用户直接提供该综艺节目的点播服务，那么，是综艺节目制作方的电视台还是录制该综艺节目的用户有权维权诉讼；该综艺节目视频画面可认定为视听作品，还是录像制品，还是二者均不是；如果已固定的该综艺节目属于录像制品，那么录像制作者权能直接归属录制节目画面的人吗？这些问题在实践中可能不会发生，但可供思考。

最后，视听作品应具备连续的动态画面。一些教科书中列举的PPT幻灯片仅是多幅静态画面的按顺序展示，不构成视听作品。但是，目前的技术已经能极其便捷地使一组图片在伴音效果下实现动态的故事性播放，此类PPT能否属于视听作品？作者认为，相较其他要件而言，能体现制作者独创性表达的连续动态画面是视听作品构成要件中的实质性要件，这是公众普遍能将

---

① 王迁：《著作权法》中国人民大学出版社2015年版，第107页。

视听作品与其他类型作品，以及同样作为连续动态画面的录像制品进行区分的主要特点。至于如何判断独创性，本章第一节中已有详细介绍，此处不赘述。

考察以上四项视听作品的要件，都是从外在形式作出的限定，对视听作品本质特征的概括并不明确，这种立法的留白给司法实践提供了相对较大的解释空间。

三、相关视频的客体属性

针对被诉视频能否认定为视听作品，有几类视频的客体属性引人关注：

（一）短视频属于作品还是制品

本书第一章中提到了短视频，关于短视频制作及传播过程中引发的著作权纠纷，其中广泛讨论的一项焦点问题就是短视频属于作品还是制品。之所以提出这一问题，是因为视频从形式上最符合人们对视听作品及录像制品客体要件的通常认识，自然首先会对客体类型属性问题作出反应。其次的原因体现在：争议双方因立场不同而容易得出不同的结论。权利人通常希望将短视频归入作品范畴，这样其能获得著作权法规定的关于作品的主要权利，特别是包括广播权、改编权、其他权利。而被诉侵权人则更希望将短视频归入录像制品范畴，除了权项有限制之外，也会因为制品市场价值相对低廉而可能获得较低的赔偿额。

实践中，在大部分情况下讨论的短视频是否属于作品中涉及的“作品”是指视听作品。短视频是否属于视听作品，取决于对短视频独创性的判断，只有短视频能体现与视听作品同样性质的独创性，方可认定为视听作品。部分论述短视频具有较高独创性的观点会根据短视频画面中所体现的内容，比如舞台布景、装饰图案、演员动作等具有丰富内涵或独特特点，以及画面内容的丰富程度，直接得出该视频虽然时长短但仍具有较高独创性的结论。这并不一定恰当。

视听作品的独创性体现为创作者使用镜头语言或画面语言进行表达时的独特视角，如分镜头画面的整合、画面的分割、近景远景的切换、特写画面的剪辑、整理，画外元素的搭配等，法院之所以能将数十秒甚至数秒时长的短视频认定为视听作品，正是从视频画面本身是否充分体现创作者的个性化选择、取舍、安排考虑的，与被拍摄对象无关。正如一名优秀的导演，即使拍完全真实的昆虫世界，或者对着天空拍流动的云，也能通过镜头语言演绎出创作者的个人独特视角，指导拍摄的视频体现独创性从而构成作品。

（二）游戏画面是否可认定为视听作品

近年来，一些端游、页游的权利人，对他人“山寨”“搭便车”或“换皮”游戏画面、游戏设计的行为寻求民事诉讼救济时，有将双方游戏画面中的元素拆分成文字、美术、音乐等作品进行主张。此种方式不仅举证工作量大，而且比对过程费事费力，还会被认为对权利游戏的保护不够充分。

因此，有权利人希望将网络游戏整体画面作为一个作品进行保护。2020年《著作权法》所规定的视听作品，包括了电影、电视剧以及其他视听作品，网络游戏整体画面即使不属于电影、电视剧，也可以作为其他视听作品给予保护。2020年《著作权法》施行前，我国著作权法所规定的作品类型中，只有“电影作品和以类似摄制电影的方法创作的作品”才能与制作精良的网络游戏整体画面相契合，足以体现网络游戏整体画面的独创性高度。司法实践中，已经有不少案件判决认定网络游戏整体画面属于“电影作品和以类似摄制电影的方法创作的作品”。这不仅受到权利人的欢迎，而且也为司法裁判提供有益的借鉴。作者近年来审理的多起网络游戏侵权案件中，有不少权利人也希望将其游戏整体画面认定为类电影作品，最终出于各种原因未获得支持。作者对此也有一定的思考。

1. 视听作品与网络游戏。

目前的立法对视听作品主要限定了形式要件，但满足视听作品形式要件的对象在现实中有很多，如上文提到的Flash等。尽管如此，理论及实务界对视听作品，特别是电影、电视剧作品的理解方面，存在一定的共识，即影视剧，除了具备法定的形式要件之外，从作品内容看，一般还应包含一定的情节寓意、故事主线、角色形象等。从创作过程看，通常自编剧创作文学剧本开始，到导演参与完成分镜头剧本，选定演员，再到组织演员表演，摄像师对演员的表演进行拍摄，拍摄过程中还有多人参与布景、道具、服装等辅助工作，最后剪辑制作形成完整的影视剧。如果按照实际参与创作的主体来看，编剧、导演、演员、摄像、剪辑、词曲作者都各司其职，多人不同的独创性劳动融合一体才能完成一部影视剧，所以一般认为影视剧是复杂的合作演绎作品。当然，一些动画电影的独创性劳动集中在动画制作中，可能不存在真实的表演者，也不存在取景、拍摄等工作，但同样会为了表现一定的具体情节而设定角色、场景、表现视角等。

网络游戏不是一个法律概念，目前泛指由游戏开发者、经营者提供的供玩家在连接互联网的状态下按照相关规则操作实现休闲娱乐、取得虚拟成就的游戏。本质上，网络游戏是运营商控制管理的服务器程序与用户（玩家）客户端相关联并可实现数据交流的计算机软件，该软件呈现在用户电脑中的可视画面满足视听作品“由一系列有伴音或者无伴音的画面组成”的形式要件。

实践中，将网络游戏在源代码层面认定为计算机软件这一作品类型并不存在争议。而且，网络游戏权利人对于盗用游戏源代码的行为诉诸民事，甚至刑事手段维权的情形并不少见。但是，权利人更多的维权需求集中在他人模仿、侵权使用网络游戏画面或画面元素方面。网络游戏整体画面能否视为视听作品？一些存在故事背景、情节设定的角色扮演类网络游戏，游戏画面是在游戏软件运行过程中通过玩家的操作，按照游戏规则调用游戏素材资源库中的相应内容而呈现，不仅能满足视听作品的形式要件，而且实质上也非常接近于视听作品中的动画电影。对于这样的网络游戏，可将其整体画面认定为类电影作品或其他视听作品。

反对网络游戏可被认定为视听作品的理由之一是，玩家策略不同，造成网络游戏画面不稳定、不唯一，作品表达不确定，不能直接认为网络游戏画面是一个完整的作品。对此，需要解释的是，尽管网络游戏整体画面的呈现受制于玩家操作和游戏规则的设定，从而使实际画面存在一定的可选择性和对于玩家而言的随机性，但在当前阶段，除了极少数可由玩家根据所提供的要素自主构建画面的游戏之外，玩家对于网络游戏画面的贡献主要还是通过操作技巧将事先设定好的画面予以呈现，不存在创作新游戏画面的行为。因此，不同玩家玩出不一样的游戏画面，不属于作品表现形式不确定、不固定的情形。

2. 网络游戏整体画面作为视听作品的有利之处。

将网络游戏认定为视听作品，从权利人角度来看，既便利了权利人举证，又加强了权利保护。如果按照游戏画面元素分别主张不同类型作品的著作权，按照目前侵权案件对原告的举证分配规则，权利人的举证责任相对重。主要是因为整体游戏画面的创作者可能与游戏画面元素的创作者不同，不论权利人主张对多少数量、多少类型的游戏元素享有著作权，其需要按类别一一提交相关元素所对应作品的权属证据。如果网络游戏整体画面可视为一个视听作品，那么，权利人仅需要提交证据证明其享有该游戏整体画面的著作权，大大减轻了关于权属的举证责任，也减少了因不同作品权属认定规则不同而可能存在的举证风险。同时，将网络游戏整体画面认定为视听作品，使网络游戏权利人同时获得了计算机软件和视听作品“双重”著作权保护，且不排除可单独成为作品的网络游戏画面元素的著作权保护，这种优待是一般的著作权保护对象所不享有的。

从裁判者角度来看，便于查明并认定权属事实。根据原告主张的作品内容及提交的权属证据查明争议内容是否构成作品，在构成作品的情况下进一步查明该作品的权利归属，是侵犯著作权案件中事实查明的重点工作。

以分割元素方式认定网络游戏画面中的不同作品，由于网络游戏元素众多、设计复杂，其中不乏一些非常简单的图案、线条或文字，如体现玩家生命值的药水瓶，刀、剑等武器、工具，表现了现实生活中的物品，属于有限表达，不宜认定为作品。若能认定为作品，权利人如果分别对游戏画面元素主张美术、文字、音乐等不同类型作品的著作权，还要考虑是否存在他人在先表达等情况。而且，游戏画面元素通常由自然人创作，除了权利人将这些元素分别以申请著作权登记等方式记载创作者，一般情况下无法通过查看作品上的署名来确认创作者，继而认定著作权人。游戏画面元素作品无论是权利人的法人作品、员工职务作品，还是权利人委托他人创作或从他人处受让的作品等法律关系的不同，对确定这些作品的权利归属也会产生影响，法院逐一查实并作出认定程序烦琐。

将网络游戏整体画面认定为视听作品，法院仅需审查网络游戏的开发制作人，这可以结合网络游戏自身的署名、游戏软件著作权登记、游戏宣传推广过程中的公示信息等多种相对容易核查的证据进行判断，极大减轻了权属审查的工作量。

3. 网络游戏整体画面作为视听作品尚需思考的问题。

尽管将网络游戏整体画面认定为视听作品在理论上无障碍，也确实存在现实的便利之处，但仍有一些问题值得思考。

第一，网络游戏不断升级改版是否会对作品的稳定表达产生影响？视听作品著作权从创作完成时自动取得，创作完成一般意味着视听作品的表达已经稳定，才有权利人对他人未经许可修改、破坏作品完整性等行为提出权利主张的情况。网络游戏不论作为计算机软件，还是作为一种需要通过新奇特色的玩法、有亲和力、能吸引人的画面效果黏合玩家的娱乐产品，不断修改漏洞、升级改版、增加内容、变换游戏规则，既是软件性质使然，也是游戏维持热度的需求使然。一款经营多年的网络游戏，比如角色扮演类跑地图游戏《××岛》，2004 年在国内上线运营，游戏大地图在多年运营中陆续增加或删减调整后，更新了一百多个版本，2015 年时已经包括十多个版块。

如果将网络游戏整体画面认定为视听作品，不断变化中的网络游戏整体画面，该认定为一个视听作品，还是多个视听作品？如果可以认定为多个视听作品，何种程度的内容增删变化，可以认定形成了新的视听作品？

有观点认为，“通常情况下，大型角色扮演类网络游戏，初始版本对游戏的基本元素如角色、地图场景、武器装备、等级设置以及故事情节等均已设计定型，后续版本一般仅对局部元素在功能数量、Bug 修复以及视听效果方面作改进优化处理……”[①] 事实上，玩过角色扮演类网络游戏的人大都会有这样的体验，游戏的角色形象、地图场景、武器装备、等级设置以及相关的故事情节在总量和类型上一定是不断增加的。这既符合游戏开发运营者低成本抢占市场的需求，也符合玩家欢迎新内容不断增加的需求。假设某游戏在上线之初设计了五个地图版块，十多年后依然只有这五个地图版块，没有实质性的新鲜内容，就无法留住最初的玩家；没有根本性的创新亮点，也无法适应快速发展、竞争激烈的游戏市场，吸引新玩家。

另外，网络游戏为了维持玩家热情，会根据不同的节日庆典等特定时间、事件推出仅用于某些时段的游戏地图、关卡、道具、角色等内容，这些特色内容在某个时间段内，对于游戏画面而言具有相当重要的意义，不属于对游戏元素的简单优化处理。

侵犯网络游戏著作权案件的审理难点之一就是，原告取证被告游戏侵权时，如何证明原告游戏中的相关内容早于被告游戏中的相关内容，且原告对这些内容享有权利。一些被告抗辩称，双方游戏都在不断升级变化中，原告仅能证明取证当时，双方游戏中存在被诉内容，但无法证明被告游戏使用这

① 上海知识产权法院（2016）沪 73 民终 190 号民事判决书。

些内容晚于原告游戏，甚至提出不能排除原告游戏中的相关内容来自被告游戏。因此，对于不断更新变化中的网络游戏，即使要认定其整体画面构成视听作品，还是需要根据权利人主张以及游戏版本的实质差异作出具体认定，不宜笼统认定被告游戏整体画面侵害了原告游戏整体画面的著作权。如果原告游戏能将之各版本都稳定留存于第三方网站等公开网络环境中，对此问题的解决大有益处。

第二，在无法查明网络游戏全部画面内容的情况下，即推定整体画面构成视听作品是否合适？大型角色扮演类网络游戏地图或关卡众多，除了玩家个人直接能完成任务形成相关游戏画面之外，还有一些游戏画面需要多人组队共同完成。而一般情况下，原告通过公证处监督下的取证过程无法对原告游戏整体画面内容予以展示，法院即使认定网络游戏整体画面构成视听作品，也是根据原告举证所显示的有限画面对整体画面进行的推定。这与通常情况下法院对著作权侵权之诉审查认定的基本思路不同。一般的，原告应当明确并举证作品内容，在此基础上主张需要保护的权利，法院根据原告主张及提交的证据进行审查认定，几乎不存在作品外延是什么尚不清楚就直接认定作品性质、权利归属并作出侵权判定的情形。每一个侵害著作权案件都包含了确权程序，判定被告侵权的结果同时也是对原告主张的权利给予以确定的结果。这意味着，游戏权利人获得的侵权案件判决，可以直接作为其他案件的权属证据使用。因此，对于这种情况下网络游戏的作品内容、权属的认定应格外谨慎。

最后，需要强调一下网络游戏整体画面为视听作品按需认定的必要性。2020年《著作权法》规定了视听作品，且将视听作品区分为电影、电视剧作品和其他视听作品。因此，除了一些画面较为简单的网络游戏之外，大部分网络游戏整体画面都可以被认定为其他视听作品。但在具体的侵权案件中，是否有必要认定原告游戏整体画面为视听作品，还要看被告的侵权行为。如果被告仅使用了原告游戏画面中的部分元素，而这些元素仅能对应原告游戏画面中的美术作品、文字作品等，就没有必要在确认原告游戏画面中相关美术作品、文字作品等的情况下，再认定原告游戏整体画面构成视听作品。

可能是出于网络游戏投资开发成本较高，维持活跃的运营周期难度较大，但侵权游戏的各方面成本大大降低，且侵权效率非常高的现实情况，网络游戏权利人针对屡禁不止的各类侵权行为，希望对游戏元素、游戏静态画面、动态特效、整体画面、游戏规则、计算机软件等对象通过包括著作权、商标、专利、不正当竞争等途径进行全方位、多层次、多类型的充分保护。其中，对网络游戏整体画面认定为视听作品，还是要在确有必要的情况下，以充分的事实为基础，谨慎作出认定。

（三）体育赛事直播画面的性质

随着各类体育赛事在人们日常娱乐生活中重要性的提升，围绕体育赛事的各类知识产权纠纷也日益增加，其中，体育赛事直播画面引发的著作权纠纷尤为突出，焦点问题之一是体育赛事直播画面（如公用信号承载的画面）能否成为著作权法保护的客体。第一章中提到的体育赛事直播案即此类争议的典型案件。

有学者指出我国著作权法立法层面的问题：我国著作权法虽然在权利客体的设定上采取了德国法的“著作权-邻接权两分法”模式，在电影作品保护之外另行规定了录像制品保护，但是在著作权的权利内容和邻接权的权利内容的设定上，却较机械地参照了有关保护录音制品的《罗马公约》以及TRIPS协议保护录音制品的规定，没有考虑录像制品和电影作品的传播形式和利用价值几乎大同小异，导致两者的权利内容大相径庭。[①]

德国法上适用邻接权保护的“活动图片”不属于电影作品，类似于我国的录像制品，但德国对“活动图片”的保护与电影作品基本无异。[②]“和电影作品制片者一样享有复制权、发行权、放映权、播放权和向公众提供权。而根据德国《著作权法》第20条的规定，播放权并非仅仅限于《伯尔尼公约》规定的传统的无线广播，而是可以涵盖任何有线或无线方式的广播，可以包括网络广播行为。因此，即便按照德国著作权法，对体育比赛活动摄制的画面只能依据该法第95条享有邻接权保护，也照样可以禁止网络直播行为。”[③]

---

① 张伟君：《从德国著作权法看网络直播体育赛事节目的著作权保护》，载微信公众号“同济知识产权与竞争法中心”，https://mp.weixin.qq.com/s?src=11&timestamp=1641731972&ver=3548&signature=Z1ygcbNBfF0VzYH3Kmzhdygx-mg7nj9mCp4bIIAsja2xKcm6E3krVgXYIIN0W4UC*mKhNTnuY8CSmuNWk6jQbOnOLjxniviHd7ln*uilAdSZ-PTuVUtCpHJNH6lXvhOe&new=1. 最后访问时间：2022年1月9日。

② 见《德国著作权法》第95条，《十二国著作权法》翻译组译：《十二国著作权法》，清华大学出版社2011年版，第178页。

③ 张伟君：《从德国著作权法看网络直播体育赛事节目的著作权保护》，载微信公众号“同济知识产权与竞争法中心”，https://mp.weixin.qq.com/s?src=11&timestamp=1641731972&ver=3548&signature=Z1ygcbNBfF0VzYH3Kmzhdygx-mg7nj9mCp4bIIAsja2xKcm6E3krVgXYIIN0W4UC*mKhNTnuY8CSmuNWk6jQbOnOLjxniviHd7ln*uilAdSZ-PTuVUtCpHJNH6lXvhOe&new=1. 最后访问时间：2022年1月9日。

他国法和国际公约的相关规定与国内立法的效力不可等同，而国内法需要发挥其调整经济社会生活法律关系的基本作用。目前，体育赛事直播画面应当受到法律保护的结论基本是各方共识，分歧主要在于如何保护。2020年11月16日发布的《最高人民法院关于加强著作权和与著作权有关的权利保护的意见》中，专门提出要“依据著作权法准确界定作品类型，把握好作品的认定标准，依法妥善审理体育赛事直播、网络游戏直播、数据侵权等新类型案件”，反映出体育赛事直播画面性质等法律问题已经受到相当关注。

四、视频中特效元素的性质

当网络中各类视频占据用户屏幕时，综艺节目、网络游戏、短视频等以视频为主要呈现方式展示声像感知效果的行业同时催生了特效元素的广泛应用，最典型就是各类动画表情包、动态特效元素等。

以短视频制作为例，当前市场上的各类短视频制作软件大多能向用户提供花样繁多的编辑元素，包括文字、图形、颜色、配饰、表情、配乐等。用户之所以喜欢某款短视频制作软件，相当部分原因是该软件可实现更多的短视频制作特效功能、提供更多表情包等效果素材。毫无疑问，这些效果素材都是由相关人员设计出来的，作为劳动成果的表达，不排除能成为受著作权法保护的作品。

实践中，有些素材并非所提供平台的设计师们原创，而是将他人已经在网络中流传甚广的作品做成表情包或素材提供给用户使用，此时容易引发著作权纠纷。

案例

某系列卡通形象配图案①

金某公司员工于2008年至2009年创作完成了某系列卡通形象。该系列卡通形象的创意来源于汉字“囧”，主要体现为长方形的头部，头部上方有两

① 一审：北京市海淀区人民法院（2014）海民（知）初字27829号民事判决书；二审：北京知识产权法院（2015）京知民终字第678号民事判决书。

只小耳朵，头部下方连接比例较小的身体、四肢。金某公司将某系列卡通形象进行了著作权登记，登记作品展示了该卡通形象的各种面部表情或身体动作，部分配以服装、道具等装饰。金某公司主张该系列卡通形象为美术作品。

2014年，某卫视开播一档亲子综艺节目，第一期至六期中大量使用了涉案系列卡通形象，视频网站向用户提供这些节目视频的点播服务。金某公司认为，某卫视的经营主体某广电集团未经许可使用涉案系列卡通形象，侵犯其信息网络传播权，并提出停止侵权、赔礼道歉、赔偿经济损失500万元等诉讼请求。

某广电集团辩称，其委托第三方完成节目中的配图和后期制作，涉案配图由第三方自行设计完成，其配图是由卡通形象加文字旁白两部分组成的，并非单独的卡通形象，其使用的卡通形象与金某公司的某卡通形象虽相似但并不完全相同。

法院确认金某公司对某系列卡通形象享有美术作品著作权，某卫视节目中使用的卡通形象吸收了该卡通形象的独创性核心部分，与该卡通形象美术作品构成实质性相似，并认定某广电集团的行为构成侵权。

该案例中，综艺节目制作者为了让自己的节目画面效果更加生动活泼、吸引人，在节目拍摄完毕进行后期制作时，添加一些特效配图，这些配图在每一帧的画面中占比非常小，而且也不像水印那样固定在整个节目画面中，而是只在部分画面中出现。为此，节目制作方并未重视这些元素的使用行为，从而引发了侵权纠纷。

视频画面中的特效元素无非图像和声音，仅声音特效较难成为著作权法保护的客体，涉诉纠纷也极少。引发争议较多的特效元素主要为图像或图文结合的元素，这些图像有些明显属于他人漫画或美术作品的一部分，有些则是一些特定的线条、表情，甚至有将某些热点事件中的人物形象制作成GIF动图使用的情形。

曾有某消除游戏权利人起诉被告游戏侵害其著作权，理由为被告游戏画面中系统奖励的礼花动态图，从颜色、形状、渐变样态等特征与原告游戏的礼花动态图基本一致，原告表示这些礼花动态图都是其设计师专门设计制作的，被告恶意抄袭的行为侵害其著作权。当要求原告明确主张的礼花动态图属于何种作品时，原告依照当时的《著作权法》的规定选择性提出了几类主张："以类似摄制电影的方法创作的作品"，因这些礼花绽开同时伴有声音，因而主张符合类电影作品所指的有伴音连续画面要求；美术作品，礼花动态图可以属于以线条、色彩方式构成的有审美意义的平面造型艺术作品；其他作品，原告表示如果法院认为礼花动态图不属于前两类作品，也属于文学、艺术和科学领域内具有独创性的智力成果。虽然该案出于某些原因并未最终形成判决，而且随着2020年《著作权法》的施行也将解决法律适用问题，但至少给我们提供了思考素材，即简单的动画元素能否成为作品，如果可以认定为作品，该属于何种类型的作品？

第三章

权属认定

每一个视频所涉侵害著作权案件中，实际都包含两个“诉”，确权之诉和侵权之诉。而且，确权之诉是侵权之诉的前提和基础。只有原告举证证明其享有所主张客体的著作权，再主张被告行为侵权才是有意义的。因此，视频著作权相关的侵权案件中，法院首先要审查的是原告所主张客体的权属。对此项举证责任的审查，主要是署名的客观性、作者身份的真实性以及授权链条的完整性，并据此作出权属认定。由于视频产业分工细化的趋势，继受权利人，包括受让人和被许可人作为原告起诉维权的情形日益增多。因授权链条长，且授权内容复杂，权属认定问题也变得更加复杂。

民事诉讼中，大部分案件可以适用被告自认规则，即《最高人民法院关于民事诉讼证据的若干规定》（以下简称《最高法院民事诉讼证据规定》）第 3 条第 1 款规定，一方当事人陈述的于己不利的事实，或者对于己不利的事实明确表示承认的，另一方当事人无需举证证明。有必要强调的是，法院对原告权属（包括对视频客体认定）的审查，属于主动审查事项，不适用被告自认规则。这是因为一旦通过个案认定原告享有著作权，在无相反证据的情况下，原告仅以该生效裁判即可作为权属证据向他人主张权利。这意味着法院生效裁判中确认的权属具有一定的对世效力。因此，法院会谨慎审查原告所主张的权利证据，尽量不因个案中被告诉讼能力的差异、诉讼策略的不同导致出现权属认定偏差。

本章共分为两节，以作品为例讨论权属认定中的基础问题和常见问题。

第一节　基础问题

大部分侵害著作权案件中，首要的争议焦点是原告的权属问题。认定权属的过程，是判断原告是否享有其所主张的权利，以下基础问题是重点：第一，确定原始权利人，从而考察原告与被诉对象的关系，审查原告是否属于《民事诉讼法》第 122 条中规定的“与本案有直接利害关系的公民、法人和其他组织”。此问题解决原告的起诉资格，无法满足的，不予受理或裁定驳回原告起诉。第二，原告与原始权利人的关系，通过审查证据链条来判断原告是否享有其所主张的权利。此问题解决原告的权属主张成立与否，无法证明的，判决驳回原告诉讼请求。对前述两个问题的审查中，原告需要提交初步证据证明其享有的权利，被告否认的，则应提交相反证据。在对初步证据和相反证据进行审查后，能形成确认权属的优势证据的，法院作出权属认定。

一、判断原始权利人

以作品为例，原始权利人一般是作品的创作者，最典型的是作者。在侵害著作权案件中，原告与原始权利人之间主要存在两种关系，一是原告为原始权利人或部分原始权利人；二是原告为作品的继受权利人，即原告为著作权的受让人或被许可人。如果原告与原始权利人之间无任何关联，则其起诉资格不具备，法院可以直接驳回其起诉。

由于著作权形成于作品创作完成时，且不要求公开或履行公示程序。因此，在此后的权利移转或许可使用过程中，也只要按权利人意思表示通过合同安排即可。诉讼中，不论原告为原始权利人还是继受权利人，都要先从源头上查明作品的原始权利人，再进行权利链条的梳理，判断原告是否享有所主张的权利。

原则上，著作权归属于作者，对于影视剧和录像制品而言，相关权利一般属于制作者（制片者）。如何认定作者、制作者（制片者），如何判断原告所称的作者完成了创作，本质上是对权属的证明与认定问题。由于权属证明属于事后证明，法律采用了“署名推定”原则，即无相反证明，在作品上署名的公民、法人或者非法人组织为作者。

根据《最高人民法院关于审理著作权民事纠纷案件适用法律若干问题的解释》（以下简称《最高法院著作权民事案件司法解释》）第7条第1款的规定，当事人提供的涉及著作权的底稿、原件、合法出版物、著作权登记证书、认证机构出具的证明、取得权利的合同等，可以作为证据。证明原始权利人的证据类型多样，且要考虑相关行业的署名惯例等情形，相对而言，认定原始权利人较之认定继受权利人更为复杂。

一般情况下，当事人在诉讼中主要会提交以下证据证明作品原始权利人的情况。

（一）能体现署名及权利声明的作品

如无相反证明，在作品上署名的公民、法人或者非法人组织为作者。侵害著作权案件中，最普遍、最常用，且效力较高的初步证据是作品上的署名及权利声明。

部分影视产业发达的国家和地区影视剧上的权利声明大都比较规范，无论是电影、电视剧还是纪录片，大部分都会采取“©”的规范方式进行署名。类似这样的署名较为简单清晰，在判断权属时不容易发生歧义。

2003 年出台的《国产电影片字幕管理规定》[①] 对国产电影片头片尾字幕提出了规范要求，片头字幕中，“获得《摄制电影许可证》和《摄制电影许可证（单片）》的单位，可独立或联合署名为出品单位”；片尾字幕中，“电影制片单位以外的单位，其投资额度达到该影片总成本三分之一（合拍影片占国内投资额度三分之一）的，可署名为联合摄制单位”。

多年来，我国影视剧的署名大多按行政机关的要求进行标注，涉及影视剧的著作权案件中，最常见的署名是以“出品”“联合出品”“摄制”“联合摄制”的形式在片头、片尾进行标注。不过，有些投资巨大的影片会有较多“出品”或“摄制”单位。比如，电影《×壁》（下）由两家单位出品，另有十四家投资单位联合出品。[②] 此时，进行维权诉讼的原告若是继受权利人，则授权链条会很长，出现授权瑕疵的风险也会比较高。

当然，影视剧以“出品”“摄制”等主要方式的署名标注除了可能存在因为署名单位过多影响后续便捷维权之外，还带来了其他一些问题，将在下节常见问题中具体展开。

《北京高院著作权审理指南》第 10.4 条第 1 款、第 2 款在考虑影视行业字幕标注惯例的基础上作出了规定：“除有相反证据外，可以根据电影、电视剧等影视作品上明确标明的权属信息确定著作权人。未明确标明权属信息的，

---

① 广影字〔2003〕第 669 号，载国家电影局网，http：//www.chinafilm.gov.cn/chinafilm/contents/159/793.shtml，最后访问时间：2021 年 6 月 30 日。

② 北京市石景山区人民法院（2017）京 0107 民初 14377 号民事判决书。

可以认定在片头或片尾署名的出品单位为著作权人，无出品单位署名的，可以认定署名的摄制单位为著作权人，但有相反证据的除外。”随着进入维权诉讼的影视作品日益增多，影视作品权利人逐步意识到署名规范的重要性。近年来，影视剧片尾直接标注权利归属信息的情况越来越多。例如，某电影片尾注明：“版权归属某公司”，某电视剧片尾注明“独家信息网络传播权归属某公司”。一般情况下，原告提供以上述作品的权利声明，可认定其完成了证明作品原始权利人的初步举证责任。若被告否认，需提交足以推翻权利声明的证据。

需要指出的是，有些影片的权利声明由于措辞不规范可能存在歧义。比如，同时规定甲公司享有信息网络传播权，乙公司享有全部著作权。类似的声明已发生了权利冲突，若乙公司已享有全部著作权，显然包含了信息网络传播权，再强调甲公司享有信息网络传播权，则该影视剧的信息网络传播权人就有矛盾之处，需要进一步补充说明。又如，电视剧《××树下》注明“网络版权独家拥有及发行甲公司；本剧完整著作权由乙公司独家所有”。[①] 其中，“网络版权”不是规范用语，由于著作权权利体系中与“网络”相关的权利主要是指信息网络传播权，所以可以将此处的“网络版权”理解为包括信息网络传播权，但“网络版权”是否也能涵盖通过网络直播等的权利。法院在审理过程中，不会机械地解释字面含义，而是会综合其他证据，并考虑文字语言环境，再结合日常经验法则对不规范、不清晰的措辞进行解释。

实践中，与署名相关的另一常见的问题是作品载体问题。早期，电影、电视剧等正规拍摄的视频节目一般都有正版出版物，法院可以审查出版物片头片尾的署名情况。但近年来随着在线网络视频的普及，以及音像制品市场的低迷，许多视听类成果都不再寻求出版物市场，而是直接通过网络发行。此时，如何判断视频节目上署名的准确性，成了部分案件中的焦点问题。有些影视剧，通过相关电视台或卫视台播出时，片尾添加所播电视台为出品或摄制方；通过相关网站播出时，片尾则添加相关网站为出品或摄制方，导致同一部影片，不同渠道播出的署名不一致。此时，不稳定的署名为判断原始权利人制造了障碍，需要原告进一步举证证明实际的权利归属。

---

① 北京市海淀区人民法院（2013）海民初字第2300号民事判决书。

（二）拍摄（创作）合同

在涉及影视剧的侵权诉讼中，有部分原告以影视剧拍摄合同作为权属证据。法院能从源头上看到影片投资方之间的协议约定，对于权属判断显然是有利的。如戏剧作品《别×》案[①]中，某秦腔剧团（甲方）与某公司（乙方）订立《投资拍摄合同》，约定：甲方负责按照乙方要求排演涉案剧目，并享有涉案剧目署名权；乙方负责对甲方的排演过程进行投资，负责涉案剧目的后期制作、出版、发行等所有费用及事宜，乙方独家享有涉案剧目的完整著作权。对于此类证据，如果没有充分的相反证据推翻，被告通常予以认可，法院亦可直接确认相关作品的原始权利人。

有些案件中，原告需要将拍摄合同和影视剧署名相结合，以准确判断原始权利人。例如，电影《求求你，×××》片头显示：甲公司、乙公司、丙公司出品，片尾显示：甲公司、乙公司、丙公司、丁公司联合摄制。当甲公司维权时，为了证明该片的实际权利归属，还提交了其于 2004 年 4 月与戊公司（后改名为乙公司）、丙公司订立的《联合摄制电影合同书》，载明三方就共同投资联合摄制电影《求求你，×××》；戊公司、丙公司允许甲公司寻找另一投资人（仅限一位），此投资人不得以出品人身份出现，享有投资比例上国内部分的收益权及作为摄制公司的署名权，但不享有该片的著作权[②]。据此，可以认定该影片的原始权利人为三家出品公司。

第一章中提到的电影《张××》案，影片片尾署名与拍摄合同约定明显不符。体现权利归属安排的拍摄合同一般是作品创作之前或创作过程中当事人一致的意思表示，而作品上的署名是在创作完成后，创作者之间达成的体现为署名的公示权利人身份的意思表示。如果作品上的署名与拍摄合同中约定的权利归属不一致，通常以当事人合同约定为准。理由主要为，关于权属安排的约定属于拍摄合同的约定内容之一，拍摄合同能完整体现当事人的真实意思表示，而作品上的署名仅是在当事人事先约定之后所做的公示意思，只要拍摄合同有效，且涉案作品的创作属于对拍摄合同的履行，那么相关的权利安排仍应以合同约定为准。

---

① 北京知识产权法院（2020）京 73 民终 971 号民事判决书。

② 北京市海淀区人民法院（2014）海民初字第 12849 号民事判决书。

近年来，原告通过提交拍摄合同来证明权属的情形并非诉讼中的常见情形，分析起来，原因主要有二，一是必要性。拍摄合同并非证明原告权属的必要证据，若原告为原始权利人或部分原始权利人，通过作品上的署名以及其他原始权利人授权即可证明其权利；若原告为继受权利人，其提交体现原始权利人署名的作品，加上原始权利人的授权亦可证明其权利。二是秘密性。关于权利归属的约定只是拍摄合同中多个条款中的一项或几项，其他大量条款都是对投资、收益分配等的具体约定，当事人更愿意将这些约定视为双方的商业秘密不宜公开，没有动力在诉讼中作为证据提交。

案例

电影《离开×××的日子》案[①]

电影《离开×××的日子》片头、片尾标注出品单位为某制片厂，某制片厂、某公司联合摄制。

某公司主张对电影《离开×××的日子》享有著作权，提交了其与某制片厂订立的《协议书》，约定双方同意合作拍摄该片，共同负责对完成片的审查及报送电影局，由某公司自行组建摄制组，某制片厂在某公司的要求下提供拍摄影片所需的器材及人员，版权归某公司所有，以及国内发行及其他媒介获得的收益均归某公司所有。法院确认某公司享有该电影的著作权。

对于录像制品等非经行政许可制作发行的视频节目，原告通过提交拍摄或创作合同来证明原始权利人系诉讼中的常见情形。

案例

书画教学视频案[②]

某数书画公司与多位书画老师订立协议，聘请这些老师录制系列电视教学片，某数书画公司负责协调讲课场地、教学片的前期拍摄及后期制作；制作完成后的节目版权由某数书画公司独立享有。为证明协议履行情况，某数

---

① 北京市海淀区人民法院（2014）海民初字第8769号民事判决书。
② 北京市海淀区人民法院（2014）海民初字第7977号民事判决书。

书画公司提供了上述老师讲课内容的音像制品出版物及《音像制品出版明细》。音像制品封面记载“某数字电视书画频道”字样，播放光盘，片中均显示有主讲者姓名，片尾显示有书画频道字样及图标。

另外，某数书画公司还提交了其与某数字电视传媒有限公司签订的《〈书画〉频道传输合作协议》，以解释音像制品上“某电视数字书画频道”的名称。

法院根据上述协议以及出版物，确认某数书画公司享有涉案教学节目的录像制作者权，有权进行维权诉讼。

（三）著作权登记证书

在我国现行法律体系下，著作权自作品创作完成时起自动取得。著作权登记主要是作品完成后的一种确认方式，可以作为证明作品权属的初步证据。我国版权局发布的《作品自愿登记试行办法》第2条明确规定：“作品实行自愿登记。作品不论是否登记，作者或其他著作权人依法取得的著作权不受影响。”虽然该办法也对申请作品登记进行了一系列规范，但作品登记机关并不对申请登记的作品及权利人情况进行实质审查。

事实上，各地法院在审理其他类型作品的著作权案件中，直接否认著作权登记证书所登记内容的情况时常有之。例如，在张某诉杨某关于“模特头”著作权案件中①，张某主张其创作了“模特头”美术作品，并提交了著作权登记证书作为权利证据。张某主张，杨某未经许可在其销售的模特道具上大量使用了前述美术作品，侵害了其著作权。一审法院认为，张某虽提供了著作权登记证书，但作品登记属自愿登记，系形式审查，并未对作品的独创性作出审查认定，故仅凭作品登记证书不足以证实张某主张权利的作品符合著作权法意义上作品的独创性要求。根据张某所述的涉案“模特头”创作思路“采用仿真设计，头部头发占了大半比例，是一种流行的‘西瓜头’，标准的瓜子脸、高鼻梁、适中的嘴唇、眼睛闭着，突出显示了眼睫毛的浓密细长”，其中所采用的元素均是来自于日常生活中的素材，且仅系将上述元素简单组合，并不能体现出作者的创造性智力劳动。二审法院认同一审判决意见，并

---

① 一审：广州市越秀区人民法院（2015）穗越法知民初字第62号民事判决书；二审：广州市知识产权法院（2015）粤知法著民终字第608号民事判决书。

对著作权登记证书的效力进行了分析，“我国著作权登记机关对申请登记的作品并不进行实质性审查，《著作权登记证书》只是享有著作权的初步证据，并不具有证明效力，即使申请人获得了《著作权登记证书》，也不当然享有相关权利”。实践中，针对视频节目，原告较少仅以作品登记证书来主张权属。

视频节目的权属信息一般不存在不方便署名的情况，特别是正规拍摄的影视剧并不需要通过著作权登记证书来证明作品性质或权利人情况，但随着视频类型的丰富多样，如综艺节目、短视频等视频，可能没有类似于影视剧那样规范的权利人署名，不乏通过著作权登记补强权属证据。如第一章中的综艺节目《天天××》案，系甲卫视的自制节目，并在特定时间段分期播出，画面中显示甲卫视台标，舞台设计中也有部分甲卫视相关标识。虽然该节目未在视频画面中标注著作权归属信息，但甲卫视的经营主体甲广播电视台按不同期数分别对《天天××》节目申请著作权登记。

在“乙卫视”节目案[①]中，某文广公司主张两档乙卫视节目系其原创的类电影作品，并提交两档节目的作品登记证书，两档节目的片尾标注及“乙卫视”的截图，以及自2014年10月29日至2016年11月7日的报纸《每周广播电视》，该报纸中“一周声屏固定节目单”栏目载有乙卫视每周节目单，其中有数期该两档节目。

在视频著作权案件中，要证明视频相关的权利人，著作权登记证书可以作为一类权属证据。

（四）版权机构证明文件

除了影视剧上的署名标注之外，一些版权机构的证明文件也是重要的权属证明。例如，我国香港特别行政区制作的影视剧通常会通过香港影业协会出具《发行权证明书》来明确权利人，甚至授权情况。

例如，电影《××手》案中[②]，原告提交的权属证据包括香港影业协会出具的《发行权证明书》，其中详细记载了该片的基本信息：“《××手》一片的出品公司为某某电影有限公司，该片于2007年9月在××完成，并于2009年4月首次在香港公映；发行公司为中影某某音像制品有限公司、版权持有人为

---

① 北京市海淀区人民法院（2016）京0108民初38605号民事判决书。

② 上海知识产权法院（2015）沪知民终字第210号民事判决书。

中影某某音像制品有限公司；发行期限 15 年（自 2009 年 4 月 9 日至 2024 年 4 月 8 日）；发行形式：发行公司独家享有发行地区电视、录像以及信息网络传播的独占性权。”同时还记载有主要演员、发行地区等。该证明书的附页《授权书》载明：中影某某音像制品有限公司已将本电影独占性信息网络传播权转让给某朋普乐公司，现某朋普乐公司仅在授权期内享有本电影在发行地区的独占性信息网络传播权。”

相关版权机构出具文件的证明效力，至少要考察两个方面的情况。

1. 证明文件内容与署名记载不矛盾。

作为与影视剧创作无关的第三方机构事后的证明文件，需要与影视剧本身的署名相印证，即使不完全一致，也不能出现矛盾之处。相关机构的证明文件不具有可直接取代或优于作品署名证据的效力。

案例

电影《××喜事 2009》案[①]

电影《××喜事 2009》片头署名光某公司和东某公司；片尾载明该片由光某公司和东某公司联合摄制。

香港影业协会出具《发行权证明书》，记载该片于 2009 年 1 月首次在中国公映，版权持有人是东某公司，发行人是光某公司。2009 年 4 月 24 日，东某公司出具书面证明，表明该公司将该片包括信息网络传播权在内的发行权及转授权的权利独家且永久地授予光某公司。

该案中，虽然香港影业协会出具证明载明电影《××喜事 2009》的版权人是东某公司，但显然与片头片尾标注的署名不符。所以，即便有这样的证明，在光某公司没有主动放弃相关著作权的情况下，应依据片头片尾署名认定权利人，之后根据东某公司出具的书面证明，再与香港影业协会出具的证明共同作为该片信息网络传播权归光某公司的证据。

电影《××引力》案[②]中，该影片注明：本片著作权由某某之翼公司享有

① 北京市海淀区人民法院（2013）海民初字第 11082 号民事判决书。

② 一审：北京市海淀区人民法院（2013）海民初字第 19116 号民事判决书；二审：北京市第一中级人民法院（2014）一中民终字第 3294 号民事判决书。

（©2011 All Rights Reserved By Angel Wings Entertainment）。后香港影业协会出具的《发行权证明书》记载：该片于2011年4月首次在中国公映；东某神话公司是该片的发行公司，期限为4年。《发行权证明书》附页载明该片出品公司为某某股份公司、某某之翼公司、某某时代公司、某某娱乐公司（香港），并列明一系列详细的权利流转关系。

从香港影业协会《发行权证明书》记载内容看，原始权利人的记载虽然与影片上署名不完全一致，但此后的授权关系所显示的原始权利人情况与影响署名并不矛盾。通过记载该影片授权关系链条，显示该影片专有信息网络传播权在内的相关著作权先后有六手授权关系。在被告没有相反证据足以推翻此类协会证明文件记载内容的情况下，法院一般仍会采纳这些证据，并据此判断权属。

2. 属于国家版权局认证的版权机构范围。

《北京高院著作权审理指南》第10.5条关于机构证明文件的效力中规定："经国家版权管理机关同意的境外机构对影视作品权属情况出具的证明文件，可以作为认定著作权归属的初步证据，但有相反证据的除外。"目前，经国家版权局认证的版权机构共有八家，分别是国际作者和作曲者协会联合会（CISAC）、国际唱片业协会（IFPI）、商业软件联盟（BSA）、美国电影协会（MPA）、日本唱片业协会（RIAJ）、韩国著作权委员会（KCC）、香港影业协会（中国香港）、社团法人台湾著作权保护协会（中国台湾）。[①] 这八家机构出具的著作权证明文件具有初步证明权属的效力。

实践中，有一种情形值得注意，即韩国著作权委员会北京代表处的权属认证文件。查询中国裁判文书网可发现，不少案件中出现了韩国著作权委员会北京代表处出具的认证文件。例如，网某公司与流某计算机信息服务部侵害作品信息网络传播权纠纷案中[②]，韩国著作权委员会北京代表处出具证明确认《××的遗产》（共28集）等120部作品的著作权人为S××有限公司，且该公司将上述作品在中国的信息网络传播权授予S×× Contents Hub有限公司等。

如果相关版权机构未经国家版权局认证，不代表其不能出具版权证明文件。只是此类证明文件的证据效力相对较低，需要有较充分的其他证据予以佐证。

① 国家版权局网站中所列"认证机构"，载国家版权局网站，http：//www.ncac.gov.cn/chinacopyright/channels/12561.shtml，最后访问时间：2021年6月30日。

② 一审：杭州市中级人民法院（2011）浙杭知初字第852号民事判决书；二审：浙江省高级人民法院（2012）浙知终字第26号民事判决书。

（五）确认视频权属的生效裁判文书

诉讼中，生效裁判文书的证明力较高。《最高人民法院关于民事诉讼证据的若干规定》第 10 条当事人无须举证证明的事实中，包括了已为法院或仲裁机构生效裁判所确认的事实。这在一定程度上体现了司法裁判的既判力。虽然既判力主要用于解释论证“一事不再理”原则，从语源上来自古罗马法的既判事项的抗辩，这一抗辩植根于“对于同一事件不能提起两个诉讼”的原则。[①] 判决的既判力，是指法院所作出的确定性和终局性判决所具有的普遍拘束力。一般而言，判决的既判力既包括诸如禁止当事人重复诉讼、恶意诉讼、虚假诉讼，也包括禁止当事人提出自相矛盾的诉求和主张，还包括禁止法院作出前后自相矛盾的判决。[②]

若原告能举证证明涉案视频的著作权人以及原告所享有的权利已有在先生效判决确认过，在没有充分有效的相反证据的情况下，在后判决可以直接使用前案裁判所认定的事实。此情形常见于原告针对不同主体实施的同类侵权行为先后进行维权时。原告在不同法院都完整准备一组权属证据成本较高，而且若是不同法院认定证据的标准、裁判尺度不一致，即使使用同一组权属证据，可能也会出现不同的认定结果。因此，原告为了降低维权成本和风险，直接提交生效裁判是最优方案。例如，某文公司在多个案件中主张享有电影《×剑》的著作权，为此提交了最高人民法院（2009）民提字第 17 号民事判决，该判决认定，某文公司拥有电影《×剑》在中国大陆地区的著作权，他人未经许可通过信息网络向公众传播该电影应当承担相应的法律责任。被告对这样的判决认定不持异议。

虽然经生效裁判确认的事实是可以通过相反证据推翻的，但并不是任意相反证据都能推翻，而是在证明效力上达到“足以”否定已有权属事实的程度。实践中，能推翻生效裁判认定事实的情形较少，部分情形为著作权许可使用合同关系发生变化从而导致继受权利受到影响。

---

① 陈晓彤：《我国生效民事裁判既判力主观范围的解释学分析》，载《当代法学》2018 年第 3 期。

② 叶自强：《论判决的既判力》，载《法学研究》1997 年第 2 期。

案 例

综艺节目《××向上》案[①]

2013年12月31日，某某阳光公司向某艺公司授予2014年度某卫视综艺节目《××向上》的独家信息网络传播权。

2014年1~3月，某艺公司发现风某Ipad客户端提供《××向上》节目并持续更新，故向风某公司发出侵权警告函。

2014年1月10日，某某阳光公司向某艺公司出具书面说明表示，其未授权风某公司以任何形式播出2014年度某卫视的《××向上》节目。

后某艺公司向北京市海淀区人民法院起诉风某公司侵害其信息网络传播权。诉讼期间，风某公司申请中止审理，理由为某某阳光公司与其之间的《信息网络传播权使用许可协议》（简称《许可协议》）纠纷正在长沙市中级人民法院审理。

某某阳光公司（甲方）与风某公司（乙方）的《许可协议》于2013年6月30日签订，其中约定：甲方将其享有信息网络传播权的某卫视电视节目内容以非独家方式授予乙方使用，授权内容仅限视频点播权利，不包括视频直播权利；点播权利的使用领域仅限于互联网领域（PC电脑终端）、移动无线领域（Pad、手机等移动无线终端）；甲方授权内容是2013年度某卫视播出的自有版权节目。授权期限自2013年5月1日起至2014年4月30日止。费用共计500万元，其中互联网领域电脑终端授权费用为400万元；移动无线领域授权费用为100万元。合作款分三次支付：首款在协议签订日后的5个工作日内，乙方收到甲方提供的首款正式发票、相关版权证明文件及按附件格式出具的授权书复印件后10个工作日内，乙方通过银行转账的方式向甲方支付10%版权费用50万元；第二笔款在2013年7月31日前，乙方收到甲方提供的第二笔款正式发票后10个工作日内，乙方通过银行转账的方式向甲方支付40%的版权费用200万元；尾款在2013年11月30日前，乙方收悉甲方提供的尾款正式发票后10个工作日内，乙方通过银行转账方式向甲方支付尾款

---

① 一审：北京市海淀区人民法院（2014）海民知初字第8283号民事判决书；二审：北京市第一中级人民法院（2014）一中民（知）终字第9637号民事判决书；再审：北京市第一中级人民法院（2018）京01民再70号民事判决书。

版权费用250万元。如乙方迟延付款超过30日，甲方有权解除协议，已收取的版权费用不予退还，并有权要求乙方按照合同总价款的30%承担违约责任。

《许可协议》签订后，风某公司分别于2013年7月29日、10月28日、12月2日分三次支付三笔款项共500万元。

2013年12月3日，某某阳光公司以电子邮件的形式向风某公司发出《解除合同及删除节目视频的通知函》，提出风某公司第一次、第二次付款均出现迟延情形，且第二次付款已迟延超过30日，某某阳光公司有权解除协议，已收取的版权费不予退还，同时可以要求风某公司支付违约金150万元，并通知风某公司自2013年12月31日起解除协议；风某公司立即删除某卫视2013年度电视节目。随后将该通知函纸质版邮寄给风某公司。2014年1月6日，风某公司回函表示不同意解除合同。后某某阳光公司向长沙市中级人民法院起诉风某公司要求解除合同。

北京市海淀区人民法院在某艺公司诉风某公司关于《××向上》案中认为，"某艺公司是2014年度《××向上》的独家信息网络传播权人，风某公司是2013年度《××向上》的非独家信息网络传播权人。《许可协议》不包括2014年度《××向上》，故本案审理不必以某某阳光公司与风某公司在长沙市中级人民法院诉争案件为前提"，因此未支持风某公司中止审理的申请，并一审判决认定风某公司构成侵权。

风某公司不服一审判决遂提起上诉。二审中查明事实：风某公司提交了其与某某阳光公司于2012年5月2日签订的2012年《许可协议》，以证明跨年度的授权期限为双方的交易惯例。后二审判决认为，结合某某阳光公司与风某公司的2012、2013年《许可协议》等相关证据，风某公司获得授权内容的期限应为2013年5月1日至2014年4月30日，故风某公司播放涉案综艺节目并未超出其获得授权的范围①。二审法院于2014年12月20日判决撤销一审判决，驳回某艺公司的诉讼请求。

在某艺公司与风某公司的侵权诉讼期间，长沙市中级人民法院一审判决认为，风某公司在履行《许可协议》中迟延付款超过30日，违反了合同的约

① 北京市第一中级人民法院（2014）一中民（知）终字第9399号民事判决书，该案与综艺节目《××向上》案的二审案件为关联案件，相关认定相同，该案相关认定见北京第一中级人民法院（2018）京01民再70号民事判决书。

定，确认某某阳光公司与风某公司于2013年6月30日签订的《许可协议》自2013年12月31日解除，某某阳光公司根据约定有权向风某公司主张违约责任，风某公司应向某某阳光公司支付违约金45万元等。风某公司不服提起上诉，后二审法院于2015年8月27日判决维持了一审判决。

由于某某阳光公司与风某公司之间的合同纠纷决定了风某网在2014年1~4月提供某卫视相关节目的合法性，该法律关系的确定也会影响某某阳光公司将其节目授权某艺公司独家信息网络传播权的基础是否存在瑕疵。因此，一般情况下，应首先处理著作权许可使用合同纠纷这一基础问题，再解决侵权纠纷，尽量避免出现生效判决之间的矛盾认定。

前述纠纷是当事人同期多部综艺节目案件中的一起。某艺公司后通过申诉程序未能挽回败诉局面，最终选择通过检察院抗诉的方式维权。通过检察院抗诉再审，再审判决确认某某阳光公司与风某公司所签协议于2013年12月31日解除，此后风某公司再传播某某阳光公司的综艺节目均属侵权，从而撤销了某艺公司诉风某公司的二审判决，维持了一审判决。[①]

（六）其他证据

大部分视频中，权利人的署名相对规范，不论是文字标注、还是特殊标识，都形成了相对共识性的署名方式，同时不存在不方便署名的情况。因此，作品上的署名是首要的认定权属的证据。此外，美术、文字、音乐等作品可以通过手稿、底稿、多版修改稿等来证明创作者，但在视频创作过程中的剧本、音视频素材一般不作为权属证据使用，一方面，部分素材本身体现独立的作品，不能以这些作品唯一指向视频；另一方面，视频剪辑制作的过程复杂烦琐，要将其中所涉及的素材一一对应最终的视频成片，证明环节过于复杂。当然，最重要的原因还在于一些投资巨大的影视剧的权利归属都有合同安排，一般由投资方享有著作权，实际拍摄制作的人都是受委托创作，所以更有效的证明权属的证据是拍摄合同而非创作素材。

当然，随着短视频等新类型视频的出现，也存在各类不规范的署名，需要有其他证据来证明原始权利人。如通过登录某些视频平台确认帐户创设者享有该帐户内发布视频的相关权利；能提供网络游戏发布者信息或者用户协

① 北京市第一中级人民法院（2018）京01民再70号民事判决书。

议中约定的经营者作为网络游戏画面的权利人等。

一些摄影作品、美术作品等著作权案件中，由于被告未提交反证，法院最终通过权利人自行经营网站的摄影作品上都带有水印标识以及网站权利声明等确认原告享有所主张的权利。显然，在当前技术条件下，电子文件上的水印不论添加还是擦除都非难事。如电视剧《××观音》案①中，仅有“搜某视频”水印，法院并未认定搜某公司与侵权行为有关。当前网络环境下传播的视频，大都有传播网站的水印标识，仅表明网站身份，并不体现类似于作品署名的性质。

二、判断原告与原始权利人的关系

不论诉求能否得到支持，原告首先要证明其与争议法律关系有利害关系。原告可能是原始权利人或部分原始权利人，也可能是继受权利人，原告则需要根据不同的身份提供不同的证据。

近些年，大部分起诉维权的原告都是继受权利人。除了证明作品原始权利人情况之外，还有一项重要的证明内容，即原告应证明其从原始权利人处取得了合法权利，且授权链条完整。通常而言，相关权利人针对权利行使所作的专门合同安排，只要合同措辞准确清晰无分歧，也没有合同当事人对合同效力提出质疑，法院即可直接按合同字面含义确认权属。

例如，在电视剧《鹿××》案②中，原告为证明其享有该剧的信息网络传播权，举证证明下列事实：

电视剧《鹿××》的出品单位为某影业公司，制作单位为某视听环球传媒公司。2006 年 7 月 31 日，某影业公司与某兄弟影视公司签订《合约书》，某影业公司将该剧享有的全部权利转让给某兄弟影视公司，并得到某视听环球传媒公司的同意。后，某兄弟影视公司更名为某股份公司。2008 年 5 月 27 日，某视听环球传媒公司向某股份公司出具《授权书》，独家许可某股份公司有权以自己的名义向侵权者提起诉讼和接受赔偿等。双方应根据对电视剧《鹿××》享有的权利比例，就诉讼所得、和解和调解所得，以及播出、复制、

① 北京市海淀区人民法院（2015）海民（知）初字第 12794 号民事判决书。

② 四川省成都市中级人民法院（2012）成民初字第 563 号民事判决书。

发行及其他著作权法规定的作品使用许可所得，按照约定某视听环球传媒公司以30%，某股份公司以70%分配。2009年4月25日，某股份公司向原告出具独占使用该剧的信息网络传播权。可见，上述权利关系由一系列合同作出安排，对原告权属的审查，实则是对合同约定的审查。

与权属相关的合同，一方面要重视合同的形式要件；另一方面也重视合同的具体约定。在审查合同时，既要注重合同本身的效力，也要关注合同与其他证据的印证情况。

（一）合同文件应具备合法形式

实践中，部分案件尚未进入需要判断实体问题的阶段，仅因为一些程序问题即无法进入下一个诉讼环节。比如，原告提交的权属文件不符合民事诉讼证据的形式要求，无法作为证据使用。在曾有案件中，原告提交了其与某外国公司签订的授权协议的英文文本、中文翻译件及授权声明复印件，授权协议及授权声明均未经过公证认证。原告提交的授权协议中有四个英文人名签字，某外国公司称在该协议上签字的人员为该公司高级管理人员，但未进一步提交证据予以证明。原告称其没有授权声明原件。被告不认可授权声明的真实性。由于权属证据形式存在瑕疵，法院以原告无法证明其为直接利害关系人，裁定驳回了原告的起诉。

如果缺少重要证据或证据原件，经释明后大部分原告会先行撤诉，待证据准备齐全后再行起诉。因缺乏证据原件仍坚持诉讼，最终由法院审理后出具裁判文书的情形较为鲜见。

（二）解读合同条款

1. 约定含义优于法定含义

在不违反法律法规的强制性规定的情况下，当事人约定优先。此种情形较多反映在授权文件中。虽然我国法律规定的信息网络传播权所指的行为仅指以用户点播为典型形式的交互式传播，但在实践中，当事人更愿意将信息网络传播权作扩大解释，即涵盖非交互式在内的多种传播方式。如综艺节目《快乐×××》案[①]中，某阳光公司为证明其享有该节目的信息网络传播权，提

---

① 北京知识产权法院（2019）京73民终3330号民事判决书。

交了某广播电视台于2006年6月15日出具的《授权书》，其中载明将所属卫星频道的自有版权及经合法授权的电视节目内容和品牌资源（包括但不限于电影、电视剧、音乐、大型活动、综艺节目等）的开发经营权授权给某阳光公司独家经营。授权领域包含与互联网有关的权利，包括视音频播放、下载、虚拟社区、互联网广告、博客、播客、游戏开发等。电视剧《璀璨××》案[①]中，某尚映文化公司出具授权书，将该剧独占信息网络传播权以及网络定时播放的权利以及转授权等授予其关联公司，该关联公司再将相关权利转授予原告。显然，“网络定时播放的权利”并非法定概念，而是当事人依据合同自行设定的权利。

另在电影《××风暴2》案[②]中，捷成某某公司从上手权利人处获得的信息网络传播权“指以有线或者无线方式向公众提供作品，通过各种传输技术和传输网络进行传输，在不同地理场所，以计算机、电视机、手持移动设备、机顶盒、播放器等为接收终端或显示终端，为公众提供包括但不限于以网络点播、直播、轮播、广播、下载、互联网电视、IPTV、数字电视（不包括传统电视频道播映权）的方式进行传播的权利和与之相关的复制权、发行权、放映权及相应增值业务等权利”。

从以上案例中反映出近年虽然法律界和实务界对信息网络传播权的准确概念已形成共识，但权利人在对外授权或取得他人授权时，更愿意使用合同语言定义作品在网络中传播的权利，由于部分权利无法纳入信息网络传播权概念内，所以只能用较为烦琐的文字作尽可能详细的描述。

合同中的不规范用语，在诉讼中容易引发理解上的分歧。部分案件中，被告会抗辩原告的此类授权超出了法律规定的信息网络传播权范围，当属无效或者仅能按法定的信息网络传播权范围解释原告权利。但是，按基本的民法原则，当事人的合同自由、表达自由应获得法律保护，只要这种自由意志并不违反法律法规的强制性规定。

《著作权法实施条例》第24条规定了“……专有使用权的内容由合同约定，合同没有约定或者约定不明的，视为被许可人有权排除包括著作权人在内的任何人以同样的方式使用作品……”因此，当事人可以按自己的意愿定

---

① 北京知识产权法院（2021）京73民终4058号民事判决书。

② 北京市海淀区人民法院（2018）京0108民初11885号民事判决书。

义专有使用权。《民法典》第466条第1款规定，当事人对合同条款的理解有争议的，依据该法第142条第1款的规定，确定争议条款的含义。该法第142条第1款规定，有相对人的意思表示的解释，应当按照所使用的词句，结合相关条款、行为的性质和目的、习惯以及诚信原则，确定意思表示的含义。除了明显无法纳入法定权利范围内的约定权利内容，如“首唱权”[①]，对于非交互式传播作品的典型行为，实时转播、定时播放等行为，仅因为技术发展而出现与传统的传播行为无本质差别的传播行为，通常不会轻易否定其权利效力，可以认为存在权利保护必要，将之纳入著作权的保护范围。

2. 在法定权利范围内尊重惯常表达

当事人自行草拟的合同、授权文件在著作权对外许可或转让时，所约条款、所用措辞可能未严格按照法律概念或法律规定作出。若当事人能顺利履行合同尚无大碍，若发生纠纷，不论是合同纠纷，还是侵权纠纷，在解释合同中与权利相关的概念或条款时，就会出现争议。

在电视剧《××那年》案中[②]，小说作者与金某公司订立了《电视剧改编权转让协议》，约定小说作者向金某公司转让该小说的网络剧改编权等权利，其中包括以小说为故事中心延伸扩编或改编成电视剧作品的剧本改编权、电视剧改编权、网络剧改编权，以及根据改编后的剧本摄制电视剧、广告片、广播剧、网络剧作品的权利。后双方发生纠纷，小说作者认为，其向金某公司转让的仅是《××那年》小说改编成网络剧而非电视剧的权利，转让权利的范围不包括续写作品。金某公司对此不予认可。法院最终未支持网络剧与电视剧非相同概念的意见。

目前的司法实践也对解释当事人不规范的合同用语达成了一定的共识，即按合同约定的权利是否设定期限来判断属于许可使用的性质还是权利转让的性质。在著作权领域中，“独占”与“专有”基本同义。《北京高院著作权审理指南》第1.7条第2款规定：“合同中使用‘独家使用权’等类似表述的，可以根据合同有关条款、合同目的、交易习惯等，结合在案证据认定是

① 北京市海淀区人民法院（2001）海知初字第104号民事判决书，“首唱权”在该案中，是指“首次用演唱的方式使用歌词的权利”。李永明主编：《知识产权法案例研究》，浙江大学出版社2002年版，第6页。

② 一审：北京市海淀区人民法院（2016）京0108民初4553号民事判决书；二审：北京知识产权法院（2017）京73民终2113号民事判决书。

否属于专有使用权。”

电视剧《×机》案[1]中，权利人尚品公司出具《著作权保护授权书》将该剧在中国境内的“专有独占性”信息网络传播权，“包括但不限于互联网、无线网络等信息网络的传播权、IPTV 权等，以及数字电视权等，接收终端包括但不限于计算机、电视机、手机等电子设备以及其他新兴电子设备，以及在中国大陆地区对第三方侵犯前述权利行为进行法律责任追究的权利转让”给优朋普乐公司行使，期限自 2010 年 4 月 20 日起至 2013 年 5 月 16 日止。其中至少有两项与法律规定不一致，但通过约定俗成的解释可以确定优朋普乐公司所获授权的范围：一是“专有独占性”，此系对信息网络传播权性质的限定。我国著作权法中的专有使用权，在没有特别约定的情况下，与商标法中的独占使用许可的权利基本同义。二是权利“转让”。通常认为，权利转让是权利人的变更，而且可转让的仅是著作财产权，权利转让后，原著作财产权人不再享有权利，著作财产权人变更为受让人。因此，财产转让不应设定期限，一旦设定期限就意味着到期后权利仍回转至原著作权人，此时的权利性质应当为“使用许可”。

实践中，有一种相反的情形，将本应理解为“转让”的行为约定为“授权”或“使用许可”。如电视剧《×香》案中[2]，原告提交的权属证据显示，该剧出品单位为某音像出版社和某某唐风公司。2009 年 5 月 6 日，某音像出版社出具《授权书》，将该剧的独占性信息网络传播权、转授权及维权的权利授予某某唐风公司，授权期限为永久。此《授权书》中使用了“独占性信息网络传播权”“授予”“授权期限”等措辞，但从“授权期限为永久”即可推断此种授权形式已与转让无异，应当理解为某音像出版社将该剧的信息网络传播权转让给了某某唐风公司。

经营者的智慧是无穷的，他们会根据市场、行业情况调整权利约定。例如，电视剧《××变形计》案[3]中，当事人提交了某某阳光公司就该剧出具的授权书，约定其授予他人该剧“限制性独占专有信息网络传播权”，且明确权利范围仅限于“排除以下公司及其运营的网络平台以外的其他具有合法运营

---

① 北京知识产权法院（2014）一中民终字第 3297 号民事判决书。

② 杭州市西湖区人民法院（2015）杭西知民初字第 16 号民事判决书。

③ 北京市海淀区人民法院（2018）京 0108 民初 10450 号民事判决书。

资质的第三方网络视频平台，排除平台为授权方、腾某、爱奇某……所运营的各类接收终端及显示终端”。因此，上述授权中的专有信息网络传播权，与大部分情况下理解为仅有被许可人有权使用，排除著作权人在内的其他人使用的情形不同。

（三）合同约定优于作品上的权利声明

有些案件中，原告除了提交带有权利归属声明的影视剧光盘之外，还会提交著作权人的合同、授权书等证据。若是当事人的合同约定与作品上的权利归属声明不完全一致，由于作品上的权利声明多为简单的文字表述，难以传递更多的有效信息，则一般依合同约定为准。

在第一章介绍的电视剧《大军师司马懿之××××》案中，该剧片尾标注出品单位有印某娱乐公司、不某公司、盟某威公司、某利公司，联合出品单位有某某华星公司、某美神公司等。同时注明“独家信息网络传播权归属某一公司”。某一公司后更名为某酷公司。

出品及联合出品单位中，某利公司授权不某公司全面负责该剧在全球范围发行事宜，包括各类播映权授权、信息网络传播许可、版权销售及相关版权权益经营等；印某娱乐公司等其他主体均出具书面文件确认仅享有署名权，不某公司为该剧出品及摄制单位。

2017 年 5 月 31 日，不某公司出具《授权书》，就涉案电视剧授予某酷公司独占信息网络传播权及与之相关的权利，期限自授权节目在授权平台播出之日起十年，区域为中国大陆地区。

该案中，涉案电视剧片尾已经明确标注某酷公司为该剧独家信息网络传播权人。由于此标注直接体现在作品上，与其他原始权利人一同署名，可以认为是制作者之间的权利安排。在无其他证据的情况下，法院可以直接认定某酷公司即该剧独家信息网络传播权人。当然，由于其他权利人之后对某酷公司所享有的信息网络传播权又做了新的安排，即通过不某公司授权对某酷公司的权利期限和权利范围作了调整。因此，能认定某酷公司享有的权利不限于信息网络传播权，但期限为十年，地域范围为中国大陆。

三、初步证据与相反证据

因视频大多涉及视听作品，这类作品基本不会出现难以署名或遗漏署名的情况。因此，在涉及视频的侵害著作权案件中，原告通常能举证证明其与涉案视频有关系，但重点在于判断原告是否享有其所主张的权利，此事实需要审查原告所提交的其与作品相关的证据。

对于原告而言，其应首先提交与权属相关的证据，视原告取证能力和诉讼策略决定提交哪些证据。此时，原告提交的权属证据通常被认定为初步证据。

《北京高院著作权审理指南》第 3.1 条第 2 款规定提供了常见的典型初步权属证据，即“涉及著作权的底稿、原件、合法出版物、著作权登记证书、认证机构的证明、取得权利的合同、符合行业惯例的权利人声明等”。

在侵害著作权案件中，原告只有证明其是权利人，才有可能进一步追究被告的侵权责任。法律事实的证明一般难以穷尽手段实现对客观事实的还原。由于著作权产生于作品创作完成时，发生侵权纠纷的时间往往离作品创作完成时间相去甚远，此时要证明谁创作了作品，谁享有著作权，只能从侵权纠纷当时权利人还留存的证据中找到能证明作品创作完成情况的证据。

最高人民法院在华某公司与正某公司侵害著作权纠纷案①中认定：“对著作权权属的审查，一般以作品上的署名等为初步证据，除非有相反证据予以推翻。对初步证据的举证要求要结合案件的具体情况，所涉及作品的情况等合理进行确定。本案 G 公司、华某公司拥有数量巨大的图片，基本采取在官方网站上登载图片并可直接网上购买的方式经营。其网站上登载图片，虽然不同于传统意义上的在公开出版物上发表，但同样是‘公之于众’的一种方式。故网站上的‘署名’，包括本案中的权利声明和水印，构成证明著作权权属的初步证据，在没有相反证据的情况下，可以作为享有著作权的证明。如果对初步证据要求过高，比如对每一张图片都要求取得摄影师的授权证明，或者每一张图片去做著作权登记的话，对权利人而言无疑是巨大的负担。而且相关费用如属于为制止侵权而支出的必要费用，归根结底要由侵权人来承

① 最高人民法院（2014）民提字第 57 号民事判决书。

担。故本案中，华某公司一审时以确认授权书、网站权利声明以及图片上的水印共同主张权利，应认为已经尽到了初步的举证责任。”

尽管未给权利人施加过重的举证证明义务，但显然原告提交初步权属证据是其首要义务。原告提交的证据，不论有多少类型、每一类中有多少数量，只要能初步证明原告与涉案作品有关，从相关证据中能体现原告所主张的权利，即能满足对权属相关的初步证据的要求。针对原告的初步证据，被告否认的，则应承担提交相反证据的证明义务。初步证据和相反证据就好比在一个天平的两端，当相反证据在分量上足以平衡初步证据的时候，原告就有了进一步举证的义务，若原告无法在自己天平的这一端继续“加码”，则难以完成举证证明义务，因此就要面临举证不能的后果。

最为有效的相反证据是“以子之矛，攻子之盾”，被告若能按原告的证据形式、要求提交能证明完全不同事实的证据，则可以有效对抗原告的初步证据。

案例

华某公司图片“水印”案①

华某公司经过美国G公司高管人员授权，有权通过华某创意网站中展示G公司享有版权的图片，并有权在中国境内对侵害G公司知识产权的行为进行维权诉讼。华某公司发现“当某中医学堂”新浪微博中使用的两幅图片是其获得授权的图片，故起诉该微博账号开设主体当某公司。

诉讼中，华某公司提交的权属证据除了上文提及的授权文件，以及带有授权图片品牌编号的附件列表之外，还有G公司经营的网站以及华某创意网站上带有G公司水印的涉案两幅图片的网页。华某创意网站上还标注有“本网站所有图片及影视素材均由本公司或版权人授权发布，侵权必究”。一审诉讼期间，当某公司未提交相反证据，一审法院根据华某公司提交的上述证据认定华某公司享有涉案两幅图片的著作权，并判令当某公司承担赔偿经济损失等法律责任。

---

① 一审：北京市朝阳区人民法院（2016）京0105民初18793号民事判决书；二审：北京知识产权法院（2016）京73民终909号民事判决书；再审：北京市高级人民法院（2017）京民申3811号民事裁定书。

当某公司不服提起上诉，二审期间，当某公司提交了涉案图片多个网站刊载的截图，这些网站亦对涉案图片标注自己的水印及权利声明。例如，×天下网站中的涉案图片印有“×天下××××. com”水印，该网站底端标有“上海××信息有限公司版权所有”；×凰网中的涉案图片印有“×凰网时尚 fashion. ××××. com”水印，该网站底端标有“版权声明：来源于×凰网时尚频道的所有文字、图片和音视频资料，版权均属×凰网所有”。

二审法院认为：“水印可以视为一种署名方式，结合华某公司的主张，可以初步推定该客观署名确属于 G 公司行使署名权的行为，但需要明确的是，水印通常起到的是标识图片来源的作用，这种形式并不当然具备著作权法意义上的署名效果。华某公司提交的证据中，涉案图片除了在 G 公司官网上被印有象征 G 公司的水印，还在华某公司官网上被印有‘华某创意’中文字样的水印，同时存在摄影师的署名。由于署名权属于著作人身权，不可被转让，本案中亦不存在合作创作的主张或事实，因此，上述署名应当只有一种属于受署名权控制的署名行为。严格意义上应当结合署名时间等依据来进一步进行判断。……结合当某公司提交的证据，本案能确认有多个主体对涉案图片进行水印印制或版权声明，而华某公司提供的证据未显示水印印制时间，本院无法仅根据上述证据认可待证事实，当某公司提交的证据可以构成相反证明，但华某公司未向本院进一步举证。”遂二审判决驳回了华某公司的诉讼请求。

尽管上述情形极少会发生在视频著作权纠纷中，但这是典型的通过相反证据推翻初步证据证明事实的案例。下面的案例中，被告试图通过与上案相同的方式来推翻原告的初步证据。

案 例

“Ti×× Ki××”案①

二原告（笔名丁×、布×）是国内知名漫画家，于 2011 年共同创作了《Ti××&Ki××》系列漫画作品，其中包括了 Ti××、Ki××等五个角色形象。2016 年，二原告发现，花某公司在其制作的《踢×和奇×之魔力课堂》系列视频（第一季共 52 集动画片）中出现的五个动画形象，包括踢×（Ti××）、奇×

① 北京市海淀区人民法院（2017）京 0108 民初 8285 号民事判决书。

(Ki××) 等。被告视频在花某公司官方网站等各大网站播出。二原告主张被告侵害其享有的著作权。花某公司主要抗辩其视频中的角色形象均为原创，与二原告无关。

该案主要争议焦点在于判断涉案五个动画形象的作者。

二原告提交了下列证据：1. 体现五个角色形象的可分层显示的 14 个电子文件，创建时间、修改时间为 2011 年 7 月 22 日。2. 经原告实名认证且能当庭登录的“布丁×”新浪微博和新浪博客账号，于 2011 年 8 月 5 日和 2011 年 8 月 22 日发布的博文配图中有上述角色形象。

花某公司提交了下列证据：1. 福建省版权局于 2011 年 12 月 15 日颁发的作品登记证书，作品名称为《Ti×× and Ki××》，著作权人为花某公司，注明作品完成时间为 2011 年 9 月 19 日；福建省版权局 2012 年 1 月 6 日颁发的作品登记证书，涉及 Ki××、Ti××等五个角色形象，注明作品创作完成时间为 2011 年 12 月 1 日，著作权人为花某公司。2. 创作手稿，体现被告角色形象的手绘底稿、手绘本，但未显示时间，花某公司表示形成于 2010 年 10 月左右。3. 证人证言，花某公司员工许某出庭，表示其于 2011 年夏天入职花某公司，但此前，其就开始参与 Ti××&Ki××的项目并全程参与了创作，于 2011 年 3 月确定最终形象。4. 显示涉案五个角色形象的电子文件，创建时间为 2010 年 11 月 28 日，修改时间为 2011 年 3 月 18 日。

由于双方角色形象差异不大，在没有在先作品或真实形象为基础的情况下，涉案角色形象显然是独创性较高的美术作品，不同作者单独创作发生偶合的情形微乎其微。因此，花某公司将抗辩理由侧重在其早于二原告创作。花某公司试图通过创作手稿、创作完成的电子文件等来证明其视频中使用的角色形象为自己原创，以此否认二原告为涉案角色形象美术作品作者的同时，否认被告侵权。

从证据类型、数量看，花某公司提交了较为充分的相反证据，这些证据能否推翻二原告的初步证据？一审判决认为：

第一，花某公司提交的作品登记证书记载的创作完成时间均晚于二原告在新浪微博及博客中公开发布涉案作品的时间，而手绘稿未显示形成日期。

第二，我国实行著作权自愿登记制度，登记机关不对所登记作品进行实质审查。

第三，对于花某公司提交的电子文件及证人证言。一方面，花某公司自述手绘稿完成时间为 2010 年 10 月，证人亦认可该手绘稿中含有被告卡通形象的两页手稿为其绘制，但证人表示被告的卡通形象系 2010 年 11 月才开始创作，花某公司提交的电子文件的创建时间亦为 2010 年 11 月，有矛盾之处；另一方面，花某公司提交的电子文件修改时间及证人证言表示 2011 年 3 月创作完成，但其进行作品登记时在申请表中将作品创作完成时间记载为 2011 年 12 月 1 日。在双方当事人均认可电子文件存在修改创建时间可能性、且证人系花某公司员工、与花某公司存在利害关系、证言与花某公司自述存在矛盾的情况下，花某公司提交的证据难以形成可推翻二原告创作涉案作品并享有著作权的相反证据。

当然，由于二原告仅提交了叶子女孩形象的电子文件，并无其他证据证明该形象公开，在双方当事人均认可电子文件创建时间可修改的情况下，法院未支持二原告主张其享有叶子女孩美术作品的著作权。法院认定原告提交的初步证据可以形成确认其享有涉案作品（除叶子女孩）著作权的优势证据，并据此支持了原告的部分诉求。

四、确认权属的优势证据

法院对初步证据按民事诉讼证据规则进行审核，只有达到优势证据要求，才能认定原告完成了举证证明责任，确认原告享有其所主张的权利。

原告提供何种初步证据才能达到证明权属的要求？事实上，原告不论提交多少数量的权属证据，都不能以数量情况简单作业判断，而要考虑证据本身的证明效力。尽管个案因素很重要，但一般而言，对著作权权属优势证据的判断离不开以下四个主要方面：

第一，不同类型的作品证明权属的初步证据不同，应考虑与作品相关的行业惯例。大部分案件中，原告若能提交有其署名的合法出版物，仅此一份证据，即可证明原告为作者，且对出版物中的作品享有著作权。需要说明的是，即使是合法出版物，也不能仅看封面署名，因为有可能在出版物封面仅署了部分作者名字，但同时在前言或后记中明确记载该出版物还有其他作者。

有些案件中，原告提交了一份有其署名的网页，证明其为该网页中漫画的著作权人，许多被告则会抗辩称原告无法证明其与网页中的署名人为同一人。对于美术作品、摄影作品，创作底稿、底片无疑是作者本该持有的证据，或者提供相关网站登录账号等证据佐证，才能解决可能存在的重名情况。

2020年《著作权法》第17条第1款规定："视听作品中的电影作品、电视剧作品的著作权由制作者享有，但编剧、导演、摄影、作词、作曲等作者享有署名权，并有权按照与制作者签订的合同获得报酬。"此规定与之前著作权法相关规定的差别有两项，一是将"电影作品和以类似摄制电影的方法创作的作品"精简为"视听作品"，二是以"制作者"代以"制片者"。

从该条文的文义看，视听作品的著作权应归制作者享有。纵观整个影视行业，很难看到电影或电视剧按照著作权法规定将作品的著作权人署名为"制作者"（制片者）。在涉及影视剧的案件中，原告通常将影视剧片头或片尾标注的出品、摄制等主体解释为影视剧"制作者"，从而主张权属。虽然影视剧权属证据通常较为简单，大多为体现署名情况的影视剧及授权合同，没有创作底稿之类的证据，但影视剧署名不规范也会在实践中产生较多问题。下一节将详细展开。

第二，应考虑作品创作方式对权属证据的影响。不同类型的作品创作方式不同，在作品上署名的行业惯例也不同，不能简单机械地以一种标准来判断署名。例如，近年来诉讼中时常涉及的综艺晚会，虽然绝大部分案件中法院都认定综艺晚会属于视听作品，但与影视剧的署名方式大相径庭。

案例

《中秋晚会》案①

某电视台举办了2012年《中秋晚会》，并制作成DVD光盘。该晚会视频片尾注明："主办：中国某电视台、中共福州市委、福州市人民政府，承办：某电视台中文国际频道。"

2009年4月20日，某电视台出具《授权书》，载明某电视台将其拍摄、制作或者广播的全部电视节目，通过信息网络向公众传播、广播、提供之权利，授权某国际公司在全世界范围内独占行使，并可以许可或禁止他人行使

---

① 北京市海淀区人民法院（2017）京0108民初35468号民事判决书。

或部分行使上述权利。

百度百科对2012年《中秋晚会》介绍为：《福州月·中华情—2012年某电视台中秋晚会》将于2012年9月30日20点在福建省省会城市福州市举办……依照惯例，中秋晚会都是在“中华情”基础上再冠以本年度联合主办城市的名字。某国际公司根据以上证据证明其对2012年度某中秋晚会享有信息网络传播权。

某国际公司发现被告经营的电脑版××英软件中，可搜索并下载“某中秋晚会”。被告抗辩理由之一为某国际公司提交DVD光盘中的视频，未标明著作权归属情况，不认可某国际公司享有相关权利。

对于《中秋晚会》的权属，法院判决主要结合片尾标注与百度百科中的介绍，确认某电视台为涉案作品的著作权人。虽然法院在该案中的论述较为简单，但由于晚会节目本身即明确可知为某电视台节目，在没有其他主体对该节目主张权利的情况下，根据一般常识和习惯，可以认定某电视台对其举办的2012年《中秋晚会》享有著作权。

第三，应考虑作品发表方式对权属证据的影响。随着电子设备成为人们日常学习、工作的主要工具，有些作品在创作过程中并不产生传统的实物手稿，有些作品在创作过程中没有留存“半成品”，有些照片在用相机或手机拍摄完成之后就直接存储在个人云盘，或发布在微信朋友圈、个人微博中，而拍摄工具中并未留存源文件，类似的情形还有很多。此时，若坚持要求原告提交创作过程文件或作品初始形成的源文件，显然存在困难。

有些视频、图文类作品发表在第三方网站，但此后该网站由于经营不善等原因关闭或改版，致使作品发表页面无法在诉讼中作为证据提供；有些作品被印制在企业宣传册中，因宣传册的发放而公之于众，但被告可能提出该宣传册为原告自行印制，无法确认实际发放时间。此时，尽管作品上存在原告的署名，但由于其无法证明原告主张的作品创作完成于被告使用该作品之前，故而难以证明原告对该作品享有著作权，使得原告主张权属的初步证据无法形成优势证据。

第四，是否存在有效的相反证据。被告为了推翻原告主张的著作权，会尽可能提交相反证据。比如，针对原告提交的带有署名的漫画网页证据，被告提交其对该漫画进行登记的著作权登记证书，或其他网站更早发布该漫画且为他人署名；针对原告提交的合法出版物，被告提交能体现比原告主张作品更早期的出版物；针对原告提交的其从出品人甲处获得某电影专有信息网络传播权的授权书，被告则提交了其从出品人乙处获得该电影专有信息网络传播权的授权书等。至于这些相反证据能否减弱原告提交初步证据对权属证明力的优势，法院会根据证据规则进行具体判断。

以上仅是梳理了对著作权权属证据能否作为优势证据采纳的主要方面。事实上，法院对著作权权属证据进行审核，是一个运用证据规则对证据证明力大小进行综合判断的过程。从时常发生的作者与出版社因署名问题而引发的纠纷来看，即使是合法出版物，作者署名通常只是出版合同中的一项约定，出版社对作者的审查可能难以达到司法机关在个案中的审查要求，未在出版物封面署名或未署名之人也可能是作者。所以，合法出版物的权属证明效力相对较高的结论，不能机械适用于个案。同样的，即便某漫画家仅提交了其在个人微博空间于某时间发布的漫画，只要能证明该微博空间或博文信息与其个人身份相符，且其能通过账号密码登录该微博账号，在无相反证据的情况下，此初步证据也能作为证明该漫画家为作者的优势证据。此外，若被告仅对原告和第三方网站中与原告相同的署名者是否为同一人提出质疑，但未提交任何相反证据，则反驳意见本身不能成为相反证据，如此，载有原告作品署名的第三方网页就可能形成证明权属的优势证据。

总之，不宜简单机械地认为哪类证据一定比其他证据证明效力高，只要原告能在个案中对作品内容、发表时间、作者情况提交相对客观的证据，达到相反证据不足以推翻的优势证明力，则可认定原告对其所主张的权属完成了举证证明责任。

第二节　常见问题

本节对侵害视频著作权案件中涉及的权属类常见问题进行梳理，主要有四类突出的问题：视频上哪些标注可认定为权利人署名、不规范署名对权属认定的影响、合同约定与法定权利不一致对权属认定的判断，以及行政机关审批对权属认定的影响。

一、视频上可作为作品署名的标注

视频上作为主体的标注类型非常多，除了标有电视台台标、企业 Logo、商标、简称等个性化图文标注之外，即使如电影、电视剧这样对制作有较为严格规范要求的视频，也会出现“出品”“联合出品”“荣誉出品”“摄制”“联合摄制”“赞助拍摄”“出品人”等的标注。

如在某电视剧音像出版物上注明该剧信息网络传播权独家归甲公司，乙公司独家享有该剧的著作权，乙公司荣誉出品。上述标注中，既有信息网络传播权、著作权的归属声明，还有“荣誉出品”的标注。一般而言，荣誉出品的署名人非著作权人，而署名为著作权人即不再署名为荣誉出品人。当然，类似于这样的署名，因乙公司独家享有该剧著作权，故不能以荣誉出品非惯常的著作权人署名即否定乙公司的著作权人身份。

一些境外引进的影视剧，由于翻译措辞的不规范，更是出现了“提供”“承制”“制作”等。例如，从韩国引进的电影《××××女老师》，片头字幕显示“提供/发行 C×ENTERTAINMENT” “联合提供 DISCOVERY 创业投资”“制作（株）C××××ENTERTAINMENT”，片尾字幕加黑突出显示“C×ENTERTAINMENT”。[1]

早期，大部分国内影视剧和部分境外引进的影视剧仅有复杂多样的主体身份标注，但无权利声明。当时，法院在处理此类纠纷时，出于不遗漏权利主体的考虑，更趋向于严格审查标准，通常将“出品”“联合出品”“摄制”“联合摄制”都认定为是制作者，共同享有影视作品著作权。

案 例

电视剧《丑角××》案[2]

电视剧《丑角××》片尾署名联合摄制单位有四家：中共某省委宣传部、某省广播电影电视局、某影视集团有限公司及某电视台，联合出品单位有两

① 浙江省宁波市中级人民法院（2009）浙甬知初字第 175 号民事判决书。
② 北京市海淀区人民法院（2013）海民初字第 13164 号民事判决书。

家：某影视集团有限公司与某电视台。

某影视集团有限公司、某电视台分别于2012年5月23日将该剧独占性信息网络传播权（含转授权）授予某电影电视剧制作中心，期限为永久。

某电影电视剧制作中心于2012年5月29日向华×公司出具授权书，将该剧的独家信息网络传播权（含转授权与维权权利）授予华×公司，期限为8年，自2012年6月8日起算。

法院在审查了华×公司提交的权属证据后，确认该剧出品单位及联合摄制单位应当共同享有著作权。尽管联合出品单位分别出具权利声明，转让二者享有的该剧信息网络传播权给某电影电视剧制作中心。但是作为著作权人的中共某省委宣传部、某省广播电影电视局未作出明确意思表示。法院以华×公司取得的权利存在瑕疵为由驳回了起诉。

由于没有明确的权利声明，法院将出品单位与摄制单位同时都认定为影视剧的著作权人，且共同共有影视剧著作权。另外，这些著作权人放弃权利或授权的意思表示，不能仅由内设机构或无法人资质的部门作出，而应由权利人直接作出。

根据著作权法的相关规定，署名权，是指作者按自主意愿在作品上署名的权利。因此，上文提到将“出品”“摄制”相关的主体作为著作权人仅指当这些署名出现在影片上时。若只是记载在发行许可证、摄制许可证等行政机关颁发的文件上，并不能视为作品上的署名。例如，电影《××台》案①中，该片片头署名：长某公司、某和智力公司、光某公司、华某公司、某电视台联合出品。该片《电影片公映许可证》除了记载上述出品单位之外，还注明摄制单位另有西安某和公司、西安某江公司。根据该许可证，除了五家出品单位之外，还出现了另两家摄制公司，此时，是否需要考虑这两家摄制公司作为权利人呢？虽然在该案中原告提交了这两家摄制公司出具的授权文件，但即使不提交，在没有相反证据的情况下，也不能仅以被记载在公映许可证上即认为属于著作权人。相关行政许可证上记载的主体为何不宜直接认定为著作权人，下文在行政机关审批对权属认定的影响一节中将有专门论述。

较长一段时间内，法院将涉及“出品”“摄制”的署名主体都作为原始权利人对待，对权属进行严格审查。随着影视行业署名日益规范，同时出于

① 北京市第一中级人民法院（2015）一中民（知）终字 第867号民事判决书。

该行业的署名惯例，不过分加重权利人维权举证负担等考虑，法院对影视剧上署名的认定规则也有变化。例如，电视剧《父爱××》案①中，该剧片尾载明该剧由北京金某影视文化有限责任公司（简称金某公司）、天津华某文化发展有限公司（简称华某公司）和北京金某影视文化有限责任公司黄某工作室（简称黄某工作室）联合摄制，金某公司和华某公司联合出品。华某公司出具声明，明确该剧信息网络传播权等财产权属于金某公司。金某公司出具《声明》：黄某工作室是金某公司的下属部门，不具有法人资格，其参与拍摄《父爱××》剧是职务行为，该剧著作权归金某公司所有，黄某工作室不享有著作权。法院后根据优势证据原则确认金某公司为该剧的著作权人，原告经过层层授权获得该剧的信息网络传播权。

《北京高院著作权审理指南》第 10.4 条规定了影视作品上署名标注的先后认定顺序，即权利声明优先，无权利声明的以“出品”为准，没有“出品”的以“摄制”为准。以往案件中，原告权属举证存在瑕疵而无法得到法院支持的大部分情形都是相关影视剧上署名的出品、摄制单位过多，原告维权时难以全部联系或存在沟通障碍等问题，无法取得全部出品、摄制单位的授权所致。一般的，影视剧的出品单位少于摄制单位，且绝大多数的影视剧都会标注出品单位，所以，即使没有专门标注权利声明，按出品单位来确认影视剧的原始权利人，也会极大减轻原告的举证责任。

二、不规范署名对权属认定的影响

北京市海淀区人民法院《关于影视作品著作权案件署名问题的调研报告》② 经过对 2013 年至 2017 年相关影视作品著作权案件判决的梳理，涉及署名权问题的裁判文书有 702 篇，占全部此类裁判文书的半数左右。其中，有 336 篇中的被告对原告的权属提出质疑。电影、电视剧署名不规范情形主要有：

---

① 北京知识产权法院（2015）京知民终字第 89 号民事判决书。

② 《关于影视作品著作权案件署名问题的调研报告》，载丹棱论坛公众号，https：//mp. weixin. qq. com/s？ src = 11&timestamp = 1641737900&ver = 3548&signature = HMcSD3iS58OSxvlej9P8j8hgyOtb0cwT8Fcr5kZ7UiFxC38oRzlW1PTKmx7ppVIIvkHHMyQIpdFUT4OKwxMAw2MoguTd3encNu7y7C9i1HLy9r2BLfZ9o2PgZOeiXnzr&new = 1. 最后访问时间：2022 年 1 月 6 日。

（一）非权利人作为权利人进行署名

在我国各类影视剧的署名中，经常会有非权利人作为权利人进行署名的情况。常见的诸如电视剧播出的电视台、为影视剧拍摄提供场地便利等的地方党政机构、国有企业等作为联合出品或摄制单位；此种署名情况在反映特定人物或历史题材的影视剧中尤为突出。

例如，某电视剧的联合出品单位有 Z 电视台、C 政治部宣传部等；另一电视剧的联合摄制单位中有 Q 区管理委员会、S 省委宣传部等。

在此种情况下，继受权利人获取相关授权材料时，已署名的电视台、地方党政机关及国有企业往往难以出具相关的授权材料或权利声明，很容易导致授权链条不完整，或对外再分销时被压低价格。实际上，相关行政管理机关也意识到了该问题。为了依法保护电影著作权所有者的合法权益，2013 年 12 月 13 日，国家新闻出版广电总局发布的《关于规范电影片署名相关事项的通知》提到，各级党政机关不得作为电影的出品单位，一般不作为电影的联合摄制单位。①

（二）署名单位与拍摄协议约定不符

按照当事人意思自治原则，影视剧上的署名可以与拍摄协议约定不同，只要这种差异是拍摄方共同的自主意愿。一旦发生此种情形，拍摄协议的约定一般优于影视剧上的署名。但事实上，只有少数诉讼纠纷中，当事人愿意将拍摄协议作为证据提交，原因主要有两项：

第一，因涉及商业秘密，当事人不愿提交。诉讼中，即便能联系上原始权利人，或者原告本身就是影视剧的原始权利人，也会因为涉及商业秘密等原因，原告不愿意在诉讼中提交拍摄协议。第二，继受权利人无法取得原始权利人之间的拍摄协议。通过诉讼主张权利的维权主体大多数为继受权利人，一般无法取得原始权利人之间的拍摄协议或投资协议等涉及影视剧投资及著作权权属约定的合同文件。

---

① 《关于规范电影片署名相关事项的通知》，载国家电影局网站，http：//www.chinafilm.gov.cn/chinafilm/contents/159/804.shtml，最后访问时间：2021 年 6 月 30 日。

（三）署名不完整、不准确

实践中，影视作品上的署名不完整、不准确的情形较多，部分原因是工作疏漏，将主体名称署错，如名称中漏字、错误等；部分原因是对署名不重视、过于随意，如国产影视剧出品单位署简称，甚至是英文简称，标注企业Logo标识、商标、电视台台标等。

1. 署名不完整

诉讼中发现，不少影片在署名出品或摄制单位时，会发生署名不完整的情况，相关权利人事后要证明影片上不完整的署名主体所对应的实际主体时，会遇到很多困难。

案例

电影《××后》案①

电影《××后》片尾署名：×××乐公司、自由×公司联合出品，×影集团公司、新××娱乐传媒有限公司出品。

电影频道经过一系列授权取得该影片信息网络传播权，但授权链条中并未出现“新××娱乐传媒有限公司”，而是“浙江新××娱乐传媒有限公司”。为了解释影片片尾署名的主体实际就是浙江新××娱乐传媒有限公司，电影频道提交了下列证据：

（1）全国组织机构代码信息系统查询结果，以“新××娱乐传媒有限公司”为关键词进行搜索，获得四个搜索结果，分别为深圳市新××娱乐传媒有限公司、北京新××娱乐传媒有限公司、浙江新××娱乐传媒有限公司北京办事处、浙江新××娱乐传媒有限公司。

（2）通过深圳市市场主体信用信息系统查询深圳市新××娱乐传媒有限公司的工商公示信息，显示该公司成立于2009年11月9日；通过北京市企业信用信息网查询北京新××娱乐传媒有限公司的工商登记信息，显示该公司成立于2013年6月7日。

（3）涉案影片公映许可证的出具日期为2010年5月31日。

① 北京市海淀区人民法院（2015）海民（知）初字第6039号民事判决书。

电影频道主张，涉案影片拍摄制作应早于取得公映许可证的时间，影片署名的“新××娱乐传媒有限公司”不可能为深圳或北京公司，而应当是浙江新××娱乐传媒有限公司。

被告认可电影频道的解释，法院则按优势证据原则对该事实予以确认。

2. 署简称

电视剧《生死×××》案[①]中，该剧片尾署名联合出品为某文化公司、某天公司、某宏公司、某传扬帆公司、某信资本、某洪传播，本节目信息网络传播权由西安某韵社公司“独占专有”。杭州某信合利股权投资合伙企业（有限合伙）、北京某洪万豪广告有限公司分别出具声明，称其为涉案电视剧的联合出品署名单位，“某信资本”“某洪传播”分别为二者简称，其保证该简称不与第三方主体产生冲突。

一旦发生类似于作品上仅有企业简称等情况，原告需要证明相关简称与全称，或台标、商标等与单位之间的对应关系，从而保证授权链条的完整性。

案例

电影《大话西游之紫霞××》案[②]

网络电影《大话西游之紫霞××》署名为联合出品：超级偶像影业、年轮映画、明日世界、红演圈。

2017年9月26日，红演圈××公司出具《著作权声明》，明确该片的著作权归超级偶像××公司（即超级偶像影业）。该公司全称为红演圈××公司，简称为“红演圈”。2017年9月27日，北京蜜桃××公司出具《著作权声明》，明确该片的著作权归超级偶像××公司（即超级偶像影业）。该公司全称为北京蜜桃××公司，简称为“明日世界”。2017年9月28日，年轮映画××公司出具《著作权声明》，明确该片的著作权归超级偶像××公司（即超级偶像影业）。该公司全称为年轮映画××公司，简称为“年轮映画”。

超级偶像××公司以该片著作权人身份起诉被告侵权。被告的抗辩理由之一为超级偶像××公司并非该片著作权人。

---

① 北京市海淀区人民法院（2017）京0108民初44820号民事判决书。

② 北京知识产权法院（2019）京73民终3217号民事判决书。

前述两案中，法院只能通过举证责任来判断事实，在电视剧《生死×××》案中，法院认为原告所提交的证据可以形成优势证据，确认了原告享有的权利。电影《大话西游之紫霞××》案中，被告虽然否认原告享有所主张的权利，但未提交相反证据，法院最终综合相关证据认定原告所享有的权利。如果被告能提交证据证明存在使用相同字号的其他企业主体，原告仍仅有相关主体的自证说明，则可能面临举证不能的后果。

另外，一些境外引进的作品在署名上也存在署简称的情形。例如，电影《我的×××》片头显示有C×加三个水滴状图标以及Entertainment组成的标识，相关翻译公司将该片片头翻译为出品/发行：C×娱乐公司。原告为了证明其享有该影片的著作权，后提交了C× E&M株式会社向其出具的授权书，以及韩国著作权委员会对该片权属的证明。法院结合前述证据确定原告享有所主张的权利。①

上文案例反映了署名不规范在实践中遇到的问题，不规范署名主体与实际著作权人的对应性的证明不仅增加了权利人维权成本，若无法形成优势证据，也会成为维权阻碍。

近年来，综艺节目已经成为人们日常生活中非常重要的一类视频，也引发了大量纠纷。综艺节目与影视剧不同，其主要由电视台或专门的媒体公司制作，并未形成影视剧那样从立项、拍摄到公开发行完整的规范流程要求，因此，综艺节目署名不规范的情况更为突出。

案例

综艺节目《最美××》案②

《最美××》是某卫视的综艺节目，节目视频片尾标注“某卫视”和“某色火焰”。

某宝公司提交了某视公司与某色火焰公司于2015年4月3日签订《2015〈最美××〉栏目合作协议》，约定某色火焰公司负责拍摄、制作包括涉案节目在内的2015《最美××》共12期节目，合作期为合同签署之日起至节目最后

① 北京市海淀区人民法院（2014）海民初字第11907号民事判决书。

② 一审：北京市海淀区人民法院（2016）京0108民初32611号民事判决书；二审：北京知识产权法院（2017）京73民终737号民事裁定书。

一期播出完毕时止。在合作期内，某视公司拥有该节目独家电视播映权以及该节目在某电视台官网、某网络广播电视台的信息网络传播权，某色火焰公司拥有节目版权的其他财产权利。

某宝公司获得某色火焰公司授予该节目音乐作品（音频形式）的独家信息网络传播权，期限自 2015 年 5 月 9 日至 2018 年 5 月 8 日。

诉讼中，法院分别向某视公司、某电视台发出《协助调查函》，确认了署名中的简称和某视公司及某电视台的对应关系，两家协查单位对涉案合作协议均无异议，并明确了某视公司系某电视台台属企业，后法院确认了原告权属。

另外，许多地方电视台在近年来先后进行了机构改革，导致一些自制节目上原署名单位已不存在或不享有独立法人资格。例如，××电视台《中国×××》节目案中[①]，××广播电视集团为主张其享有该节目的著作权，提交了××省机构编制委员会于 2003 年 1 月 14 日发布的《关于调整××人民广播电台等事业单位隶属关系的批复》（×编〔2003〕11 号文件），其中载明同意将××电视台划转××广播电视集团，划转后，保留其副厅级事业单位牌子，对外呼号不变，不再保留独立法人资格。同时，××广播电视集团通过提交《电视上星综合频道节目备案表》来证明《中国×××》是一档××卫视推出的明星帮助普通人实现梦想的节目，并获得××广播电影电视局盖章确认。因此，虽然《中国×××》节目由××电视台制作并播出，但由于××电视台已无独立法人资格，只能由其上级法人主体××广播电视集团进行维权。

3. 署名不准确

部分案件在认定原告权属时，因发现作品上的署名不准确而增加了维权成本和难度。有实际权利人出具说明的，如电视剧《利箭××》案[②]中，某电视台出具《声明》称，涉案电视剧片尾联合摄制处将其单位名称错误的署名为某卫视。浙江某影视制作有限公司出具《声明》，称其作为涉案电视剧的出品方，就该剧音像制品片尾相关权利人作出如下声明：因其工作疏忽，将“某卫星传媒股份有限公司”错误标注为“某某卫视”，现严正声明，“某卫星传媒股份有限公司”为该剧的联合摄制方之一，与某某卫视无涉。类似于

① 北京知识产权法院（2015）京知民终字第 1759 号民事判决书。
② 北京知识产权法院（2015）京知民终字第 528 号民事判决书。

前案中，有单位出具书面意见强调相关影片片尾署名中存在笔误的情形并不鲜见。在通常情况下，社会公众对于包括自然人姓名在内的名称类称谓准确性要求较高，特别是企业或单位主体的名称，并不存在普遍的误差容忍度。因此，对于署名存在笔误的情况，往往难以通过一纸声明即认定为合理解释。为了进一步补强真实署名，部分当事人还通过提交某些企业信用信息网中查询相近企业名称的结果，佐证真实的企业名称。

在电视剧《×××·玉井传奇》案①中，二审判决指出，“关于企业名称行政管理方面规范的基本目的是督促企业规范、善意地使用企业名称，从而保障和实现上述目标。但这并不意味着，在任何情形下企业都必须严格准确地使用其名称（特别是全称）；更不意味着在没有法律、行政法规特别规定时，只要企业没有严格准确地使用其名称（特别是全称），相关的民事行为归于无效或不能产生指向该企业的相应法律后果。在商事主体签订合同及作出授权时，由于作出法律行为的主体数量十分有限，各方当事人对于对方的主体身份通常会有一定的了解，在这一前提下，企业没有严格准确地使用其名称（特别是全称）并不会影响相对方对于行为主体的正确认知，因此，不应因此认定相关的民事行为归于无效或不能产生指向该企业的相应法律后果”。事实上，法院一般不会仅因权利人署名存在瑕疵就直接否定权利人身份，而是会给原告事后解释、提交补充证据的机会，目的是尽量查清基础事实，避免出现权利人维权困境以及侵权打击不力等后果。

实践中，绝大部分署名错误的情形都能通过当事人事后说明、其他权利人确认以及反向信息查询结果推论等方式来证明真实的权利人及权利人名称。但作为向全社会公示的作品上的署名信息，在剪辑制作成片的过程中，还是应当仔细、严谨，避免后续维权中的麻烦。

三、合同约定与法定权利不一致

当事人或从对行业习惯的认识，或从经营需要出发，按自主意愿以及对权利理解的基础上作出的合同约定往往与著作权法规定的权利概念、内容、范围等不同。对此，如何看待当事人的此类约定？除违反有关效力性的强制

① 北京知识产权法院（2017）京73民终960号民事判决书。

性规定，可能面临约定无效外，其他约定在双方当事人之间是有效的。但是，即使这种效力能形成约束合同双方的权利义务关系，能否产生影响第三人行为的效力，还需要分别讨论。

（一）合同措辞与法律概念不一致

视频著作权案件中，若原告的权利是经著作权人许可获得的，则著作权人出具的授权书或许可使用合同就是重要的权属证据，也是法院认定原告有权提起诉讼的重要依据。

由于当事人对法律概念、对外许可权利的理解不同或不到位，导致授权书或许可合同中的措辞千差万别。早些年，许多当事人对著作权法所规定的权利内容、名称等基本法律知识不甚了解，出现词不达意、表述模糊等情况。如在起诉某网站未经许可传播相关电影的案件中，原告主张其享有权利的授权书于 2013 年出具，记载为："上海尚×公司独家全权代表各出品单位在中华人民共和国境内（不含港、澳、台）行使或授权第三人行使该片独家信息网络传播权。信息网络传播权是指包括但不限于网络点播、直播、轮播、广播、下载、IPTV、数位电视……的复制权、销售权、发行权、放映权及相应增值业务等权利。"①

近年来，虽然著作权法已经深入人心，但许可使用合同中的权利内容、范围的措辞依然个性化十足，如授予"影院版权、全部电视版权"，信息网络传播权，是指"限于普通话对白、简体中文字幕，包括通过广域网、城域网、局域网等在内的有线、无线网络传播的音视频节目公开播映、销售的权利，以网络点播（VOD）、直播、轮播、广播、下载、IPTV、互联网电视、网吧等现有或将来未知的一切新媒体形式，以包括但不限于以计算机、电视机、手持移动设备、机顶盒、播放器等为接收终端或显示终端进行使用的信息网络传播权范畴和与之相关的复制权、销售权、发行权、放映权及相应增值业务等权利"。②

上文的"影院版权""电视版权"与我国著作权法规定的版权或著作权的基本概念不同，而是按照播放终端进行设定。法院通常不会仅因为概念不

① 北京知识产权法院（2019）京 73 民终 374 号民事判决书。

② 北京市海淀区人民法院（2018）京 0108 民初 11885 号民事判决书。

规范而认为权利存在瑕疵，而是尽可能结合合同上下文条款，采取文义解释、目的解释等解释方法来解读合同条款，探寻当事人真实的合同意思。比如，“影院版权”可能涉及放映权，但近来出现的可按观众意愿选择点播的私人影院是否涉及放映权，还是信息网络传播权等仍有探讨空间。“电视版权”涉及的范围就更加广泛，一般情况下，播出电视节目涉及广播权，但 2020 年《著作权法》施行前，通常认为广播权仅控制初始无线方式的传播，若有线电视中直播相关节目，则可能涉及“其他权利”。另外，互联网电视的发展，出现了按观众意愿自主选择点播或回看的电视节目，则一般认为属于信息网络传播权。

上文案例中出现的“信息网络传播权”也与著作权法中的此概念不同，范围显然要大于法定的信息网络传播权，法律规定的信息网络传播权通常仅涉及交互式的“点播”，如“直播”“轮播”“广播”通常认为不满足交互式要件，不属于信息网络传播权规制的行为。对此，有些被告会抗辩此种约定超出了权利法定的基本原则，属于无效约定，以此来否认原告所主张的权利。事实上，法院会尽可能保障在市场经济环境下民事主体对于财产的使用和处理的自由意志得以实现。而且，民事案件中，直接否定民事行为的效力会产生较为严重的后果，理想状态是该行为从未发生，而客观上难以达到这样的理想状态。因此，法院在认定民事行为无效或者合同约定无效时，会持极其谨慎的态度，除非当事人约定或相关行为违反了法律的效力性强制性规定，才可能直接认定行为无效。《民法典》第 153 条第 1 款规定：“违反法律、行政法规的强制性规定的民事法律行为无效。但是，该强制性规定不导致该民事法律行为无效的除外。”曾于 2009 年发布的《最高人民法院关于适用〈中华人民共和国合同法〉若干问题的解释（二）》[①]，其中第 14 条规定，对合同法第 52 条第 5 项规定的“强制性规定”限定为“效力性强制性规定”。虽然部分学者对效力性强制性规定的识别及适用存在不同意见，但不否认通说的效力性规定是指法律及行政法规明确规定违反该类规定将导致合同无效的规范，或者虽未明确规定违反之后将导致合同无效，但若使合同继续有效将

① 该司法解释已于 2021 年 1 月 1 日起失效。

损害国家利益和社会公共利益的规范。[①] 在著作权法领域，即使当事人合同约定不规范，甚至超出法律规定的范围，给一些权利自定义“内涵”，法院一般不直接认定此类合同约定无效，而是会根据合同条款的文义来解释实际所针对的权利类别。

（二）合同约定超出法定权利范畴

早些年，法院受理的“首唱权”案[②]，邓某与曹某订立了协议书，约定邓某购买歌词《×××天》，费用为5000元，此费用为首唱使用费，年限为两年。但在邓某演唱之前，歌手张某首先演唱并将该歌曲收录到《×××海》CD中。后邓某起诉曹某侵权。法院经审理认为，“‘首唱’，是表演者第一次演唱的行为，如果表演者既不是词作者，也不是曲作者，其享有的不是作品的发表权，而是表演权。‘首次表演权’在演出后，权利已一次用尽。在著作权的邻接权中，表演者没有首次表演的特殊权利，因此，‘首唱权’不是著作权法范畴的法定权利，而是表演者通过合同取得的一项合同权利。”

近年来实践中大量出现的著作权民事侵权案件中，原告以著作权人授予的专有权利起诉他人侵权的情形比比皆是，如信息网络传播权的专有使用权、复制发行的专有出版权等。包括涉及视频的大量侵害著作权案件中，原告都属于经著作权人授权的专有信息网络传播权人，甚至在直播情形下，会主张其享有直播涉案视频的专有权利。为什么这些案件中，法院直接判决被告侵权并未引发争议，而前案中认定被告侵害“首唱权”却有争议，原因在于“首唱权”本身既不属于著作权法规定的法定权利，也不属于可赋予专有性质的权利客体。著作权以及邻接权中，除了发表权一次用尽之外，其他权利都可持续行使，这些权利是否首次行使，一般并无著作权法上的特别含义。比如，“首唱权”涉及的表演权，法律只保护著作权人享有在权利保护期内的公开表演作品的权利，但不会特别保护第一次公开表演该作品，还是第几次表演该作品。

---

① 石佳友：《我国〈民法总则〉的颁行与民法典合同编的编订——从民事法律行为制度看我国〈合同法〉相关规则的完善》，载《政治与法律》2017年第7期。

② 北京市海淀区人民法院（2001）海知初字第104号民事判决书，“首唱权”在该案中是指“首次用演唱的方式使用歌词的权利”。李永明主编：《知识产权法案例研究》，浙江大学出版社2002年版，第6页。

可以与此相比较的是署名顺序问题。多年来，法院时常会受理因为作者署名顺序引发的著作权纠纷，原告会主张被告侵害其作品署名权。当法院要求原告明确其主张的侵权行为表现形式时，原告解释被告所发表作品上，将其最后署名或非第一署名，这与原告就该作品的贡献、在学术界的地位不符，故而侵害其署名权。《最高人民法院关于审理著作权民事纠纷案件适用法律若干问题的解释》（以下简称《最高法院著作权民事案件司法解释》）第 11 条中规定了："因作品署名顺序发生的纠纷，人民法院按照下列原则处理：有约定的按约定确定署名顺序；没有约定的，可以按照创作作品付出的劳动、作品排列、作者姓氏笔划等确定署名顺序。"仅从这一条规定看，法院似乎可以支持作者因署名顺序而引发的署名权纠纷，但实践中，对于有约定署名顺序的情形容易处理，没有约定署名顺序时，要由法院来判断作者对作品创作付出的独创性劳动，显然比较困难，特别是在一些自然科学论文中，执笔完成的人可能是对论文贡献最小的人，而提出实验方向、设计方案并完成实验的人可能才是对论文提供了实质性贡献的人。这时所考察的为作品创作付出的劳动，是以文字表达的独创性劳动为重，还是以论文内容的创造性劳动为重，并不好把握。

（三）未对外授权的权利内容仍由著作权人享有

著作权是法定的专有使用权，具有绝对权的性质。2020 年《著作权法》第 26 条规定，除非法律另有规定，使用他人作品应当同著作权人订立许可使用合同。该法第 27 条规定，转让著作财产权的，应当订立书面合同。这两项规定沿用了此前的立法规定。著作权人可以将其著作财产权或部分著作财产权授予他人行使或转让给他人。当然，通过合同关系对行使著作权所进行的安排首先应当尊重当事人的自由意志，只要这种自由意志不违反法律法规的强制性规定，也不属于无效法律关系，即便约定上文提及的"首唱权"亦无妨。事实上，除了少部分情形存在当事人超出法定权利范围许可或转让著作权相关权利之外，大部分争议发生在著作权人许可使用的权利范围该如何理解方面。

2020 年《著作权法》第 29 条规定，许可使用合同和转让合同中著作权人未明确许可、转让的权利，未经著作权人同意，另一方当事人不得行使。因此，当原告为继受权利人，法院首先要审查的是原告所主张的权利是否合法有效。互联网世界遵循"互联互通"的信息流通原则，但这只是相对于传统媒体，互联网环境更容易实现信息共享，并不意味着在互联网环境下包括作品在内的信息都可以任意传播，作品传播的范围、应得收益的分配依然应由著作权人控制。

上文中介绍的电视剧《×机》案中，一审判决确认某朋普乐公司在授权期限内享有该剧专有信息网络传播权。根据某浪公司向某佰思公司授权，以及某佰思公司与某报社存在合作的情节，认定某新闻网上播放的电视剧《×机》由某浪公司所提供。某报社与某浪公司通过"某浪云视频"合作提供该剧，侵害了某朋普乐公司的信息网络传播权。

二审法院另查明，某品公司曾授权某浪公司在新浪网站上播出电视剧《×机》，授权期限自该片视频全部上线之日起两年；授权性质为限制性非独家权利，即在授权某浪公司网络独播 3 个月内，不能将视频版权出售给其他网站，6 个月内不得将视频版权出售给某讯、搜某、某易。

二审判决认定，某品公司与某浪公司签订的授权书中仅限定在某浪网站上播出涉案影片，并未排除以深度链接、链接等其他方式播出，故某浪公司并未超越该授权范围使用该剧。在某浪公司具有合法授权的前提下，其通过"某浪云视频"技术实现在某新闻网上播放存储于某浪公司服务器上的涉案影片，并未侵犯某朋普乐公司就该片享有的信息网络传播权。据此，二审判决驳回了某朋普乐公司的诉讼请求。

这个案件一、二审判决结论不同，关键在于如何认定某朋普乐公司取得的权利。某品公司于 2010 年 4 月 19 日向某朋普乐公司授予电视剧《×机》自 2010 年 5 月 17 日至 2013 年 5 月 16 日止的专有信息网络传播权。在这之前某品公司已给某浪公司的授权在合同期限内仍有效，此时，某浪公司与他人合作提供涉案电视剧，是否超出被授予的权利范围，影响到某朋普乐公司所取得的实际权利范围。一般情况下，对许可使用合同所约定的权利范围，应按著作权法的相关规定进行正面解释，即权利人授予他人哪些权利，他人则享有哪些权利，不宜进行反推解释。

（四）权利约定不明确

上文提及在判断原告与原始权利人关系的时候，可优先从约定，但这暗含了一个前提，即约定明确，双方不发生分歧，且合同之外的第三方能与合同双方理解一致。若权利安排约定不明，特别是涉及法定权利的约定与公众对法定权利的通常理解不一致，则需要合同当事人进一步补充说明，明确其意见。诉讼中，这通常属于原告举证范畴。

案例

动画片《喜羊羊与灰太狼之××××》案①

动画片《喜羊羊与灰太狼之××××》片尾署名：制作发行、出品人均为广东某动力文化公司。广东某动力文化公司与华某公司订立授权书，许可方式一：排他性许可该动画片通过有线或无线的信息网络传播方式，以电脑、机顶盒、电视机作为接收终端使公众可以免费点播或直播观看的权利（可转授权）；许可方式二：通过手机或手持设备（如平板电脑）供公众可以免费点播、直播、轮播、P2P观看（普通许可），仅可转授权不超过十家接收终瑞为手机或手持设备的平台使用；许可方式三：可向国内电信企业转授权，可以付费点播的形式进行合作。被授权人有权单独以自己名义维权并获得赔偿。后华某公司与北京华某公司订立授权书，将前述权利转授予北京华某公司。

北京华某公司以被告经营的网络平台提供涉案动画片在线播放服务起诉被告侵权。被告抗辩理由之一为授权书中的许可方式二是一个普通许可，不享有单独提起诉讼的权利，同时也没有将维权权利授权给北京华某公司。法院经审理后认定北京华某公司享有所主张的权利。

从上案权利人授权书所记载事项看，权利人将其著作权授权范围作了较为细致的划分，不仅划分权项，而且划分了使用终端等。法院之所以未采纳被告的抗辩意见，在于被告使用行为可落入的范围属于许可方式一，北京华某公司享有所主张的权利。

大部分情况下，只要当事人约定明确，即约定事项存在常识性、唯一性理解，法院会在尊重合同自由原则下判断合同内容。但若是约定不明，则需要当事人在诉讼中进一步补充说明，特别是当事人约定不明的事项涉及多项法定权利，而被诉行为仅涉及其中一项时，更需要明确约定，这不仅与个案纠纷的处理关系密切，而且还涉及其他人使用作品时的合法性问题。

---

① 一审：北京市西城区人民法院（2019）京0102民初5724号民事判决书；二审：北京知识产权法院（2020）京73民终1027号民事判决书。

四、行政机关审批对权属认定的影响

（一）制作、播出相关视频节目的资质

1991年《著作权法》第4条规定了依法禁止出版、传播的作品，不受本法保护。2001年修正的该法保留了此规定。该规定被理解为我国不保护非法作品，如淫秽作品等，但受到了一些学者的批评，经过世界贸易组织争端解决机构裁决，认定前述规定不符合有关TRIPs协定要求的作品应当自动获得保护的规定[①]。为此，2010年《著作权法》删除了前述规定，将此条改为“著作权人行使著作权，不得违反宪法和法律，不得损害公共利益。国家对作品的出版、传播依法进行监督管理”。此规定使《著作权法》对作品合法性的要求调整为考察行使著作权阶段，而非创作阶段。

虽然法院审查权属应当审查创作者或者制作者，也就是原始权利人的情况，但因这是一项根据事后留存或形成的证据还原在先发生事实的过程，需要从著作权保护客体的发表或传播事实来查明创作者、制作者身份，确认权属情况。一定程度上，容易使被告在寻找抗辩理由时在意原告的创作或传播资质。

诉讼中，当事人为了证明自己的观点有权决定提交哪些证据，当原告提交的权属证据被质疑时，则会尽可能寻找与权属有关的补强证据。法院会综合考察当事人所提交的证据，并判断是否已形成可以确认权属的优势证据。一些音视频节目可能涉及教学、医疗等专门领域，相关节目要能在国内市场上合法传播，可能需要从立项制作起即获得相关行政机关的审批许可，若是没有取得合法资质并经过审批，对该节目权利的取得和传播是否会产生影响？

本章第一节中书画教学视频案中，因某数书画公司主张涉案书画教学视频系书画频道付费播出的电视节目，被告对此质疑原告有权播出电视节目的合法资质。某数书画公司为此提交了相关证据证明其具有对这些教学节目通

① *China—Measures Affecting the Protection and Enforcement of Intellectual Property Rights*，载WTO网站，https：//www. wto. org/english/tratop_ e/dispu_ e/cases_ e/ds362_ e. htm. 最后访问时间：2021年9月30日。

过有线、卫星、网络等方式从事经营活动的合法资质，包括北京市新闻出版局颁发的《出版物经营许可证》、北京市广播电影电视局颁发的《广播电视节目制作经营许可证》、国家广播电影电视总局出具的《关于同意中华文化促进会开办书画付费电视频道的批复》《有线数字付费频道许可证》等。为了进一步证明其与中华文化促进会的关系，某数书画公司还提交了中华文化促进会出具的《授权书》，证明其经授权承办书画频道。

法院在审理过程中对以上证据均作了审查，但并非审查某数书画公司是否享有播出书画节目的资质，而是通过综合审查全部证据查明涉案节目的制作者以及权利安排情况，最终认定某数书画公司享有涉案书画教学视频录像制作者权。

视听作品通常为一类复杂作品，为了制作，后续发行及收益分配更加效率，需要多方分工合作创作完成。目前，国内的影视剧著作权人均为法人或相关组织，一定程度上与我国影视剧制作、发行市场的行政管理要求有关。理论上，法律并未限制视听作品作者或著作权人的准入条件，并不排除自然人可成为视听作品的创作者。事实上，当前越来越多的短视频被认定为视听作品，其作者通常仅为单一或数个自然人。

总之，法院不会仅以创作或传播资质来直接否定被诉对象可产生的法定权利，也不会据此否认相关权利人身份。当然，若国家行政管理要求某些著作权法保护的客体在制作、传播前需要完成相应的审批许可，而当事人未执行，并不是没有任何后果，一是将可能面临无法通过正规渠道出版发行，或是出版发行后可能被行政处罚等行政管理方面的后果；二是在民事诉讼中可能因为缺乏审批许可无法进入市场获得正常的商业利益，在他人侵权时，也难以获得正常的损失赔偿。

类似的，若权利人未经许可在前手权利人作品基础上演绎创作作品，这些演绎作品一般会被形象地称之为“非法演绎作品”。国际上，瑞士等国立法认为，侵权归侵权，创作归创作，侵犯演绎权与侵犯复制权不同，也付出了创造性劳动。所以，尽管原作者有权诉演绎者侵权，演绎者也应对原作者负民事责任；但有关的演绎作品，仍属于受版权法保护的作品。[①] 当然，也有观点认为，“任何人在诉讼中有所主张时，行为人自身如果有不当行为，则其亦

① 郑成思：《版权法》，中国人民大学出版社 1997 年版，第 183 页。

无权主张他人行为之不当”。[①] 美国版权法第 103 条（a）规定了编辑作品和演绎作品，但是对于使用具有版权的原有材料的作品的保护，不适用于该作品中任何非法使用这种原有材料的部分。有瑕疵的权利，无法向他人主张，这主要来自英美衡平法理念。目前，我国法院对待非法演绎作品的一般处理方式：非法演绎作品的“非法”性质，是相对于前手著作权人，但不妨碍作者通过演绎创作行为获得演绎作品著作权，并可依据该著作权阻止他人未经许可使用其创作内容。当然，如果演绎作品中无法清晰分离原作品的独创性部分，则不排除演绎作者可阻止他人侵权使用整个演绎作品。只是在赔偿部分，需要根据演绎创作的内容、演绎部分在整个作品中的贡献度等因素，酌情确定赔偿数额。关于赔偿部分，本书将在第六章重点展开。

（二）引进节目未获得发行许可资质

视频著作权案件中，较为常见的是一些引进的视频节目未获得我国行政机关公开发行的审批许可。我国《电影管理条例》第 24 条规定：“国家实行电影审查制度。未经国务院广播电影电视行政部门的电影审查机构审查通过的电影片，不得发行、放映、进口、出口。供科学研究、教学参考的专题片进口和中国电影资料馆进口电影资料片，依照本条例第三十二条的规定办理。”该条例第 32 条规定了进口供科学研究、教学参考的专题片实行备案制度。这种情况下，原告的视听作品未经行政审批或备案，能否成为被告行为不侵权的合法抗辩？

案 例

电影《未曾留下××》案[②]

电影《未曾留下××》片头显示“艺某影片公司、大某影业公司、怡某有限公司荣誉出品”。东阳某公司经授权独占性享有该电影的信息网络传播权。被告经营的“暴风××”应用中提供该电影的在线播放服务。

东阳某公司起诉被告侵害其享有的信息网络传播权。被告抗辩涉案电影未

---

① 王先林：《论知识产权的滥用及其法律规制》，载《法学》2004 年第 4 期。

② 北京知识产权法院（2016）京 73 民终 976 号民事判决书。

通过行政机关审批引进，东阳某公司不能主动实施该电影的信息网络传播权。

法院认为，虽然因涉案电影未经行政审批，但东阳某公司依法有权就他人未经其许可对于涉案电影进行信息网络传播的行为予以制止。考虑到未经行政审批的影视作品的权利人在侵权行为发生时既未自行实施，亦未许可他人实施复制、发行或信息网络传播等由著作权所控制的行为从而获得现有利益，因通常情况下权利人均具有自己使用作品以获益或许可他人使用其作品获益的现实可能性，故侵权行为的发生通常会导致预先挤占权利人作品的市场份额，或影响权利人作品使用许可的发放，从而使得权利人的合理的预期利益受到损害。如果此种合理的预期损失不认定为属于权利人的实际损失，将会使得权利人的利益无法得到有效保护。综上，在本案中应认定涉案电影的著作权相关权利人享有合理的预期利益，该预期利益亦应受到法律保护。被告未经许可实施了侵害东阳某公司对涉案电影享有的信息网络传播权，对东阳某公司所享有的涉案电影信息网络传播权的预期利益造成了损害，理应予以赔偿。最终判赔经济损失 5000 元，合理开支 3000 元。

近年来，与上案类似情形的案件并不少见。本书第一章提到的某电视剧案中，该剧完成于我国台湾地区，虽然出版有音像光盘，但被告提出该出版物并非在大陆出版发行，未经过相关部门审批，不是合法出版物。这些案件中，法院并未仅以原告未取得合法传播相关影视作品的行政手续文件而直接认定原告权属存在瑕疵。对此问题，最高人民法院在（2010）民提字第 39 号关于韩国电视剧《宫×》著作权再审纠纷中即已明确，著作权人维护自己的合法权益并不以获得进口行政审批为条件，并判决未经许可传播该电视剧的被告应承担侵权赔偿责任。

案 例

凤×卫视新闻视频案[①]

天某九州公司经凤×卫视公司独家授权，取得将凤×卫视节目进行互联网视频直播及点播。天某九州公司经营凤×网，该网站亦登载凤×卫视节目。

---

① 一审：北京市海淀区人民法院（2014）海民（知）初字第 29087 号民事判决书；二审：北京知识产权法院（2017）京 73 民终 682 号民事判决书。

天某九州公司发现，某浪网某浪视频栏目中存在大量凤×卫视节目。2013年1月21日公证取证显示，某浪视频提供779个凤×卫视新闻、时事评论等节目的在线播放服务，节目时长基本在5分钟左右。

经比较，某浪视频中的凤×卫视节目保留了视频画面下方的滚动字幕，部分视频则隐去了左上角的“TM凤×视频 v. i××××. com”标识。某浪视频中的凤×卫视节目基本都略晚于凤×网中的发布时间，部分视频在某浪视频中点播量达到数百万。

天某九州公司主张某浪公司侵害其作品信息网络传播权，主张赔偿其经济损失及合理开支共计1000万元。

某浪公司的抗辩理由之一为“天某九州公司违反规定从境外媒体引进时事性新闻节目并对外转授权，不仅对授权链条的合法性有影响，而且对新闻视频的价值和天某九州公司可获得利益、公共利益与著作权行使存在的矛盾和利益平衡产生影响”，并提交了《广电总局关于2008年度三星级以上涉外宾馆等单位可申请接收的境外卫星电视频道范围的通知》《境外电视节目引进、播出管理规定》① 等。

法院判决认为，《境外电视节目引进、播出管理规定》为行政管理规定，与天某九州公司对涉案节目是否享有著作权无关。某浪公司未经许可通过网络传播涉案节目会使天某九州公司丧失获取许可费的机会，对于由此导致的损害后果，应视情况予以赔偿。

（三）行政机关颁发的许可证效力

当前，影视剧公开发行须取得相关行政机关颁发的发行许可证或公映许可证。与商标权、专利权等其他知识产权不同，著作权的取得自作品创作完成时起即产生，所以，影视剧制作者将其作品提交给相关行政机关进行审核，后取得的许可证书是对已完成作品发行许可范围的限定，能辅助说明作品已完成这一事实，但无论行政机关的相关证书如何记载制作者情况，也不能直接替代在作品上的署名。

---

① 国家广播电影电视总局于2004年9月23日发布的《境外电视节目引进、播出管理规定》（第42号令）第2条第2款规定：“不引进时事性新闻节目。”载中国政府网，http：//www. gov. cn/gongbao/content/2005/content_ 78843. htm，最后访问时间：2021年9月30日。

案 例

电视剧《××长歌》案①

2006年2月7日，国家广播电影电视总局颁发《××长歌》电视剧发行许可证，载明该剧制作单位为甲电影制片厂，合作单位为乙公司等。该证书记载的制作单位与此前获得的制作许可证相一致。2007年8月17日，国家版权局向甲电影制片厂、乙公司颁发著作权登记证书，其中载明二者对该剧以制片者身份依法享有著作权。

2007年1月27日，电视剧《××长歌》首播，该剧的出品单位署名为甲电影制片厂、丙电视台文艺中心影视部、丁集团和乙公司。

该剧首播之前，2006年1月1日，甲电影制片厂向乙公司出具授权书，将该剧的电视节目播映、销售权及音像制品出版、销售权授予乙公司，期限为自2006年1月1日起至2015年12月31日止。2007年6月14日，甲电影制片厂出具证明，称其于2006年1月1日向乙公司出具的关于该剧授权书中的授权内容包括信息网络传播权。

2007年7月4日，甲电影制片厂和乙公司出具说明，主要内容为：《××长歌》制片者为该剧发行许可证所载的甲电影制片厂和乙公司；出品单位及联合、荣誉出品单位中所载丁集团、丙电视台文艺中心影视部等均系为宣传之用，不享有该剧的著作权；甲电影制片厂已将其所享有的上述权利全部授予乙公司行使，乙公司有权以自己名义完整地对外行使该剧相关著作权的转授权等。

2007年1月17日，乙公司出具授权书，将该剧复制权、发行权、网络传播权独家授予戊公司，戊公司可据此以自己名义向侵权人主张权利，有效期为自2007年1月17日起至2012年1月17日止。

一审法院认为，该剧制作许可证、发行许可证、甲电影制片厂和乙公司2007年7月4日说明、国家版权局著作权登记证书等大量证据均显示，该剧制片者系甲电影制片厂和乙公司。甲电影制片厂将该剧之信息网络传播权授

① 一审：北京市海淀区人民法院（2007）海民初字第17776号民事判决书；二审：北京市第一中级人民法院（2007）一中民终字第13165号民事判决书，载王振清主编：《知识产权经典判例5》，知识产权出版社2010年版，第389页。

予乙公司，而此后乙公司已将该剧之信息网络传播权独家授予戊公司，据此确认戊公司对该剧享有信息网络传播权。

二审法院确认该剧署名的四个单位为该剧著作权人。对于署名的相反证据，首先，由于没有证据证明有关丁集团的有关信息，该剧中署名的其他作者均未提出合理的理由以及相关证据予以否认。因此，仅在工商局不能查询到包含丁集团的企业名称并不能否认该企业的存在。其次，制作许可证、发行许可证的性质在于体现国家有关行政机关对影视作品的制作、发行进行的管理。实践中，影响影视作品制作、发行的因素有很多。因此，在制作、发行的过程中由参与者对各自的权利、义务进行约定，形成新的权利、义务关系是普遍存在的，且不违反著作权法的规定，仅依据制作许可证、发行许可证不足以否定该剧的原有署名。再次，国家版权局颁发的著作权登记证书是在该剧首映后根据当事人的申请制作，仅依据该登记证书不能否定该剧的原有署名。最后，甲电影制片厂和乙公司 2007 年 7 月 4 日的说明仅为该剧的原有署名中的两个企业给自己出具的说明，相对于另两个企业或其他组织没有证明效力。综合上述分析，戊公司提交的相反证据不能推翻电视剧《××长歌》的原有署名，纠正了一审法院的权属认定。

国家广播电影电视总局曾于 2004 年 10 月 10 日发布，并于当年 11 月 10 日起施行《电影企业经营资格准入暂行规定》[①] 明确规定了电影经营主体的准入资格要求，恰能印证上案判决提到的“制作许可证、发行许可证的性质在于体现国家有关行政机关对影视作品的制作、发行进行管理”。

虽然法院一般不以行政机关的行政许可文件中记载的主体直接认定权利主体，但不意味着相关行政许可文件中记载的主体必然与权利人无关。在电视剧《宝贝××》案[②]中，原告提交的证明该剧权利归属的作品片尾注明“本电视剧版权归属单位与发行许可证保持一致”。此时，发行许可证中记载的权利主体可视为作品的署名主体。

---

① 该规定已于 2015 年 8 月 28 日起修正并实施。

② 北京市海淀区人民法院（2017）京 0108 民初 14369 号民事判决书。

第三节　原告为部分原始权利人或被许可人

近年来，随着文化娱乐产业不断发展，行业分工日趋细化，复杂作品，如制作精良的影视剧、网络游戏、动漫等占据了人们文化娱乐生活的重要部分，这些复杂作品往往不是单靠某一主体就能完成从创意到制作成片整个流程的工作，而是需要多个主体，按不同分工、贡献集合完成。大部分电影、电视剧的制作、发行或者出于一家之力难以完成，或者为了分散投资、发行风险而需要集中多家影视企业共同制作完成，由此产生多家原始权利人。

共同共有是民法上一项重要的所有权制度，通常是指依一定原因成立共同关系之数人，基于共同关系，而共享一物所有权的法律状态。共同共有的法律特征包括不分份额、数人之间存在共同关系、各共有人对共有财产全部享有平等的权利。① 虽然著作权与物的所有权存在差异，但著作权法上所指的不可分割作品的共同原始权利人之间的法律关系，通常比照传统民法上共同共有关系来对待，是因为多个权利人因创作的合意形成共同关系，完成一项不可分割的作品，因而对该作品平等、不分份额地享有著作权。多个著作权人之间的权利关系主要为共同共有，下文分析也基于此前提展开。

当前技术条件下，影视剧公开发行后，在频繁传播过程中，视频版权分销与侵权盗版问题并行，使进入维权诉讼阶段的原告通常并非影视剧的原始权利人，而且，部分案件中作为继受权利人的原告有多个上手权利人，与影视剧原始权利人之间的授权链条非常长。

之所以将侵害视频著作权案件中，部分共有权人作为原告的情形专门列为一节，是因为此类案件存在较为突出的焦点问题。据不完全统计，在视频著作权案件中，大部分原告为继受权利人，其中，绝大部分原告为独占被许可人，而在原告为原始权利人或受让权利人的案件中，原告为全部权利人（包括唯一制作者）的情形亦较少，多数情形下原告为部分权利人。

出现此种情形，除了上文提到的影视行业自身原因之外，也有出于诉讼

① 梁慧星：《物权法》，法律出版社 1997 年版，第 219 页。

便利、效率等方面的原因：全部权利人作为共同原告进行维权的成本过高，大部分情况下，不是所有权利人都愿意耗时费力进行个案维权，直接实施维权诉讼的原告基本都是部分原始权利人或继受权利人。

一、原告为部分原始权利人

原告为部分原始权利人时，大部分情况下其他原始权利人或者放弃主张权利，或者将权利授予原告，由原告直接向侵权人提出维权主张。少部分情况下，由于维权时间距离影片制作完成时间久远，部分原始权利人发现侵权行为后欲维权诉讼，但在联系其他权利人后发现，有权利人已经注销，而承继主体难以取得联系，如某些项目公司成立即为了拍摄某部影片，拍摄完成一定时间后就解散；或者相关权利人不再实际经营，特别是部分原始权利人为境外企业等情况下联系困难。另外，原始权利人之间也可能在作品创作完成后因如何使用作品发生分歧，导致部分原始权利人作为原告诉讼时，其他权利人不积极配合。

案 例

电影《PK. ×××. CN》案[①]

电影《PK. ×××. CN》片头、片尾显示：某某城公司、信某公司、某浪公司联合出品，某某城公司、金某公司联合摄制。

2007 年 10 月 23 日，信某公司更名为信某广告公司。2008 年 5 月 12 日，信某广告公司出具《授权书》，将涉案影片国内外的电视播映权和网络传输权授予某某城公司独家拥有，有效期至版权保护期止。

2008 年 10 月 21 日，金某公司出具《授权书》，授予某某城公司的权利同信某广告公司的上述授权内容。

2009 年 12 月 29 日，某浪公司出具《声明书》，表示作为该片著作权的共有人，同意在侵犯该影片著作权案件中，将诉讼和非诉讼权利授予某某城公司行使，某浪公司不再参加诉讼，上述授权自 2008 年 1 月 1 日起生效。

---

① 北京市海淀区人民法院（2014）海民初字第 8771 号民事判决书。

法院根据以上的授权表示，认为某某城公司享有该片包括信息网络传播权在内的著作权。

如果作为部分原始权利人的原告未取得其他原始权利人的授权即向他人提起维权诉讼，该如何处理？

根据《民事诉讼法》及其司法解释关于共同诉讼的规定，“当事人一方或者双方为二人以上，其诉讼标的是共同的，或者诉讼标的是同一种类、人民法院认为可以合并审理并经当事人同意的，为共同诉讼”。“共有财产权受到他人侵害，部分共有权人起诉的，其他共有权人为共同诉讼人。”由于作品不可分割，各原始权利人共同共有该作品的著作权，针对该作品相关侵权行为的维权诉讼，属于对共有权利的行使，也应当体现共有人意思。因此，需要将全部共有人作为共同诉讼人对待。对因共有财产产生的债权债务关系的效力，《民法典》第 307 条规定：“因共有的不动产或者动产产生的债权债务，在对外关系上，共有人享有连带债权、承担连带债务，但是法律另有规定或者第三人知道共有人不具有连带债权债务关系的除外；在共有人内部关系上，除共有人另有约定外，……共同共有人共同享有债权、承担债务……”因此，共同共有财产权受到侵害的，由于各共有人平等地对共有物享有权利和承担义务，在诉讼法上实为不可分之诉。

在共同共有关系下，若部分共有人起诉维权，其他共有人未作为共同原告时，根据《民事诉讼法司法解释》第 73 条、第 74 条的规定，法院应当通知其他共有人参加诉讼，或者由原告申请追加其他共有人参加诉讼。此时，被通知参加诉讼的其他共有人与起诉原告一起，成为共同原告。除非被通知的其他共有人明确放弃实体权利，法院可以不追加；如果既不愿意参加诉讼，又不放弃实体权利，仍应当追加为共同原告。

即便被追加的原告不参加诉讼，比如经传票传唤无正当理由拒不到庭，也不能与主动提起诉讼的原告一样可以按撤诉处理，只要主动提起诉讼的原告正常参加诉讼，被追加的原告不参加诉讼的，不影响法院对案件的审理并依法作出判决。当然，如果法院最终判决被告向原告承担赔偿责任，判决中应当给未参加诉讼的被追加原告保留必要的份额。

民事诉讼遵循“不告不理”的基本原则，法院查明事实及判决法律责任的范围通常不能超出原告起诉的事实及请求，但在必要共同诉讼原告不加入诉讼活动，也不表达实体诉求的情况下，之所以仍要为其保留必要的份额，是因为要实现“案结事了”的诉讼功能，避免不同权利人为了同样的侵权行为需要多次维权，也为避免侵权人因一项行为被反复多次追诉，亦是为了节约司法资源。实践中，如何处理保留份额，还有以下问题：

第一，保留必要份额是否涉及除赔偿以外的法律责任？在侵权诉讼中，侵权人需要承担的法律责任通常涉及停止侵害、赔礼道歉、消除影响、赔偿损失等。如果主动提起诉讼的原告向侵权人提出多项请求要求被告承担以上法律责任并获得法院支持，未参加诉讼的共同原告虽未明确主张，能否同时获得支持？一般情况下，停止侵害属于对自己行为的停止，不具有向他人履行的主体对应关系，且被诉行为停止与否也是事实状态，只要被告停止被诉行为，不论对于参加诉讼的原告，还是未参加诉讼的原告，都视为已经履行完毕。

赔礼道歉的法律责任一方面无所谓保留份额，另一方面此类法律责任有承担对象，“道歉”，即为发自内心地向对方表示歉意，若无受领“歉意”的对方，如何能称之为“道歉”。因此，未参加诉讼的共同原告不论是因何种原因未主张自己的权利，被告一般无须向其承担此项责任。当然，若未参加诉讼的共同原告此后有条件也有意愿向被告主张赔礼道歉，被告是否还需要专门单独履行此项义务则值得探讨。

虽然消除影响的法律责任也无所谓份额，但消除影响与赔礼道歉不同，若被告有意持续且范围广泛地实施被诉行为，法院经审理认为被告有必要为其侵权行为的恶劣影响予以消除，则会判决被告承担消除影响的法律责任。这一法律责任，是对侵权后果的公开更正澄清，让公众普遍知晓应然的状态，与赔礼道歉须有受领方的责任不同。例如，被告严重侵害原告署名权、保护作品完整权等著作人身权持续时间较长，公众普遍认为涉案作品与被告有关，法院认为仅判令被告向原告赔礼道歉不足以弥补多年来持续的不良影响，而应判令被告为其行为消除影响，即便有部分原告并未进入个案诉讼，也不影响被告应当如实澄清事实的责任。

第二，如何判决不参加诉讼但不放弃实体权利的原告可获得的赔偿数额？法院是应该在参加诉讼原告主张的赔偿数额之外给未参加诉讼的原告保留份额，还是在参加诉讼原告主张的赔偿数额中给未参加诉讼的原告保留份额？如果是前者，因为不参加诉讼的原告并未向被告提出赔偿主张，法院会面临超出原告主张范围判决，且此时应保留多少份额变成完全由法院酌定的数额，显然是目前的诉讼制度下难以处理的。如果是后者，因个案赔偿主张仅由参加诉讼的原告按照其理解认知提出，该数额通常是其根据自己的损失提出的，也希望法院全部支持其诉求，而法院最终在判决赔偿数额时，以此为基础划分出保留给未参加诉讼的原告，无形中减少了参加诉讼原告原本可获得的赔偿，对积极维权的原告似乎存在不公平之处。

两害相权取其轻，相较于超出维权原告的赔偿主张进行判赔违背基本的民事诉讼原则，在参加诉讼的原告提出的赔偿数额基础上适当保留未参加诉讼原告的赔偿份额具有一定的合理性。一方面，共同原告之间必然存在收益分配协议，即便有部分原告不参加诉讼，也不妨碍积极维权的原告依据协议合理设定维权预期，即其可在提出赔偿主张时即考虑全部权利人的可得利益，而非局限于其个体份额；另一方面，为了鼓励维权，也为了体现利益公平原则，对于积极参加诉讼的原告可适当多分赔偿份额，特别是考虑到其为维权诉讼投入时间精力、支出额外成本，赔偿数额理应得以覆盖其维权开支。

事实上，作者从事多年的著作权民事审判工作中，需要追加共同原告的情形较少，特别是在视频著作权案件中，专业制作的影视剧因为投资成本较大，在权利归属、利益分配等方面都有明确约定，即便部分共有权利人不便或不愿意参加维权诉讼，也会通过许可、转让等方式尽量实现权利，而不是“躺在权利上睡觉”。非专业制作的视频节目一般没有较为复杂的共有人体系，通常不会出现未参加诉讼但又不放弃实体权利的共有原告。

另外，发生需要追加原告的视频著作权纠纷通常涉及被诉视频节目为年代久远的影视剧，因为权利人之间的沟通联系出现障碍而发生此问题。可追加原告的情形通常限于国内主体。若发生共有人为国外当事人，因存在语言、地域、送达不便等多种因素限制，国外当事人身份的真实性等基础事实往往难以查清，在此种极端情况下，可以因原告身份难以查清而不追加。

二、原告为被许可人

原告为被许可人时，法院对原告权属的审查在不同阶段有着不同的标准和要求。早期，作为被许可人的原告所取得的授权链条无法看出授权源头来自全部原始权利人，则认为原告获得的权利存在瑕疵，无法成为与涉案作品有直接利害关系的人，按照《民事诉讼法》关于起诉的条件，法院会裁定驳回原告起诉。待原告所获权利的授权链条完整后，可以不受“一事不再理”原则的限制再次起诉。

当然，按照此后《北京高院著作权审理指南》第10.4条影视作品权属的认定中，以出品单位作为影视剧的著作权人，则本案结果会不同。即便是在该指南发布之前，上述处理方法也存在一定的争议。《著作权法实施条例》第9条规定：“合作作品不可以分割使用的，其著作权由各合作作者共同享有，通过协商一致行使；不能协商一致，又无正当理由的，任何一方不得阻止他方行使除转让以外的其他权利，但是所得收益应当合理分配给所有合作作者。”此规定的立法目的显然是为了最大限度地促进作品传播和利用，使公众有机会接触尽可能多的文化成果。因此，有观点提出，不能因为被许可人未从全部原始权利人处获得作品许可，就认定被许可人不能作为与作品相关的直接利害关系人进行维权诉讼。

随着原告作为被许可人的情形日益增多，原告获得许可的授权链条存在瑕疵的情形也更加复杂，部分案件曾按前述法规精神作出判决，对原告权属举证并未采取严格的审查标准，而是只要其提交的证据所显示的授权链条来自原始权利人，即便是部分原始权利人，也确认原告所取得权利合法有效。但几乎同时，又出现了另外的情况，由于不同的部分原始权利人分别对外许可他人使用作品，而且都授予他人独占的权利，发生了不同的被许可人互相起诉对方侵权，或者一家被许可人起诉他人侵权时，对方抗辩称其已经从相关原始权利人处取得了合法权利，其使用行为合法。由于著作权客体的无形性，部分原始权利人对外许可使用相关作品，并不影响其他原始权利人同时对外许可该作品。一旦发生侵权诉讼，一项合同权利并不能当然对抗另一项合同权利，相关行为侵权与否将难以判断。

为在上述法规框架下实际解决这一问题，首先对《著作权法实施条例》第9条作了进一步的要件解读，发现之所以出现以上问题，是对不可分割使用的合作作品的权利行使规则主要强调了该条最后一句，“任何一方不得阻止他方行使除转让以外的其他权利，但是所得收益应当合理分配给所有合作作者”，而忽略了“协商”要件。理论上，共有的权利应当共同行使，能给部分共有人单独行使权利的特定条件要在全部共有人协商后，无法协商一致，但无正当理由不允许他人使用作品才可单独行使除转让以外的权利。因此，相对稳妥的方法并不一味否定或肯定部分原始权利人对外许可后，被许可人再向他人进行维权的权利基础合法性问题，而是要看部分原始权利人对外许可前是否已与其他原始权利人进行协商。诉讼中，这是一个原告举证问题，即若原告为某一视频的著作权被许可人，其从部分原始权利人处获得授权，为了证明其所取得的权利合法有效，需要证明授权链条初始端的部分原始权利人与其他原始权利人就对外许可使用作品事宜进行了协商，虽然未协商一致，但无证据证明其他原始权利人不允许部分原始权利人对外授权有正当理由，则部分原始权利人的对外授权行为有效。何谓“正当理由”，则视个案情节而定，如权利人了解到要被许可的相关主体自身的情况存在不利于涉案作品使用的情形等。

遗憾的是，原告往往无法提交原始权利人之间进行协商的证据，甚至连部分原始权利人为了对外授权之事给其他原始权利人发函告知等证据都无法提交。究其原因，一方面是授权链条过长，原告难以联系其多个上手权利人并取得原始权利人之间往来的相关证据；另一方面在大部分情形下部分原始权利人实际未与其他原始权利人协商对外授权事宜，导致此后授权链条中的被许可人难以获得“协商”方面的证据。

如果原始权利人之间存在协商，被许可人在诉讼阶段该如何举证；如果仅有部分原始权利人向其他原始权利人发函或发邮件告知其要对外许可作品相关权利，其他原始权利人未作出任何意思表示，能否视为经过协商？如果授权链条比较长，原始权利人之间即使存在协商，而且形成过协商记录文件，部分原始权利人是否愿意将之公开给其他人，都存在一定的争议，值得进一步讨论。

如果不排除多个共有人可以分别向他人授予涉案作品的专有权利，那么此时的授权文件中即使约定“专有”，也难以解释为专有性质。如果被许可人并不严格审查其所获权利来源是否包括了全部原始权利人，那么其所获得的权利即便约定“专有”，实际可能也无法专有，而只能与他人共享。

当然，这一问题在2020年《著作权法》施行后基本得到解决。该法第14条第2款中将“许可他人专有使用”作为与“转让”并列的权利，都应由合作作者通过协商一致行使，排除了部分原始权利人对外许可而发生矛盾冲突的情形。

三、实体权利与维权权利分离时引发的问题

随着行业发展和利益分配方式的变化，权利人为了尽可能最大化自己的权利，会不断细化授权范围和授权内容。诉讼中，这类变化除了第二节常见问题中提到的各类复杂的合同约定之外，另一重要表现就是将实体权利和维权权利分别约定的情况。

案例

电视剧《××××百日恩》案[①]

电视剧《××××百日恩》的制作单位为某艺术公司，合作机构为某神州公司。

2011年6月1日，某艺术公司、某神州公司将该剧包括信息网络传播权在内的著作权独家授予某视公司，授权期限自2011年6月1日至2016年5月31日止。2011年7月31日，某视公司将该剧信息网络传播权独家授予某动公司，维权期限自2011年8月1日起至2016年3月31日止，上线使用期限自2012年4月1日起至2016年3月31日止。

上案中，某视公司授予某动公司的独家信息网络传播权分成了两部分，一部分是维权权利，另一部分是自行使用的权利，且注明了不同的期限和起始时间。在通常情况下，维权起诉的权利只是作为使用作品这一实体权利的程序性权利，特别是许可他人专有使用权时，即使不专门约定维权权利，也可对侵权行为进行维权诉讼。

因“独家”一般理解为排除著作权人自身在内的“专有”性质，参照《最高人民法院关于审理商标民事纠纷案件适用法律若干问题的解释》（以下简称《商标民事案件司法解释》）中独占使用许可的规定，独占被许可人有权单独维权，是因为其所获得的权利已经排除了包括被授权人在内的其他人以同样的方式使用作品。独占被许可人的上手权利人包括原始权利人，已通过合同方式实现了自身的权益，即使发生侵权行为，通常认为所影响的权利

① 上海市闵行区人民法院（2016）沪0112民初5973号民事判决书。

及收益分配也与这些上手权利人无关，而与侵权当时被授予的独占被许可人有关。

当然，著作权人即便将其财产权利的全部或部分授予他人在一定期限内独占行使，也未否定其著作权人的身份，著作权人对于侵权行为依然有权主张停止侵害，而非赔偿损失。在类似于专有出版权领域，并不绝对排除作者在授予他人专有出版权后依然提起维权诉讼，但条件设定比较严格。1996 年发布的《北京市高级人民法院关于审理著作权民事纠纷案件适用法律若干问题的解答》第 39 问中规定："著作权人将作品的专有使用权授予他人后，对侵犯该专有使用权范围内的侵权行为一般不能要求经济赔偿，但该侵权行为给著作权人造成经济损失的，如著作权人从专有使用权人处取得的是版税等情况的，著作权人可以要求经济赔偿。"

对于侵权行为，哪些主体可以维权，通常考虑持有实体权利的主体情况，除了按照法律规定因享有实体权利本身即有相应的维权权利内容，另一项重要的考虑因素是侵权人因一项侵权行为不必受到多个主体的多次追诉，造成法律关系不稳定。

参照《商标民事案件司法解释》对于商标许可使用中独占被许可人，排他及普通的被许可人，在满足特定条件的情况下均可起诉维权的规定。一般认为，排他被许可人可起诉维权的条件是著作权许可人与被许可人共同起诉，或者许可人不起诉时再起诉。排他许可通常理解为市场上仅有两个行使作品权利的主体，即许可人和被许可人，所以，或者许可人、被许可人共同起诉，或者在许可人明知侵权行为但不起诉的情况下由被许可人起诉，都不会造成维权主体不确定的状态。

普通许可的被许可人因被授予维权权利而起诉维权的情况不同。理论上，权利人可以授权无数个普通被许可人，每个经普通许可的被许可人享有的权利是平等的，即其可以合法使用被授予的作品，但无权禁止他人未经许可使用该作品。如果许可人（著作权人或独占被许可人）在授予他人普通使用作品权利的同时，又授予其维权的权利，此时维权的权利只有限缩性质和范围，否则可能出现不同的普通许可被许可人都进行维权诉讼，将造成当事人法律关系不稳定，侵权人面临不确定追诉的情形。

著作权的权利范围主要体现在两个方面，一是著作权人合法行使权利，包括在法定权利框架范围内自行使用及授予他人使用的权利；二是禁止他人行使法定权利范围内的权利。禁止权也是为了更好地保障使用权，使著作权人按自主意愿在可控范围内使用作品，最大限度实现著作权人的合法权益。

有观点认为，维权权利（诉权）并不是一项独立的权利，“本质上就是指基于特定实体权利产生的诉讼权利，是当事人启动和推进民事诉讼程序的重要权利，是实现和维护当事人实体权利的重要制度。诉讼权利与实体权利具有密切关系，诉讼权利相对于实体权利而言具有附随性的属性，除法律、行政法规另有规定外，有实体权利必有诉讼权利……诉讼权利是基于法律规定产生的，不能由当事人通过约定的方式予以限制或排除”。[①] 普通许可的被许可人虽然也被授予合法使用作品的实体权利，但该项权利本身并不具有禁止他人未经许可使用作品的性质，禁止权依然保留在上手权利人或著作权人处。因此，一般认为普通许可的被许可人并没有禁止他人使用作品的请求权基础，也就无权向侵权人进行维权诉讼。

近年来，越来越多的案件中反映出普通许可的被许可人经著作权人授权取得了维权的权利，出现了作品使用权与维权权利分别授权，且授权期限不同的情况。在这种情形下有观点认为不必过于拘泥实体权利是否与维权权利相匹配。以民事诉讼法上“诉讼担当”“诉讼实施权的转让”制度为依据，只要著作权人专门作出意思表示，允许普通被许可人维权，在《商标民事案件司法解释》明确允许此种方式维权的情况下，从净化市场，打击侵权的角度也应当容忍当事人关于维权权利的安排。民事诉讼法上传统的诉讼担当理论，是指“法律规定为第三人担当诉讼的情形。该诉讼担当人并非实体权利义务的主体，而是基于法定的权限或诉讼政策的需要”。[②] 此种理论主要源于法律关系主体消灭或发生重大变化导致由他人代为处理权利义务关系的情形，典型的如破产案件中破产管理人、继承案中的遗产执行人等。

民事诉讼法上，诉讼实施权与当事人适格有关，具有参加诉讼资格之人的权能，也被称为诉讼实施权，只要就诉讼标的权利或法律关系享有实体上的管理权者，那么对该权利或法律关系一般就具有诉讼实施权。[③] 普通许可的被许可人，仅有自己使用作品的权利，并无禁止他人使用作品的权利，除非

---

① 北京知识产权法院（2017）京73民终960号民事判决书。

② 张卫平：《诉讼系属中实体变更的程序应对》，载《外国法译评》2018年第1期。

③ 陈贤贵：《当事人适格问题研究》，厦门大学出版社2013年版，第32~36页。

著作权人将维权诉讼的权利专门授予普通许可的被许可人，否则其无权提起诉讼禁止他人的侵权行为。

《北京高院著作权审理指南》第 1.10 条“授予起诉权利的审查”中规定了“著作权人未将著作权转让或者许可他人，仅授权他人起诉的，不予支持；但对于转让或者许可之前发生的侵权行为，合同有明确约定的，受让人或者被许可使用人单独起诉，可以予以支持”。此规定可以解读诉讼权利以享有实体权利为原则基础，对于仅转让或许可他人起诉的，不认可其效力。但例外情况是，转让或许可之前发生的侵权行为，受让人或被许可人在有合同明确约定的情况下，可以对不享有实体权利阶段的侵权行为提起维权诉讼。

对前述规定的解读为“有专家提出诉权的转让，实际上属于诉讼实施权的转让。诉讼实施权来源于德国法，凡实体法上的权利主体，就诉讼标的所涉及的权利或法律关系有管理权，都享有诉权，可以提起诉讼……考虑到著作权人转让或许可他人使用权利之后，不再具有维权的积极性，让与案件更具有实质性利害关系的当事人参加诉讼，更有利于事实的查明，且并不会对诉讼代理等其他制度产生严重影响，因此审理指南第 1.10 条规定，可以适当放宽当事人对诉权处分的限制，仅对单独转让诉权的行为不予支持，对于著作权人处分实体权利（包括转让和许可使用）的同时一并转让诉权的，予以支持”。[①]

值得注意的是，虽然《北京高院著作权审理指南》对在一定情况下实体权利与诉讼权利分离的合同效力予以了确认，但仅限于实体权利在转让或许可之前的诉权允许当事人按照自己的意思自治来处分，行使诉讼实施权，并未确认实体权利许可期限之后的诉权依然能单独处分。实体权利一旦许可到期，权利回归著作权人，著作权人即使再通过合同约定他人可以在不享有实体权利的情况下维权起诉，都属于仅授予他人起诉的权利，不发生法律效力。此种情况只针对著作权许可使用的情形，著作权转让的，并没有到期权利回归的情况，也就不存在仅转让起诉权利的问题。

---

① 潘伟：《〈侵害著作权案件审理指南〉条文解读系列之一》，载微信公众号“知产力”，https：//mp. weixin. qq. com/s? src = 11&timestamp = 1641739247&ver = 3548&signature = dBOfpMmmATwUYkHwC9JGbaKhyCasnOKjs0okKBUJly0ton3htbOR7t8Lry9lvBS8zgYW4OrdIvsESQvOoW6TkeFJcG - ZhF5JrwlD * IS2wx * nMdEw-uU-miabtRMrFhMZ&new=1，最后访问时间：2022 年 1 月 6 日。

第四章

侵权判定中的基础问题

随着社会经济发展、技术进步和商业模式的多样化，人们使用作品的方式呈现出不断推陈出新的特点，著作权侵权纠纷中的被诉行为也日益复杂，对侵权定性的判断也因为主体、技术、市场等因素的加入而日益困难。本章对视频著作权案件中侵权判定的基础问题进行概括归纳，总结此类纠纷侵权判定方面的共性问题。

侵权判定的基础问题有四类：第一类是判断原告是否享有其所主张的权利。第二类是判断被诉行为是否存在。如果原告不能主张被诉行为存在，不论该行为由谁实施、性质如何、是否该承担法律责任，对于原告而言都无意义。第三类是判断被诉行为的实施主体。即便被诉行为是侵权行为，若非被告所为，原告的主张也不能获得支持。诉讼中，被告若对原告指控的侵权主体存疑，一般会将主体抗辩作为首要的抗辩事项提出。如果被告因为缺乏诉讼经验或疏忽遗漏此意见，法院在审理中通常也会提出“被告是否认可实施了被诉行为”这一常规问题。一旦被告否认，则会重点审查行为主体方面的证据和事实，以确定是否有必要进入下一步审理阶段。第四类是判断被诉行为的性质。这是绝大部分案件中的争议焦点问题，不仅是被诉行为是否满足侵权构成要件的判断，而且也涉及对被告抗辩成立与否的审查，只有在二者同时考虑且抗辩意见不足以推翻原告主张时才能判定被诉行为侵害了原告所主张的权利。

前三类属于事实认定问题，主要涉及当事人举证、质证及法院认证的过程；第四类问题通常属于法律判断，本章将对被诉行为侵权性质的基础问题进行梳理。对于因作品使用方式的丰富多样而不断涌现的前沿热点、难点问题，将在下一章中具体展开。

第一节　原告主张的权利

侵权判定过程中，先要明确被侵害的权利是什么。本书第三章虽然也讨论了权利，但着重于判断原告主张权利的归属问题，即原告需要在个案中主张并举证证明其享有相关著作权或邻接权权利，而本节所涉及的权利，侧重于对被诉行为可能涉及的著作权的具体权项。

因视频制作过程中的复制、改编、摄制等行为引发的著作权纠纷较之视频传播行为引发纠纷数量少，且理论界和实务界对复制权、改编权、摄制权等著作权权项的共识度相对较高，所以，从受关注程度而言，近年来因传播视频，特别是网络传播视频而引发的著作权纠纷更为突出。本节集中讨论网络传播中涉及的原告权利问题。

很多人认为涉及网络的著作权就是信息网络传播权，但按照著作权法的相关规定，信息网络传播权仅规制交互式传播行为，对于非交互式传播，可能落入广播权以及其他权利范畴。同时，视频可被定性为视听作品或录像制品，二者所产生的著作权和邻接权权项不同，如著作权项下有广播权、其他权利，而录像制作者权并不享有前述权利，此种差别必然会对侵权判定结果产生影响。

一、信息网络传播权

法院多年来审理的视频著作权纠纷案件中，大部分都是侵害信息网络传播权案件。信息网络传播权已成为视频权利人净化正版市场、打击侵权行动中最重要的权利。究其原因，信息网络传播行为属于网络环境下最典型且主要的传播行为。特别是移动互联网快速发展，网络海量的容纳能力远胜于影院、电视等传统媒体，加之网络用户对于视频的需求量非常大。当市场的主客观条件都满足时，热播剧等广受用户欢迎的视频节目就成了稀缺资源，许可使用费的价格被层层推高，侵权行为也接踵而至，许多支付高昂对价的视频节目继受权利人面对频发的侵权现象只能通过积极维权来尽可能维护自身市场。

2001 年，信息网络传播权被纳入著作权法，是为了应对快速发展的网络技术对作品传播方式的变革给著作权保护带来的挑战，同时也是我国履行入世承诺完善知识产权法律保护制度的体现。著作权法中信息网络传播权的定义为以有线或者无线方式向公众提供作品，使公众可以在其个人选定的时间和地点获得作品的权利。此规定源于《伯尔尼公约》中的“公开传播权”，但由于时代所限，公约仅包括传统意义上的表演权、朗诵权、放映权，以及广播和相关权。为了满足时代与技术发展的需要，世界知识产权组织（WIPO）于1996年在日内瓦召开外交会议，在《伯尔尼公约》基础上缔结了两个条约《世界知识产权组织版权条约》（WIPO Copyright Treaty，WCT）和《世界知识产权组织表演与录音制品条约》（WPPT）①。其中，WCT第8条标题即为“向公众传播的权利”（Right of Communication to the Public），“作者享有专有的以授权将其作品以有线或无线方式向公众传播，包括将其作品向公众提供，使公约的成员在其个人选定的地点和时间可获得这些作品”（authors……enjoy the exclusive right of authorizing any communication to the public of their works, by wire or wireless means, including the making available to the public of their works in such a way that members of the public may access these works from a place and at a time individually chosen by them）。WPPT第14条亦作了类似的规定。

上述公约规定中，向公众传播权中包括（including）“交互式传播”（access these works from a place and at a time individually）。同时允许成员国拓宽解释本国现有的著作权法上规定的权利（比如“发行权”）来覆盖上述“向公众提供权”，而无须专门立法创设新的权利，这就是WCT当初所谓的“伞形解决方案”（umbrella solution）。② 以美国为例，其在1998年修订本国版权法时，就没有采纳公约中的“向公众传播权”，而是由法院在具体的司法实践中，从已有的权利，如复制权、发行权、表演权和展览权中解释出作品在网络上向公众传播的含义。③

我国著作权法则直接将WCT第8条后半段规定为信息网络传播权的构成要件。

1. 交互式传播。交互式传播是相对于传统媒体单向传播方式而言的，强调网络中已预先设置有作品，可向用户在联网状态下不限时间、地点地提供作品，即用户可按自主意愿“点播”作品。

交互式传播的理解重点在于该权利控制的是公众获得作品的可能性。公众个人选定的时间和地点不能作绝对化的时空来理解，不是指公众可以在任

---

① 参见WIPO官网文本，载WIPO官网，https：//wipolex.wipo.int/en/text. 最后访问时间：2021年6月29日。

② ［德］约格．莱茵伯特、西尔克．冯．莱温斯基：《WIPO因特网条约评注》，万勇、相靖译，中国人民大学出版社2008年版，第133页。

③ 李明德、许超：《著作权法》，法律出版社2003年版，第105页。

何时间、任意地点都能获得作品。至少要处于网络连接状态，而且，可由传播者限定时间和地域范围[①]，甚至是实现点播的具体条件，在满足这些具体限制下公众可以通过网络自行选择点播作品，仍然是信息网络传播权控制的行为范围。比如，有些网站对其热播电视剧限定为 VIP 用户可见，只有用户注册并充值成为网站 VIP 会员才能在线点播该热播剧；有些网站因受到权利人分销电视剧控制地域范围的限制，仅在部分地区提供相关电视剧点播服务，这些具体的限制显然会使部分不符合条件的用户无法获得电视剧，但并不影响在符合条件下的相关用户获得电视剧，故依然属于信息网络传播权控制的行为范畴。

我国的信息网络传播权定义中除了交互式传播之外，以下要件在实践中也容易引发争议。

2. 信息网络。信息网络传播权所指的信息网络不限于因特网。因特网仅是广域网的代表，公众日常所接触到的还有局域网等其他网络环境。《信息网络传播权司法解释》第 2 条明确规定："……信息网络，包括以计算机、电视机、固定电话机、移动电话机等电子设备为终端的计算机互联网、广播电视网、固定通信网、移动通信网等信息网络，以及向公众开放的局域网络。"

该司法解释在公开征求意见的过程中，对于"信息网络"曾有表述"向不特定公众开放的局域网络不属于本司法解释规定的局域网"，但很多意见提出由于大容量的数据服务器广泛应用，使得盗版内容得以在局域网内传播，"信息网络"的范围应当包括在企业、机构、大学或其他社区内使用的局域网。如果仍以其是否向不特定公众开放为标准，会产生司法实践对特定公众如何界定的问题。经研究，最终取消了"不特定"的限定条件，规定了只要是向公众开放的局域网络，均属于本规定范围内的信息网络。[②]

---

① 王迁：《著作权法》，中国人民大学出版社 2015 年版，第 199 页。

② 最高人民法院知识产权审判庭编：《最高人民法院知识产权司法解释理解与适用》，中国法制出版社 2016 年版，第 254 页。

案例

电视剧新《××记》案①

某某骄阳公司经授权取得了电视剧新《××记》的独家信息网络传播权。某大学主办 www. ××××. edu. cn 网站。2014 年 2 月 8 日，某某骄阳公司发现，该校网站网页 http：/ews. ××××. edu. cn/html/2012/gdyw_ 0507/2964. html 中存在“学校部署×××Po 数据云存储系统”的公告，称该校×××Po 云存储系统注册使用网址是 http：//××××. meepo. org，欢迎广大师生登录使用。点击该链接进入网站，进行注册后登录，网页显示“娱乐社区”等分类，点击进入“娱乐社区”并点击对应的学校社区名称，依次选择“大陆”“2010”，在地址为××××. ×××po. org/index. php？ option = com_ comprofiler&…页面上发现涉案作品的下载链接，包括作品名称、文件大小、目录和创建时间等。可以下载涉案作品，选取其中一集可将文件保存在本地硬盘中。某科软公司官方网站介绍其自主产品项下有关于×××Po 软件的《×××Po 云存储系统校园专业级云存储解决方案》，提及某高校系涉案软件客户。某某骄阳公司主张某大学与某科软公司共同侵害其信息网络传播权。该高校的抗辩理由之一为涉案网站论坛仅对学校内部开放，不侵权。

一、二审法院均认为，在案证据显示，作为一般公众，能够通过公开互联网在选定的时间和地点从该高校网站论坛获得涉案作品，故该高校的抗辩意见不成立。

当前“三网融合”趋势下，信息网络传播权可控制的“信息网络”范围，显然也包括因行政管理需要而形成物理分割的有线电视网、移动通信网等。近年来，互联网电视、手机电视、IPTV 等也引发较多信息网络传播权纠纷。因 IPTV 等引发的著作权纠纷将在下一章中重点展开论述。

3. 公众。信息网络覆盖的范围本质上决定了公众的范围，即便是因特网这一当前环境下覆盖公众范围最广泛的信息网络，也不能确保所有人都能确定无疑地接触到网络中的内容，成为实际获得作品的人。WCT 亦将这一问题

---

① 一审：北京市海淀区人民法院（2014）海民（知）初字第 28248 号民事判决书；二审：北京知识产权法院（2015）京知民终字第 1615 号民事判决书。

留待各国国内法予以界定，而未作专门定义。但 WCT 序言中指出，为有效保护作者的权利，缔约各方的国内法在解释“公众”一词时，不能对其作过于狭义的解释。我国相关法律法规中也未对“公众”进行明确界定。但通常理解，正如上文中“交互式传播”不可作绝对化解释一样，信息网络传播权概念中的“公众”也不是具体到每一个用户的全体公众，更不是已经客观上获得作品的公众，而是指信息网络覆盖范围内可获得作品的与作品权利人处于非密切关系状态的公众。

2010 年 11 月 25 日发布的《最高人民法院关于做好涉及网吧著作权纠纷案件审判工作的通知》，主要是对当时全国影视剧等权利人广泛开展对网吧经营者的维权活动中突出反映的一些问题提供的导向性处理意见，其中提及“网吧经营者未经许可，通过网吧自行提供他人享有著作权的影视作品，侵犯他人信息网络传播权等权利的，应当根据原告的诉讼请求判决其停止侵权和赔偿损失”。网吧形成的网络状态是典型的局域网。因此，即使是某些单位自建的局域网，不论实际能获得网络服务的人数多寡，只要信息网络所覆盖的公众之间不存在熟识的密切关系，通常都认为满足信息网络传播权对“公众”的要求。

案例

电影《××时代》案①

某酷公司享有电影《××时代》的独家信息网络传播权，被告未经许可在其经营的“某某迪私影汇”中，以电子设备为终端擅自向公众联网提供该电影的播放服务。某酷公司起诉被告侵害其信息网络传播权。

被告虽否认其提供涉案电影的信息网络传播服务，但自认其所有的影片都存放在本地服务器中，由播映机通过内部局域网调用本地服务器上的数据，并解码显示到投影仪输出画面。另从某酷公司取证过程显示，从选片、付费并进入观影房间后，无须进行任何操作，即可直接观看涉案电影。法院一审判决被告侵害了某酷公司的信息网络传播权。

① 北京市海淀区人民法院（2018）京 0108 民初 31142 号民事判决书，相关报道参见《称私人影院擅播电影，“优酷网”维权获赔 3.5 万元》，载国家版权局网站：https：//www.ncac.gov.cn/chinacopyright/contents/12222/347991.shtml，最后访问时间：2022 年 2 月 16 日。

虽然此类私人影院通过内部局域网向公众提供观影服务时，实际接受服务的公众人数较少，但因私人影院提供播放电影的服务向一般公众开放，可以认定其实施了信息网络传播行为。

4. 提供作品。实施作品信息网络传播行为，本质上应落实到“提供”作品上，不提供作品的行为难以认定为传播作品。传统媒体传播作品时，直接提供作品的主体通常是显而易见的，但网络环境下，网络服务提供者角色分工复杂，用户从客户端能意识到的作品提供者，与实际的作品提供者可能不同。为了不阻碍网络产业的发展，相关国家和地区先后出台法律对网络服务提供者（ISP，Internet Service Provider）和网络内容提供者（ICP，Internet Content Provider）作区分，并设定不同的行为责任规范。处于网络发展前沿的美国在1998年通过了《千禧年数字版权法案》（Digital Millennium Copyright Act，DMCA），其中第二部分网络版权的责任限制（Online Copyright Infringement Liability Limitation）中，对四类网络服务提供者（online service providers）给予了责任限制，分别是信息传输、缓存、信息存储空间和信息定位工具服务提供者（Transitory communications；System caching；Storage of information on systems or networks at direction of users；and Information location tools）。我国于2006年施行的《信息网络传播权保护条例》第20~23条分别规定了自动传输、自动存储、信息存储空间服务以及搜索链接四类网络服务提供者可免除赔偿责任的条件。

由于不同的行为主体可能承担的法律责任、可否获得免责的情形不同，许多网络经营者为了尽可能获得免责优待，更加注重遮掩自己直接提供侵权作品的行为。由此产生司法实践中如何认定通过信息网络提供作品这一争议多年的问题。

此争议虽然是事实查明问题，但因涉及之后的法律适用，存在对此事实查明的方法、途径、举证责任分配等多方面的分歧。最大的分歧在于提供作品与提供搜索链接的认定规则。本书将在下文中结合案例对此详细展开。

二、广播权

2010年《著作权法》第10条第1款第11项规定的广播权，是指以无线方式公开广播或者传播作品，以有线传播或者转播的方式向公众传播广播的作品，以及通过扩音器或者其他传送符号、声音、图像的类似工具向公众传播广播的作品的权利。这项权利的渊源也是《伯尔尼公约》，该公约第11条之二第一款中（i）（ii）（iii）项，我国著作权法直接将这三项作为广播权的定义内容，使广播权控制的行为分解为三种表现形式：

第一，初始以无线方式传播作品的行为。这与公约第一项规定的 wireless diffusion of signs，sounds or images 一致，实际也排除了初始以有线方式传播作品的行为，比如有线电视台播出节目的情形。第二，以无线或有线转播的方式传播广播的作品的行为。第二项行为实际是建立在第一项行为基础上的，只是强调了转播方式可以放宽为无线或有线方式，而此处的转播通常被认为是直播，转播是通过接收广播作品信号后再同步传播给自己的受众用户。第三，通过扩音器等类似工具向公众传播广播的作品的行为。虽然立法明确规定了第三项行为属于广播权范畴，但有学者指出，“把著作权法第10条规定的广播权中的第三句话理解为是对广播行为的控制是错误的。第三句话不是控制广播电视台对作品的广播，而是控制人和第三方对广播电视台广播的作品以扩音器或类似工具（如电视屏幕或大屏幕）向公众进行机械再现（放映），其实质是机械表演权或放映权。因此，我国著作权法第10条有关广播权规定的三句话，不能简单理解为都是广播行为”。[①]

再看一下著作权法对表演权和放映权的定义。从2001年《著作权法》起，表演权就被定义为公开表演作品，以及用各种手段公开播送作品的表演的权利。法律规定的表演权，实际为公开表演权，一是表演者公开对作品进行表演，如演唱歌曲、朗诵诗歌；二是通过各种手段公开播送作品的表演，这通常被认为是机械表演，如酒店、商场公开播放专辑歌曲作为背景音乐。放映权，是通过放映机、幻灯机等技术设备公开再现美术、摄影、视听作品等的权利。机械表演权和放映权强调的是通过播放设备公开再现作品。当然，广播权、表演权涉及的作品类型较为广泛，而放映权涉及的作品类型仅针对美术、摄影和视听作品。视频节目若是录像制品，录像制作者并不享有放映权。

---

① 张伟君：《“广播权”控制的并非都是广播行为！酒吧播放世界杯节目涉嫌用电视屏幕向公众传播广播的作品》，载微信公众号“知识产权与竞争法”，https：//mp. weixin. qq. com/s/UKthnV7EFpnqLdMZ3yXPWA. 最后访问时间：2021年6月29日。

正如前述学者观点，从立法的角度来看，2020 年《著作权法》之前法律规定中广播权的第三种行为类型与机械表演权、放映权高度重叠，难以区分，特别是在当前技术快速发展，播放形式日趋融合的情况下，更难以通过播放设备、手段等外在硬件技术条件来区分权利界限。

实践中，侵害广播权的案件较少，一则涉及广播行为的场景大多发生在广播组织播出节目时，由于我国相关的法律法规等规范性文件对广播组织主体及其行为设定了严格规范要求，而且法律规定了广播组织对于大部分已发表作品享有法定许可的权利。因此，广播组织在传播或转播作品过程中发生侵害广播权的情形较少。二则广播权控制的行为一般具有即时性、易逝性的特点，权利人及时发现侵权行为且能有效固定证据，并提起诉讼的难度较大，客观上也使此类纠纷数量较少。三则网络技术的快速发展，部分涉及网络的广播行为的认定存在困难，特别是“三网融合”的深入，初始传播时无线、有线的界限日益模糊，权利人要举证他人侵权传播行为的初始状态是有线还是无线更加困难，也给法院的事实查明提出了难题。下文介绍的《春晚》案充分反映了此情况。

2020 年《著作权法》对广播权进行了扩展，将初始有线方式的传播也作为广播权控制的行为，同时也明确将交互式传播方式排除在广播权范畴外。这一修改弥补了多年来法院因初始有线方式的公开传播或者转播作品的行为只能纳入“其他权利”的不足。

三、其他权利

著作权的兜底性权利“其他权利”是著作权人享有的一项开放性权利。从著作权法将“其他权利”作为可许可他人使用或转让的权项可知，“其他权利”属于财产权。一般情况下，著作权遵循严格的权利法定原则，法院无法扩展权利人的权利范围，减损公共资源。由于“其他权利”的内涵和外延不甚明确，法院对该权项的适用有非常严格的条件，仅能在确有必要给权利人以保护但现有的著作权有名权项与之无法准确对应的情况下才能谨慎适用。

2020 年《著作权法》施行前，较为典型的以“其他权利”给予著作权保护的情形主要为网络定时播放。网络定时播放是一种行为描述，即网站按提前设置好的时间表提供影视剧等视频节目的播放服务。定时播放可以是轮播，既在一天中的相关时间段内重复滚动播出部分节目，也可以如电视台那样按事先安排好的节目顺序依次播出相关节目。网络定时播放所涉及的权利进入讨论范围起源于第一章中介绍的电视剧《奋×》案。近年来，较少有网站使用定时播放等方式播出视频节目，但部分直播平台中的主播为了充实直播内容、保证在线直播时间，不排除将部分游戏比赛画面等视频节目在空闲时间段中设置成滚动播出模式，也有部分主播采用提前预告的方式为自己的粉丝播放相关视频。不断衍生的网络服务类型还可能陆续出现无法通过广播权、信息网络传播权等有名权项予以规范，但有必要通过“其他权利”进行规范的行为。

综艺节目《春晚》案中，2012 年除夕，某视公司发现某度网站中“某度应用”提供春晚节目，并标注“来自搜某视频”；用户点击“立刻播放”按钮即可以在线实时转播 2012 年《春晚》。视频播放过程中画面右上角显示“搜某视频直播”。

一审法院认为，某视公司取得的权利属于广播权，但其在诉讼中主张享有著作权法规定的“其他权利”，因此驳回了某视公司的此项诉讼请求。

二审法院认为，鉴于授权内容中并未对是否为“交互式”传播，是否为“有线”或“无线”传播方式予以限定，某视公司有权主张《春晚》的信息网络传播权、广播权以及著作权法规定的“其他权利”。本案所涉网络实时转播行为，因其所转播内容的初始传播方式既可能采用“无线”方式（来源于广播电台、电视台或卫星广播组织），亦可能采用“有线”方式（如来源于其他网站）。

由于权利法定为著作权设定的基本原则，故对于这一兜底性权利条款的适用应采用严格的标准，只有在对相关行为不予禁止将明显有失公平的情况下，才可以适用该条款。具体到初始传播采用“有线”方式的网络实时转播行为，因其与初始传播采用“无线”方式的网络实时转播行为相比，差别仅在于采用的技术手段有所不同。原则上，著作权具体权项的设置与划分应以行为本身的特点为确定依据，而非该行为所采用的具体技术手段。如果仅因该网络实时转播行为的初始传播行为采用的是“有线”方式，而非广播权中所规定的“无线”方式，从而认定此种网络实时转播行为不属于著作权法的调整范围，将意味着完全相同的两个传播行为将仅因其采用的技术手段有所不同，而对侵权与否得出不同结论，结果显然有失公平。对于初始传播采用

“有线”方式的网络实时转播行为应适用著作权法规定的“其他权利”调整。二审判决最终支持了央视公司的侵权主张。

由于广播权仅规定了适用于初始无线的传播行为，而随着技术的发展，初始有线的音视频传播已普遍存在。仅因为初始传播为有线传播，所以无法纳入广播权范畴，但若也无法纳入其他著作权权项的规制范畴，显然对权利人极其不公平。上案判决分析了何种情况可解释为“确有必要”使用“其他权利”保护权利人权利。与复制权、信息网络传播权、广播权等其他典型的著作权权项从正面设定适用条件不同，因“其他权利”并不存在正向设定的适用条件，仅能就个案情形反向推定可适用的条件，即如不给权利人设定此部分权利将“显失公平”。

第二节 被诉行为是否存在

正如确认作品存在是著作权人请求权基础的基础，认定被诉行为存在也是侵权判定的基础。实践中，判断被诉行为存在与否，本质上是证据问题，即原告应举证证明客观上发生了其主张侵权的被诉行为。一些涉及图片、文字等作品的著作权案件中，原告若是作者本人，由于诉讼能力较弱，或缺乏有效固定证据的意识，仅准备了未进行形式固定的网页截图作为侵权证据，甚至有原告不准备任何侵权证据，而是直接申请法院保全被告电脑。此时，法官一般会在向被告送达起诉材料之前，先向原告释明其应当提交已固定被诉行为的初步证据，凡是存在于网络中的证据，若不是由被告以外且与被告无关的第三方掌握，一旦被告应诉后删除这些网络证据，就难以证明被诉行为存在，将面临举证不能的法律后果。

视频著作权案件中，上述问题并不十分突出，由于被诉客体大多为电影、电视剧，这些复杂作品的权利人不仅知识产权保护意识较高，而且诉讼能力较强。同时，因侵权纠纷关涉权利人的重大利益，在维权诉讼前或过程中，权利人会尽其可能对纠纷事实进行证据固定，极少发生权利人仅以自制证据或未经公证的网页截图、录像等文件来主张被诉行为的情形。

实践中还有一种常见的情形，当影视剧涉及集数较多，权利人出于取证成本、效率等考虑仅选取被诉影视剧的部分剧集，据此来主张被告侵权传播了完整作品时，该如何认定。假设被告实施的被诉行为仅是侵权传播数百集动画片中的一集，与侵权传播全部剧集相比，虽然在行为性质认定上没有本质差异，但在侵权判赔数额上会有所差别。

案例

电视剧《××堂-××传奇》案①

某视公司主张其享有电视剧《××堂-××传奇》（共28集）的独占信息网络传播权。某视公司发现，在某浪网“某浪视频”频道的“大片”栏目下，通过索引可查找到该剧，点击后显示有1~28集剧集列表，分别点击第1、13、28集，可播放相应的剧集内容。某视公司据此起诉某浪公司侵害其享有的信息网络传播权。某浪公司抗辩理由之一为某视公司提交的证据无法证明其网站可完整播放涉案电视剧。

一审法院认为，“根据公证书记载，其网站（某浪网）中显示有涉案电视剧的全部剧集列表，点击开头、中间及结尾的部分剧集均可播放，综合上述情况可以推定某浪公司提供了涉案电视剧全集的播放服务”。一审判决后，虽然某浪公司不服提出上诉，但未再坚持此项理由。

涉及集数较多的电视剧案件中，因原告将电视剧每一集播放情况逐一公证取证成本过高、效率过低，所以会在首先查看存在全部剧集列表的情况下，随机点击部分剧集，显示能正常播放，则推定被诉网站能完整播放全部剧集。

从证据形式上，法院之所以能接受原告随机取证一部分即视为被告可提供全部剧集，主要是因为存在大量同质性侵权内容的情形。除了考虑适当降低对原告的举证要求之外，也是考虑固定侵权证据的意义在于确定被诉行为，此行为通过随机抽样、快进查看等方式足以证明时，就无须机械地要求将侵权行为连续完整地进行固定。另外，法院采纳原告随机抽取部分点播剧集而推断被告实施了完整传播作品的行为，还涉及民事诉讼中的一项重要的举证分配规则，即根据距离证据的远近来分配举证责任，“距离证据近，就说明他

---

① 一审：北京市海淀区人民法院（2017）京0108民初4219号民事判决书；二审：北京知识产权法院（2017）京73民终960号民事判决书。

更容易提供该证据。让更容易举证的一方负举证责任，不仅公平，而且还更加有效率，更加节省举证成本，举证不能的机率也大大减少”①。

视频著作权案件中，原告初步举证证明在被告网站上出现了完整的涉案剧集列表，且可以随机播放其中的部分剧集，从而推断被告完整提供了涉案电视剧。因被诉网站的经营活动完全由被告掌握，被告要是否认其网站提供了完整的电视剧，完全有能力提交反证并解释说明为何出现了完整的剧集列表，却无法完整播放的情况。若其仅口头抗辩，未提交充分证据支持其抗辩理由，那么视为其未提交反证，无法推翻原告的初步证据，法院可以确认被告提供了涉案电视剧全部剧集的播放服务。

当然，被告若是在诉讼中提交证据或申请勘验其网站当下已无法完整提供涉案电视剧，因网络证据具有易修改且不留痕迹的特点，被告至迟在收到起诉状后即知晓原告向其主张的内容，一般情况下完全有时间、有能力，也有条件将自己网站中的内容调整到其想要展现的状态。所以，诉讼期间的网络状况不能当然推定原告取证当时即是如此。

有人可能会提出，原告取证的时间、此后起诉的时间被告均无法掌握，《民法典》中诉讼时效已经延长至三年，一般情况下，原告取证后三年内都可以起诉，而网络信息更新如此之快，被告若要举证三年前自己网站的情况，难度也非常大。对其设定上文中的反证规则要求是否过于苛刻？一是服务器存储更新周期可能无法支持三年之久；二是即便被告通过技术手段还原此前自己服务器后台的数据信息，也有极大可能被原告以这些数据信息都由被告掌握为由否认其真实性；三是网络数据海量，能被第三方客观保存固定并在诉讼中作为证据提供的情形并不多。因此，看似给了被告提交反证的机会，但被告可能耗时费力提交了反证后也难以被最终采纳。

虽然有如此多看似不合理之处，但权衡利弊，作者认为法院目前采取的举证分配规则还是相对公平合理的。一方面，原告取证的被告网站从栏目设置、内容资源宣传介绍等特征表明，处于提供完整影视剧的状态，且已列出全部剧集列表；另一方面，在被告网站并无运营异常的情况下，包括权利人、普通公众在内的他人毫无疑问均有理由相信其可正常提供完整的电视剧。再者，权利人在取证时，还随机点击了部分剧集，查看可正常播出，此种情况

① 汤维健：《论民事诉讼中的举证责任倒置》，载《法律适用》2002 年第 6 期。

能够进一步强化所有剧集列表对应的视频内容可正常播出的概率。在满足前述情形下，原告随机抽取部分剧集内容进行点播却主张全部剧集内容的情况才有可能被接受。如果被告无法提交相对客观的公开报道、用户留言等证据，明确表示在原告取证当时被告网站所提供的剧集列表中仅部分剧集可供用户点播，而且无法点播的剧集正是权利人随机点播以外的剧集，直接推断正常经营状态的被告网站能完整提供涉案电视剧，符合生活常识和人们的惯常思维逻辑。

第三节　行为主体

按照《民事诉讼法》第 122 条关于起诉条件的规定，虽然被告只需要“明确”即可，无须“适格”，但具体到个案，对进入实体审理程序的被告身份，可不仅是判断“明确”与否，而是要进一步判断被告与争议事实是否有实际联系，能否承担由此引发的法律责任。

侵害视频著作权案件中，判断行为主体主要是考察被告与被诉行为有无关系，若原告主张的被诉行为与被告无关，则无必要继续审查被诉行为侵权与否，因为即便被诉行为侵权，也与被告无关，原告的诉讼主张也难以被支持。“直接”体现与被告有关的证据，如被诉视频中有被告的署名、被诉侵权的网页上标注运营者为被告等。若是单一证据难以直接体现与被告的关系，则可以通过数份关联证据形成证据链“间接”证明被诉行为与被告有关。比如，被诉侵权的 App 应用软件中并无经营主体的公示信息，但该应用软件所留的联系电话、投诉渠道与被告官方网站所留联系方式相同，也能与被告其他网络产品中留存的相关信息对应，被告不否认自己为行为主体，或者虽然否认，但无法提供合理解释的，就可以认定被告与被诉行为有关。

一、原告举证与被告自认

有初步证据证明被诉行为存在，下一步就需要查明该行为的实施主体是否为被告。对行为主体的判断，一方面通过原告举证证明，另一方面可以通过被告自认予以确认。

毋庸置疑，在侵害著作权案件中，原告最重要的举证证明责任除了证明权属，就是证明被告实施了被诉行为，本书将就此部分内容结合具体案例在下两节内容中具体展开。

有必要说明一下自认。与对权属相关事实的认定规则不同，被诉行为实施主体这一重要法律事实的认定不具有对世性，判断被诉行为实施主体可适用自认规则。民事诉讼法上的自认，是当事人认可于己不利的事实，在通常情况下，自认适用以下规则：对于自认者而言，自认同时意味着“禁反言”，无法定事由或合理理由不可推翻自认；对于自认相对方而言，自认可免除对方当事人的举证证明责任。当然，在具体案件中，还要根据《最高法院关于民事诉讼证据规定》第3~9条的规定适用自认规则。

民事诉讼中，要让当事人主动承认对自己不利的事实并不容易，许多当事人即便没有相反证据也会坚持口头反驳，但有些当事人会用“沉默是金”“顾左右而言他”，或者一味回答“不知道”“不清楚”来搪塞敷衍关键事实问题。此种表现符合人们趋利避害的本性，但此种看似不满足自认条件的情形，是否会阻碍案件审理进程？《最高法院关于民事诉讼证据规定》第4条规定了视为自认的情形，即“一方当事人对于另一方当事人主张的于己不利的事实既不承认也不否认，经审判人员说明并询问后，其仍然不明确表示肯定或者否定的，视为对该事实的承认”。这种方式的自认在民事诉讼法上被称为“默示自认”或“拟制自认”,[①] 即经过审判人员释明，当事人对自己不利的事实不做表示，消极对待的，可以视为自认。

部分案件中，被告既不会自认，也不会默示自认，而是积极否认自己实施被诉行为，并抗辩自己非适格被告。我国《民事诉讼法》第122条的规定中，满足起诉条件的被告是“明确”。何谓被告不明确，如有些涉及自然人的纠纷，原告仅能提供人名，无法提供该人住址或身份证号等足以准确定位该人的具体信息，考虑到汉字重名情况较多，经过法院释明，原告仍无法提供被告准确名称的，一般会以原告起诉的被告不明确驳回其起诉。事实上，极少有原告在意识到其所起诉的被告不明确的情况下仍坚持起诉的。大部分原告认识到所诉之人非实际应诉之人时，会主动撤回起诉待查明准确被告后再行起诉。

---

① 孙晨曦：《拟制自认的类型化及其法理基础》，载《行政与法》2018年第4期。

案 例

“××影音”App 案[①]

某某阳光公司经营视频网站“××TV”，其发现，某想公司经营的应用市场上提供一款“××影音”App，这款 App 在播放××TV 网站节目时，去掉了视频片头广告以及播放页面中除了播放框以外的其他网页信息。经查询，应用市场中公示的此款“××影音”App 开发者为虹某公司。某某阳光公司将虹某公司起诉至法院。

虹某公司应诉后主要抗辩涉案“××影音”App 非其开发运营，涉案行为与其无关。

经过某想公司查询其应用管理信息，发现应用市场仅一款“××影音”App，开发企业信息留存的是某业公司，包括该公司营业执照等企业相关信息，以及记载著作权人为某业公司的“××影音”软件著作权登记证书。某想公司表示，其平台开发者第一次注册并上传后，开发者 ID 即固定，由开发者掌握 ID 账号和密码，对外公示的软件开发者名称可以由开发者自行编辑。

某某阳光公司了解前述情况后，撤回对虹某公司的起诉，重新起诉某业公司。某业公司应诉后，承认其在商店注册账号，也认可某想公司提交的那些“××影音”软件著作权登记证书真实性。法院认定某业公司实施了涉案行为。

对于当事人而言，证明积极事实相对容易，比如要证明合同关系存在，可以提交相关合同文件；要证明被告实施了作品信息网络传播权行为，可以提交显示被告网站提供可供用户点播作品的公证书。但是，要证明消极事实，比如未实施某些行为，举证证明的难度较大。例如，有原告主张某英语培训书籍侵权，将该书署名的包括主编在内的作者诉至法院，主编应诉后表示，其没有参与编写被诉作品，也对该书出版完全不知情。当原告提交的侵权证据已经明确指向被告主编，完成了初步举证责任，被告否认但未提交相应证据的时候，直接适用“谁主张谁举证”规则认定原告主张成立，部分情况下并不妥当。要得出客观且合理的结论，可以考虑其他证明角度，比如引入其

① 一审：北京市海淀区人民法院（2017）京 0108 民初 18112 号民事判决书；二审：北京知识产权法院（2019）京 73 民终 2305 号民事判决书。

他主体的意见，可以让出版社参加诉讼，由出版社明确被诉图书的署名方式，是否与主编个人有关，或者由其他署名作者对主编身份发表意见等。

视频著作权案件中，类似“××影音”App 的案例并不多见，往往是被告抗辩被诉行为与其无关，但法院根据当事人提交的证据，最终认定被告与被诉行为有关。

案　例

×TV 手机电视案[①]

甲网站备案主体为重庆融某公司，该网站有对×TV 手机电视的介绍及下载链接。该网站页面底部显示了成都融某公司及重庆融某公司的电话，邮箱及地址等信息。此外，该应用分为安卓版及 ios 版。关于重庆融某公司的介绍为：重庆融某公司成立于 2003 年，2005 年 8 月成立成都融某公司。×TV（手机视频 App）和×radio（全球电台 App）是公司移动互联网的核心产品，目前已为 1000 多万移动终端用户提供服务。×TV 手机电视平台系统 V3.0 版本的著作权人为成都融某公司。

原告发现×TV 手机电视软件未经许可向用户提供 2015 年春晚节目在线直播服务，故起诉重庆融某公司和成都融某公司侵害其著作权。重庆融某公司辩称，重庆融某公司和成都融某公司是相互独立的法律主体，重庆融某公司未参与涉案软件的开发运营，也没有参与涉案视频的传播，其非适格被告。

法院经审理认为，二被告通过甲网站向公众提供×TV 手机电视软件下载服务，并通过该应用软件向公众提供涉案电视节目的在线直播服务。考虑到甲网站的备案主体，该网站明确的二被告关系及经营情况，以及涉案软件的著作权人等情况，最终认定二被告共同经营×TV 手机电视软件，应共同承担法律责任。

这是实践中典型的被告抗辩其主体不适格的案例。除了上文已经提到的被诉软件或官网中的公示信息、自认等方法，法院结合相关证据推定经营者的情形并不鲜见。本案中，涉案软件本身并没有标明经营者信息，只能通过其他证据来判断该软件的实际经营者。成都融某公司是涉案软件的著作权人，

---

① 北京市海淀区人民法院（2015）海民（知）初字第 24989 号民事判决书。

重庆融某公司虽然否认与涉案软件的开发运营有关，但其与成都融某公司为关联公司，其经营的网站为涉案应用软件官网，显然与涉案软件运营有密切关系，可以得出二被告共同运营涉案软件的结论。

通常认为，软件或网站著作权人、经营者应当为通过该软件或网站提供作品侵害他人著作权的行为承担相应的法律责任。需要说明的是，通过被告官网提供应用软件的下载服务与通过第三方应用平台提供相关软件下载服务不同。通常认为，第三方应用平台是专门的应用软件下载平台，平台经营者主要提供信息空间供开发方上传软件及用户下载这些软件，平台方本身不参与平台中软件的运营活动。但许多软件经营者并不满足于通过第三方应用平台推广自己的软件，而是通过开办官网，对自己的软件进行全面宣传介绍，提供升级、运维等各种服务。在这种情况下，官网经营者容易被认定为直接参与了官网所推介软件的经营活动，从而作为通过相关软件实施被诉行为的责任主体。

《北京高院著作权审理指南》第 9.29 条对网站经营者的认定中列举了网站登记备案信息、网站中标示的经营者以及域名持有者。法院之所以对经营主体采取相对宽松的认定标准，一方面考虑行业分工细化，许多经营活动需要不同主体分工合作完成并共享收益，因经营成果侵害他人著作权，仅由经营行为实施过程部分环节的经营者承担责任，并不合理。另一方面出于权利人利益的保护。一些关联公司之间不仅对具体业务进行分工安排，而且对债权债务都进行区分安排，将某些名下无资产的“壳”公司作为整个集团债务的承担主体，达到逃避债务的目的，这对权利人而言极不公平。另外，经营者内部合同关系的约定并不能当然对抗包括权利人在内的第三人，特别是在这些约定没有公开，他人并不知情的情况下，权利人有权结合公示信息将与被诉行为相关的经营主体作为共同被告追究法律责任。

案例

电视剧《××笔记》案[①]

“×× HD” ipad 客户端软件由多某公司开发提供，自称是为最终用户提供

① 一审：北京市海淀区人民法院（2016）京 0108 民初 6679 号民事判决书；二审：北京知识产权法院（2017）京 73 民终 2037 号民事判决书。

视频信息搜索、观看、收藏、评价、用户间互动的平台。2015 年 6 月，电视剧《××笔记》在某某艺视频网站独家首播期间，用户通过“×× HD” ipad 客户端软件可直接观看该平台主播提供的该剧。某某艺公司起诉多某公司侵害其对该剧的著作权。多某公司抗辩理由之一就是其非适格被告，强调×× HD 软件仅是收视端软件，直播平台与主播相关的运营行为由其关联公司华某公司负责。

相关证据显示，多某公司经营×× HD 软件，可提供涉案主播的个人注册信息，对相关主播因违反直播规则采取处罚措施等。同时，电脑端××软件创建频道时可跳转至××网站中的《“多某××频道”用户服务协议》，并需至某牙直播网站完成设置；用户登录×× HD 软件后可观看直播视频，直播窗口显示“某牙直播”水印。显然，多某公司与××网站、某牙直播网站的运营存在密切关联。法院认定多某公司作为网络服务经营者通过×× HD 软件向用户提供了网络直播服务，驳回了多某公司的此项抗辩。

二、追加当事人

许多被告为了不担责任，或者辩称被诉行为与其无关，或者把责任推脱给他人，或者强调被诉行为即使与其有关，主要责任也在他人。在后两种情形下，有些被告还会积极向法院申请追加其认为的主要责任人为被告。

对于追加被告的问题，《民事诉讼法司法解释》第 73 条规定了“必须共同进行诉讼的当事人没有参加诉讼的，人民法院应当依照民事诉讼法第一百三十五条的规定，通知其参加；当事人也可以向人民法院申请追加……”

视频著作权案件中，时常遇到被告申请追加被告的情形，理由都是其未实施被诉行为或对被诉行为不知情，不应承担任何法律责任，即便要向原告承担法律责任，也应由其申请追加的被告全部承担，而非上文提及的补充责任、连带责任等情形。作者认为，法院一般不宜接受被告追加案外人为被告的申请，主要有以下理由：

第一，若被诉行为是多项关联行为，包括被告在内不同的当事人各自实施不同的行为最终造成侵权后果，那么在能查清被告行为的基础上，根据被告行为判断其侵权责任即可，不论是否追加他人为被告，都不影响既有被告应承担的法律责任。

第二，若被诉行为是包括被告在内的多人共同实施的，虽然被告与他人的共同债务不可分，但原告仅起诉被告也能清楚展现争议事实，则可适用《民法典》第 178 条第 1 款的规定，“二人以上依法承担连带责任的，权利人有权请求部分或者全部连带责任人承担责任”，即原告有权选择起诉的被告。为了排除原告是因为诉讼能力缺乏而仅起诉行为人之一，法院可以询问原告追究其他共同行为人法律责任的意见，若原告并不申请追加其他人为共同被告的，也可以直接仅以现有被告进行审理。

第三，若被诉行为是包括被告在内多人共同实施的，原告仅起诉部分行为人，法院难以查清与被诉行为相关的争议事实，则法院可以追加其他行为人进入诉讼。在原告明确不申请追加其他行为人为被告或第三人的情况下，法院可以接受被告申请或依职权将其他行为人追加为第三人。

第四，民事诉讼的基本原则是不告不理，谁能成为被告，理应由原告确定，若原告不同意相关主体作为被告，不论由被告申请追加，还是法院依职权追加进入诉讼中，在没有原告向其主张的具体诉讼请求的情况下，并不满足《民事诉讼法》第 122 条中“有具体的诉讼请求”这一条件，无法解决原告针对被追加被告的诉的利益问题，从而导致该被告主体身份的重大瑕疵。

第五，即便被告与他人共同实施了被诉行为，在原告不同意追加他人为共同被告的情况下，民事诉讼法框架下无独立请求权第三人制度也基本能解决不遗漏诉讼主体并查明纠纷事实的功能。无独立请求权第三人可以由原告、被告申请追加或法院依职权追加，原告对于已经追加进入诉讼的无独立请求权第三人，可以提出诉讼请求，承担法律责任的第三人可以获得被告的地位；原告也可以不向该第三人提出诉讼请求，该第三人仅作为“证人型”第三人，陈述意见，帮助法院查明案件事实。

三、认定视频制作与视频传播行为的主体

视频著作权案件中，被诉行为往往涉及视频制作及传播过程中的行为。应根据不同的被诉行为判断行为主体，被诉行为主要可分为视频制作行为与视频传播行为两大类，要针对原告的主张及提交的证据判断被诉行为与被诉视频的关系，从而为下一步判断行为性质并认定被告责任提供事实基础。

视频制作行为的主体，可以通过视频上的署名、对视频的宣传介绍等方

式来确定行为主体。由于视频传播行为可分为直接传播行为与帮助传播行为，帮助传播行为又因为技术和商业模式的发展呈现不同的表现形式，从而导致视频传播行为主体的认定过程相对复杂。

一般情况下，某视频制作过程中未经许可使用了他人作品被诉侵权，制作者的主体身份是明确的，即通过制作者署名进行确定。既然享有该视频的著作权或邻接权，那么就要对其中可能涉及的侵权行为承担法律责任。例如，作为署名作者的被告否认其实施了视频制作行为的，应当提交足以推翻署名的证据。如果署名不清晰，权利人出于尽可能维护自身利益的考虑，会将与视频制作可能相关的主体都作为被告起诉。

案例

电视剧《××那年：好久不见》案①

王某创作了小说《××那年》，并将该小说改编为电视剧的权利转让给金某公司。金某公司拍摄的同名电视剧获得了用户的欢迎。后金某公司继续推出电视剧《××那年：好久不见》，该剧片尾署名出品单位为金某公司，摄制单位为某某星公司，并注明本剧全部著作权归金某公司所有。搜某公司将该剧通过搜某网向公众播放。该剧使用了《××那年》小说中的五个主角人物姓名，但重新设计了人物关系、性格特征、故事背景、故事情节等内容，同时也使用了王某为小说《××那年》所写的番外中的数个情节。王某起诉金某公司、搜某公司以及某某星公司侵权。

法院最终认定电视剧《××那年：好久不见》中数个情节与王某创作的《××那年》番外中的情节构成实质性相似，金某公司作为该剧著作权人、某某星公司作为该剧摄制单位侵害了王某对该小说番外部分的改编权、摄制权。

上述案例中，被诉侵权的主体就是通过电视剧署名作者进行认定的。通常而言，除了挂名主体之外，在视频上署名的主体被诉侵权后，不会从否认自己参与制作被诉视频的角度进行抗辩，而是会从实质性相似等其他角度进行抗辩。

---

① 一审：北京市海淀区人民法院（2016）京0108民初4553号民事判决书；二审：北京知识产权法院（2017）京73民终2113号。

案例

电视剧《××连城》案①

陈某称其创作完成电视剧《××烙》及同名小说。

余某是剧本《××连城》著作权登记证书中记载的作者，也是同名电视剧的署名编剧。该电视剧片尾署名出品单位有湖南某视公司、东阳欢某公司、某达公司和东阳某瑞公司。

陈某主张，余某擅自将涉案作品核心的独创性情节改编为电视剧剧本《××连城》，前述出品单位共同摄制了同名电视剧，共同侵害了陈某享有的著作权。

在诉讼中，余某、东阳欢某公司和东阳某瑞公司主要对双方作品一致性等问题进行抗辩。湖南某视公司强调其未参与剧本创作，其作为该剧联合摄制方，依法向行政主管部门办理行政许可手续，且电视剧属于独立于剧本的新作品，其不侵权。某达公司抗辩其仅负责投资，不享有该剧著作权，也未参与该剧的审批宣传等，不应承担侵权责任。

二审法院认为，余某为剧本《××连城》的作者、著作权人，东阳欢某公司、湖南某视公司、东阳某瑞公司曾签订协议，约定《××连城》剧本内容由上述三方共同审查，经三方书面确认通过后才能进行拍摄，前述四被告对剧本《××连城》的创作存在共同的意思联络，共同侵害了陈某对涉案作品享有的改编权。东阳欢某公司、湖南某视公司、东阳某瑞公司是电视剧《××连城》的制片者，应承担相应的侵害摄制权的责任，余某与这三方构成共同侵权。某达公司系电视剧《××连城》署名的出品方，其提供的与东阳欢某公司签订的协议不能作为推翻署名的相反证据，不仅因为该协议若干条款存在遮挡造成形式上的瑕疵，而且某达公司除了署名之外，其还享有获取收益等的权利，仍应被认定为电视剧《××连城》的制片者，应对前述侵犯改编权、摄制权的行为承担连带责任。

上述案例中，并未简单地从电视剧出品单位署名来认定该剧侵害原告作

---

① 北京市高级人民法院（2015）高民（知）终字第1039号号民事判决书，本案入选北京市法院2015年知识产权十大典型案例，参见《北京发布知产保护十大典型案例》，载最高人民法院网站，https：//www. court. gov. cn/zixun-xiangqing-19502. html，最后访问时间：2022年2月16日。

品改编权、摄制权的主体，特别是对于编剧余某，考虑到其还是该剧制片人、出品人等身份，为电视剧拍摄提供了实质性帮助，所以认定应对电视剧侵害摄制权的行为承担共同侵权责任。同时，对于某达公司法律责任的认定，则是考虑到协议约定以及该协议作为证据提交时存在遮挡等瑕疵情况，最终认定其应对电视剧剧本侵害改编权、电视剧侵害摄制权的行为承担连带责任。

针对不同性质行为的侵权判定规则以及相关主体所应承担的法律责任不同，对于被告而言，其被认定为实施何种性质行为的主体，往往意义重大。除了要区分视频制作与视频传播这两大类行为之外，对于视频传播行为，还要进一步细分直接传播行为，或是帮助传播行为。因此，如果被告与被诉视频传播行为有关，首先应判断被告是直接传播视频的人，还是帮助传播视频的人。

实践中，因视频制作行为而引发的侵权纠纷占侵害视频著作权纠纷案件量的比例较少，绝大部分案件是视频传播过程中的行为产生的纠纷。下文亦主要以视频传播行为作为被诉行为展开探讨。

第四节　被诉行为的性质

尽管侵害著作权纠纷案件的侵权判定强调个案事实查明，但侵权定性最终要回归到适用著作权法，特别是适用法律责任相关规定时，我们发现立法对侵权构成要件的范式主要都是“未经著作权人许可，……”如实践中最常适用的 2020 年《著作权法》第 53 条第 1 款第 1 项规定的侵权行为为，“未经著作权人许可，复制、发行、表演、放映、广播、汇编、通过信息网络向公众传播其作品的……”著作权法在侵权责任构成中未专门强调行为人过错要件，是否就可以不考虑主观过错了呢？显然不是。侵害著作权作为一类常规民事侵权行为，并不属于《民法典》等法律明确规定可适用无过错责任的行为，仍然要遵循一般的民事侵权责任认定规则。

根据《民法典》侵权责任编中对侵权责任构成要件的规定，侵害著作权的行为应满足该法第 1165 条“行为人因过错侵害他人民事权益造成损害的，应当承担侵权责任。依照法律规定推定行为人有过错，其不能证明自己没有过错的，应当承担侵权责任”。因此，侵害著作权行为的主要构成要件，一是行为人实施被诉行为；二是被诉行为侵害了著作权人所享有的权利；三是行为人存在过错，部分情形下可直接通过“未经权利人许可”推定存在过错；四是著作权人的权利受到损害。当然，在帮助侵权情形下，行为人存在主观过错往往需要当事人举证，主观过错也是侵权判定的要件之一。

2020 年《著作权法》第 53 条第 1 款第 1 项还规定了“本法另有规定的除外”。这一“但书”规定，反映了通过侵权构成要件来判断被诉行为性质，要运用侵权判定的“对向性”思路。“对向性”是指既要从原告主张这一“正向”思路考察其主张能否成立，也要从被告抗辩这一“反向”思路考察其抗辩是否成立。如果“正向”思路不成立，可以直接否定原告主张，得出侵权不成立的结论；如果“正向”思路成立，还需要考察“反向”思路成立与否，只有“反向”思路成立且足以对抗、抵销“正向”思路的判定结论，才能否定原告主张，否则依然可支持原告主张，判定侵权成立。可见，“对向性”思路中，原告提供初步证据证明侵权事实存在是有必要进行“对向性”考察的前提，这与原告首先应承担举证证明责任相符。

（一）“正向”判断思路

1. 被诉行为未经许可使用他人作品

视频著作权案件中，原告主张被告侵权，通常只需要主张并举证证明被告行使了与被诉视频所涉权利相关的行为。因“未经权利人许可”本身就是一项消极行为，原告难以直接证明，只要被告无法提交证据证明其获得了使用许可，一般情况下即可推定被告使用相关作品的状态是未经许可。

“正向”判断思路下，要思考被诉行为是视频制作过程中的行为，还是视频传播过程中的行为；若是后者，再判断该行为是直接传播视频的行为，还是帮助传播视频的行为。原告不仅要辨别被告针对被诉视频实施的具体行为并据此提出主张，也要根据主张准备不同的证据。当然，在某些情况下，原告发现的侵权行为涉及多个主体，但不了解这些主体的分工情况，所以按“正向”判断思路，同时也出于最大范围主张权利，会将涉案行为涉及的主体作为共同被告，主张这些被告共同实施了侵权行为并追究连带责任。

案例

“留守儿童”电视节目案①

刘某是一名摄影师，关注留守儿童，曾发布过一组留守儿童照片。

2015 年，刘某发现在甲视网上有一期视频节目“图说天下‘留守村’的孩子们”，该视频总时长 3′18″，共使用了 13 幅刘某拍摄的留守儿童照片，整个视频围绕此 13 幅摄影作品展开，每张照片均为视频画面的主要部分，通过讲解摄影作品背后的故事来阐述“留守儿童的生活现状和存在的问题”。该视频标注来源为“甲视网”，视频显示乙卫视台标。刘某认为该视频中所用的摄影作品未经其许可，侵害其信息网络传播权及署名权，因此将乙广播电视公司和甲视国际公司都起诉至法院。

甲视国际公司表示其转载了乙卫视官网上的涉案视频。

乙广播电视公司承认其制作了“新闻×”节目，涉案视频是其“新闻×”节目中的一段，只有几分钟，但未置于其官网。乙广播电视公司表示，其与甲视国际公司之间存在合作关系，许多节目互相转载，但是没有针对涉案视频的授权协议，也不清楚涉案视频在甲视网上传播的情况。

一审法院认为，因无证据证明乙广播电视公司直接编辑制作了涉案视频节目，且乙广播电视公司否认就涉案视频节目与甲视国际公司存在合作关系，故驳回刘某对乙广播电视公司的全部诉讼请求。同时，根据在案证据推定甲视国际公司在上传涉案视频节目时对原始的节目视频进行了剪辑，有针对性地使用了涉案 13 幅摄影作品，侵犯了刘某对涉案作品享有的署名权和信息网络传播权，应承担赔礼道歉、赔偿经济损失的法律责任。

二审中，甲视国际公司提交了某易网站上先于甲视网传播涉案视频的证据，据此主张其未专门剪辑制作涉案视频。二审法院根据查明的事实认定乙广播电视公司未经刘某许可在涉案视频中使用 13 幅摄影作品，没有给刘某署名，割裂了刘某与其作品之间的关系，侵害了刘某的署名权。同时认为，“甲视公司并未就视频内容进行重新的剪辑编排，亦未为了突出使用涉案 13 幅摄影作品而对视频内容进行修剪或重新制作。……甲视公司涉案行为仅是对既

---

① 一审：北京市海淀区人民法院（2016）京 0108 民初 31830 号民事判决书；二审：北京知识产权法院（2017）京 73 民终 1068 号民事判决书。

有视频的传播行为，其未对摄影作品进行单独使用，亦无法在传播视频中就摄影作品进行署名。同时，甲视公司传播的视频是乙广播电视公司制作并在电视台已经播出的电视节目，其主观上并不知道或有理由知道涉案视频中使用的摄影作品存在侵权或侵权的可能性”。二审法院纠正了一审法院作出的甲视国际公司侵害刘某署名权的认定。

此案例中，原告是摄影作品作者，其起诉的共同被告有乙广播电视公司，也有甲视网经营者甲视国际公司。对于原告而言，其发现的侵权事实就是在甲视网上传播了带有乙卫视台标的视频节目，难以准确地知道甲视网与乙卫视，甚至可能还有其他主体为了制作、传播涉案视频节目所进行的分工，因此原告在一审中主张二被告共同实施了侵权行为，共同侵害其署名权和信息网络传播权，是比较常见且稳妥的主张方式。

按照民事诉讼法“诉审一致”的原则，权利人提出相对笼统、范围较大的主张，一方面会对案件查明事实，判断法律责任带来较大工作量，另一方面也能更充分彻底地查清纠纷事实的全貌，为更公平合理地作出评判提供基础。

一审中，乙广播电视公司仅承认其制作了“新闻×”节目，否认将该节目剪辑成三分多钟的涉案视频，由于没有证据证明乙广播电视公司制作了涉案视频，但因该视频出现在甲视网上，甲视国际公司也无法证明该视频系他人制作完成后通过其网站传播，因此将甲视国际公司认定为涉案视频的制作者及传播者。可见，一审判决是运用“正向”思路作出的认定，虽然涉案视频来源于乙卫视原始播出的电视节目，但与原节目不同，是剪辑制作成以 13 幅涉案作品为主的短视频，并在甲视网进行传播。作者主张二被告未经许可通过信息网络传播其摄影作品，且未署名。二被告虽然都抗辩自己并未制作涉案视频，但未能进行“反向”举证。此时，甲视网上传播涉案视频是确定的事实，在甲视国际公司无法举证其获得传播许可的情况下，可以直接认定甲视国际公司传播了涉案视频。至于涉案视频的制作者，二被告均予以否认，就需要从发现侵权事实的证据源头进行审查。该视频出现在甲视网上，但甲视国际公司无法明确该视频来源，因此推定甲视国际公司自行制作并传播了该视频。当然，“正向”判断思路也不宜过于机械。即便涉案视频经过剪辑，也是来自乙卫视的节目，该节目如何选取的素材，如何使用了这些摄影作品，在完整的视频节目中使用这 13 幅摄影作品与剪辑制作成的短视频是否存在性质差异，是否会影响乙广播电视公司对此应承担的责任，这些问题值得讨论。

二审阶段，甲视国际公司进行了“反向”举证，即证明在甲视网传播涉案视频之前，其他网站已在先传播该视频，可以间接证明甲视国际公司并非制作该视频的主体。此反证对“正向”判断起了修正，二审纠正了甲视国际公司的侵权行为认定，亦不认为其侵害作者署名权，无须向作者赔礼道歉。

2. 被告对被诉行为的发生存在过错

“正向”判断思路下，原告除了要证明被诉行为系未经许可使用他人作品之外，还要完成被告对被诉行为的发生存在过错这一环节。当然，一般情况下，若是被告直接提供侵权作品，原告证明被告存在主观过错的举证证明义务相对较轻，只要被告没有相反证据证明其使用侵权作品有合法理由，则可以推定被告存在过错。但是，如果被告只是对直接提供侵权作品的行为提供了帮助，则原告主张被告要承担侵权赔偿责任，则应举证证明被告存在主观过错。

案 例

电影《××心跳》案[①]

迅某公司经合法授权享有电影《××心跳》的独家信息网络传播权，期限自 2011 年 1 月 20 日起至 2016 年 1 月 13 日止。2013 年 10 月 25 日，迅某公司发现，将“××英视频”软件安装到手机上，在选择播放相关视频过程中，需按提示下载并安装“×播”播放器；从“××英”视频软件中选择“视频”；在搜索栏内输入“××心跳”进行搜索；手机界面上方提示搜索结果数量，每个结果由相关作品名称、海报、主演名单等信息组成，并有下载提示；点击该电影播放按钮，弹出“请选择播放来源”的提示，并显示“×播”的图标，点击“×播”选项可进行播放，播放过程中并未离开“××英”网站界面。

迅某公司认为卓某公司开发的“××英视频”软件设置了影视点播功能，可以点播涉案电影，侵害其信息网络传播权，主张赔偿经济损失 3 万元。卓某公司抗辩其仅提供搜索链接服务，对涉案行为并不知情。

一审法院认定卓某公司作为提供影视作品搜索、链接服务的网络服务提

---

① 一审：北京市海淀区人民法院（2015）海民（知）初字第 25786 号民事判决书；二审：北京知识产权法院（2016）京 73 民终 201 号民事判决书。

供者，应知相关网络用户侵害了迅某公司的信息网络传播权，未采取合理的措施，没有尽到合理的注意义务，并判决其赔偿经济损失1万元。一审宣判后，卓某公司不服提起上诉。

二审法院认为，卓某公司提供的是全网搜索而非定向搜索，且卓某公司并未对涉案电影进行编辑整理，亦未从涉案作品中获得直接经济利益；此外，在案证据不足以表明在被控侵权行为发生期间“×播”公司的主营业务不是提供正版影视作品，故卓某公司对所链接电影的来源侵权并不存在应知的情形，其作为网络服务提供者已经尽到了注意义务，不应当承担侵权损害赔偿责任。

且不论一、二审观点谁更具有说服力，二者都是从被告是否尽到合理注意义务，是否存在主观过错的角度出发讨论卓某公司的法律责任。对于原告而言，在被告提供了网络技术服务帮助被诉侵权视频传播的情况下，其只有举证证明被告所提供的网络技术服务对于被诉侵权视频的传播存在主观过错，才能符合“正向”判断思路的要求。这一举证证明责任一般体现为原告提交的侵权证据能反映被告实施的被诉行为方式、手段，以及被告对该行为的宣传介绍、主动表态等相关主客观情节中，再运用一般生活经验和逻辑常识来判断被告的主观状态。

（二）“反向”判断思路

“正向”思路判断完成后，还需要针对被告抗辩及提交的证据进行“反向”判断。“反向”判断思路中，除对上文“正向”判断思路下的主张进行直接反驳，以及较为常见的适用“避风港规则”免责等否认侵权的理由（本书第五章中帮助提供视频部分将详细展开论述）外，通常还有以下几种情形：

1. 被告实施被诉行为已获得许可

如果被告经合法授权后实施被诉行为，显然可以直接对抗原告的侵权主张。

案例

电影《全能囧×》案[①]

电影《全能囧×》片尾载明，版权所有：弘某公司。该片公映许可证记载

① 北京知识产权法院（2018）京73民终93号民事判决书。

出品单位有三家：弘某公司、河南宏某公司及杭州某影视公司。

2015 年 3 月 20 日，弘某公司出具授权书，将涉案影片的独占信息网络传播权授予华某公司。

华某公司发现被告网站的叮叮社区中提供该电影的在线播放，故将被告诉至法院，主张被告直接侵害其享有的信息网络传播权。

被告抗辩称其获得了该片的合法授权，并提交了河南宏某公司与宏某公司于 2015 年 4 月 3 日出具的授权书，将该片独家信息网络传播权授予杭州某影视公司。2015 年 8 月 1 日，杭州某影视公司出具授权书，将该片非专有信息网络传播权授予被告网站使用。

法院认为，本案属于同一件作品的著作财产权被重复许可的情形，被告获得的涉案影片非专有信息网络传播权时间晚于华某公司获得该片独占信息网络传播权的时间，被告所获得的权利不得对抗华某公司的权利，故被告的行为构成侵权。

该案例中，被告提出的抗辩理由为其传播涉案影片取得了合法授权，并为此提交了一系列证明授权链条存在的合同证据，以此来否认自己行为的侵权性质。另有案件中，由于授权链条的源头是原告，原告对其是否对外授权的行为无疑能准确核实。当原告发现其并未订立被告所提交授权链条中的合同时，即从合同公章及签名虚假入手否定被告“反证”的效力。这正反映了诉讼双方的“对向性”特点，若原告无法推翻被告的“反证”，就有可能意味着被告的传播行为经过了权利人许可，即不存在侵权行为；但若原告举证证明被告的“反证”无效，则可直接否定被告主张的整个授权链条效力。

此外，部分被告还申请法院追加其上手公司为当事人进入诉讼。关于追加当事人的问题，本章第三节中已有涉及，在此进一步说明以下几点：

第一，每个民事案件增加诉讼主体都意味着增加当事人诉讼成本及法院查明事实的难度，特别是授权链条比较长，存在数家甚至十多家主体时，若是追加全部当事人，显然会造成无比沉重的诉累。因此，法院一般谨慎对待追加申请，只有在确有必要追加当事人参与诉讼的情况下才会准许追加。

第二，与申请追加主体存在合同关系，而与诉讼对方无合同关系的主体，除非其不进入诉讼难以查明案件事实，否则法院一般不会依职权或依当事人申请追加该主体作为案件当事人。原因除了诉累问题之外，还在于合同具有相对性，合同之外的当事人并不受合同约束，通常不需要也无必要知道合同约定，当事人无法以其与案外人的合同约定对抗对方当事人的主张。

第三，许多被告申请追加其他人参加诉讼的目的，只是为了免除自己的责任，但大部分情况下事与愿违，即便追加案外人参加诉讼，如果原告主张的侵权行为中，有被告单独或与他人共同实施的行为，则被告也不会因他人被追加进入诉讼而减轻或免除自己应承担的法律责任。即便法院准许被告追加其他主体作为被告或第三人的申请，被告在其经营的网站上传播涉案电影的行为及责任并不是加入诉讼的主体所能替代并承担，至多是增加了共同承担法律责任的主体。

第四，诉讼中追加当事人还涉及实际操作层面的问题。因追加当事人之前已经有了基础诉讼的当事人，被追加进入诉讼的当事人权限往往受限制，如一般无法提出管辖异议等。相应的，被追加进入诉讼的当事人若消极对待诉讼权利或义务，也难以与基础诉讼当事人一样产生相应的民事诉讼责任，比如通过追加进入诉讼的原告经合法传唤无正当理由不出庭，一般不适用按撤诉处理对待；追加第三人经合法传唤无正当理由不出庭，只能对其缺席开庭，而不能如被告缺席那样因放弃答辩权利而有可能支持原告的诉讼请求。特别是主要为了查明案件事实而追加进入诉讼的第三人，第三人缺席的，在审理过程中与未追加该第三人的情形无实质性差别。因此，实践中，除了必要共同诉讼的原告必须要追加，其他可以追加为案件当事人的情形，有必要先与被追加主体取得联系，尽量确保法院决定追加当事人后其能积极配合诉讼，达到追加当事人的目的和作用。

除了当事人希望追加他人进入诉讼以承担或分担法律责任之外，法院准予追加当事人也是为了进一步查明事实。当然，在部分案件中，根据分析当事人之间的合同条款约定，并对应到被诉行为中，能相对清晰地判断法律关系或相关行为的合法性问题，则无须考虑追加当事人。例如，如何解读有案件中著作权人授予他人“代理”其在中国境内对相关影视剧的信息网络传播权，且相关“代理”情况应经过著作权人许可并向其备案。对于“代理”一词，传统民法上有固定含义，通常是指以本人名义实施意思表示，而其法律效果直接对本人发生的法律行为[1]。如果严格按照“代理”的民法意义理解

---

① 张俊浩主编：《民法学原理》，中国政法大学出版社 2000 年版，第 300 页。

他人被授予的仅是代著作权人对外授权，著作权并未因许可使用关系而发生权利主体的延伸。但如果结合授权文件的上下文理解，特别是当他人以自己的名义对外授权并向著作权人备案，著作权人未作出反对的意思表示时，可以理解此处的“代理”实则为“许可使用”。显然，如果是单纯的代理关系，著作权人向他人出具代理性质的授权书后，无须强调他人行使代理权时还要再次征得著作权人的许可，而且在他人以自己的名义对外授权并向著作权人备案，著作权人在知晓该情形但未反对的情况下，可以理解著作人实际并未将他人作为单纯的“代理人”身份对待。

由于授权文件措辞不明或者授权链条中的相关主体对合同约定把握不准确，导致授权链条的下手授权范围超出了上手授权范围，如上手授权范围并不包含转授权，但下手授权却授予转授权的权利，超出部分属于无效授权。2020 年《著作权法》第 29 条中有明确规定：“许可使用合同和转让合同中著作权人未明确许可、转让的权利，未经著作权人同意，另一方当事人不得行使。”著作权法设定的此规则，正是为了保证著作权人对其作品传播的控制权，从而保证收益的可预期性。

案 例

电影《西游记之×××》案[①]

爱某公司经授权取得了电影《西游记之×××》的独家信息网络传播权。被告经营某私人影院。爱某公司的代理人在该影院房间内，通过使用机顶盒、投影仪可点播该电影。该影院机顶盒上标注“××影院播放器”，开机后进入“××影院系统××公司”，后通过层层点击可找到该电影并播放。爱某公司主张被告侵害其信息网络传播权。

被告抗辩理由之一为其提供该电影的播放服务取得了合法授权，并提交了《节目授权证明书》《授权书》《版权承诺函》及附件等证明涉案影片在片单和版权承诺函内，版权链条完整，并未侵权。其中，《节目授权证明书》由爱某公司出具，授予上海某数字技术公司，授权平台限定为某新媒体公司运营的 IPTV 视频平台，终端仅限于电视机，传播网络仅限于某授权区域的 IP

① 北京知识产权法院（2021）京 73 民终 1852 号民事判决书。

专网。此后上海某数字技术公司经过多次授权，最终授予被告在其经营的私人影院播放该电影。法院最终认定被告取得的授权存在瑕疵，未取得合法授权传播该电影，并判决被告承担侵权责任。

侵害视频著作权案件中，绝大部分被告无法提交取得合法授权播放涉案视频的证据，上述案例中的被告能提交所获得上手授权链条已属不易，但被告在取得相关授权的时候，应当认真审查上手权利人的授权内容，授权合法有效的关键在于：

一是上手权利人授权的合法性。上手权利人可以是原始权利人。除了上手权利人为原始权利人之一的情形较为复杂，原始权利人通常有权对外许可他人使用作品。上手权利人也可能是被许可人。应审查该被许可人从其上手权利人处取得的授权，该授权是否允许转授权。如果授权链条比较长，比如上案中，授权链条最底端的被告若想取得的授权没有瑕疵，不仅要审查其直接上手权利人，还要逐个审查授权链条中的主体是否都取得了转授权的权利。

有观点认为，这对于授权链条下端的主体设定了过重的审查义务，规则设置不公平。商品进入流通领域层层转卖，由于每一层销售商成本利润的附加，会使商品价格逐渐增加，著作权授权关系则相反，授权层级越多，下游被许可人的权利范围越小，下游被许可人所付对价越小。例如，A 从原始权利人处取得了独占使用作品的信息网络传播权且可转授权；后 A 将其权利授予 B，约定 A 和 B 均可使用作品的信息网络传播权，B 也有转授权；B 再将其权利普通许可给 C、D、E、F、G。此时，C、D、E、F、G 作为普通许可的被许可人所付的对价非常低，实践中，有当事人仅以二十余万取得了 240 部影视作品的信息网络传播权。之所以能以如此低的对价取得授权，是因为权利链条长，上手权利人多，由上手权利主体共同为其“摊薄”了成本，则普通许可的被许可人理应要对上手权利关系安排的真实性进行必要的审查。

二是授权内容。在上手权利人有权向他人授权的情况下，下一步要审查具体的授权内容，是否包含信息网络传播权、广播权等，这部分关于合同的理解，同样存在第三章权属认定中与授权合同相关的问题，此处不再赘述。明确权利内容，影响到被许可人此后可以何种方式使用作品，是否能在他人主张侵权时与之形成有效的对抗。

三是授权期限。著作权许可与转让的区别在于许可有期限，而转让是一次性的，转让完成后权利人身份即发生了转移。侵害著作权案件的被告抗辩其经合法授权取得使用作品的权利时，需要明确其获得授权的期限可覆盖原告主张侵权的期限，否则，即便被告在一段时间内获得了使用作品的合法授权，也难以确保其行为在持续期间内的合法性。

2. 原告主张权利已过诉讼时效期间

诉讼时效，是指权利人未在法定期间内行使权利致使丧失胜诉权的一项法律制度，目的是督促权利人及时行使权利，防止“在权利上睡觉”，因为拖延、怠于行使权利而影响法律关系稳定。

实践中，被告以原告超出诉讼时效起诉，主张不应获得法院支持的抗辩意见时有发生，但此规定有严格的适用条件，而且配以诉讼时效中断、中止等制度，能以诉讼时效抗辩成功的案例并不多见。

案　例

电视剧《美丽鲜花×××》案[①]

某新媒体公司经授权取得了电视剧《美丽鲜花×××》的独占信息网络传播权。

2011 年 5 月 26 日，在被告网站中下载安装某款播放器，并在该播放器搜索栏中搜索“美丽鲜花×××”，显示有该剧，点击第一个搜索结果可在线播放该剧。2012 年 12 月 20 日，某新媒体公司委托律师向被告邮寄律师函，快递记录显示签收。某新媒体公司于 2014 年 6 月起诉，主张被告侵害其享有的信息网络传播权。

被告抗辩理由之一为某新媒体公司提起诉讼超过诉讼时效期间。

法院认为，被告辩称某新媒体公司根据涉案取证情况提起诉讼主张权利已超过诉讼时效期间，但根据某新媒体公司提交的律师函及邮件单，其曾于 2012 年 12 月向被告主张权利，诉讼时效中断，被告否认该邮件的证明力，却未说明合理理由并提交充足有效地相反证据，故对被告的辩称未予采信。

---

① 北京市海淀区人民法院（2014）海民（知）初字第 21041 号民事判决书。

案例

电影《非常××》案①

乐某公司经授权享有电影《非常××》的独占信息网络传播权。

2011年8月18日，乐某公司通过某电子商务平台购买了万某公司生产的涉案播放机一台。

2011年9月22日，将购买的涉案播放机接入互联网并与电视机连接后，打开涉案播放机，电视屏幕下方显示有“文件复制”“媒体库”“在线影院（测试版）”等栏目，用遥控器选择“在线影院（测试版）”后，在屏幕上显示有“某某影院”“某某剧场”“哈哈少儿”和“新闻联播”四个栏目。进入“某某影院”界面，左侧显示有“最新上线”“高清影院”“国内经典”“好莱坞大片”等分类，右侧显示有对应类别栏目中的相关电影海报。在选择“剧情”类别后，在右侧的界面中能够找到涉案电影海报。点击进入后，显示有涉案电影海报、剧情简介、导演、地区、演员等信息，可点击播放该电影。上述播放的涉案电影由被告存储在其互联网电视集成播控平台服务器中，并未存储在涉案播放机中。

被告的抗辩理由之一为乐某公司提起本案诉讼超出了诉讼时效期间。

法院认为，尽管乐某公司于2011年8月18日购买了涉案播放机，但其于2011年9月22日才通过该播放机查找并播放涉案影片，故其知道或应当知道其权利被侵害的日期应当是2011年9月22日。从该日期至其向法院提起诉讼，并未超过诉讼时效期间。

结合上述案例及相关法律规定可以看出诉讼中此类争议的一般处理思路。

权利人知道或应当知道侵权行为发生这一事实，在诉讼中需要通过举证证明，在网络著作权案件中，在没有其他证据的情况下，一般以原告公证取证显示网络中存在侵权作品的时间为原告知道或应当知道相关侵权事实的起始时间。

需要注意的是，《民法典》延续了《民法总则》在前述条件的基础上，增加了权利人知道或应当知道义务人，作为与主观上知道侵权行为并列的诉

① 一审：北京市朝阳区人民法院（2013）朝民初字第34490号民事判决书；二审：北京市第三中级人民法院（2014）三中民终字第08965号民事判决书。

讼时效期间起始时间的确定要件。弥补了《民法通则》对诉讼时效相关起诉规定的不足，即当权利人虽然发现了侵权行为，但在无法确定侵权人的情况下开始计算诉讼时效期间，对权利人而言显然是不公平的。在网络著作权纠纷中，仅发现作品被通过网络侵权传播，无法确定侵权人的情形并不鲜见，权利人可能需要花费较长时间通过许多方式才能准确找到侵权行为人，诉讼时效期间从其知道或应当知道义务人起算更合理。

另外，关于《民法通则》与《民法总则》时效规则的衔接，原则上应按照新法优于旧法，《民法总则》施行后发生的纠纷统一适用三年诉讼时效期间。若《民法总则》施行之日，诉讼时效期间尚未满《民法通则》规定的，根据《最高人民法院关于适用〈中华人民共和国民法总则〉诉讼时效制度若干问题的解释》[①] 的规定，可以延长适用《民法总则》关于三年诉讼时效期间。这就意味着，2017 年 10 月 1 日前，如果按照《民法通则》的规定权利人的权利已经超过了诉讼时效期间，即便未超过《民法总则》三年的诉讼时效期间提起诉讼，也无法适用三年的诉讼时效期间。

关于诉讼时效中断与否的举证责任：诉讼时效期间内，权利人向义务人主张权利、义务人同意履行义务等方式可以使诉讼时效中断、重新计算诉讼时效期间。诉讼中，除合同纠纷中常见诉讼双方曾订立合同，义务人明确表示同意在某一期间内履行相关义务，作为诉讼时效中断的事由，侵权纠纷中极少发生侵权人同意承担侵权责任的情形。侵害视频著作权纠纷案件中，中断诉讼时效的方式通常为权利人为主张权利而向侵权人发出书面通知等函件。问题往往出现在作为原告的权利人，如何证明其在诉讼时效期间向被告发出过有效的权利主张。

上述案例中，诉讼时效能否中断，关键在于判断某新媒体公司主张的其曾于 2012 年 12 月 20 日向被告邮寄律师函的事实能否确认。《最高人民法院关于审理民事案件适用诉讼时效制度若干问题的规定》第 8 条第 1 款第 2 项规定，当事人一方以发送信件或者数据电文方式主张权利，信件或者数据电文到达或者应当到达对方当事人的，应当认定法律规定的“权利人向义务人提出履行请求”，产生诉讼时效中断的效力。根据此规定，产生中断诉讼时效

---

① 根据《最高人民法院关于废止部分司法解释及相关规范性文件的决定》，该司法解释已于 2021 年 1 月 1 日起失效。

的权利主张应采用到达主义进行确认。因中断时效是为了在权利人积极主张权利的情况下给予其更宽裕的保护时间，将规则按到达主义进行设定一定程度上体现出对权利人和义务人利益平衡的考虑。

实践中，一些权利人为了中断诉讼时效，向法院起诉被告，但同时又以双方正在谈合作等其他原因，坚持要求法院不向被告送达应诉材料，其在正式立案后即撤回起诉，主要目的是取得法院出具的撤诉裁定书，以此来证明其曾于诉讼时效期间向被告主张过权利。虽然《民法典》第 195 条第 1 款第 3 项专门规定了“权利人提起诉讼或者申请仲裁”属于法定的诉讼时效中断事由，但法律所规定的权利人起诉或申请仲裁，并不仅是在程序上获得法院立案阶段提供的案号，而是需要真正成为一个诉。仅仅在法院完成立案程序，未向对方当事人送达诉讼材料，对方当事人并不知道权利人向其主张权利，一般无法成为中断时效的事由。

当然，时效中断的主张是权利人提出的，相关证据主要是其发出维权函，以及快递公司递送记录的证据，除非被告认可收到，在被告“视而不见”且快递记录不甚清晰的情况下，权利人很难直接主张被告收到权利人的维权函。在此种情况下，有关时效中断的事实是否无法认定？显然不是，如果权利人能提交其寄送维权函的一系列证据，且收件地址、收件人等信息正确，证据链完整，相互之间不存在矛盾或造假嫌疑，在该函件未被退回的情况下，被告仅否认但无合理解释或提交相应证据的，法院一般可以按常理推断被告已经知悉。

虽然被告否认收到权利人的权利主张也是消极事实，但充分考虑当前快递行业跟踪记录较为规范完整的基本情况，一份正常投递未被退回的邮件通常都是由收件人签收的，此时，被告否认收到，其需要举证证明收件地点或收件人出现了异常情况。

有一种比较棘手的情形是，由于诉讼时效期间长达两三年，而快递公司的递送记录保留时间较短，有些权利人因为各种主客观原因等到诉讼时效快到期的时间才起诉，而诉讼中需要其证明曾向被告主张过权利，又因快递公司信息保留限制，无法提供邮寄当时的递送记录，难以证明曾向被告邮寄过主张权利的材料。若如此，在被告否认收到的情况下，权利人无法完成诉讼时效中断的举证证明责任，难以直接认定诉讼时效中断。

关于持续行为的诉讼时效计算：侵害著作权的行为往往是持续性行为，

这与许多即时性的民事侵权行为不同。常见的情形是，权利人发现侵权时间较早，直至提起诉讼时，被诉行为仍在持续，此时还需要考虑诉讼时效吗？根据《最高法院著作权民事案件司法解释》第27条的规定，“侵害著作权的诉讼时效为三年，自著作权人知道或者应当知道权利受到损害以及义务人之日起计算。权利人超过三年起诉的，如果侵权行为在起诉时仍在持续，在该著作权保护期内，人民法院应当判决被告停止侵权行为；侵权损害赔偿数额应当自权利人向人民法院起诉之日起向前推算三年计算”。由于网络市场快速发展，许多依赖文化内容产品为生的企业侵权现象较为严重，在《民法总则》施行之前，著作权人在取证后由于主观或客观原因超出三年再起诉的情形并不少见。需要注意的是，可适用向前推算三年计算赔偿额的情形是权利人自知道或应当知道被诉行为时起至起诉时虽然已经超过三年但被诉行为仍然持续且作品仍处于保护期内。对于权利人起诉时已经超过诉讼时效期间且被诉行为已经停止的，如果被告以诉讼时效抗辩的，抗辩成立，无法适用赔偿额向前推算三年的规定。

案例

电影《××曝光》案[①]

某视公司经授权取得了电影《××曝光》的独占信息网络传播权。

2013年6月18日，某视公司委托公证处对某锋网进行保全：从某锋网首页进入“某锋论坛”，选择其中“Android安卓资源下载区”下的“Android安卓手机多媒体”版块，显示“其他、动作、喜剧、爱情、剧情、科幻、动画、电视剧、视频、综艺”等分类项，点击分类项中的“动作”，选择某帖子，点击进入，显示有涉案电影的海报及迅某下载地址，可通过迅某下载窗口下载该电影，下载文件可播放。

某锋网由迈奔某动公司经营。一审庭审中，迈奔某动公司表示其已删除论坛中的涉案帖子，某视公司对此表示认可。

某视公司提交了其就涉案电影的侵权事宜委托律师向迈奔某动公司发送的《律师函》，该函件落款日期及发出日期为2015年6月17日，收件地址为

---

① 北京知识产权法院（2016）京73民终241号民事判决书。

迈奔某动公司的注册地。迈奔某动公司对该证据的真实性不持异议，但表示其2010年已不在该地址办公。双方均认可该邮件于2015年6月20日签收，签收人为“他人签收”。

2015年7月22日，某视公司起诉迈奔某动公司侵害其信息网络传播权。迈奔某动公司抗辩理由之一为某视公司提起本案诉讼已过诉讼时效期间。

一审判决认为：1. 本案中应以证据保全时的日期作为某视公司知道或应当知道其权利被侵害的日期，即诉讼时效的起算点为2013年6月18日。某视公司在2015年6月17日时以快递方式向迈奔某动公司的注册地址发送《律师函》主张权利，且该邮件已被签收，在迈奔某动公司的注册地址未进行变更的情况下，应视为其已收到该函件，故2015年6月17日诉讼时效中断。因此，某视公司在2015年7月22日提起诉讼，未超过诉讼时效期间。2. 不论本案诉讼时效的起算时间为何日，由于某视公司对于迈奔某动公司停止侵权的事实在庭审时方予确认，而迈奔某动公司并未提交证据证明其停止侵权的时间，因此在某视公司当庭对此表示认可之前，应视为被诉行为一直持续，故某视公司有权提起本案诉讼并获得相应赔偿。

二审法院另查明，某视公司于2013年6月11日签订《聘请律师合同》，其中委托代理律师处理针对迈奔某动公司所经营网站关于涉案电影的侵权纠纷。二审法院认为：诉讼时效期间应从某视公司于2013年6月11日与代理律师订立合同时起算，至2015年6月20日，已经超过诉讼时效期间。即便按照一审法院以2013年6月18日公证之时作为诉讼时效起算点，由于某视公司发送的律师函于2015年6月20日签收，同样也已经超过了两年的诉讼时效期间。因此，一审法院在有关诉讼时效起算点、诉讼时效中断时间以及某视公司提起诉讼是否已经超过诉讼时效的认定上均有错误。

另外，迈奔某动公司始终主张某视公司起诉已经超过诉讼时效，且并未明确认可被诉侵权行为在起诉时仍处于持续状态。某视公司应当提交相关证据证明其起诉时侵权行为仍持续，一审法院亦应对该情况予以查明。虽然在一审庭审中，迈奔某动公司表示其已删除论坛中的涉案帖子，某视公司对此表示认可，但仅以此并不足以证明相关侵权行为在提起本案诉讼时仍持续存在。二审法院改判一审判决，驳回了某视公司的诉讼请求。

该案例反映了诉讼时效抗辩中的两个典型问题，一是诉讼时效的起算点；

二是侵权行为持续的举证责任。关于起算点问题，相关司法解释已经作了明确规定，一、二审判决之所以出现不同认识，主要在于二审判决查明了某视公司向律师出具委托文件时，已经明确记载本案纠纷，该时间要早于某视公司通过公证处取证的时间。

如侵权行为持续事实的举证问题。网络侵权行为持续的情况，对于权利人而言，一次公证取证即能证明该行为至迟于公证之日即存在，持续至何时，一般不认为是权利人的证明义务。虽然按照“谁主张谁举证”的原则，权利人要主张被诉行为持续应当举证证明，但同样的，被告若要抗辩行为停止，也同样负有举证责任。行为何时停止同样是一项客观事实，针对信息网络传播行为，在权利人已经主张被诉行为发生的情况下，通常即能合理认定其在一定时间内是持续发生的。至于被诉行为何时停止，由被告举证证明停止时间更合理。原因如下，一是要求权利人每时每刻去查看被诉行为是否持续，显然对权利人不公平，也无必要；二是被诉行为完全由被告掌控，其理应可以提供被诉行为的准确起止时间；三是在权利人已经主张被诉行为发生的情况下，被诉行为的持续与停止是一个事实的两个方面，要求由离证据更近举证更便利的被告提交被诉行为停止的证据，否则认定被诉行为持续，这样更符合举证便利原则。因此，作者认为，更公平合理的处理方式不是要求权利人在初步举证被诉行为存在后，仍进一步要求其举证证明被诉行为持续的时间，而是在被告主张被诉行为停止时，要求被告对停止时间进行说明并举证。

3. 原告提供的侵权证据存在瑕疵

根据“谁主张，谁举证”的民事诉讼基本规则，原告有责任举证证明被告实施了其主张的侵权行为，一旦涉及侵权行为的证据因瑕疵而影响了证据效力，那么原告的主张将无法得到支持。侵权证据存在瑕疵有两种常见情形：一是证据形式瑕疵；二是证据对于待证事实的证明力不足。

证据形式存在瑕疵，通常是因为证据取得途径、取证方式、保存手段等原因造成证据载体的客观性存疑。视频著作权案件中，对于侵权证据的形式要求与对一般民事诉讼证据要求相同，即应同时满足真实性、合法性、关联性的“三性”。其中，真实性是首要要求，一旦相关证据无法确保真实性，则会被直接排除在可采纳证据范围中，合法性、关联性也无须再考虑。比如，有些案件中，由于权利人的维权诉讼能力较弱，未对侵权证据采取公证等保全形式，而是直接截取侵权网页，以网页打印件的形式提交法院。此时，正如本章第二节中所提到的，法院通常会向当事人进行释明。大部分被告在法院释明后，会及时采取公证等方式保全网页。

在网络著作权案件中证据的真实性要求，离不开完整性。虽然真实，但如果只是部分网页碎片，无法体现网络证据的全貌，就可能出现事实认定的偏差，甚至断章取义。比如，要证明某网站能提供涉案影视剧的下载和在线播放服务，就应当从进入该网站起取证证明：可以通过层层网页点击或直接搜索到该影视剧。在点播或下载过程中是否提示付费，该影视剧是否处于推荐栏目等情节都需要取证证明。只有将全貌呈现出来，才能进一步判断网站经营者的行为系直接提供，还是帮助提供了该影视剧；是从该影视剧中直接获得经济利益，还是通过推荐等方式提高了该影视剧的受关注程度。

满足“三性”要求的证据并不必然具备原告所期望的证明效力。实践中，大部分未获得支持的当事人主张都是因为其提交的证据本身难以达到证明效力，裁判文书中一般会表述为：当事人提交的相关证据不足以证明其所主张的事实，故法院对其主张不予支持。

曾有权利人的委托代理人要求公证人员在代理人所在律所使用代理人自己的电脑，在未对电脑作清洁且未查看联网状态的情况下直接取证。以该取证内容主张被告经营的网站侵权传播权利人的电影。被告对此予以否认，主要是对前述公证事实提出质疑，指出前述公证存在的瑕疵，认为这种情况下可以利用技术手段控制网站，造成访问特定网站的假象。被告为此提交了相反公证，记载显示：由公证员监督，在某市某网吧内，相关人员在未连接外网、本地连接断开的情况下，在电脑地址栏输入特定网址，进入相关网站的相关栏目，可随意打开其中的多部电影。法院最终以不能排除公证下载的网站内容并非被告网站真实内容的可能性，因此驳回了原告的诉讼请求。

视频著作权案件中，证明侵权行为最主要、最常见的证据是公证书。因公证行为具有准司法性质，故公证证据具有较高的证明力，即便存在文字措辞失误，或者公证操作记载错误、缺漏等情况，在有合理解释并可事后补正的情况下，一般不会轻易否定公证证据的效力。

类似上案中因为取证清洁性问题而丧失证明力是公证证据不被采纳的主要原因。由于近年来网络著作权纠纷频发，大部分公证机关都受理过网络证据的保全业务，加之权利人维权专业能力提升，因为缺乏取证清洁性操作而导致公证证据证明力瑕疵的情形渐少。

另外，并非凡是涉及网络的证据，都必须要采取清洁性操作步骤。另有某电信公司手机报向用户推送的相关报刊文章涉嫌侵权。原告取证过程为，打开手机，浏览保存的信息，打开某日的手机报，其中载有涉案文章。经比对，该文章出自权利人享有权利的报道。一审法院认定运营手机报业务的被告侵害了原告享有的复制权，并判决其承担赔偿责任。

被告不服一审判决，上诉理由之一为“公证人员未对公证用手机进行清洁度检查，该手机中所显示内容可能由被上诉人所预置，涉案文章及发送号码均存在被篡改的可能性”。对此，二审法院审理认为，“公证过程中是否需要对公证用电脑或手机进行清洁，取决于是否有清洁的必要性及可行性。本案中，被诉侵权行为系向用户手机发送短信内容的行为。但该发送行为仅为一次性行为，用户除在手机上保存该内容之外，并无其他方式获得该内容。在此情况下，如果要求被上诉人代理人对其手机进行清洁，则将意味着被上诉人难以对被诉侵权内容提供证据。这一客观情形使得对于公证用手机进行清洁既无必要，亦不可行。当然，未进行清洁的手机确存在预置被诉侵权内容的可能性，但该可能性是否确为事实，取决于上诉人的举证。本案中，上诉人虽否认被诉侵权内容系由其所发送，但在其认可该号码为其所有的情况下，既未举证证明其在被诉侵权行为发生日通过该号码所发送信息的具体内容，亦未提交任何其他反证，而仅是对公证用手机的清洁度提出质疑，这一情形显然难以证明公证用手机中事先预置有被诉内容。鉴于此，上诉人认为其并未实施被诉侵权行为的上诉理由不能成立”。

可见，取证过程是否有清洁设备及取证环境的必要性、可行性，根本上是要考虑清洁行为的实质意义。一方面是考虑操作清洁行为的现实可行性。如当前某些短视频平台按照用户喜好推送短视频内容，用户点播视频的过程正是平台记录用户喜好的过程，若取证内容就是平台推送行为，要求每一次取证都将设备系统重置，则完全无法体现出平台的推送行为，难以实现取证目的。另一方面则是要进行合理假设，即不采取清洁措施可能产生的影响。如果不采取清洁措施，按当前通常的技术水平和条件，取证对象被篡改非常容易，而且取证主体也有动力进行有利于自己主张的篡改，则不作清洁的证据证明力瑕疵明显。若取证对象完全由脱离于纠纷当事人的第三方掌握，取证过程即便不做清洁性措施，也可以在诉讼期间通过现场勘验等方式验证，则清洁性措施的必要性大大降低。

近年来，随着第三方电子存证业务的兴起以及视频著作权案件的大量涌现，产生了客观的取证量需求，在视频著作权案件中已频繁出现原告使用第三方电子存证内容作为侵权证据提交的情形。法院对这些新型的电子证据保全形式持相对开放、宽容的态度，并不会仅以取证主体身份资质等问题而直接否定此类证据效力。但由于这些证据大多来自刚进入第三方电子存证市场的商业主体，不论技术水平还是取证流程尚处于规范完善之中，因此法院在审查这类证据时往往持有更加谨慎的态度。

同时，与公证机关具有准司法性质不同，第三方电子存证机构出具的存证文件若存在操作步骤缺失、取证环境未做清洁、记录错误等问题，一般不享有补正的机会，容易因侵权证据存在瑕疵而影响权利人主张获得支持。所以，当事人若要将第三方电子存证文件作为诉讼证据使用，也应对取证过程更为谨慎。

第五章

侵权判定中的难点问题

侵权判定是侵犯著作权案件中的重点问题，除了上一章提到的基础问题之外，还有不少难点问题。难点问题往往随着视频技术、产业的发展，以及侵权行为的变化而不断变化。本章主要从视频制作和视频传播两个角度来对近年来网络视频著作权案件中出现的常见侵权判定难点问题展开讨论。

第一节　视频制作中相关行为的侵权判定

一、直接使用他人作品作为视频元素

因电影、电视剧等视频节目是连续画面与声音相结合的复杂作品，若每一个元素都由视频制作者独立创作完成则成本较高。因此，许多视频制作者会借鉴甚至直接使用他人作品作为视频元素，由此引发著作权纠纷。

案例

电视剧《××记》中相关音乐作品案[①]

许某是电视剧《××记》前25集中所有音乐作品（包括《孙××交友》、《××记序曲》）的曲作者。2015年7月，许某发现某视公司未经其许可，在其创作并出品发行的电影《××外传》及《××外传2》配乐中采用了《孙××交友》《××记序曲》等作品的主题及片段，未给许某署名，并由某某艺网站及相关APP向用户提供付费点播前述电影。许某为此起诉某视公司和某某艺公司，主张二者侵害其著作权。

---

① 一审：北京市海淀区人民法院（2015）海民（知）初字第31427号民事判决书；二审：北京知识产权法院（2016）京73民终272号民事判决书。

某视公司认可其为影片《××外传》及《××外传 2》著作权人，上述影片为同一系列。经比对后确认电影《××外传》中使用音乐作品《××记序曲》52″，使用音乐作品《孙××交友》时长为 1′1″；电影《××外传 2》中使用音乐作品《孙××交友》时长为 1′。

某视公司同时认可某某艺公司通过授权获得涉案两部影片的信息网络传播权，但主要的抗辩理由有，涉案两部作品系某视公司将大学生微电影《小×人历险记》重新剪辑而成，制作成本低，主要是为今后拍摄××系列影片积累经验，作品剪辑完成后由某视公司法定代表人交给在某某艺公司工作的朋友，通过某某艺网站播放，从而了解观众对该视频的观感，某某艺公司未就观看该片单独收取费用；涉案电影并未公映，仅在某某艺上播放，知名度低；涉案两部电影均有某视公司自己创作的主题曲，涉案两曲仅是为人物出场需要，与电影主要情节无关且仅使用音乐部分片段，用时很短。

法院认为，虽然许某在本案中主张的两首歌曲属于电视剧《××记》的配乐，但根据法律规定，电影作品中音乐等可以单独使用的作品的作者，有权单独行使其著作权。许某作为电视剧《××记》配曲的作者，有权就音乐作品《××记序曲》与《孙××交友》单独主张权利。某视公司未经许可，在其制作的电影作品《××外传》《××外传 2》中使用了许某作曲的音乐作品《××记序曲》与《孙××交友》，侵害了许某的著作权。某某艺公司对某视公司的侵权行为并无主观上的过错，无须向许某承担赔偿经济损失的责任，但有义务配合某视公司因侵害许某署名权在某某艺网站上刊登致歉声明。

该案例是视频中使用他人作品作为元素引发侵权纠纷的常见情形。侵权认定过程中，“正向”判断思路与其他类型的侵害著作权案件并无实质差异，但以被告抗辩为主的“反向”判断思路需要重点分析。部分被告会提出此类纠纷的典型抗辩意见：一是被告使用他人作品作为元素制作的视频非商业影片，没有盈利收入；二是权利人作品内容在被诉视频中所占比例非常小，应当认定为合理使用；三是传播范围和途径有限，对权利人影响小。

上述三个意见中，第 1 项、第 3 项抗辩意见对于侵权判定并无法律意义。著作权法规定的侵权认定要件中，并不存在商业或非商业使用的要件，也不存在侵权作品传播范围的要件。因此，前述理由至多成为侵权认定后考虑判赔数额的影响因素，难以成为否认侵权的抗辩理由。因视频中部分元素引发的侵权纠纷中，所涉及的他人作品往往时长较短、内容有限，故“合理使用”这一抗辩意见有一定法律意义，值得认真探讨分析。

“合理使用”是对著作权人行使权利的法定限制，是一项可以不经过著作权人许可使用作品，且不用支付报酬的合法理由。2020 年《著作权法》第 24 条规定了十三项合理使用的情形，包括个人学习、研究，适当引用，报道新闻使用等。大多数国家的著作权法都明确规定了对著作权的限制，国际公约也规定并允许缔约国在本国法律中对著作权人行使著作权在某些情况下作限制性规定。如《伯尔尼公约》第 9 条规定，受本公约保护的文学艺术作品的作者，享有授权以任何方式和采取任何形式复制这些作品的专有权利。本同盟成员国法律得允许在某些特殊情况下复制上述作品，只要这种复制不损害作品的正常使用也不致无故侵害作者的合法利益。[①]《与贸易有关的知识产权协定》第 13 条规定，各成员对专有权作出的任何限制或例外规定仅限于某些特殊情况，且与作品的正常利用不相冲突，也不得无理损害权利持有人的合法权益。[②]

虽然 2020 年《著作权法》对“合理使用”的范围规定了“法律、行政法规规定的其他情形”这一兜底性的条款，但这项规定不能理解为完全开放式的规定，因为“其他情形”的限定适用条件是“法律法规规定的”，如果法律法规未明确规定，司法实践中则不宜随意扩展使用。当然，理论上，许多学者认为该制度应具有一定的灵活性，“合理的标准以及与不合理之间的界限则是可变的。随着现代资讯传播技术、传播手段日新月异的发展，人们获取知识的手段更先进、更方便、更快捷。原本依法属于合理使用的使用作品方式，也会变得不合理。有些原本著作权人不必控制的使用方式，如果不控制则会使著作权人的利益损失殆尽，导致违背了‘合理使用’对著作权人的利益损害不大的原则”[③]。《大××》纪录片案[④]，是近些年中因视频制作技术发展而衍生出来的新类型纠纷，将他人静态、二维油画动态化，制作成动态且能体现一定三维效果的视频画面，此前因技术限制往往无法实现，但当下达

---

① 《保护文学和艺术作品伯尔尼公约》第 9 条，载世界知识产权组织网站，https：//wipolex. wipo. int/zh/text/283701，最后访问时间：2021 年 6 月 29 日。

② 《与贸易有关的知识产权协定》，载中国保护知识产权网，http：//ipr. mofcom. gov. cn/zhuanti/law/conventions/wto/trips. html. 最后访问时间：2021 年 6 月 29 日。

③ 刘春田主编：《知识产权法》，中国人民大学出版社 2009 年版，第 130 页。

④ 北京市海淀区人民法院（2017）京 0108 民初 14902 号民事判决书。

到相应的效果已非难事。目前，为介绍、评论某一作品或说明某一问题而适当引用他人已经发表的作品时，不排除可将他人静态的美术或摄影作品以动态化效果展示，从而更生动形象地进行介绍、说明，但若是使用的量、度把握不好，则可能落入侵权范畴。

又如，著作权法规定的合理使用情形中“报纸、期刊、广播电台、电视台等媒体刊登或者播放其他报纸、期刊、广播电台、电视台等媒体已经发表的关于政治、经济、宗教问题的时事性文章，但著作权人声明不许刊登、播放的除外”一项，此规定是为了使国家大政方针得以快速传播而允许媒体之间互相转发。虽然作者可以事先声明排除他人以此方式合理使用，但随着社会经济发展，以及媒体行业分化演变，各类报道日益多样化，单就规定本身涉及的“政治、经济、宗教问题的时事性文章”的认定也变得日益复杂。即便是以发布新闻报道为主的报纸、期刊、广播电台、电视台等传统媒体，其记者或评论员撰写发表的诸如经济类文章也不必然全部归入时事性文章，而需要具体分析。

一些国家的著作权法所规定的合理使用并不是纯列举式，而是“列举+要件”式规范，如美国版权法第 107 条在列举了部分典型的合理使用情形后，又规定了属于合理使用的四项考虑因素：使用目的与特性、版权作品的性质、所使用部分的质与量与作为整体的版权作品的关系，以及使用对版权作品之潜在市场或价值所产生的影响。① 2020 年《著作权法》为了更好地协调著作权保护与作品传播使用的关系，在借鉴有关国际条约和外国立法例的基础上，明确吸纳了“三步检验法”的有关精神②，在列举式规定之前，明确规定了“应当指明作者姓名或者名称、作品名称，并且不得影响该作品的正常使用，也不得不合理地损害著作权人的合法权益”。

“三步检验法”（Three step test，也称“三步测试法”）来源于《伯尔尼公约》第 9 条第 2 款，通常解释为：第一步“只能作为特殊情况而存在”；第二步“不与作品的正常使用相抵触”；第三步“不得无理由损害著作权人的合理利益”。一般适用过程中强调后两步——不影响权利人正常使用作品以及不

---

① 《十二国著作权法》翻译组译：《十二国著作权法》，清华大学出版社 2011 年版，第 731 页。

② 黄薇、王雷鸣主编：《中华人民共和国著作权法导读与释义》中国民主法制出版社 2021 年版，第 144 页。

损害著作权人合法利益。由于“三步检验法”比较笼统，实际适用过程中当事人之间产生的争议较多，法官的主观裁量因素也较多。如上案纠纷中，在视频节目中使用他人音乐作品片断并不符合著作权法规定的合理使用情形，但是否满足“三步检验法”的相关规定呢？争议也集中在后两步要件的适用上。具体到个案，要衡量被告使用原告作品的必要性和合理程度。如果被告为了完成自己的作品需要使用他人作品或部分作品，在对他人作品有多种选择，并不必然要选择原告作品的情况下，或者虽然有必要选择原告作品，但超出了合理程度的情况下，则可以认为影响到原告正常使用自己作品，通常也能认定不合理地损害了原告的合法利益。

上案一审判决认为，尽管所用时长较短，但是基于广大观众对电视剧《××记》及相关配乐的深刻记忆，某视公司对涉案音乐作品的使用有利于烘托相关人物的出场，从而引起观众的共鸣，以更好地理解电影内容，故本院认为，某视公司的上述使用行为并非合理使用，而是侵犯了曲作者许某的著作权。虽然被告没有完整地使用原告两首音乐作品，但一方面，不能以被告影视剧中使用音乐作品的时长相较于影视剧本身时长的比例来认定该音乐作品在影视剧中的重要程度；另一方面，考虑到原告作品的知名度较高，听众对于原告作品的熟悉程度非常高，仅是音乐作品片段，已能使观众准确联想到原告作品，进而以为被告影视剧已经获得原告许可使用其作品。虽然影视剧中的配乐属于可脱离影视剧单独使用的作品，但其依然属于影视剧的重要组成部分，从被告强调其影视剧有自己的主题曲可知，被告影视剧创作时，并不必然需要使用原告的音乐作品，而且被告影视剧中使用的两首原告作品均为1分钟左右时长，在原告作品早已成为广大听众耳熟能详的音乐作品时，被告的此种使用方式可以认为已经进入原告本应对其作品使用方式的控制范围，不属于法律规定的可不经过著作权人许可的合理使用范畴。

在考虑是否影响权利人作品正常使用时，作者认为可以参考美国版权法中关于版权作品的性质、所使用部分的质与量与版权作品的关系等合理使用要件。因作品类型不同，他人在使用时对权利人正常使用自己作品及其合法利益产生的影响不同，如一部数万字的纪实文学中引用了一首诗，在给诗作者署名且未对诗进行改动的情况下，通常可以认为属于合理使用。但是，一幅美术作品出现在一部电影中，即使仅是一闪而过，画面留存时间极短，也不意味着都能认定属于合理使用。

案例

电影《九层××》道具使用书法作品案①

向某是知名书法家，创作有“向某毛笔行书字体”。2015 年上映的电影《九层××》45′37″出现情节：“电影主角胡某在图书馆中找到一本用旧报纸包裹的旧书，镜头拉近，胡某把书反转过来，画面显示为该书的正面，该书封皮中心位置为‘鬼族史’三个大字，出现该书封皮的镜头时长为 2 秒。”该电影预告片中也出现了前述旧书道具《鬼族史》。另外，在涉案电影 56′31″出现如下情节：“胡某将一份报纸及双手放在桌子上，报纸左上角有‘华夏日报’四个大字，镜头时长为 1 秒。涉案电影 57′7″出现若干报纸交叠，镜头扫过，其中被压在第二层的报纸上方有‘华夏日报’四个大字。”

向某将电影《九层××》的制片方起诉至法院，主张该电影未经许可使用了其创作的“鬼”“族”“史”“华”“夏”“日”“报”七个书法字。某想者公司等该影片制作方的抗辩理由之一为涉案七个单字出现在电影道具中，目的仅为说明道具名称，为汉字的基本使用方法，属于为说明某一问题而对涉案单字的转换性使用，在于传递其所承载的中文语言含义，而非主要展示其作为美术作品的艺术价值，未影响其作为美术作品的正常使用，也未给向某造成实质性影响，符合我国著作权法关于适当引用的规定。

法院认为，“书法作品兼具表情达意和艺术美化等不同功能，且这些功能并不矛盾或相互排斥。涉案电影的道具中使用涉案单字不排除起到了说明道具名称的作用，但同时也完整展示了涉案单字的艺术美感。某想者公司等四被告之所以不选择其他常见字体而选择具有一定美感的涉案单字本身的事实也能说明涉案单字在电影道具中不仅仅是起到表情达意的作用，同时也起到了传达艺术美感的作用……故某想者公司等四被告对涉案单字的使用不具有转换性，不是为了介绍、评论或说明目的适当引用”。

该案中被告抗辩使用了“转换性使用”，此概念不属于我国著作权法中的法定概念，原本出自美国法官造法，其创制目的是解决同为法官造法的合理

① 一审：北京市朝阳区人民法院（2016）京 0105 民初 50488 号民事判决书；二审：北京知识产权法院（2018）京 73 民终 1428 号民事判决书。

使用条款在判定要件上过于模糊的问题。[①] 王迁老师对“转换性使用”(Transformative use)概念的解释为：对原作品的使用并非为了单纯地再现原作品本身的文学、艺术价值或者实现其内在功能或目的，而是通过增加新的美学内容、新的视角、新的理念或通过其他方式，使原作品在被使用过程中具有了新的价值、功能或性质，从而改变了其原先的功能或目的。[②]

电影《80后的××××》宣传海报使用“葫芦娃”“黑猫警长”角色引发的著作权纠纷案中,[③] 法院认为，“电影海报中引用‘葫芦娃’‘黑猫警长’美术作品不再是单纯的再现‘葫芦娃’‘黑猫警长’美术作品的艺术美感和功能，而是反映一代共同经历八十年代少年儿童期，曾经经历‘葫芦娃’‘黑猫警长’动画片盛播的时代年龄特征，亦符合电影主角的年龄特征。因此，‘葫芦娃’‘黑猫警长’美术作品被引用在电影海报中具有了新的价值、意义和功能，其原有的艺术价值功能发生了转换，而且转换性程度较高，属于我国著作权法规定的为了说明某一问题的情形”。

近年来的司法判决中有时出现“转换性使用”概念，有学者提出批评意见：“我国法院在著作权立法和司法解释皆无先例的情况下多次将转换性使用这一美国法官造法的产物直接作为判决理由，认定构成对原告作品转换性使用的行为不会不合理地损害原告的合法利益。此外，以美国版权法上的‘合理使用四要件’解释甚至替换我国著作权合理使用条款的现象也时常出现，显然有脱离本土法源进行不当法官造法的嫌疑。”[④]

且不论在司法裁判中引入我国立法中不存在的概念会产生何种影响，具体到上述个案，电影海报需要做成什么风格，应具备哪些要素，对他人作品的使用哪些是必要的，何种程度上可认为合理……这些问题其实有非常大的主观判断空间。电影海报本身的创作空间非常大，可以是电影画面一部分，也可以成为独立于电影的美术作品，甚至可以极简至仅有电影相关文字信息，如一些科幻迷们或许只要看到有“詹姆斯·卡梅隆”名字的电影上映信息，即已欣喜万分。将电影海报中反映典型时代特色的他人美术作品认定为必要

---

① 熊琦：《“用户创造内容”与作品转换性使用认定》，载《法学评论》2017 年第 3 期。

② 王迁：《电子游戏直播的著作权问题研究》，载《电子知识产权》2016 第 2 期。

③ 一审：上海市普陀区人民法院（2014）普民三（知）初字第 258 号民事判决书；二审：上海知识产权法院（2015）沪知民终字第 730 号民事判决书。

④ 熊琦：《著作权合理使用司法认定标准释疑》，载《法学》2018 年第 1 期。

且合理的设计元素，主要体现了法官在个案中的利益衡量考虑和主观价值判断。

当然，如果美术作品出现在视频画面中是因为对既有环境、背景的真实反映，比如某电影场景之一正好为某酒店大堂，该大堂墙面挂有某画家的一幅作品，为了满足电影画面的完整、连续性要求，不可避免会将该画家作品也摄制其中，此种情形一般认为可以满足合理使用要件。

二、改编其他作品制作视频

以电影、电视剧为代表的视频往往是文字、音乐、美术等多类型作品融合而成的复杂作品集合体。因此，因视频改编他人作品而引发的侵权纠纷也较为普遍。此类纠纷主要有两种情形：一是视频制作者未经许可改编他人作品用于制作视频；二是视频制作者获得改编他人作品的许可但违反约定或侵害他人其他著作权。

在对这两类行为展开具体分析之前，有必要先探讨著作权法意义上的改编权。2020 年《著作权法》第 10 条第 1 款第 14 项规定的改编权，是指著作权人享有的改变作品，创作出具有独创性的新作品的权利，这是著作权人享有的一项演绎性财产权利，即其对作品并不是原样使用，而是通过改变一定的表达形式，演绎出新作品的方式进行使用。

为准确理解改编权，可以将作品划分为三个状态，原作品——改编作品（与原作品有关联的新作品）——新作品（与原作品无关的新作品）。改编作品是介于原作品和新作品之间的作品，既能体现原作品的表达，又有改编者自己的独创性表达，前述两种表达融合为一，成为改编作品。

复制、发行、放映、信息网络传播等行为通常被认为在使用过程中并没有对作品加入使用者新的独创性表达，而摄制、改编、翻译等行为则不只是对作品的原样使用，而是会加入使用者的个性化表达。作品经过摄制、改编、翻译等行为，一般都会有新的独创性表达产生，从而形成新的作品。其中，以改编行为尤为典型。

改编作品不限于作品体裁和类型，只要在作品原有表达的基础上加入了改编者的独创性表达，就可以认定构成改编。如将短篇小说改编为长篇小说，将漫画改编成动画片或网络游戏，将小说改编成舞台剧等。实践中，引发改编权纠纷的案件主要集中在与影视剧、网络游戏等复杂作品有关的改编行为中。究其原因，一则由于人脑处理图像、文字、声音等信息的部位和工作原理不同，声像画面对人的感官刺激最有效。基于此，视频节目作为复杂作品的代表显然符合多数人的口味而更容易获得关注。所谓“成也萧何，败也萧何”，视频节目的受欢迎程度、口碑好坏，无疑会影响人们对与其相关的改编作品或被改编作品的评价，因此更容易因改编行为发生纠纷。

二则法律对影视剧改编作出了专门规定，可以理解为从立法层面给予了影视剧改编者较大的改编自由和空间，但如何确定改编权的边界，特别明确改编权与其他权利，如修改权、保护作品完整权等的界限并不容易。《著作权法实施条例》第10条规定，“著作权人许可他人将其作品摄制成电影作品和以类似摄制电影的方法创作的作品的，视为已同意对其作品进行必要的改动，但是这种改动不得歪曲篡改原作品”。其中的“必要改动”“歪曲篡改”均存在主观评价因素。

三则不论是通过改编他人作品制作影视剧，还是允许他人将影视剧再改编成其他视听作品，这些复杂作品的创作、传播需要众多主体合作完成，不同主体交织在复杂的法律关系中容易因投资、行使权利、分享收益等约定的规则、执行情况而发生矛盾冲突，从而引发纠纷。

案例

电影《九层××》案①

知名系列小说《××灯》由张某某创作，其中，《鬼吹灯之××古城》讲述了三位当代摸金校尉，为揭开部族消失的千古之谜，利用秘术，解读天下大山大川的脉搏，寻找一处处失落在大地深处的龙楼宝殿。张某某将其小说《××灯》的相关财产权转让给玄某公司。某想者公司经授权取得《鬼吹灯之××古城》的电影改编权、摄制权。某想者公司分别与某影公司、某视公司就制作电影签订投资协议。2015年，电影《九层××》公映，某影公司、某想者公司、某视公司为出品方，环球某动公司为联合出品方，陆某为“编剧/导演”。

---

① 一审：北京市西城区人民法院（2016）京0102民初83号民事判决书；二审：北京知识产权法院（2016）京73民终587号民事判决书；再审：北京市高级人民法院（2019）京民申5219号民事裁定书。

张某某主张，电影《九层××》的故事情节、人物设置、故事背景均与小说相差甚远，远远超出了法律允许的必要改动的范围，对小说存在严重的歪曲、篡改，侵害其保护作品完整权，且未给张某某署名，侵害了其署名权，请求四被告停止传播涉案电影，公开赔礼道歉、消除影响，连带赔偿其精神损害抚慰金100万元。

一审法院认为，在作者将其著作财产权转让给他人后，在判断被转让人的合法改编行为是否侵犯其保护作品完整权时，不能简单依据是否违背作者在原作品中表达的意愿这一主观标准进行判断，而应当重点考虑改编后的作品是否损害了原作品作者的声誉。本案证据不足以证明张某某社会评价降低、声誉受到损害，未侵害其保护作品完整权。据此，一审法院支持了侵害署名权的主张，并判决某影公司等在传播涉案电影时为张某某署名并向张某某公开赔礼道歉、消除影响，驳回了侵害保护作品完整权的主张。张某某不服，提起上诉。

二审法院认为，作者的名誉、声誉是否受损并不是侵害保护作品完整权的要件。改编权无法涵盖保护作品完整权所保护的利益。涉案电影将主要人物胡某及杨某分别设定为羿王子后裔及具有异能的鬼族后人，并将涉案小说从普通人类摸金校尉利用玄学探险的故事，改为具有超能力的英雄后人与鬼族人和怪兽战斗的故事。上述改动是对涉案小说主要人物设定、故事背景等核心表达要素的大幅度改动，对作者在原作品中表达的观点和情感做了本质上的改变，超出了必要限度，导致作者在原作品中要表达的思想情感被曲解，因而构成了对原作品歪曲、篡改。据此，二审法院判决：撤销一审判决，某影公司、某想者公司及某视公司停止发行、播放涉案电影，向张某某公开赔礼道歉、消除影响，并连带赔偿精神损害抚慰金5万元。

当前，文化产业中普遍存在将畅销小说改编为影视剧这一文化产品的衍生方式，而影视剧制作、发行成本较高，创作完成的影视剧一旦引发侵权纠纷对影视剧权利人利益影响较大。由于《××灯》小说知名度非常高，而且由国内一线的影视制作公司拍摄制作成电影，公映后取得了较高的票房收入，有一定的知名度。当小说作者与电影拍摄者之间因为改编问题发生争议后，不仅引起了影视界的关注，而且也成为法律界广泛探讨的问题。

本案纠纷反映了当前影视剧改编制作行业所面临的挑战。改编权属于著作权人的财产权，保护作品完整权属于作者的人身权，作者可以将包括改编权在内的著作财产权转让给他人，但保护作品完整权具有人身专有属性，不可转让。因此，作品改编权的转让并不影响作者享有保护作品完整权。此时，如何平衡受让人的改编权与作者的保护作品完整权，既是一个法律规则适用问题，也是一个价值导向问题。

适用《著作权法实施条例》第 10 条的规定时，何谓“必要的改动”，一审判决不只是单纯从作品改动的客观情况出发来判断，还强调了立法目的和宗旨，“鼓励作品的创作和传播是著作权法立法的主要宗旨，著作财产权转让作为一项重要的权利行使方式，在现实生活中起着促进作品传播、繁荣文化市场的重要作用，也是著作权人实现其经济利益的重要途径之一。各方当事人在履行涉案小说著作财产权的转让合同时，基于平衡作品创作与传播之间的利益考虑，既要为作者在创作小说中付出的智力劳动成果支付相应报酬，以鼓励创作，同时也应充分保障著作财产权的行使，促使作品得到广泛传播，最终实现作品价值和有关著作权人利益的最大化。有鉴于此，在作品的著作财产权转让后，作者固然可以继续行使其自身专属的著作人身权，但作者对于其自身享有的著作人身权中的保护作品完整权的行使应当受到一定程度的限制。易言之，在作者作出明确意思表示，将其著作财产权转让给他人后，关于被转让人的合法改编行为是否侵犯其保护作品完整权，不能简单依据是否违背作者在原著中表达的原意这一主观标准进行判断，而是应重点考虑改编后的作品是否损害了原著作者的声誉”。

二审判决表达了不同观点：“作者的名誉、声誉是否受损并不是侵害保护作品完整权的要件。首先，我国现行《著作权法》规定的保护作品完整权并没有‘有损作者声誉’的限制。是否有‘有损作者声誉’的限制，涉及权利大小、作者与使用者的重大利益，对此应当以法律明确规定为宜，在《著作权法》尚未明确作出规定之前，不应对该权利随意加上‘有损作者声誉’的限制。其次，即便因改动而导致作者的声誉有所降低也不能直接得出侵犯了保护作品完整权的结论，仍应审查是否确有歪曲、篡改的情况发生。侵权行为致使作者的声誉受到影响只是判断侵权情节轻重的因素，并可能导致侵权人承担更大的侵权责任。相关公众的评价可以成为判断作者声誉是否受到影响的重要因素，特别是在改动具有合法授权的前提下。对于改编作品，普通观众的普遍认知是电影内容应当在整体思想感情上与原作品保持基本一致。

观众会把电影所要表达的思想情感认为是原作者在原著中要表达的思想情感。如果改编作品对原作品构成歪曲篡改，则会使观众对原作品产生误解，进而导致作者声誉遭受损害。”二审判决认定被告的改编行为侵害了原告所享有的保护作品完整权。

上述一、二审判决分歧的根本原因在于对保护作品完整权要件的判断上，是否需要以作者声誉受贬损为要件。保护作品完整权来源于国际公约，对于公约的解读，二审判决作了较为详细的介绍：“《伯尔尼公约》第6条之二：‘不依赖于作者的经济权利，乃至在经济权利转让之后，作者均有权声称自己系作品的原作者，并有权反对任何有损作者声誉的歪曲、篡改或者其他改动或者贬抑其作品的行为。’《伯尔尼公约》的该条规定有其特殊背景……此条规定是为了协调各国的意见，且此条规定的只是精神权利的最低保护水平，故成员国可以在其国内法律中对公约规定的损害作者声誉或名声的要求作出修改，或者完全删除。值得明确的是，无论哪种标准，都反对对作品进行歪曲、篡改式的改动，只不过所能允许的改动程度不同。”

2020年《著作权法》未修改对保护作品完整权的规定，即“保护作品不受歪曲、篡改的权利”，其中没有关于作者声誉高低的要件。该法2001年版释义中对此项权利的解释为：“保护作品完整权是指作者保护其作品的内容、观点、形式等不受歪曲、篡改的权利。作者有权保护其作品不被他人丑化，不被他人作违背其思想的删除、增添或者其他损害性的变动。这项权利的意义在于保护作者的名誉、声望以及维护作品的完整性。”① 此释义仅将作者个人声誉保护作为该条的立法意义而非要件。是否构成歪曲、篡改确实存在主观判断标准的不确定性问题，但作者声誉是否受损，有无降低，同样存在主观性问题。针对改编作品对原作品的影响，作者本人、了解该作者的公众以及不了解该作者的公众可能得出完全不同的结论，较难存在可以通过作者声誉受损程度来认定作品是否被歪曲、篡改的客观情形。

另外，如果仅有作者声誉受损情形下的歪曲、篡改原作才能构成侵害保护作品完整权，将出现逻辑悖论，即创作水平高的人有权毫无限制地歪曲、篡改他人作品。保护作品完整权是一项赋予作者维持其作品所表达的思想、观点得以稳定、完整呈现的权利，该权利的价值不仅是维护作者声誉不受贬

① 胡康生主编：《中华人民共和国著作权法释义》，法律出版社2002年版，第44页。

损，也包括不给作者超出作品本身应得的声誉和知名度，并且，更重要的价值是能让后世公众如实了解作品原貌。①

上案判决之所以如此受关注且充满争议，恰是因为被诉行为涉及的对象为电影，当前环境下在国内拍摄并获得公映的电影需要满足特定的行政管理要求。在电影制片方已经取得了改编授权的情况下，对于原作品的主要人物设定、故事背景、主要情节等表达要素进行了较大幅度的改动，能否属于因为拍摄电影需要所进行的必要改动。一审法院认为虽然改动较大，但未导致作者声誉降低，所以不属于侵害保护作品完整权，但二审判决更多从改动行为本身进行分析，认为此种对核心要素的根本性改变超出了必要范畴，“涉案电影中把外星文明直接作为整体背景设定，并将男女主人公都设定为拥有一定特异功能的外星人后裔，严重违背了作者在原作品中的基础设定，实质上改变了作者在原作中的思想观点，足以构成歪曲篡改”。二审判决还区分了保护作品完整权涉及的作者声誉受损以及侵害自然人名誉权的区别，提出“电影观众会对小说产生误解，即认为涉案小说存在地球人反抗外星文明、主人公具有超能力等内容，足以证明小说作者的声誉因为电影改编而遭到贬损”。

涉及电影改编的纠纷中，还有的情形是电影中的部分元素涉嫌侵权，比如人物、地点、事件等的名称，此种作品也被称为续写作品或“同人作品”，由此引发的侵权纠纷行为更为复杂。本书第四章中介绍的电视剧《××那年：好久不见》案中，法院认为，《××那年》小说与番外的人物、情节、故事主线等设计不同、创作完成时间不同，二者属于独立的作品。由于《××那年：好久不见》网络剧与《××那年》小说相比，仅五个人物名称相同，但这些人物名称并未表达较为完整的独创性思想，无法认定《××那年：好久不见》网络剧使用了《××那年》小说的独创性表达，故驳回了王某关于该网络剧侵害其小说保护作品完整权和改编权的主张。此外，该案还涉及以下三个典型问题：

1. 系列作品中单独作品的认定。金某公司将《××那年》小说改编为电视剧是经协议受让了该小说改编电视剧等财产权后的合法行为。《××那年》小说以及此后创作完成的《××那年》小说“番外”，属于系列作品，二者在人物角色等方面有一定的延续关系。此时，认定小说“番外”属于小说的一部

① 曹丽萍：《网络游戏改编中有哪些常见法律问题》，载《中国知识产权》第115期。

分还是属于单独的作品，直接关系到金某公司在电视剧《××那年：好久不见》中使用“番外”内容的合法与否。

作者对其创作作品所享有的著作权自创作完成时起产生，一般认为作品创作完成，是指一个完整的作品面世。但实践中对此理解也不应过于机械化，比如近年来常见的网络连载小说，作者写一部分发表一部分，网友阅读一部分，是否意味着这种连载小说的著作权需要等到全文连载结束才产生，他人在全文创作终结之前可以随意转载使用呢？显然不是。著作权自作品创作完成之日起产生，通常应理解为相关独创性的表达完成，则该表达即产生可受法律保护的著作权。

回到本案，重要争议之一是分析小说本身以及转让合同的约定。王某2008年即创作完成小说《××那年》，经过多次再版重印成为畅销小说，显然，已出版的小说应理解为一部完整的作品。王某与金某公司2012年订立转让合同时对转让的财产权对象显然是明知且清晰无异议的。至于王某在小说《××那年》创作完成五年后又创作完成了该小说的“番外”部分，可以从文学视角认为属于小说《××那年》的组成部分，但从法律角度来看，应理解为与小说《××那年》相关但独立于该小说的新作品。除了创作先后的原因，更在于王某与金某公司所订转让合同中并未包括此部分“番外”，包括作品内容、转让费等在内的重要约定均不涉及“番外”内容。出于对合同可预期性及保护作者利益的原则，应将《××那年》小说“番外”作为王某创作的新作品对待。

即便王某与金某公司订立合同时，《××那年》小说处于待续未完的状态，如果著作权转让合同中未明确约定该小说后续创作的部分一并转让，也不意味着金某公司可以仅凭待续未完的部分享有后续创作部分的著作权。因为王某后续创作的小说内容同样也属于体现独创性的表达，可产生著作权。包括转让在内的行使著作权的行为，除了法律规定可以不经著作权人许可之外，都需要由著作权人的明确意思表示作出。作者未转让的著作权仍应由作者享有。

2. “同人作品”的侵权判定。“同人作品”不是规范的著作权法意义上作品类型的概念，主要用于表现文学领域一种独特的创作形式。目前，我们谈及著作权法领域的“同人作品”，通常是指使用既有作品中相同或近似的角色创作出的新的作品[①]，此种新作品，常见于特定文学、动漫、电影作品中，尤其是同人小说、同人画作是较为典型的同人作品。同人作品往往与原作品有一定的关系，要是毫无关联，则属于全新创作，无须归入同人作品中。比如，上案中，《××那年：好久不见》电视剧中的角色沿用了《××那年》小说和电视剧中的角色名称，但角色关系，围绕角色发生的故事情节、剧情冲突等已与原小说和电视剧不同，此种情形可以是对原作品的同人创作。

使用原作品的元素创作完成的同人作品，属于与原作无关的新作品，还是原作品的改编作品，不同的结论对原作品和同人作品权利人权利影响不同。从不同主体利益出发，结论往往不同。在没有合同约定的情况下，很多原作品作者不愿意他人创作自己作品的同人作品，特别是原作品作者认为同人作品存在文学艺术质量、价值观等问题，以及影响原作品声誉或其后续创作时，会主张同人作品侵害其作品复制权、改编权等著作权。同人作品作者一般会强调自己属于全新创作，与原作品相同的元素仅是细节性的，而非作品核心表达。法院在判断同人作品是否使用了原作品表达时，首先要考察同人作品中与原作品相同或相似的内容是否为著作权法意义上的表达，只有属于作品表达时，才需要进一步判断二者表达的实质性相似问题。若不属于作品表达，则不是对作品的使用，无所谓侵害著作权。

受到较多关注的金某诉江某《××的少年》侵权案[②]中，因江某小说《××的少年》以宋代嘉祐年间为时代背景，借用自金某武侠作品中的人物名作为主人公们的名字，讲述了“汴京大学”里的校园故事。网上对该书介绍为：“脑中存着金某小说先前的印象，再徜徉于这样全新的故事中，是一种双重的温习，而这双重的回忆最后归结为一点，便是几乎每个人都经过或正在经历的轻狂无畏的少年时光。”

该小说受到很多喜欢金某的读者和年轻人的追捧，影响不断增大，而且陆续被拍成影视剧，因此引发金某不满并起诉维权。法院最终认定，脱离了具体故事情节的人物名称、人物关系、性格特征的单纯要素，难以构成具体的表达；《××的少年》并没有将情节建立在金某作品的基础上，基本没有提

---

① 王迁：《同人作品著作权侵权问题初探》，载《中国版权》2017 年第 3 期。

② 广州市天河区人民法院（2016）粤 0106 民初 12068 号民事判决书，《金庸诉江南“同人作品第一案”一审宣判》，载人民网，http：//ip. people. com. cn/n1/2018/0817/c179663 - 30234757. html，最后访问时间：2022 年 2 月 16 日。

及、重述或以其他方式利用金某作品的具体情节，且部分人物的性格特征缺失，部分人物的性格特征、人物关系及相应故事情节与金某作品截然不同，情节所展开的具体内容和表达的意义并不相同，属于创作出不同于金某作品的校园青春文学小说。因此，驳回了金某关于侵害著作权的主张。但是，法院同时认为，金某作品及作品元素凝结了金某高度的智力劳动，具有极高的知名度和影响力。《××的少年》借助金某作品整体已经形成的市场号召力与吸引力提高新作的声誉，轻而易举地吸引到大量熟知金某作品的读者，构成不正当竞争。

可见，同人作品即便不构成侵害著作权，也可能因为不当搭取原作品影响力和市场知名度的“便车”而构成不正当竞争。当然，一旦同人作品从“质”和“量”角度使用较多的原作品元素，也可能会被认定为对原作表达的使用而适用著作权法。其中的界限并不清晰，只能在个案中根据证据显示的具体情节进行判断。

3. 影视剧改编小说时实质性相似的判断。之所以强调是改编自小说，就意味着能在改编作品中找到小说的影子。这里所指的“影子”并非指只要有细枝末节或相同的元素即可，而是要看相关表达是否构成实质性相似。

首先，比较的对象是作品的表达，表达是指“将思想、情感传达于外，利用文字、线条、音符、动作等符号所组成的符号形式”[①]。凡是无法把作者的内在思想、情感外化的表现形式，都不满足表达的要求。

电视剧《××那年：好久不见》中，五个主角的名字虽然在《××那年》小说中反复出现，但仅仅这五个汉字人名，并不能体现小说作者的创作思想、情感表达，且在我国汉字人名大量重名的情况下，抛开人物关系、故事主线、背景等小说特有的表达，单就人名本身，难以与具体的小说内容相联系。法院之所以未支持王某主张的《××那年：好久不见》电视剧侵害《××那年》小说改编权，除了双方存在合同关系之外，另一重要原因也是《××那年：好久不见》电视剧仅使用了小说中的五个角色名称，难以认定该电视剧使用了小说表达。

其次，要判断改编作品中使用被改编作品的“质”与“量”，是否达到与原作品中所对应的表达实质性相似的程度。作品实质性相似的判断一定是

① 李琛：《知识产权法关键词》，法律出版社 2006 年版，第 24 页。

独创性表达部分的比较判断。即便《××那年：好久不见》电视剧中使用了与《××那年》小说中完全一致的五个角色名字，因该五个人名不构成作品，也就不涉及《××那年：好久不见》电视剧侵害《××那年》小说著作权的情形。

经过比较，《××那年：好久不见》电视剧中的数处情节能对应《××那年》小说"番外"的部分情节，这部分情节由人物名称、人物关系、故事背景、具体故事情节等综合元素构成，能构成著作权法意义上的表达。那么，《××那年：好久不见》电视剧中的情节与《××那年》小说"番外"中的相应情节是否构成实际实质性相似，就要对这些综合了多种元素的情节进行比较后再作出判断。

小说与电视剧不属于同一种作品表达类型，判断实质性相似显然要比同类作品相关表达的判断复杂。与纪实文学、历史题材小说等在既有素材基础上创作作品不同，《××那年》小说"番外"为王某原创作品，包括其中人物关系、故事背景、情节在内的表达都是作者的独立构思和独特设计，此时，电视剧中出现与小说"番外"中近似的表达内容，即便电视剧所用的镜头语言与小说所用的文字符号存在较大差异，也不影响法院认定电视剧中部分情节构成与小说"番外"部分情节的实质性相似。

以历史事件为背景创作的作品，在判断侵权问题上会更加复杂。除了上文提到的不同类型作品对于同一思想的表达本身存在表达元素、呈现方式等不同之外，在侵权比对方面还需要特别关注历史史实相关的表达，并不是反映历史的内容都不属于作品。关键是要看对史实的描写、表述、描绘等表达方式是否融入了作者的独特表达。

案例

电视剧《东×英雄》案[①]

2005年，张某出版长篇历史小说《渥××××》（简称《渥》小说），该小说讲述了蒙古族土尔扈特部落移居伏尔加河中下游草原140年后，由于不堪沙皇俄国的剥削和压迫，由当时的首领渥××（1742—1775）带领16万余人，

① 一审：北京市海淀区人民法院（2016）京0108民初23487号民事判决书；二审：北京知识产权法院（2017）京73民终1942号民事判决书；再审：北京市高级人民法院（2020）京民申5454号民事裁定书。

于1771年1月毅然举行武装起义东归祖国，行程万余里，战胜了沙漠沼泽、饥寒病疴，打退了敌军无数次的围追堵截，于1771年8月仅余6万余人，回到故乡伊犁的历史事件。

2005年7月，金某马公司等开始拍摄电视剧《东×英雄》（简称《东》剧），后于2006年8月在央视8套播出，主要讲述了渥××带领族人东归故土，完成了人类历史上最后一次悲壮的民族大迁徙。该剧导演曾于二十世纪九十年代拍摄电影《东×英雄传》。

张某起诉金某马公司等主张《东》剧侵害了《渥》小说的著作权，其中包括《东》剧56段内容剽窃、抄袭《渥》书内容，以及《东》剧28段内容抄袭、改编《渥》书内容。法院组织各方勘验张某主张的侵权内容，如56段内容中“汗国不满征兵并把王子充当俄国人质”一节：《渥》书（第1部）第8页：“俄国人为了控制土尔扈特汗国，防止达什汗不轨，去年三儿子沙来在阿斯特拉罕上中学时，俄国竟然趁机将沙来扣做人质。”《渥》书（第3部）第7页中：“渥××站起来，左手拿着大喇叭，右手握拳。清了清嗓子道：‘仅仅十年，俄国在我们土尔扈特汗国征兵达三十二次，十五万人……’渥××又说道：‘现在俄国人要我们挑选三百个土尔扈特的少年，到莫斯科去做人质。二十多年前，我们多少太阳一样的天才少年，就是在俄国的阿斯特拉罕作人质，被他们活活折磨死的。”《东》剧第1集2′3″—6′7″，内容描述为介绍土尔扈特蒙古族人在迁徙至伏尔加河下游后成为沙俄的战争工具，饱受沙俄欺压掠夺，汗王提出要与清朝政府取得联系，等待时机返回祖国的历史背景，在旁白介绍中提及1742年，被送往沙俄充当人质的汗王长子萨赖身患重病。

28段内容中“奶奶阿思海丈夫巴勒藏东归中冻死”一节：《渥》书3第175页东归途中，“渥××来后扑在奶爹脸上亲了一下，一声也没有哭，只是沉闷地说道：‘将巴勒藏抬上幌车，走出百里奇寒风区后再悼念他。’”《东》剧第3集8′30″—12′59″，内容为少年渥××和达什敦哭着来找桑吉玛，告诉桑吉玛，青格勒在战争中死去了，三人抱头痛哭。后三人找到青格勒尸体后痛哭。汗王在认尸现场告慰“勇士们，走好！”

上案侵权认定的关键在于历史题材的小说与电视剧实质性相似表达的判断。法院最终未认定《东》剧侵害了《渥》小说的著作权，驳回了张某的诉讼请求。同一历史题材但不同类型的作品在侵权比对中需要注意的是，一是应考虑不同的作品表现形式下体现整体故事构架、人物设计、相关场景等情节安排的表达是否相同或构成实质性相似。

二是历史事实是客观发生的，对史实的留存记载是为了传承人类文明、记录社会变迁，了解历史，获取史实属于公众享有的对人类历史知情权的范畴。因此，不同作者围绕相同历史题材进行文学、艺术创作所形成的作品，其中为反映史实而涉及人物、事件、特定场景、有限表达、公知素材等内容本身，不属于作者可以主张享有著作权的独创性表达，无法阻止他人使用相同的史实内容。

三是作者基于史实、结合自身创作智慧而形成的独创性表达属于作品，可受著作权法保护，作者有权阻止他人未经许可使用。

因此，上案在进行作品表达的实质性相似判断时，区分了相关内容是属于对史实本身的使用，还是对史实的演绎，抑或属于作者创作的非史实内容。后两者才可能属于独创性表达，可能产生著作权。还是以上案所举情节为例，“汗国不满征兵并把王子充当俄国人质”属于史实部分，如何描述这部分史实，不同作者可以有不同的表达方式，比如《渥》小说在开始部分演绎了“三儿子沙来”在上中学时被扣做人质的情景，同时在小说后半部分渥××号召东归时，以渥××的演讲表达了对俄国征兵和扣人质的不满。但《东》剧在铺垫故事背景时，以旁白的形式陈述了土尔扈特部落对俄国征兵的不满，以及充当人质的汗王长子在俄国重病。显然，这两部作品对于同一史实的表达方式、手法，以及演绎的具体细节都不同，独创性表达也不同。

近年来，将影视剧等长视频剪辑成“××分钟看电影”等现象多有发生，一些影评人也以此方式吸引用户。类似的行为受到了长视频权利人一致反对，但也有观点认为需要按不同情形区分侵权使用，还是戏仿等合理使用情形。较为经典的纠纷发生在2006年电影《×极》上映后，某观众为了表达自己对该电影的看法，将其中的部分片段剪辑制作成《××××引发的血案》并在网络上广为流传，引起了电影《×极》导演等制片方的大为不满。有学者分析认为，观众制作成的短视频属于戏仿作品，表达了文艺批评的特性，原作品权利人应当予以容忍。[①]

---

① 苏力：《戏仿的法律保护和限制——从〈××××引发的血案〉切入》，载观察者网，https://www.guancha.cn/SuLi/2018_05_15_456796_1.shtml. 最后访问时间：2021年6月29日。

当然，如果剪辑的视频画面并非用于文艺评论，也未体现与原作品不同的表达寓意，仅是原作品的浓缩版，显然无法作为戏仿作品对待。至于浓缩版短视频侵害了原作品改编权，抑或其他著作权，还需要根据具体情形进行判断。针对部分影视行业协会、影视公司和演员抵制短视频侵权的倡议，国家电影局于2021年4月28日明确，“加强电影版权保护，依法打击短视频侵权盗版行为”，专门提到要“针对当前比较突出的‘××分钟看电影’等短视频侵权问题，配合国家版权局加大打击力度”①。

第二节 视频传播中相关行为的侵权判定

侵权判定是大部分侵害著作权案件中的焦点问题，特别是随着网络视频行业的技术进步和商业模式的发展，在视频传播过程中引发纠纷的相关被诉行为类型日益多样化，对当事人侵权主张、抗辩以及法院作出侵权判定都提出了新的挑战。

实践中，网络经营者不断探索创新业务而产生的“副产品”，是在不同案件中会被作为不同行为性质的行为主体对待。网络时代早期，我们曾将网络经营者分为网络内容提供者（ICP）和网络服务提供者（ISP），并以此作为行为性质判断的基础，但随着网络行业的分化融合，包括视频节目在内的“内容”，作为吸引用户的利器，与大部分网络经营者的经营活动息息相关。因此，法院在涉及网络的侵害著作权案件中，不论被告主营业务是经营硬件、软件，或网站、App，都要仔细审查证据，查明争议事实并分析评判被告行为的性质。

考虑到近年来法院审理此类案件的常规思路，本节将结合典型案例按直接提供视频、帮助提供视频两类常见的被诉行为对侵权认定中遇到的一些难点问题进行分析梳理。

---

① 《国家电影局明确：加强电影版权保护 依法打击短视频侵权盗版行为 维护电影高质量发展良好网络环境》，载国家电影局网站，http：//www. chinafilm. gov. cn/chinafilm/contents/141/3408. shtml. 最后访问时间：2021年9月30日。

一、直接提供视频

（一）提供视频

本书之所以使用“提供视频”这一概念，是考虑到大多数网络视频著作权纠纷都涉及信息网络传播权，该权利最基础的行为即“提供”行为，包括提供作品、录音录像制品、表演的行为。而且，即使是网络中涉及的广播权、其他权利等，在很多情况下亦可同理参照“提供”行为来理解未经权利人许可的侵权行为。因此，本书将“提供视频”作为传播视频节目中直接侵权行为的典型代表，仅指行为人单独提供视频的行为，从而与下文中的“分工合作提供视频”相区分。

“提供视频”最普遍、最常见的情形是相关网站为了吸引人气，直接把影视剧置于网站中提供给用户点播。此过程中网站经营者按自主意愿通过自己经营的网站传播影视剧，该影视剧视频文件完全由网站经营者掌握，并不涉及其他人。此种情形下，网站经营者的行为属于典型的直接侵权行为，也是多年来我国各部门治理盗版重点打击的对象。

未经权利人许可通过网络直接提供视频属于网络视频著作权侵权纠纷中最常见且典型的侵权行为，下文涉及的分工合作提供侵权视频、帮助提供侵权视频等行为的责任认定，均是以此为参照或基础按例外规则作出的。

直接“提供视频”行为大量出现在早期的视频著作权纠纷案件中，这与当时视频网站版权意识缺乏，不愿意承担较高的版权成本，但又有迅速做大网站规模的迫切需求有关。比如，在某视网（www. ××see. com）播放电视剧《荣×》案中，成某多媒体公司发现，通过下载安装××see 网络电视播放软件，“点击播放器页面中的‘内地电视剧（33）’，进入页面后，点击“荣×（央视年度大戏）”，在弹出的页面中有该剧图片、简介，点击图片右侧的‘立即播放’则可在线播放该剧”。成某多媒体公司主张某视公司侵害其享有的信息网络传播权，某视公司辩称在接到起诉材料后及时停止播放该剧，未否认其直接提供该剧。法院最终判决某视公司侵害了成某多媒体公司的信息网络传播权。

近年来，法院认定网络经营者直接提供视频构成侵权的案件依然较为普遍，但网络经营者基本不会承认直接提供了侵权视频，大多抗辩自己仅是提供了视频链接或视频软件，与侵权视频无关。部分案件中，法院经过审查认为在案证据难以支持网络经营者的抗辩意见，按举证责任分配原则认定抗辩不成立，并支持视频权利人关于被告直接侵权的主张。

案例

电视剧《××纵横》案①

某成公司经授权取得2014年1月15日至2021年1月1日电视剧《××纵横》的独家信息网络传播权。2017年5月2日，某成公司公证取证发现，通过手机应用市场搜索“××家浏览器”，显示开发者为某某公司；下载安装该软件到手机中，该应用首页有“浏览”“推荐”“影视”“分类”“设置”等栏目，点击“推荐”项下“视频搜索”选项，输入“××纵横”有2个搜索结果，点击第一项搜索结果，界面上方有涉案电视剧海报及地区、年代、时长、导演、演员等信息，下方有“播放”“收藏”“视频源”按钮。点击“第1集”，手机界面上短暂跳出“正在打开网页，并自动为您加载播放”的进度条，出现“某视视频”等字样及“http：//www. ××. com/ptv/vplay/2201615. html? _ ctg=movi...”网址，随后便可直接全屏播放该剧第1集，播放完毕后又跳出上述载有“某视视频”字样的页面，分别点击该页面中第10、20、30、43集选项均可进行播放，播放过程中无任何网址信息，均在“××家浏览器”应用界面中完成。某成公司明确表示其未将涉案电视剧授权某视网播放。

某成公司主张某某公司未经授权，通过其运营的“××家浏览器”手机应用直接提供了涉案电视剧，侵害了其对涉案电视剧享有的信息网络传播权。

某某公司认可其运营的“××家浏览器”中可完整播放涉案电视剧，并表示其与某视网无合作关系，仅提供了某视网的搜索链接服务，不具有主观过错，不构成侵权，但某某公司未提交证据。

法院综合考虑以下情形：第一，涉案电视剧的播放过程中未显示网址等信息，仅在进入播放和播放完成后短暂出现了某视网的页面内容，但播放均在“××家浏览器”界面中完成，均属于某某公司的控制范围。第二，在“××

① 北京市海淀区人民法院（2017）京0108民初44109号民事判决书。

家浏览器”应用中搜索涉案电视剧，仅获得2个搜索结果，且影片简介等信息均直接展示在该应用界面中。因此，现有证据无法证明某某公司提供的是搜索链接服务，法院认定某某公司未经许可在其经营的“××家浏览器”应用中直接提供了涉案电视剧的在线播放服务，侵害了某成公司的信息网络传播权。

虽然涉案电视剧处于应用软件的播放环境中，而且通过搜索获得该剧，部分剧集播放之前还短暂显示与第三方相关的播放地址和标识，在没有进一步证据证明被告应用对来自他人网站的涉案电视剧设置链接的情况下，仅有前述表象并不足以认定被告提供的是搜索链接服务，而是认定其实施了直接提供作品行为。被告如何能证明其实际提供了搜索链接等网络技术服务，下文“帮助提供侵权视频”部分将详细展开。

（二）分工合作提供视频

由于网络分工日益细化，市场内在的驱动力会让经营者寻找最优的资源配置方式实现利益最大化。通过分工合作的方式来提供视频节目就成为一种普遍现象。即便合作主体中并非每一个主体都负责提供视频节目，只要各方在合作过程中的合作内容、主观意图都是通过提供视频节目获利，那么不论在参与过程中实际实施了何种具体行为，都可以认定为直接提供视频。例如，A有影视剧片源文件，B开发了一款视频播放软件，C在某云盘上开设了空间账户，三者合作方式为：将A的片源上传到C开设的云盘账户中，再通过B开发的视频播放软件提供给用户，在此过程中，将视频通过网络提供给用户的行为并不是一方单独完整实施的，而是三者密切配合才完成并满足用户点播相关影视剧的需求。

《信息网络传播权司法解释》第4条中规定，“有证据证明网络服务提供者与他人以分工合作等方式共同提供作品、表演、录音录像制品，构成共同侵权行为的，人民法院应当判令其承担连带责任。网络服务提供者能够证明其仅提供自动接入、自动传输、信息存储空间、搜索、链接、文件分享技术等网络服务，主张其不构成共同侵权行为的，人民法院应予支持”。

《民法典》第1168条对共同侵权作了规定，即“二人以上共同实施侵权行为，造成他人损害的，应当承担连带责任”。这是对共同侵权的原则性规定。《民法典》还对教唆、帮助侵权，网络用户与网络服务提供者利用网络侵害他人民事权益等具体的共同侵权行为作出了规定。有必要指出的是，网络著作权领域提及的分工合作提供视频的共同侵权行为，主要是指包括网络经营者在内的多个经营主体通过共同意思联络以分工合作方式提供侵权视频，参与分工合作的经营者承担全部连带责任的情形，即共同承担直接侵权责任，一般不属于《民法典》第 1169 条的教唆、帮助行为及第 1195 条、第 1197 条中区分网络经营者因不同过错及行为而承担不同法律责任的情形，后者通常以帮助提供侵权视频等间接侵权行为来对待。

实践中，针对共同参与被诉视频传播的多个网络经营者，如何认定其中的网络经营者是提供了网络服务，还是通过分工合作方式提供被诉视频往往是争议的焦点和难点。《信息网络传播权司法解释》没有进一步给出指引。2016 年发布的《北京高院涉网知识产权审理指南》中，第 8 条至第 10 条对网络服务提供者以分工合作方式提供侵权作品的行为认定作了规范指引，第 8 条强调“未经许可以分工合作方式共同提供作品、表演、录音录像制品的行为属于直接侵害信息网络传播权的行为”后，对以分工合作方式提供作品的行为抽象提炼了主客观要件，一是多个经营者之间存在提供作品的主观意思联络，二是多个经营者客观上实施了提供作品的行为。客观要件相对容易判断，直接对被诉行为相关的事实进行审查即可，但主观要件的判断存在难度，原告要在对抗状态下对被告的主观意愿进行证明，且在诉讼阶段回溯证明此前被告实施被诉行为时的主观状态，并不容易。前述指南第 9 条对各被告之间的主观状态提供了具体判断方法，即“各被告之间或者被告与他人之间存在体现合作意愿的协议等证据，或者基于在案证据能够证明各方在内容合作、利益分享等方面紧密相联的，可以认定各方具有共同提供涉案作品、表演、录音录像制品的主观意思联络，但被告能够证明其根据技术或者商业模式的客观需求，仅系提供技术服务的除外”。

对于上述两项要件作进一步分析：

1. 主观意思表示。主观意思表示本质是民事主体内心的自主意愿。在没有自认的情况下，作为一项待证事实，当事人的主观意思表示需要通过在案证据所反映的客观事实或当事人曾经所作的公开表示进行推断。认定分工合作提供作品的典型主观意思联络情形，如各被告之间的协议明确约定合作的目的和主要合作事项是通过网络提供特定的视频节目，或者虽然没有明确约定合作提供视频节目，但合作各方通过某些视频节目的播出服务而约定了成本、收益的分配等，即可以认定各被告具有合作提供被诉视频的主观意愿。

事实上，大部分此类案件中存在以下几种常见的情形（以原告主张被诉行为由各被告通过分工合作方式提供视频为例）：第一，各被告之间存在合作关系且诉讼中意见相同。除少数案件中各被告一致认可其通过分工合作方式提供了视频外，很多案件中各被告仅认可存在技术层面的合作。如各被告均表示各方合作中某被告仅限于提供网络技术支持，不应承担因侵权视频产生的法律责任。甚至各被告一致表示，他们之间的合作仅限于提供网络技术服务，案外第三人才实际提供侵权视频，并申请追加案外第三人。第二，各被告在诉讼中的意见不一致，部分被告表示各被告之间存在合作关系，或者提交合作协议，或者仅作口头陈述，但其余被告对此否认，强调合作协议与本案行为无关或合作协议并未履行。第三，各被告均否认存在合作关系，部分被告表示其主动链接到其他被告网站并提供了涉案视频，因被链网站是国内主流的视频网站，有理由相信其提供的视频经过了合法授权。

上述三种情形中的第三种情形，因各被告否认存在合作关系，如果原告提交的证据也难以证明各被告确实存在合作提供视频的关系，法院一般不会认定各被告以分工合作方式提供视频。

对于第一、二种情形，如果被告能提交合作协议，法院会重点分析解释协议条款以及有证据证明的被诉行为，综合判断各被告是否以分工合作方式提供视频。如果被告无法提交合作协议，除非各被告一致认可共同合作提供了涉案视频，或者在案证据足以证明各被告就被诉行为之间的关系，法院要认定以分工合作方式提供视频会较为谨慎。

在考虑相关硬件服务商是否需要与他人以分工合作方式提供作品的问题上，除主要考察他们之间的合同条款外，其他能体现经营者主观状态的相关证据也需要综合考量。比如，某些互联网电视盒子外包装注明“在电视上联网观看海量电影、电视剧、综艺、动漫、纪录片等高清视频，全部正版授权，节目片源每日更新”。[①] 电视盒官网上也有类似的宣传：“高清互联网电视盒……为用户全面提供超过 30 万小时的央视正版授权高清内容，包含最新最热的电影、电视剧、综艺节目、动漫等。想看《×××人》还是《我是××》？没问题！

① 一审：北京市海淀区人民法院（2014）海民初字第 4067 号民事判决书；二审：北京市第一中级人民法院（2014）一中民（知）终字第 07127 号民事判决书。

这个数字每天仍在不断增长中。”① 此类表述显然反映出互联网电视盒生产商在产品的宣传推广过程中，专门强调其与普通的电视硬件设备不同，即无须通过接入专门的电视台，就可以联网观看海量的正版电影、电视剧，甚至具体到可以观看哪些影视剧等视频节目，这是产品生产商主观上追求的通过提供既有“量”又有“质”的视频节目这一宣传亮点和主要优势吸引用户的方式。此种情况下，若是其中某些视频节目侵害了他人的权利，电视盒生产商能与传统的电视设备生产商一样抗辩称其对用户使用其电视设备观看的视频节目完全不知情吗？可能不尽然。

传统的电视设备单纯属于硬件，所能播放的视频节目完全取决于购买用户愿意将该设备接入何种节目信号；且生产商和经销商主要通过产品销售过程中的价格差来获利，至于所售硬件商品将来可能播放的电视等视频节目，从播放内容到视频权利状态，硬件商均无法预见，自然也无须因视频节目侵权承担责任。但是，互联网电视盒等产品，已非单纯的硬件设备，其接入的视频节目信号来源确定、节目内容虽主要由平台内容服务商提供但硬件生产商并非一概无权利提供，也并非不知情，甚至对于一些付费节目的定价及收益分配模式系由内容服务提供者与硬件生产商共同确定、硬件生产商的盈利模式不再是产品本身的价格差而是参与产品所提供视频内容的收益分配等。相关产品的宣传、自我功能介绍等内容在一定程度上属于产品生产商主观意思的外化表现，如果这种外化表现具体到可推知其硬件设备可提供欧美大片、著名电视台综艺等视频节目，那就有可能作为其主观上存在通过该电视设备向用户提供相关视频节目的意思。

需要指出的是，在“互联网+”创新的大趋势下，许多传统行业的产品和服务正在经历产品内容、服务特点、营销模式等方面“质”的蜕变，他们在享受传统行业经营者无法获得的用户、市场规模和利益的同时，也应当承担与之相匹配的义务和责任。

在某互联网电视机公司被影视剧权利人起诉侵害信息网络传播权案件中，法院针对某互联网电视机公司提出的其仅是电视机生产商，按技术中立原则不承担侵权责任的抗辩理由认为，涉案电视机作为互联网电视机，除普通电视机所具有的接收广播、有线电视信号的功能外，还提供连接互联网的网络

---

① 北京市海淀区人民法院（2014）海民初字第 8694 号民事判决书。

服务。结合案件情况，涉案电视机提供网络服务并非普通链接服务，而是基于该电视机公司与内容合作方的商业合作，由涉案电视机提供与内容合作网站之间的专属链接。既然该电视机公司选择内容合作方作为涉案电视机互联网节目的独家内容合作方，理应对内容合作方提供节目内容的合法性承担更高的注意义务。鉴于涉案电视机提供的是基于商业合作的、对特定数据库的专属链接，已明显丧失了技术中立的立场，不属于技术中立考虑范畴。法院最终认定某互联网电视机公司通过其生产的涉案电视机以专属链接的方式链接了内容合作方网站的内容，实现了涉案视频文件的在线播放行为，与内容合作方共同侵害了权利人依法享有的信息网络传播权，应与内容合作方承担连带侵权责任。

2. 客观行为表现。要认定被告以分工合作的方式提供了侵权视频，除了合作提供的主观状态是纠纷事实查明的难点问题之外，合作提供作品的客观行为表现也是必要条件。本质上，侵权责任产生的基础是侵权行为本身。

电影《小淘气×××》案[①]中，视频播放界面中直接出现“×××TV”这一某来公司的标志，从而可以将与视频播放过程相关的某米公司和某来公司联系起来并认定二者构成以分工合作方式提供视频。本书第一章介绍的《××的战争》案中，搜某公司与微某公司通过联合域名的方式由微软公司设置视频栏目入口提供搜某公司服务器中存储的电视剧，最明显的特征就是提供视频的联合域名为××n. tv. so××. com。

以上情形出现在部分案件中，有些案件的侵权视频播放中没有明显的标识能体现与各被告相关，此时要认定各被告通过分工合作方式提供了作品，则需要各被告之间的协议以及当事人在诉讼中的陈述意见综合进行判断。

案例

电影《××孤儿》案[②]

某某骄阳公司经授权取得电影《××孤儿》在我国大陆地区的专有信息网络传播权，授权期限自2010年12月4日至2016年1月12日。

---

① 一审：北京市海淀区人民法院（2016）京0108民初21626号民事判决书；二审：北京知识产权法院（2017）京73民终681号民事判决书。

② 北京市海淀区人民法院（2014）海民初字第4504号民事判决书。

2011年8月17日，某某骄阳公司取证发现，某新闻中心主办的某河新闻网（www.××gov.com.cn）首页“视频”栏目下有“电影、电视剧、综艺”等分类及某浪和云的图标。输入“××孤儿”进行搜索，结果显示涉案影片剧照、名称、导演、主演、类型以及年份等信息，点击播放该剧，播放框上方仍显示有某浪及云图标，播放框内有“某浪视频”标识，播放页面网址为“http：//www.sxgov.cn/node/node_ 9540.htm？……”。

某某骄阳公司将某浪公司和某新闻中心作为共同被告起诉至法院，后法院根据被告提交的协议追加某某佰思公司作为第三人参加诉讼。

某浪公司抗辩称，其所有影视剧均获得授权，某某骄阳公司没有约定不允许其通过技术方式与他人进行合作；其与某某佰思公司仅是技术推广，从其与某新闻中心的协议可以看出，某浪公司是在自己的数据库内进行播放。

某新闻中心未作答辩。

某某佰思公司表示某河新闻网中的涉案影片由某浪公司向某新闻中心提供代码，该公司根据某浪公司授权进行推广服务。

证明被告及第三人存在合作关系的证据为：

2011年1月14日，某浪公司出具《某浪视频播放授权书》。根据该授权书，某浪公司与某某佰思公司约定共同开展“某浪云视频业务”。某浪公司负责向合作媒体提供互联网云视频试听服务，包括提供其拥有合法授权（或自制节目）的宽带视频节目，以内容输出方式，在合作媒体网站以点播或直播方式免费播放，合作的视频播放内容经过某浪公司允许在合作媒体网站上以云视频的形式播放等。某某佰思公司作为某浪云视频业务的合作伙伴，由某浪公司独家授权某某佰思公司进行某浪云视频项目的推广与服务。期限自2010年12月1日至2012年1月31日。

2011年4月21日，某某佰思公司（甲方）与某新闻中心（乙方）签订《某浪云视频内容合作协议》。依据该协议，某浪云视频通过分享合作模式，让乙方可以简单、低成本地建立起新视频频道，该频道可通过某浪云视频运营平台及其拥有的各项运营资质合法播出；频道名称可由乙方命名，合作媒体命名后，其命名权归合作媒体方所有。云视频的合作方依法向乙方提供互联网云视频视听服务，该服务使用某浪云视频业务平台，包括视频内容。作为重要合作伙伴，甲方将与乙方共同开展某浪云视频项目运营工作。甲方通过向乙方提供云视频内容模块向乙方提供拥有合法授权（或自制节目）的宽带视频节目，该节目内容经云视频的内容输出方允许后将通过内容输出方式在合作媒体网站上以现在云视频的形式播放。乙方配合甲方进行新频道网页设计和制作，视频内容模块代码投放工作；负责合作频道和内容模块的正常访问和运营。乙方将云视频频道代码嵌入新域名里面，并在网站首页导航栏目（某河视频导航条上）开设新频道的入口，入口名称必须是“云视频”“云 TV”或“某浪云视频”。合作期限自 2011 年 4 月 21 日起至 2012 年 1 月 31 日止。甲方向乙方提供的云视频内容模块中涉及的视频内容包括但不限于电影、电视剧、综艺和某浪的原创节目等，均系某浪公司拥有版权或所有权。若乙方播放的某浪云视频内容侵害了他方权益，则由此引起的相应责任均由云视频的内容输出方某浪公司承担。

另外，某浪公司表示其获得某某骄阳公司授权通过信息网络传播涉案影片，某某骄阳公司未约定不允许某浪公司通过技术方式与他人进行合作。某某骄阳公司曾向某浪公司出具授权书，授予某浪公司在某浪网上播出涉案影片，但不得以任何方式（包括但不限于合作、链接等方式）授权任何第三方使用该剧。授权时间为自 2011 年 1 月 13 日至 2013 年 1 月 12 日。

本案重要的争议焦点为某河新闻网上向用户提供涉案影片的行为是否属于某浪公司经某某骄阳公司授权的合法传播行为？

一般情况下，由于法律关系不同，侵权案件中尽量不审查合同关系，但不排除合同作为侵权案件中的重要证据用以证明相关被诉事实。侵权案件中审查合同条款涉及的典型情形，一是原告为继受权利人，需要根据合同关系判断原告主张的权利是否存在瑕疵，二是根据被告与他人的合作协议判断，被诉行为是否属于被告等多人分工合作的结果，三是被告抗辩其获得了合法授权，可以有效对抗原告的侵权主张。

本案第一个焦点问题涉及第三类典型问题。对此，法院认为：某某骄阳公司与某浪公司就涉案影片签订的授权书，具体权限为在某浪网上播出，某浪公司不得以任何方式（包括但不限于合作、链接等方式）授权任何第三方使用该剧。但是，某浪公司授权某某佰思公司与第三方合作，并提供涉案影片的播放代码，显然超出了某某骄阳公司的授权范围，不仅违反了双方约定，也侵犯了某某骄阳公司对该片享有的信息网络传播权。

根据《民法典》第 186 条的规定，“因当事人一方的违约行为，损害对方人身权益、财产权益的，受损害方有权选择请求其承担违约责任或者侵权责任”。针对法律责任竞合的情况，权利人可以选择向合同对方主张违约，或者主张侵权。在知识产权民事案件中，权利人更多愿意选择侵权之诉，原因一方面是侵权之诉的被告可以超出合同对方，多被告成为共同被告，有利于将来赔偿等责任的实际履行。另一方面在于违约之诉的赔偿损失计算仅限于合同约定或当事人举证的实际损失范围，侵权之诉的损害赔偿计算方式除了权利人实际损失之外，还有侵权人违法所得，以及法院根据个案情况进行法定赔偿等。

近些年，影视剧被授权通过网络播放时，权利人一般会作出上案中的合同约定，“不得超出授权范围使用，不得以任何方式（包括但不限于合作、链接等方式）授权任何第三方使用该剧”。事实上，2020 年《著作权法》第 29 条规定了许可使用合同和转让合同中著作权人未明确许可、转让的权利，未经著作权人同意，另一方当事人不得行使。这是一项保障著作权人权利的原则性规定。之所以还要在合同中作出不得使用方式的反向规定，除了体现引导当事人慎重作出合同约定之外，也与部分案件判决曾作出未禁止与他人合作链接即视为许可的认定有关。①

二、帮助提供视频

2020 年《著作权法》第 52 条、第 53 条在规定侵权责任时，所列举的侵权行为主要系直接侵权行为，并未专门规定网络服务提供者实施帮助等间接侵权行为，但这并不影响实践中在网络视频著作权案件中将网络服务提供者的帮助行为作为一类重要的行为来进行分析认定。

需要说明的是，《信息网络传播权司法解释》规定的共同侵权行为不仅有帮助侵权行为，还包括教唆侵权行为。对于教唆行为，司法解释进一步解释为“网络服务提供者以言语、推介技术支持、奖励积分等方式诱导、鼓励网络用户实施侵害信息网络传播权的行为”。事实上，法院认定网络服务提供者构成教唆侵权的案件非常少。一方面，司法解释仅规定了教唆侵权与帮助侵权在行为表现上的差异，未明确规定二者在责任承担方面的不同，在一定程

① 北京市第一中级人民法院（2014）一中民终字第 3297 号民事判决书。

度上影响了权利人对二者区分主张的积极性；另一方面，网络服务提供者通过推介技术支持、积分奖励等方式鼓励、诱导用户实施侵权行为，往往是其主观过错程度严重，甚至帮助侵权存在恶意的表现，法院更愿意将此情节作为帮助侵权性质认定下加重处罚的因素，而非作为教唆侵权对待。因此，本书不对网络服务提供者教唆侵权行为作专门分析，仅重点讨论帮助侵权行为所涉及的法律问题。

数字传播技术的运用和发达大大提升了网络用户传播侵权作品的能力，但由于网络用户的侵权行为具有隐蔽性，且多数不具有赔偿能力，因此追究网络用户的法律责任既不便利也不效率，而网络服务提供者客观上为吸引用户大量传播扩散侵权行为提供了便利条件，给权利人的利益带来更大的危害，并直接或者间接从网络用户的侵权行为中受益，因此转而追究网络服务提供者的法律责任成为相关国际公约及各国网络著作权保护的趋势，让网络服务提供者对于用户不正当利用其服务进行的侵权承担间接责任，也就成为一项重要的制度选择。①

我国《信息网络传播权保护条例》在第 20 条至第 23 条分别对自动接入、自动存储（缓存）、信息存储空间和搜索链接四类网络服务提供者可免除赔偿责任的情形作了规定。实践中，部分情形下，前述规定被适用于网络服务提供者不满足可免除赔偿责任，而应承担帮助侵权责任的重要依据。因修改前的《信息网络传播权保护条例》于 2006 年 7 月 1 日起施行，在那之前，于 2000 年发布的《最高人民法院关于审理涉及计算机网络著作权纠纷案件适用法律若干问题的解释》② 第 4 条已规定，“网络服务提供者通过网络参与他人侵犯著作权行为，或者通过网络教唆、帮助他人实施侵犯著作权行为的，人民法院应当根据民法通则第一百三十条的规定，追究其与其他行为人或者直接实施侵权行为人的共同侵权责任”。当然，网络服务提供者帮助侵权责任的进一步具体化体现在《民法典》第 1195 条至第 1197 条，其中明确了网络服务提供者在接到权利人通知后未采取必要措施的，对扩大的侵权损害承担相应的责任，但网络服务提供者知道其提供的服务涉及侵害他人权利未采取必要措施

---

① 最高人民法院知识产权审判庭编：《最高人民法院知识产权司法解释理解与适用》，中国法制出版社 2016 年版，第 253 页。

② 该司法解释现已失效。

的，应与直接侵权人承担连带责任。（流程见下图）当然，法律还规定了网络服务提供者的转通知义务以及在转送声明到达权利人后的合理期限内，未收到权利人已经投诉或者提起诉讼通知的，应当及时终止措施的义务。

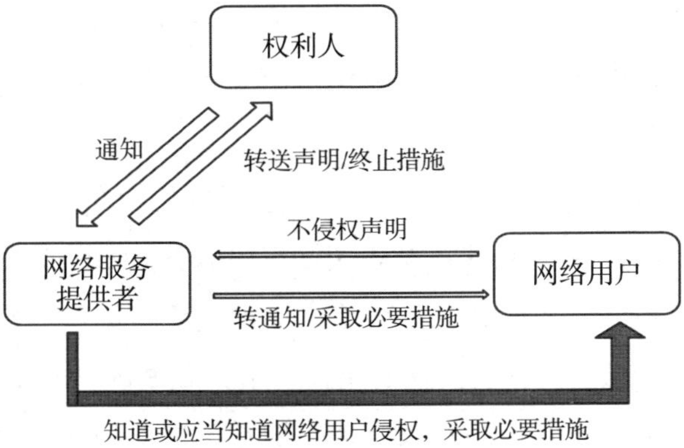

网络服务提供者帮助侵权责任认定流程

实践中，涉及自动接入、自动存储的网络服务行为所引发的侵权纠纷凤毛麟角，这两种行为往往涉及网络基础服务商。基础网络服务重点在于确保传输信息顺畅安全，并不特别关注信息内容本身。权利人一般也不会向网络基础服务商追究因具体侵权行为产生的侵权责任。

同时，因信息存储空间和搜索链接服务引发了大量侵权纠纷。尽管网络产品和服务的多样化不断促使行为人抗辩自己提供的仅是应用软件、网络平台等基础性、技术性产品或服务，但这些网络服务仍是建立在网络基础服务上的依赖于网络内容的服务，大多能纳入信息存储空间和搜索链接两项服务中。下文将结合案例重点介绍这两类服务引发的相关争议。

（一）信息存储空间

《信息网络传播权保护条例》第22条规定："网络服务提供者为服务对象提供信息存储空间，供服务对象通过信息网络向公众提供作品、表演、录音录像制品，并具备下列条件的，不承担赔偿责任：（一）明确标示该信息存储空间是为服务对象所提供，并公开网络服务提供者的名称、联系人、网络地址；（二）未改变服务对象所提供的作品、表演、录音录像制品；（三）不知道也没有合理的理由应当知道服务对象提供的作品、表演、录音录像制品侵权；（四）未从服务对象提供作品、表演、录音录像制品中直接获得经济利益；（五）在接到权利人的通知书后，根据本条例规定删除权利人认为侵权的作品、表演、录音录像制品。”上述规定中虽然没有专门给出信息存储空间的定义，但顾名思义，此种网络服务是为服务对象（网络用户）提供作品、表演、录音录像制品在网络中存储并传播的服务。在相关网站积极正版化之前，BBS、社区论坛等是网络用户之间相互分享信息内容的主要方式。早期，涉及网络服务提供者的网络视频侵权纠纷集中在与视频分享网站相关的著作权案件中。近年来，虽然主流视频网站已逐步正版化，但短视频、云存储等新兴行业依然将涉及视频的信息存储空间服务提供者的法律责任推至广受关注的前沿热点问题中。

在涉及信息存储空间服务的著作权案件中，首先要判断被告提供的服务是否为信息存储空间服务，继而进行侵权判定的后续步骤。《信息网络传播权保护条例》第22条规定的多项要件中，认定网络服务提供者属于信息存储空间服务提供者的要件主要涉及第一项标示义务。除了要明确告知用户该网站可供用户上传内容，并提供与网络经营者的联系方式等之外，还应设置实际供用户上传内容的栏目、链接按钮等，且被诉视频所处栏目、位置应与前述上传设置相符。如果某网站用户协议中明确告知该网站为信息存储空间，可供用户上传音视频内容，但页面中无任何可供用户上传内容的设置，或者可供用户上传音视频的栏目与被诉视频所处栏目不同，则被告抗辩被诉内容来自用户上传，一般不被采信。

1. 视频分享网站

有人称2006年为中国网络视频元年，当时国内最早一批视频分享网站的出现，大型门户网站等设置有视频分享栏目、部分网站论坛提供视频专区……一时间，网络用户可以通过各类网站轻易获得并分享包括热播影视剧在内的多种视频资源，大大丰富、提升了用户的上网体验。好景不长，众多视频权利人快速反应，陆续开始维权。被诉作品几乎涵盖了当时所有有影响力的影视剧、热门视频节目。被诉行为主要表现为视频网站开设可供用户自行上传视频文件的栏目，用户可在网站相关栏目通过层层点击获得或搜索后获得相关视频节目，并可实现在线点播或下载到用户本地电脑中观看。

某电影于国内院线公映。甲公司经授权取得了该电影的独占信息网络传播权。

影片首映日，甲公司委托律师向某视频网站发函，明确对电影享有的权利，要求该网站严格管理，不要非法传播涉案电影的全部或者片断。某视频网站回函表示已要求员工将电影名称设置为关键词，注意对上传的相关视频予以阻止和删除，只保留片花和新闻报道。

不久，甲公司发现在某视频网站中输入涉案电影名称为关键词进行搜索，显示6000余个视频，其中几个视频将该片分成30分钟左右的4段，标注为“08大片抢鲜版”，最早上传时间基本与院线同步，播放次数从几十到几千不等。

甲公司主张某视频网站经营者提供该片侵犯其著作权。被告抗辩主要有：第一，其网站仅提供存储空间，涉案电影由网友上传，其未改变上传内容；第二，其已对该片进行了预警，涉案电影属于漏查，并在知道后删除了涉案电影；第三，涉案电影的内容不在网站显著位置，点击量少，没有给甲公司造成影响；第四，其行为符合法律规定的免责要件，不构成侵权。

法院认为被告应对用户上传的内容是否侵权进行相应的审查，被告在实际经营中也设置了审查的工作流程。由于影片上映当日甲公司曾委托律师致函被告，被告就此应当知道对涉案电影的使用需经许可，尤其在影片上映之时应给予最大的注意。而在此之后不到十日，涉案电影仍被其网站传播。被告的上述行为存在过错，构成侵权。

该案是视频分享网站兴起之初发生侵权纠纷的典型案件。此类案件存在以下特点：

（1）侵权主张较为笼统。由于权利人尚未完全了解视频分享网站的经营模式和被诉行为发生流程，因此不会准确提出被告直接侵权或是帮助侵权的主张，而是笼统主张被告未经许可通过其经营的网站传播侵权视频，侵害原告享有的信息网络传播权。

（2）被告对被诉视频的传播存在明显的主观过错。如侵权行为发生在影视剧热播期间、将视频推荐到首页或热门栏目、权利人已提前发出侵权预警但被告未有效制止、权利人发出侵权通知后被告未及时删除等。

（3）被告不提交有效的上传者信息。被告在诉讼中主要的抗辩理由为被诉视频由用户上传，但一般难以提交有效的用户信息。或者不提交用户信息，或者仅能提交含用户昵称、电子邮箱等无法对应真实用户的信息，或者所提交的用户信息与网站中被诉视频上传用户的信息不一致等。之所以不提交用户信息，由以下情形导致：一是客观上无法提交。视频分享网站发展初期，网站为了快速吸引用户，设置宽松的用户注册规则，加之我国网络实名制管理尚不规范，导致在事后诉讼中无法提供完整有效的用户信息。二是主观上不愿提交。相较于被法院判决认定侵权，承担一定的赔偿责任，视频网站出于自身发展需要，更愿意替用户保密、提高用户信任度以吸引并留住用户。三是不存在真实用户。部分网站之所以能在影视剧热播的第一时间传播“高清版”片源，是因为以用户之名行自行上传之实，不论主观，还是客观上都无法提交所谓的用户信息。对于缺乏合理理由，拒不提交上传用户信息的，易被否认其提供信息存储空间服务的性质，而认定侵权视频由其自行上传。

案例

电影《黄××之英雄有梦》案①

电影《黄××之英雄有梦》于2014年11月21日在我国大陆地区上映。某某华视公司经授权取得自公映之日起的独家信息网络传播权。

2017年6月7日，登录被告经营的弹幕视频网，以片名为关键词搜索，可获得多个搜索结果。点击搜索结果中的“黄××之英雄有梦2014”后，进入视频播放页面，可正常播放；播放器上方显示网页路径为“主页-影视-电影”，并注明该电影由“××好吃”发布于2015年1月6日。播放器下方显示播放73342次，弹幕10105条等。诉讼中，被告演示了用户在其网站上传视频的过程，并解释其网站中的内容来源于被告自行上传、合作方上传以及用户上传三种渠道，但三种渠道上传的操作步骤、网页前端展示、栏目分区板块等均未作区分。被告拒绝提供用户“××好吃”上传者的真实身份信息及联系方式。某某华视公司坚持主张涉案电影系被告直接提供。法院以被告未提供证据证明涉案影片确系用户上传，故认定涉案影片系弹幕公司自行上传，被告直接侵害了某某华视公司享有的信息网络传播权。

（4）法院的侵权判定未明确直接侵权或是帮助侵权。早期，法院处理此类案件的审理思路相对简单，即网站实际传播影视剧（侵权行为），网站经营者对此未获得权利人许可（违法性），且存在过错（主观过错），给影视剧权利人造成了损失（损害），则认定构成侵权。究其原因，不仅因为对此类案件争议事实的理解有一个认识发展过程，而且出于对当时侵权问题严重性的考

① 北京市朝阳区人民法院（2018）京0105民初51556号民事判决书。

虑，需要快速作出侵权认定结论，在一定程度上影响了对此类案件精细打磨论证的过程。

我国每年影视剧的产量有限，且通过院线或卫视台首播所获收益占影视剧全部收益的比例较高。因此，影视剧热播期间，若通过网络向不特定用户播放的行为完全游离于权利人控制范围之外，显然是权利人难以容忍之事。特别是视频分享网站“野蛮生长”初期，正版化之路尚未开启，普遍存在严重的侵权问题。如电视剧《××如歌》2010年上半年制作完成后，尚未公开发行，但某视频网站上即出现了该剧40集完整剧集，权利人愤而向法院起诉被告侵权。被告以涉案电视剧由用户上传，其仅提供信息存储空间抗辩，法院在认定被告行为构成侵权后，还补充强调了被告即使仅提供了储存空间服务，但因主观过错明显，故对其辩称不予采信。可见，法院在此阶段的审理思路及侵权认定规则与视频分享网站发展初期的客观现状有关，也与权利人要求集中高效打击侵权的需求相符。

当然，这一审理思路也使网站经营者认为自己难以进入法律规定的“避风港”，不论其如何证明确有实际上传侵权视频的用户存在，其确为空间服务提供者，当未获得传播许可的涉案视频出现在其网站并通过公证方式固定，权利人仅需要证明网站经营者在实施涉案行为时存在过错，一般就能直接认定被告行为的侵权性质。由此也带来了许多网站经营者的不满。

前述案件是涉及信息存储空间的早期案件，随着对此类案件研究探讨的深入，司法界对于被告所提供服务的性质、举证责任要求、过错的判断等侵权判定规则逐步达成了一定的共识。

目前，为了遏制侵权，市场上基本不存在分享长视频的视频分享网站，且由于市场竞争、行业分化和商业模式相对成熟，公众对当前主要的视频分享网站较为熟悉，容易对被告所提供服务的性质达成一致认识。这也是越来越多的权利人在维权诉讼过程中，直接认可被告提供的是信息存储空间服务，主要强调被告实施被诉行为存在过错，从而主张侵权。

另外，还有两点值得注意：一是网络服务提供者无主动审查侵权与否的义务。《信息网络传播权司法解释》第8条第2款规定了“网络服务提供者未对网络用户侵害信息网络传播权的行为主动进行审查的，人民法院不应据此认定其具有过错”。当前涉及信息存储空间服务提供者的案件中，法院对被告过错的分析，一般不讨论被告对于侵权内容的“审查”义务，而是讨论其

“注意”义务。

二是权利人事先预警与事后通知的差异。一些投资宣传成本较高的影视剧，在正式开播前，权利人为了尽可能减少侵权发生，会向主流视频网站发出事先预警通知，告知相关影视剧的首播时间、权利人信息以及希望相关网站提前做好侵权预警工作的明确意思表示。在此种情况下，是否意味着收到预警通知的相关网站必须有效阻止侵权，一旦传播侵权影视剧，则必然存在过错，应当承担侵权责任呢？答案是否定的。事先预警并不能等同于事后通知，只是在侵权行为尚未发生时，提示网站经营者关注可能发生的侵权行为。对于信息存储空间网络服务提供者而言，收到权利人在侵权行为发生后发送的有效通知，可以作为其明知侵权的情节，若未及时停止侵权内容传播，则存在过错，有可能被追究侵权责任。如果没有其他情节可以直接认定被告明知侵权行为发生，则可以按照《信息网络传播权司法解释》第 12 条所列举的情节判断被告对侵权行为是否应知，进而认定其过错。

随着网络正版化趋势的推进，以及网络空间服务提供者进一步的规范经营，法院对此类案件的审理思路和侵权判定规则也逐步发生变化。特别是对于一些并非出现在视频网站显著位置、未在影片热播期传播等的侵权纠纷，更加强调被告作为网络传播者应承担的注意义务来判断其过错，更注重在谨慎查明事实的情况下通过适用《信息网络传播权保护条例》及司法解释等规范性文件判定侵权责任。

甲公司主张乙视频网站通过搜索涉案电影名称，可找到并在线点播该电影的 20 余分钟的片段构成侵权。虽然乙视频网站的搜索结果页面以及视频播放页面均显示有发布者名称等信息，但涉案电影为 2001 年在我国香港地区首映，距诉讼时已有 10 年，且涉案电影并未置于首页、其他主要页面或者其他可以为网络服务提供者明显所见的位置，最终被告作为信息存储空间服务提供者因不存在过错而获得免责。

视频网站侵权频发的状况由于激烈的行业竞争、国家数次“剑网”行动以及法院大量司法裁判的作出而有所改观，多家视频分享网站转型并开启直接提供正版视频节目的经营模式。因信息存储空间服务被诉侵权的视频著作权案件略有下降，部分集中于云盘空间服务。

2. 网盘空间

网盘服务是因网络资源增加，为满足信息存储的低成本、安全性、便捷性等需求而由网络服务提供者开发经营的通过互联网为企业和个人提供信息储存、读取、下载等功能的网络服务。对于用户而言，最常见的就是在网络上注册一个自己的网盘账号，获得一定容量的存储空间便于随时在连网状态下对文件进行存取、查看、分享等操作。一般情况下，用户个人网盘与电子邮箱无本质差异，作为个人信息的载体，不易发生侵害他人著作权等的情形。但其之所以与个人邮箱、个人硬盘或本地电脑有本质区别，是因为网盘作为一项网络服务，经营者提供此项服务的根本目的还是通过吸引用户寻求经济利益。

近年来，网盘服务又升级为云盘服务。云盘中的不同人共用相同的物理空间，从而使不同人上传的文件得以共享，实现了个人云盘空间独立性与共享性并存的特点。虽然存在一定的技术差异，但在判断侵权定性、网络服务提供者的过错等主要问题方面，云盘与网盘环境下并无本质不同，主要的差异可能在停止侵权法律责任的处理上。云盘环境下，针对某一侵权文件，因为可能涉及其他人合法使用该文件，不宜作简单删除处理，而是要通过限制分享、某些条件下屏蔽等方式实现停止侵权。

网盘的基本功能和主要优势是大容量存储，可便捷高效地存储、分享包括视频在内的电子文件。近年来围绕网盘引发的侵权案件，相当部分与侵害视频著作权纠纷有关。同时，不同的网盘经营者会提供差异化服务增强用户吸引力和用户黏性。诉讼中反映出来的现象有：部分网盘徒有虚名，实则与视频网站无异，在网盘页面中提供视频搜索、推荐、排行榜等多类板块，提供不同服务。部分网盘为用户上传的文件设置多项功能，如仅自己可见、好友可见、公开给全部人等，一旦公开给全部人，就不再属于个人封闭的网络空间，而是涉及公开传播。

案例

电影《金陵×××》案[①]

电影《金陵×××》于2011年12月15日上映。某视公司经授权取得了该片的独家信息网络传播权。

---

① 北京市海淀区人民法院（2015）海民（知）初字第8413号民事判决书。

2013年12月3日，某视公司取证显示，使用个人用户名、密码登录某度云网盘，页面左侧显示“分享动态”“我的分享”“达人推荐”等栏目。点击“达人推荐”，有“热门”“电影”“电视剧”“美剧”“动漫”“音乐”等分类栏目，点击“热门”栏目，下方显示数个推荐关注的达人，每个达人下方有该达人的分享数、专辑数及粉丝数。点击“电影”栏目中名为“××pan1”的推荐达人，该达人有“1014分享、0专辑、12144粉丝”。进入该达人页面，显示数个分享文件，点击排在第四名为“金陵×××_ 720×400_ www. ××××. com_ ××××视频网 . mp4”的文件，点击“1秒钟保存到我的网盘”，即可在线观看。

使用iPad，安装某度云HD应用软件，该应用软件页面左侧有“热门资源”栏目，其中包括多个影视网站，××××影视位于热门资源的首位。进入××××影视，左侧“热门资源”栏目没有变化，页面右侧显示××××影视页面及搜索框，在搜索框中搜索“金陵×××”，右侧页面显示电影“金陵×××”的导演、主演、简介等相关信息，点击播放，出现提示框，可选择“在线播放”“保存到某度云”“下载”，点击在线播放，整个播放过程亦在某度云HD应用软件中。

诉讼中，双方均认可某度公司就涉案影片提供了信息存储空间服务，涉案影片的上传者为名为××pan1的用户，但某视公司主张某度公司存在主观过错，构成帮助侵权。就iPad端，某视公司主张某度公司与××××网站之间提供双向链接、双向推荐，直接侵犯了其所享有的信息网络传播权。某度公司抗辩其尽到了提示和注意义务，其在接到本案起诉材料后，即已将涉案作品删除，对上传涉案作品的账户进行了封禁，并提交了相关用户信息等证据。

法院根据某视公司取证情况区分某度云网页版、平板电脑端等不同情况认为，对于某度云网页版中的涉案影片，网友“××pan1”是直接侵权人。某度公司对“××pan1”进行达人推荐，实际是对涉案影片进行了推荐，某度公司客观上帮助了网络用户传播涉案作品，主观上具有明显的过错，构成了帮助侵权。对于iPad端中的涉案影片，法院考虑如下情节：一是某度公司提供了对××××影视网的链接，并在热门资源首要位置对××××影视网进行了推荐。二是某度公司作为某度云服务的提供者，应当对其推荐、链接的特定网站是否合法、引发侵权可能性尽到较高的注意义务，而其推荐的××××影视网并未经过任何备案，某度公司主观上应知该网站中传播相关影视剧获得权利人许可的情形较少，但仍对其进行推荐，对涉案影片的侵权传播构成帮助，应当承担侵权责任。

上述案例反映了网盘经营者涉及侵权的两种典型情形：第一，用户上传相关影片并设置可公开分享的模式，通过网盘设置机制将侵权视频推荐至不特定网盘用户，实质上使相关影片处于公开传播状态；第二，涉案影片虽然并非用户上传，但处于网盘空间所设置的栏目下，该栏目作为网盘与另一域名空间的链接入口，被链域名所指向的网站或空间集中了大量侵权文件资源，甚至经营主体不明。上述两种情形共同的特点是，网盘经营者为了让其用户能在网盘中获得并分享更多资源，借用户之手或假借链接之名传播侵权视频。一般而言，能在院线或电视台播出的影视剧，个人用户一般无法取得信息网络传播权，更不可能享有网络免费分享的权利，而网盘经营者专门设置"电影""电视剧"等栏目，便利用户分享并推荐所上传的影视剧，显然是借用户之手行侵权之事。将网盘中的相关栏目设置成某些侵权网站的链接入口，更是用心良苦地隐藏侵权行为。将链接指向某些未做备案、不显示经营者信息的网站，不排除会被认为该链接仅是网盘服务的内部链接，并非通常意义上提供网络定位信息的链接，从而被认定通过此种内链方式直接提供了侵权内容。网盘经营者挖空心思设计复杂的"纱衣"，无外乎能使其行为被定性为信息存储空间服务，从而在某些情况下获得免责的可能。

3. 短视频平台

"短视频"并非规范的法律概念，仅是为了与电影、电视剧等典型的长视频相对应而设置的概念。短视频的兴起突出反映了近年来大众"快餐式"的文化娱乐方式。随着短视频行业的兴起，涉及视频存储空间服务的侵权纠纷再次成为网络著作权案件的热点问题。相较于以存储影视剧等长视频为主的网络视频平台，短视频平台经营者自信地认为其更容易进入"避风港"获得免责。客观上，权利人要在短视频平台海量的视频中精准发现几分钟甚至几秒钟的侵权短视频并非易事，在侵权事实发现难、固定证据难等情况下，权利人维权的效率显然受到影响。再加上短视频侵权案中判赔数额较低，更是影响了权利人维权的动力和积极性。

动画《××翁》案①中，原告发现被告经营的某短视频 App 上，有侵犯原

① 北京互联网法院（2019）京 0491 民初 22266 号民事判决书。

告享有版权的动画《××翁》视频，且播放量达到了61.9万。法院查明，该App上的涉案动画由第三人上传，原告现有证据不能证明被告短视频平台经营者对涉案视频的上传者进行了教唆或者帮助，以及两者之间存在分工合作，也没有证据证明被告对涉案视频进行了选择、编辑、修改、推荐等行为，因此驳回了原告的诉讼请求，但认定第三人未经许可将原告动画通过被告网络平台传播，侵害其信息网络传播权。

面对大量侵权视频的出现，短视频平台并非每次都能进入“避风港”获得免责。只要权利人能证明短视频平台经营者对侵权视频的传播存在主观过错，短视频平台经营者一般就要承担侵权赔偿责任。本书第一章中“这智商没谁了”短视频侵权案即认定短视频平台经营者要承担相应的赔偿责任。

另外，诉讼中反映出，涉及短视频侵权的网络空间服务提供者不限于短视频平台。当前，几乎所有的视频网站都将短视频作为重要的视频资源，一些普通的网络视频经营者也会因其网络平台上传播相关侵权短视频而被权利人追诉。

案例

电视剧《××传》案[①]

原告享有电视剧《××传》的独家信息网络传播权。被告经营“某风影音5”，该应用中可搜索到“××传精彩看点”，显示1~80集剧集列表，随机选取部分剧集，可点播观看每集1分钟至5分钟不等的剧集片段。法院认为，剧集片段内容完全来源于涉案电视剧，公众可以在其个人选定的时间和地点获得该部分作品，该行为侵害了原告享有的信息网络传播权，判决被告赔偿原告经济损失10万元。

短视频的内容，可以是用户自娱自乐录制的短片，也可以是截取长视频的一部分。通常认为，除非能成为独立的作品或制品，作品的一部分与作品性质相同，也就是说，即使将影视剧切割成细碎的短视频，这些短视频的性质依然是影视作品，不会因为“短”而成为录像制品或其他。上案中，被告网站中仅保存每集1~5分钟的剧集片段，但这些片段均来自热播剧，被告网

① 北京知识产权法院（2018）京73民终3号民事判决书。

站将其整合成“精彩看点”，实际已经能把该剧大致内容呈现出来。影视行业通常对于不附加价值增量的“切条、搬运、速看、合辑”等行为均持否定态度。

当然，对于短视频平台经营者过错的判断要比一般的信息存储空间服务提供者过错判断更为严格。除非有证据证明侵权短视频是平台经营者主动提供，平台经营者对其平台中传播侵权短视频仅负有注意义务，以及在知道存在侵权短视频后及时采取合理措施的义务。短视频平台中的视频量非常大，侵权短视频在未被推荐、编辑、整理等情况下，被及时准确发现的机会较小。因此，要充分考虑行业及服务特点以及侵权行为的具体表现形式，对短视频平台经营者设定合理的注意义务，不宜过于苛求，防止影响短视频行业的发展以及用户获得更多娱乐文化产品的机会。

近来，围绕短视频平台侵权责任的多个焦点问题中，算法推荐能否作为法律意义上的推荐，是否影响短视频平台经营者过错的判断引发了大量讨论。短视频平台经营者强调，算法推荐属于技术实现的产物，并无人工干预的痕迹，不应当视为经营者主动整理、推荐的行为。但权利人、部分学者反对此种观点，认为“技术附加人为选择，难谈中立”①“基于推荐算法进行内容推送的内容分发平台不应被视为传统的网络服务提供者”。②“与提供单纯的信息存储服务相比，算法推荐服务提供者或者说算法使用者具有更高的注意义务，故其不能再单纯依赖‘避风港’原则，即认为收到侵权通知再采取必要措施即可免责。”③ 此问题的实质在于，技术的发展是否必然引起归责原则的变化。从人工推荐到算法推荐，技术进步带来了推荐精准度、效率的提高，在一定程度上增加了侵权视频传播的风险，是否反而增加了经营者发现和制止侵权短视频的难度，从而降低其对侵权短视频传播的注意义务呢？如果前述结论成立，可能出现悖论，即技术发展为技术运用者拓展了权利空间，却

---

① 吴子芳：《“算法推送”短视频：“技术外衣”难进“避风港”》，载《中国知识产权》2020年11月。

② 姚欢庆：《提高算法推荐平台注意责任，构建“通知-删除”新规则》，载微信公众号“知产力”，https：//mp. weixin. qq. com/s？ src = 11&timestamp = 1649255922&ver = 3722&signature = D9JXkJSwVC8jUyIR42rgl012nOEOhQpc1trok9nbSKuPhzT2sldbwk3djEdEJkAucQOShgjU－t3LtU8ctMcmIdELzqjK ＊ UjxjjbX-QnGWU2KVH＊hXG4fAVNXiRzZTVsWA&new＝1. 最后访问时间：2022年4月6日。

③ 陈兵、林思宇：《透过技术面纱探究算法推荐侵权》，载微信公众号“第一财经”，https：//mp. weixin. qq. com/s？ src = 11&timestamp = 1649255568&ver = 3722&signature = Il8hyD4k02qdNWwsazGOvB2gBU ＊ oWtOhXBTfrBlaLQIP1xy － mxdhlhhNrJegzoc － DTU81U6ZxM1zCCNUk5AW3 ＊ EpDJLllFCdOcxMMC-GAPuk＝&new＝1. 最后访问时间：2022年4月6日。

同时缩小了义务空间，显然与权利义务基本对等的法律原则不符。

4. 直播平台

随着网络经济进入平台化时代，与短视频平台类似，直播平台也成为一类重要的网络平台存在。第 48 次《中国互联网络发展状况统计报告》显示，截至 2021 年 6 月，我国网络直播用户规模达 6. 38 亿，同比增长 7539 万，占网民整体的 63. 1%。游戏直播的用户规模为 2. 64 亿，体育直播的用户规模为 2. 46 亿，同比增长 5305 万，占网民整体的 24. 4%。[①] 网络直播所涵盖的产业较广，包括网络游戏直播、影视剧、体育赛事节目等的视频节目类直播已经成为网络直播平台中重要的直播内容。

虽然网络直播服务不属于典型的信息存储空间服务，所涉及的主要权利也非信息网络传播权，但在网络直播平台中传播相关视频节目与在信息网络空间中提供相关视频节目，对于网络服务提供者过错的判断以及法律责任的认定存在相似之处。特别是当前的网络直播平台大都提供回看服务，实则与信息存储空间服务无异。为区别于搜索链接服务，本节将直播平台服务引发的争议列于“信息存储空间”中一并介绍。

案例

2018 年世界杯比赛直播案[②]

某咕公司经某视国际公司授权，有权通过某咕新媒体产品渠道以直播、点播等方式传播 2018 世界杯赛事相关节目。某咕公司发现，新某公司未经许可，在其经营的×饭直播平台上在 2018 年世界杯赛事期间直播以及录播 2018 世界杯赛事，分流了某咕公司流量，损害其合法权益，故主张新某公司构成不正当竞争。

某咕公司向法院申请对新某公司采取行为保全措施：第一，新某公司删除×饭直播网站的首页和分类页面出现的直播 2018 世界杯赛事；第二，若某

---

① 《第 48 次中国互联网络发展状况统计报告》，载中国互联网络信息中心网站，http：//www. cnnic. net. cn/hlwfzyj/hlwxzbg/hlwtjbg/202109/t20210915_ 71543. htm. 最后访问时间：2022 年 1 月 6 日。

② 杭州市中级人民法院（2018）浙 01 民初 1842 号民事裁定书，参见《体育赛事亟待“严保护”》，载人民网，http：//ip. people. com. cn/n1/2019/0412/c179663-31026836. html. 最后访问时间：2022 年 2 月 16 日。

咕公司监测到×饭直播网站仍有直播2018世界杯赛事行为，新某公司在收到某咕公司的通知后立即删除相应直播内容。新某公司答辩称：新某公司已经转让涉案域名，并非适格被告；×饭直播平台是主播和粉丝之间的一个互动空间，与某咕公司之间不具有竞争关系；新某公司在收到起诉状后已经履行了通知义务，域名受让方已停止了被控行为，主播与粉丝之间不再就世界杯赛事话题进行互动。

法院审查后认为，×饭直播网站系专业的体育赛事直播网站，新某公司作为其经营者，应当知道体育赛事节目的直播均应经过权利人的授权许可，特别是世界杯这类大型、知名的体育赛事，需支付非常高额的授权费用，新某公司在明知或应知网络主播系未经许可使用2018世界杯直播赛事节目的情况下，不仅将2018世界杯直播赛事节目放置于网站首页显著位置，而且对于相关直播赛事节目内容进行了主动的分类，以吸引用户关注和增加网站流量，构成不正当竞争的可能性较大，且责令新某公司立即停止实施被诉行为具有紧迫性和必要性。法院支持了某咕公司的行为保全申请。

虽然上案以不正当竞争为由诉至法院，但这主要是权利人诉讼策略的选择，不排除因盗播体育赛事直播节目而引发著作权纠纷。

直播平台经营者的法律责任相较于其他网络平台经营者，焦点问题主要集中在过错判断方面。由于主播实施网络直播行为的即时性、随意性，平台经营者对于平台中实时发生的直播中涉及的侵权作品或制品，可谓防不胜防，而且直播结束，若无回放、回看等存储行为，仅直播行为本身，不仅权利人发现侵权难、取证难，而且平台经营者注意及防范亦较为困难。在此情况下，个案裁判中要认定平台经营者承担法律责任，应在充分审查当事人证据、查明案件事实的基础上慎重考虑。

（二）搜索链接

搜索、链接来源于搜索引擎技术的发展。按照《互联网搜索引擎服务自律公约》的规定，搜索引擎服务，是指互联网服务提供者运用特定的计算机程序向用户提供的通过关键词等检索方法进行网上信息查询的服务。[①] 链接也

---

① 《互联网搜索引擎服务自律公约》，载中国互联网协会网站，http：//www. isc. org. cn/article/10677720886931456. html. 最后访问时间：2022年1月6日。

称为超级链接，是指从一个目标指向另一个目标的连接关系，具体是指计算机程序的各模块之间传递参数和控制命令，并把它们组成一个可执行整体的过程。正是由于对从海量的网络信息中快速精准查找信息的需求，促进了搜索、链接技术的发展。通过搜索获得作品目录或地址，好比取得了目的地的地址，是一个信息定位过程，而开启导航到达目的地则是链接。之所以在网络著作权案件中探讨搜索、链接，或将二者合称为搜索链接，是因为此类案件中通常同时涉及搜索及链接行为，搜索是为了找到被链网站中的作品，链接是为了进入被链网站实现对作品的浏览、下载等。此类行为也会被简称为“链接”行为。

搜索链接服务提供者一般不控制作品的上传、存储行为。如果搜索链接服务提供者与控制作品上传、存储行为的人同一，则此时的搜索链接多属于为完成作品提供行为所设置的环节之一，无须单独就搜索链接行为作出评价。实践中仅对法律意义上有单独存在价值的搜索链接行为所产生的法律问题进行分析讨论。提供作品搜索链接服务者与作品的直接提供者之间或者存在合作关系，或者并无关系，被诉作品在被链网站上的传播可能获得了权利人许可，也可能未获得许可。因此，相较于其他网络服务行为，搜索链接行为所涉及的法律问题更为复杂。

司法实践中，一般将作品传播中涉及搜索链接的行为区别于直接提供作品的行为。直接提供作品的行为通常包括两种情形，一是单独直接提供作品，二是与他人以分工合作方式提供作品。若有证据证明被诉行为涉及搜索链接，且被诉行为的表现形式与直接提供作品行为不符，则通常不会认定被告实施了直接提供作品的行为。同时，另一立论基础也深刻影响了行为性质的判断过程，即帮助侵权（也可以称为间接侵权[①]）应以直接侵权为前提和基础，只有在直接侵权成立的情况下才考虑帮助侵权成立与否，“由于链接行为本身不能直接提供作品，通过链接若想达到使公众获得作品的结果，必须满足被链对象提供了相应作品的条件。若要认定辅助行为构成侵权行为，则先要认定主行为是侵权行为，正所谓‘皮之不存，毛将焉附’”。[②] 相对应的，直接提供作品一般对应直接侵权行为，而搜索链接对应帮助侵权行为。

---

① 王迁：《论版权“间接侵权”及其规则的法定化》，载《法学》2005 年第 12 期。

② 北京知识产权法院（2015）京知民终字第 796 号民事判决书。

《信息网络传播权保护条例》第 23 条规定："网络服务提供者为服务对象提供搜索或者链接服务，在接到权利人的通知书后，根据本条例规定断开与侵权的作品、表演、录音录像制品的链接的，不承担赔偿责任；但是，明知或者应知所链接的作品、表演、录音录像制品侵权的，应当承担共同侵权责任。"

上述规定看似比该条例第 22 条信息存储空间服务提供者的规定简单，但十多年来，围绕搜索链接引发的讨论已经成为《信息网络传播权保护条例》所涉问题中讨论最广泛、争议最大、持续最久的问题。需要说明的是，涉及搜索链接纠纷的争论并非仅针对搜索链接行为本身，而是纠结于应认定为搜索链接行为还是直接提供作品的行为。随着技术水平的提升，这两类行为在业务表现形式方面可能不存在差异，而在法律定性特别是责任认定方面差异巨大。直接提供作品的行为一般难以免责，而被认定为搜索链接的行为，则可能获得免责。由此造成的局面就是原告极力主张被告提供了作品，而被告极力否认并抗辩自己仅提供了搜索链接。

对于这一不可调和的矛盾，《北京市高级人民法院审理涉及网络环境下著作权纠纷案件若干问题的指导意见（一）（试行）》[①] 第 4 条强调信息网络传播行为的认定以传播的作品、表演、录音录像制品是否由网络服务提供者上传或以其他方式置于向公众开放的网络服务器上为标准。虽然该意见第 8 条从举证责任的角度规定了网络服务提供者要对其仅主张的搜索链接等服务举证证明，否则可以推定该服务提供者实施了信息网络传播行为，但许多争论甚至部分案件侵权判定的关注点都被吸引到了权利人能否证明被告将被诉作品等上传至其控制的服务器上。司法实践中甚至曾有判决以原告无法证明被诉作品上传至被告控制的服务器而认定原告无法完成举证证明责任，直接驳回原告的诉讼请求。

《信息网络传播权司法解释》第 3 条第 2 款中将信息网络传播权涉及的"提供行为"解释为"通过上传到网络服务器、设置共享文件或者利用文件分享软件等方式，将作品、表演、录音录像制品置于信息网络中，使公众能够在个人选定的时间和地点以下载、浏览或者其他方式获得的……"但司法解释的出台依然未能终结直接提供作品与提供链接行为判断依据的争议。2016

① 陈锦川：《著作权审判原理解读与实务指导》，法律出版社 2014 年版，第 214~215 页。

年 4 月发布的《北京高院涉网知识产权审理指南》中已不再规定“置于公开服务器为标准”，而是强调了被告抗辩自己提供了网络技术服务的，应当承担举证责任，而且对被告能够证明提供链接服务的典型情形作了规定。2018 年 4 月，《北京高院著作权审理指南》进一步细化了网络著作权案件中双方的举证责任。

关于搜索链接行为认定的问题之所以如此受关注，有三个方面的原因，一是日益丰富的网络服务与视频等内容深度结合带来权利人对视频利用方式多样化与收益分配复杂化之间矛盾的忧虑。互联网经济被称为“眼球”经济，争取用户是当前网络经济各类经营模式的核心，一切创新和研发的动力均离不开增加用户规模，这与传统经济核算成本收益模式有本质差异。不论网络产品和服务设计得多么完美，第一步是如何将用户吸引到自己的经营活动中，这也是业内一直强调的“流量入口”重要性的原因。以用户喜闻乐见的视频资源引导用户进入自己的网络服务中是常见的方式和手段。二是视频资源的使用回避不了高昂的版权和存储等成本，特别是频频刷新的天价版权费与网络视频所能带来的收益之间的巨大落差。部分网站经营者无动力，也无实力为大量视频资源版权费“买单”。设置对第三方视频网站的链接除了能免去上述成本，第三个重要原因是现行法律将搜索链接行为作为网络服务行为的一种，即便链接了侵权内容，搜索链接服务提供者仍可免除赔偿责任，此“避风港”优遇让许多经营者多了侥幸心理，少了被追究侵权责任的忌惮之心。是否认定搜索链接，决定了行为性质和能否免除赔偿责任。

关于搜索链接行为的认定规则，不得不谈及服务器标准。服务器标准是一项认定信息网络传播行为的标准，即对于直接实施通过信息网络提供作品行为的判断标准。

1. 服务器标准

服务器标准，并不是一个立法概念，而是信息网络传播权案件中出现的关于被诉行为性质的一项判断标准。服务器标准，通常“是指判断被诉行为是否为信息网络传播行为，应考虑的是被诉内容是否存储于被告的服务器中。无论被诉行为的外在表现形式如何，只要被诉内容未存储在被告服务器中，则不认为被告实施了信息网络传播行为。需要指出的是，此处的‘服务器’系广义概念，泛指一切可存储信息的硬件介质，既包括网站服务器，亦包括个人电脑、手机等”。①

当然，对服务器标准的概念理解也不完全相同，有观点为了将“服务器标准”的解释与《信息网络传播权司法解释》第 3 条第 2 款的通过网络实施的“提供行为”作不矛盾解释，将“服务器”解释为能存储作品、制品、表演的硬件和软件。按照《计算机软件保护条例》中的规定及当前公众的普遍认知，计算机软件，本质上是计算机程序及其文档，文档只是描述说明程序的文件，这两部分通常不认为属于存储作品等内容的载体。当前，人们时常会将移动端以 App 等形式出现的网络服务载体称之为应用软件、小程序等，这些虽以“软件”“程序”代之，但实则与 PC 时代的网站、网页并无差异，即其不仅满足软件运行要求，更重要的是能直接为用户提供各类服务。

相较而言，出于逻辑自洽的考虑，“服务器标准”中的“服务器”还是应理解为用于上传并存储作品、制品、表演的硬件，而不应解释为软件。即便将“软件”解释为移动端应用程序，此时可存储作品等内容的载体也定然与移动端应用程序所连接的存储硬盘空间有关，而非软件运行程序。

由于服务器标准问题直接影响到被诉行为的定性，并决定被告能否免责，其所产生的理论界、实务界的争论影响之大、持续时间之久、分歧之激烈，史无前例。此争议最早提出于某度公司推出 mp3 音乐搜索的系列诉讼案，后最高人民法院、北京市高级人民法院等先后通过发布司法解释、审理指南等规范性文件对此问题进行明确，帮助理解适用，但未消除分歧，且多年后因内容聚合平台的兴起产生电视剧《宫锁××》案等典型纠纷案件，再次引起各界的广泛讨论。

当前，这一问题随着内容聚合平台市场竞争以及经营模式的调整转变使诉讼纠纷渐少而逐步淡出人们的视野，但相关分歧仍值得我们研究讨论。下文结合典型案例简单介绍这一争论的缘起、发展与现状。

（1）缘起。“服务器标准”的争论离不开搜索链接技术的发展，正是这项技术扩展了提供作品的范围和途径，使用户不必熟记网站、文件名称，而是在搜索引擎中输入关键词即可直接找到想要的网站或网站内容。“搜索链接”好比一辆便捷的摆渡车，让用户不用操心选择路线，就能直接找到终点。

① 北京知识产权法院（2015）京知民终字第 559 号民事判决书。

某度公司推出其 mp3 音乐搜索不久就引发了诉讼纠纷[①]。上海某升公司享有“××乐队”等 46 首歌曲的录音制作者权，其发现，进入“某度 mp3 搜索”网页，从歌手列表中选择歌手，即出现相应歌手歌曲列表，右键点击即可全部下载保存这些歌曲到本地电脑中。上海某升公司将某度公司诉至法院，表示其从未许可某度公司通过互联网向公众传播上述歌曲，某度公司的行为侵害其权益。某度公司主要抗辩其仅提供了搜索引擎服务，并解释此项服务是自动从互联网搜集信息，经过整理后提供给用户进行查询；搜索引擎服务系统根据技术规则对搜索结果自动生成链接列表，某度公司没有提供涉案歌曲的下载服务，只是以链接形式为用户提供动态的搜索服务。

一审法院作出判决时，虽然我国的著作权法中已规定有信息网络传播权，但《信息网络传播权保护条例》尚未施行，一审判决主要通过某度网站自定义搜索引擎服务的内容范围，从合同解释的角度分析判断其行为与其公示的服务性质的异同，从而认为，“尽管被告以其为一家中立的搜索引擎服务提供商、没有提供涉案歌曲的下载服务等否认侵权，但其行为已超出了其所定义的‘给出查询结果、提供相应的摘要信息’的搜索引擎的服务范围，其行为不是在介绍涉案歌曲的艺术价值并提供查询信息，而是直接利用 mp3 文件营利，在未能明确相关 mp3 文件的合法来源、未经原告许可的情况下，此行为阻碍了原告在国际互联网上传播其录音制品，应属侵权”。

该案一审判决不久，其他唱片公司也因 mp3 搜索将某度公司诉至法院。[②]此系列案件一审判决认为，某度公司根据网络用户的指令进行搜索、建立临时链接，这种服务具有自动和被动性质，即使某度公司施以与其能力相当的注意，也难以知道其所提供服务涉及到的信息是否侵权。因此，设置搜索框供网络用户输入关键词搜索歌曲的行为以及设置榜单等模式，均不能证明某度公司明知或者应知所链接的录音制品侵权。针对试听和下载，法院认为相关作品并非来自某度网站，而是来自未被禁链的第三方的网络服务器。故某度公司不构成侵犯信息网络传播权，据此判决驳回唱片公司的诉讼请求。这一判决思路和结果，促使上海某升公司与某度公司的案件在二审阶段达成了和解。

---

① 北京市海淀区人民法院（2005）海民初字第 14665 号民事判决书，北京市海淀区人民法院知识产权审判庭编著：《互联网的理性与秩序》，人民法院出版社 2006 年版，第 160~166 页。

② 北京第一中级人民法院（2008）一中民初字第 5026 号民事判决书。孔祥俊著：《网络著作权保护法律理念与裁判方法》，中国法制出版社 2015 年版，第 214~218 页。

但是，唱片公司面对败诉结果提起了上诉。二审中，部分唱片公司与某度公司达成和解协议，由某度公司支付版税，唱片公司向某度公司授权其全部完整歌曲及即将推出的新歌；网络用户可以直接从某度网站免费在线播放及下载相关歌曲。针对调解结果，法院归纳的典型意义为："不仅使纠纷得以妥善处理，而且使权利人和作品的使用者达成长期合作，有效遏制了'网络盗版'……同时又使亿万网民得以欣赏到正版音乐作品，切实实现了权利人与社会公众利益的平衡。"①

在部分唱片公司与某度公司达成和解协议之前，经营娱乐基地中国网站的某亚公司因其享有信息网络传播权的300余首歌曲直接将某度公司诉至北京市高级人民法院，并索赔1亿元②。该案于2008年12月作出一审判决认为："被告提供的是mp3搜索引擎服务……是定位和链接服务，并非信息网络传播行为。被告不构成对原告相关信息网络传播权的直接侵犯。"

某亚公司不服上诉至最高人民法院。二审判决于2012年5月作出，认同将某度mp3搜索定性为"提供信息定位的网络技术服务"，"只有在明知或者应知所搜索链接到的作品为侵权作品仍然提供搜索链接的情况下才需要对第三方网站的侵权行为承担连带责任"。二审判决对某度公司收到的部分通知未及时删除侵权歌曲链接的行为认定存在过错，构成侵权。

前述判决，初步形成了信息网络传播行为的"服务器标准"规则。常被用来对比的规则是"用户感知标准"，被界定为直接从用户感知的角度判断信息网络传播行为。

采用"服务器标准"来判定行为性质被解释为客观标准，而"用户感知标准"被解释为主观标准。显然，从主客观角度的定性，已使所谓的"用户感知标准"的适用价值大打折扣，"用户感知标准将极大地阻碍搜索技术的发展，利益平衡荡然无存……"③

适用"用户感知标准"的典型案件是某环音像社与某准公司关于电视剧

① 《×球唱片公司、×纳唱片公司和××音乐娱乐公司与某度公司侵犯著作权纠纷上诉案》，载中国法院网，https：//www.chinacourt.org/article/detail/2011/12/id/470301.shtml. 最后访问时间：2021年6月30日。

② 一审：北京市高级人民法院（2007）高民初字第1201号民事判决书；二审：最高人民法院（2009）民三终字第2号民事判决书，该案写入最高人民法院知识产权案件年度报告（2012）。

③ 王迁：《网络环境中版权直接侵权的认定》，载《东方法学》2009年第2期。

《××突击》案[①]。某环音像社经授权取得电视剧《××突击》的信息网络传播权。2008 年 5 月 27 日，某环音像社发现某准公司经营的×准网存在侵权内容，该网站的主页有以下文字："看电视，从×准开始。这里有……800 多个频道的电视时间表……2 万多部影视剧，30 多万部网络电视和视频……找到你喜爱的节目，收看精彩视频与电视节目……"在搜索栏输入"××突击"进行搜索，打开页面显示搜索结果，网页下方为视频选项，包括该剧的分集视频，点击播放视频，先出现广告，然后开始播放剧集；播放框上方有"本视频播放属于技术测试"的字样，网页右侧列表中包含该剧全部剧集。播放上述视频时，网页地址始终处于×准网中。

某准公司在诉讼中主要抗辩其仅对涉案电视剧提供了链接服务，并提交了该剧的链接页面，证明链接指向的是原视频分享网站，其网站未对视频进行存储和下载。某准公司承认其利用技术到相关视频网站找到相应的内容，将之嵌入其网页，视频播放过程中地址仍为×准网的地址，目的是可以节省带宽。

法院认为，在正常情形下，搜索引擎服务的提供者应当通过软件程序对网络资源进行搜索，找出与关键词相关的网络资源，向用户提供索引和来源网页的链接地址，网络用户可以直接到来源网站浏览搜索内容，而不应由搜索网站直接展示内容。×准网在点击播放该剧分集视频时，网页地址始终在×准网下，上述情形并非搜索引擎服务的提供方式，而是由×准网直接向用户提供视频内容的浏览。×准网通过上述方式，为用户提供电视剧《××突击》的分集视频，上述行为应定性为直接传播的行为。

（2）发展

虽然用户感知标准存在理论硬伤，《北京市高级人民法院审理涉及网络环境下著作权纠纷案件若干问题的指导意见（一）（试行）》[②] 的出台也进一步提升了服务器标准的认同度，但不代表业界对服务器标准达成了普遍共识。按民事诉讼"谁主张、谁举证"的一般规则，在服务器标准要求下，原告要主张被告实施了提供侵权作品的行为，就要初步证明侵权作品由被告上传并

① 北京市海淀区人民法院（2008）海民初字第 22561 号民事判决书，《北京海淀法院集中宣判一批涉影视作品侵权案件》，载中国法院网，https：//www. chinacourt. org/article/detail/2008/11/id/333166. shtml，最后访问时间：2022 年 2 月 22 日。

② 陈锦川：《著作权审判原理解读与实务指导》，法律出版社 2014 年版，第 214~215 页。

存储于其控制的服务器上。但是，侵权作品谁上传并存储于谁控制的服务器上是事实问题，且仅被告清楚，包括原告在内的他人无从知晓。鉴于被告与原告天然的对立立场，被告无一例外会否认侵权作品存储于其服务器上。这种判断思路在实践中产生了举证责任分配的争议，即侵权作品存储于被告服务器中这一事实应由谁举证。显然，此证据与被告关系更为密切，由被告举证会更便利、更经济。司法裁判对个案纠纷处理的现实要求难以等待理论争议的步伐，在边实践、边讨论、边争论的过程中，有法院在案件中将侵权作品存储于何服务器的举证责任分配给了被告，也有法院将此举证责任分配给原告。大部分原告由于举证能力不足，或者举证成本过高无法完成前述举证证明要求。但也有个别案件中原告举证能力强，被链作品虽然由被告搜索链接自服务器地址看似与被告无关的第三方网站，但经原告耗时费力多方查找后发现了服务器物理存放地点，并发现了该服务器封条上盖有被告的公章。

《信息网络传播权司法解释》第 3 条第 2 款规定了作品提供行为的认定规则被解释为法律标准，而非服务器标准。但司法解释中的原则性规定并未平息讨论和争议。法律标准的具体含义是什么，“将作品、表演、录音录像制品置于信息网络中”的方式该如何准确理解；将作品上传至服务器为提供作品的方式之一，其他方式是否需要与之存在性质、方式等方面的实质趋同；该款规定“等方式”中的“等”如何理解等，都属于吸引学者们进一步讨论的问题。

有观点认为，“服务器标准是一种客观的标准，其已经明确‘使作品处于能为公众获得状态的行为构成提供’，这种标准能够解决目前出现的深层链接、聚合链接等问题，不应进行主观突破和解释，而法律标准是一种政策选择标准，是事后的调整标准，其需要通过价值取向或者导向进行决断，与‘用户感知标准’一样均是作为主观标准，是否构成提供行为存在很大的变动空间”。[①] 但也有人批评该观点认为“将《最高人民法院关于审理侵害信息网络传播权民事纠纷案件适用法律若干问题的规定》第 3 条规定称为法律标准，并将其作为与服务器、用户感知等标准并行的标准。这显然是对于法律标准的误读，两者不属于同一位阶的概念。法律标准需要解释和操作，所以才需要一些具体的标准加以落实，这些操作性标准是法律标准的下位标准，必须

① 冯刚：《涉及深度链接的侵害信息网络传播权纠纷问题研究》，载《知识产权》2016 年第 8 期。

符合法律标准，而不能与法律标准分庭抗礼或鼎足而三”。[①]

实践中，对于法律标准的理解又演化出一系列观点。观点之一是以实质性替代标准来判断链接行为是否构成信息网络传播权中的“提供”行为，从互联网技术发展产生了新的传播技术及其传播方式带来的利益到底如何分配这一核心问题出发，认为链接行为应以其是否实质性替代了著作权人提供作品为原则来判断。提出实质性替代标准的初衷是对用户感知标准的优化，但实质性替代标准的适用在个案尝试中有不同的解读和思路。

案例

电影《中国×××》案[②]

电影《中国×××》于2013年5月17日上映，取得了可观的票房收入。某影集团营销策划分公司经授权获得了该电影的独家信息网络传播权。

2013年6月18日，某影集团营销策划分公司发现，被告经营的网站，“娱乐”频道“影视”栏目右侧“热门视频”中，第二个视频名为“【中国创业者】中国×××”。点击该视频，视频上方显示：“【中国创业者】中国×××【补丁】(2013)”“2013-06-11”；右上方显示“××随风舞 Kirt”及新浪微博地址。侵权视频共有三段，均可以直接在该网站页面上播放，播放内容合起来为完整的电影《中国×××》。播放次数为10万多次。

被告网站为弹幕视频网站。注册用户可以将其他网上的视频投稿到被告网站，供他人观看和评论。

一审法院认为，涉案电影的链接于影片热播期内被上传至被告网站，且在被告网站“影视”频道的“热门视频”中居于第二位，视频名称中含有“中国×××”字样，视频内容中也有片名、版权等信息，按照“理性人”或者“良家父”的标准，被告应当注意到视频内容侵权，却仍然为视频通过被告网站传播提供服务，构成帮助侵权。关于被告能否按《信息网络传播权保护条例》第23条获得免责则认为，链接是从一个网页指向一个目标的连接关系。

---

① 王艳芳：《论侵害信息网络传播权行为的认定标准》，载《中外法学》2017年第2期。

② 一审：上海市浦东新区人民法院（2013）浦民三（知）初字第1017号民事判决书；二审：上海市第一中级人民法院（2014）沪一中民五（知）终字第108号民事判决书。

链接有不同种类，也可以被用于实现不同的目的。与链接有关的“避风港”条款只适用于那些为了信息定位而将用户指引到某个网站位置所提供的链接服务，并不是所有的服务只要涉及链接，就可以免于承担赔偿责任。被告向用户提供的服务中虽然包括链接服务，但其并非上述“避风港”条款所适用的链接服务；或者说，被告所提供的服务，无论从性质、目的来看，还是从结果来看，均已经远远超出了“避风港”所适用的链接服务。从结果上来看，用户通过被告网站可以不经由第三方网站的界面直接观看该视频，被告网站已经实质替代了被链网站向公众传播作品。

可见，上案中一审判决虽然使用了实质性替代这一概念，但是首先认定被告为视频通过其网站传播提供服务，构成帮助侵权，在此基础上，在驳斥被告要求适用链接服务提供者应免责的抗辩理由时提出实质性替代。从立到驳的论证过程中，实质性替代理论是作为被告虽为网络视频传播服务提供者但无法获得法律规定的“避风港”免责的论证依据，而论述中提及“其并非上述‘避风港’条款所适用的链接服务”明确表达了法院不认可被告实施的行为属于《信息网络传播权保护条例》第23条所规定的链接行为，但属于何种帮助服务，判决未进一步说明。

可以理解的是，实质性替代标准在上案裁判当时仍属于一项内涵和外延并不明确且普遍共识不足的理论。有观点认为在“在具体案件中，法官习惯于扪心自问，什么后果更合乎情理，更有道理，他要牢记决定一个案件的许多公认的考量，其中包括了但不仅是制定法的文字、先例以及其他司法决策的常规材料，还包括常识、政策偏好及其他许多东西”。[①]

此后，还有案件亦适用了实质性替代标准。电视剧《道士××》案中，[②]法院认定被告通过破解视频资源URL链接地址参数的方式，达到获取可用链接以向其用户提供视频播放的目的，被告的解析行为，是一种非法的盗取行为。无论从技术角度看，还是从法律规定看，均不属于链接行为，也绝不等同于链接。受信息网络传播权控制的行为是“提供行为”，还应当看到，“上传到网络服务器”的行为不是唯一的提供行为。被告没有将涉案作品存储在

---

① ［美］理查德·波斯纳：《法官如何思考》，苏力译，北京大学出版社2009年版，第8页、第190页。

② 北京市朝阳区人民法院（2015）朝民（知）初字第44290号民事判决书。

其服务器上，但其行为显然是将他人的服务器作为其向用户提供视频资源的存储来源，达到向用户提供视频资源的目的。这种实际获取、控制及提供的过程，给原告造成了直接的损害，构成了对原告信息网络传播权的直接侵害，即属直接侵权。另在电视剧《×××的春天》案中①，一审法院认为，被告使用了加框技术使用户认为该视频直接来源于被告，对其用户而言，呈现出来的仅仅是被告网站所提供的网络服务。因此，被告所提供的服务，从其性质、目的分析，均已经远远超出了传统的类似搜索引擎的链接服务。其已经不再是或者说不仅仅是帮助用户定位信息，而是有选择性地使用户在其网站上能够直接观看相关视频内容，但在事实上却从未取得视频权利人的授权；从结果上看，用户通过被告网站可以不经由被链网站的界面直接观看该视频，被链网站存储该视频的服务器在此阶段已形同被告所控制的远程服务器，且为被告所免费使用，其网站已经实质上替代了被链网站向公众传播作品，应当认定被告实施了提供作品的行为，已侵害权利人对作品所享有的信息网络传播权。二审法院否定了一审法院的实质性替代思路，认为被告提供的服务相当于深层链接服务，该行为不构成作品提供行为。但因其客观上对被链接网站内容的传播起到了帮助作用，一定情况下构成共同侵权，承担间接侵权责任。二审判决最终改判认定被告未尽到其应有的注意义务，主观上构成应知，应承担共同侵权责任。

将实质性替代标准再次提出并成为聚焦事件的是某某伟达公司因电视剧《宫锁××》被诉侵权案。

案例

电视剧《宫锁××》案②

电视剧《宫锁××》于2014年4月8日在某卫视首播。某讯公司经授权取得该剧独家信息网络传播权。

2015年6月4日，使用手机下载某某伟达公司经营的“××影视”、安装

① 一审：上海市浦东新区人民法院（2015）浦民三（知）初字第507号民事判决书；二审：上海知识产权法院（2015）沪知民终字第276号民事判决书。

② 一审：北京市海淀区人民法院2015年海民（知）初字第40920号民事判决书；二审：北京知识产权法院（2016）京73民终143号民事判决书。

并进入应用主页面，搜索“宫锁××”；点击第一个搜索结果“宫锁××未删减版”，进入相关页面，显示播放来源：某视网，并有44集的剧集排列，点击“8”，进入的页面显示来源于某视网，随机拖动进度条可进行播放。

2015年12月7日，使用手机下载某视视频，搜索“宫锁××”，在相应网页点击“宫锁××未删减版”进入播放页面，显示44集全。使用手机下载“××影视”，进入首页，点击“专题”，找到并点击专题“帅到没朋友——古装美男子”进入相关页面，点击该专题内的“宫锁××”，共44集，显示的第一个来源是“某视网”，播放时页面地址栏显示某视网的网址，可随机选择正常播放。

比较涉案电视剧在某视网和××影视上播出情况，后者缺少随片广告、“某视网”的水印等。某讯公司认可其将涉案电视剧非独家许可某视公司，但仅限于本站服务器存储方式播出，主张某某伟达公司使用涉案作品不可能有合法来源，且对涉案作品的链接内容进行了编辑和处理，破坏了某视网的技术保护措施而设置链接，侵犯其享有的独家信息网络传播权。

某某伟达公司否认侵权并解释其只提供链接服务，涉案电视剧是链接自某视网，其未与某视网签订过合作协议，而是通过技术手段抓取某视网等视频网站的相关视频，聚合到“××影视”中。

一审判决认为，“××影视”的具体服务提供方式，扩大了作品的域名渠道、可接触用户群体等网络传播范围，分流了相关获得合法授权视频网站的流量和收益，客观上发挥了在聚合平台上向用户“提供”视频内容的作用，产生了实质性替代效果，却未向权利人支付获取分销授权的成本。

某某伟达公司认可采取技术措施破解禁链措施以实现链接目的，即其对某视网上的涉案电视剧进行了盗链，导致独家信息网络传播权人本应获取的授权利益在一定范围内落空，给某讯公司造成了损害，构成侵权，应承担相应的民事赔偿责任。

二审判决详细论述了信息网络传播行为应以服务器标准为判断依据，并强调服务器标准最符合信息网络传播行为这一客观事实属性。因我国著作权法中的信息网络传播权源自WCT第8条，将信息网络传播行为指向对作品的提供行为，且要求该行为足以使用户获得作品。在网络环境下，传输的对象是作品的数据形式，只有对其进行传输的行为才有可能使得用户真正获得作品。

每一个独立的信息传播过程中，必然且仅仅需要存在唯一一个对作品的传输行为，该行为将作品的数据形式置于向公众开放的网络中，正是因为这一行为的存在才使得公众可以最终获得作品，该行为便为初始上传行为。除初始上传行为外的其他行为虽亦会对作品的传输起到帮助作用，但却均非对作品数据形式的直接传输行为。《最高人民法院关于审理侵害信息网络传播权民事纠纷案件适用法律若干问题的规定》第 3 条中的“置于”信息网络中的行为即初始上传行为。链接行为的本质决定了无论是普通链接，还是深层链接行为，其均不涉及对作品任何数据形式的传输，而仅仅提供了某一作品的网络地址。任何对作品的初始上传行为均需以存储行为为前提，其存储介质即为服务器标准中所称“服务器”。将涉案内容置于网络中传播的是某视网，而非某某伟达公司，其仅提供了指向某视网中涉案内容的链接，不构成对涉案作品信息网络传播权的直接侵犯。二审法院撤销一审判决，驳回了某讯公司的诉讼请求。

上案二审判决不仅认定服务器标准与信息网络传播行为的性质最为契合，而且重点阐述了服务器标准的含义，同时对用户感知标准、实质性替代标准给予了多角度评判。同时也吸引了不少专家学者们进一步讨论信息网络传播权。有赞同服务器标准的，“在信息网络传播权侵权的案例中，应依据该司法解释以服务器标准进行判断。服务器标准是一种客观标准，以是否具有直接的上传行为的事实为依据，可以通过双方证据证明。而用户感知标准是一种主观标准，以用户感知的信息来源为依据。网络服务者有没有提供信息内容是一个事实问题，若以用户识别为依据，将主观标准引入对客观事实的认定，容易造成司法认定上的混乱”。[①]

有学者对“服务器标准”和“用户感知标准”作对比分析后认为，产生分歧的深层次原因在于“形式主义解释论”与“功能主义解释论”的应用冲突。经过对欧美国家典型案例的分析，可以看到欧美法院在审理类似案件时存在从形式主义到功能主义的趋向。我国采用服务器标准，忽视了法院个案选择的功能主义分析，即法官认为本案选择“服务器标准”能在促进作品创作与鼓励信息传输之间维系平衡。同时，学者们也未考虑到美国版权法规定的专有权类型和定义与我国《著作权法》不同。美国版权法中“展示”的对象是复制品，而复制品需要被“固定”在有形客体上，则只有存储了复制品

① 冯刚：《侵害信息网络传播权纠纷案件审理问题研究》，载《知识产权》2015 年第 11 期。

的计算机，才可能“展示”。我国信息网络传播权的规定中，只要求向公众“提供”，因此适用该标准会存在水土不服。由于我国“信息网络传播权”的定义来源于《版权条约》中的“向公众提供权”，此概念从文义解释，向公众提供是指使一般普通民众可以获得；从系统解释，为解决《版权条约》缔结时，各方对于将何种权利适用于数字网络环境下的交互式传输的不同立场，曾有“伞形解决方案”（提供多种选择）的提出。总之，在缔约国国内法中，“提供”的含义不必受制于公约中“传播”的含义；从目的解释，《版权条约》规定的只是最低保护标准，在出现多种解释时，应采有利于为作者提供更高水平保护的解释方式。并且，条约未排除将“提供”解释为既包括向公众直接提供（上传至服务器），也包括向公众间接提供（网络深层链接），此“间接提供理论”符合中国法律语境下对深层链接行为的适用。[①]

也有观点认为，对“提供行为”的解释应具有包容性。过去裁判的主流观点采取的是服务器标准，但如果根据当前的新情况需要对判断标准进行新的调整，也只是使法定标准继续覆盖新情况。法律规定的抽象性和一般性，使其足以涵盖不断发生的情况变化。著作权法和行政法规规定的“提供行为”及司法解释对于提供行为的解释，均具有这样的弹性和包容力。擅自“置于服务器”的初始提供行为固然是作品提供和直接侵权行为；破坏他人合理技术措施而擅自扩大他人作品传播权限的深度链接行为，其本质在于对权利人的信息网络传播权造成直接侵害，构成未经许可的作品再提供，该再提供行为使作品传播超出了权利人本来的控制权范围，构成对于权利人控制权的直接侵害，在法律属性与侵害效果上与初始提供无异，同样应当构成作品提供行为，只不过属于在原始提供基础之上的再提供，可以构成直接侵权。针对盗链行为，盗版方已然通过技术手段实质性替代了正版网站提供内容，此种后续提供行为立足于原始提供之后的超权利范围的传播。构成对信息网络传播权的专有控制权的直接侵害。[②]

另外，还有学者支持“实质呈现标准”[③]，网络服务商未经许可通过加框链接在自己的网页或客户端软件界面上向公众实质呈现他人的版权作品，属

---

① 万勇：《网络深层链接的著作权法规制》，载《法商研究》2018 年第 6 期。
② 王艳芳：《论侵害信息网络传播权行为的认定标准》，载《中外法学》2017 年第 2 期。
③ 冯晓青：《视频聚合平台盗链行为直接侵权的认定》，载《人民法院报》2016 年 8 月 3 日。

于直接利用他人作品的行为，构成直接侵权。还有观点认为，将作品置于网络空间中，只是网络传播的第一步。如何向用户展示该作品，具有更重要的意义。①

随着争论的深入，除了上文提及的各种标准之外，其他一些标准也被引入讨论中。毫无疑问，大部分从事法律实务的人更需要明确的规则指引，无意于纠缠在各种理论、标准、原则中。面对眼花缭乱的各种标准，权利人不知如何取证，如何主张；从事案件审理的法官在应对源源不断的案件时，无所适从，犹豫下判；可能只有被告在他人的观望中窃喜。

（3）现状。对于需要按时完成审判任务的民事法官而言，固然需要保持对前沿理论动向的敏感度，但更要在分歧争议中寻找妥当的解决办法。由于现行法律法规中没有明确各种标准，也没有对相关标准适用条件的解读，最具体的规范性文件就是《信息网络传播权司法解释》，特别是其中第 3 条、第 4 条、第 6 条的结合适用，形成了目前审理此类案件的基本共识。事实上，上文介绍的争议主要集中为信息网络传播权概念中涉及的“提供”作品以及前述司法解释第 3 条第 2 款中的“置于信息网络中”该如何理解的问题，对前述司法解释第 4 条、第 6 条的适用并无分歧。

电视剧《宫锁××》案二审判决中亦明确，“就深层链接行为而言，因该行为的外在表现形式与信息网络传播行为差别不大，权利人在其取证过程中有合理理由相信该行为系信息网络传播行为。因此，在司法实践中，法院通常会将深层链接行为的外在表现形式视为原告的初步证据，推定被诉行为系信息网络传播行为。如果深层链接服务提供者对此予以否认，则其有义务提交反证以证明”。

第一章介绍的综艺节目某电视台《春晚》案②中，原告公证书中显示涉案作品在某度网站页面中可直接观看，法院认定原告已完成初步举证责任，某度公司主张被诉行为系深层链接行为，其需要承担举证责任。该案中，某度公司并未提交反证，而仅是主张“搜索结果”及“播放界面”中的“搜某视频”字样便足以证明这一事实。法院则指出“搜索结果”中的上述标注系由某度

① 崔国斌：《得形忘意的服务器标准》，载《知识产权》2016 年第 8 期。

② 北京市第一中级人民法院（2013）一中民终字第 3142 号民事判决书，北京市海淀区人民法院（2019）京 0108 民初 53898 号民事判决中引用前述判决认定的相关事实。

网站自行标注，具有易修改的特性，而“播放界面”中的标注仅能证明某度网站中所播放的涉案节目来源于搜某网站，但却并不能当然地证明其仅系对搜某网站的搜索链接服务。据此，法院未认定某度公司提供了搜索链接服务。

正是通过对上述司法解释中关于举证认证规则的适用，使得同样是针对某某伟达公司所开发经营的相关视频应用软件传播他人影视剧的案件，有与电视剧《宫锁××》案完全不同的认定结论。

案例

电视剧《×玉传》案①

某某社公司经授权取得电视剧《×玉传》的独家信息网络传播权。2016年2月17日，某某社公司在“×派应用商店”中搜索“影视大全”，下载安装后，显示有“热播”“频道”等栏目，在“热播”页面，有“电视剧”“电影”“综艺”“动漫”“纪录片”“教育”等分类。在搜片中输入“×玉传”，可以找到涉案作品，点击后可以查看影片简介、海报及35集剧集列表，随机点击剧集后均可以观看涉案作品，播放前显示有几十秒广告，播放时未出现页面跳转，也未显示网络绝对地址。

一审判决认为，某某伟达公司未经许可，通过涉案“影视大全”软件向网络用户提供了涉案影视剧的在线播放服务，侵害了某某社公司对涉案影视剧享有的信息网络传播权，依法应当承担停止侵权、赔偿损失的责任。某某伟达公司不服提起上诉，主要上诉理由为涉案软件为聚合平台软件，不直接提供作品，仅提供链接，一审判决认定其侵害信息网络传播权属于认定事实不清，适用法律错误。

二审判决认为，某某伟达公司应当对其仅提供链接网络服务的主张承担举证责任，某某伟达公司未举证证明涉案软件为聚合平台软件，也未举证证明聚合平台软件仅提供链接服务，故某某伟达公司的此项主张不能成立。二审判决维持了一审判决。

可见，同一被告的视频应用软件，在不同案件中因原告主张及取证的差

① 一审：北京市朝阳区人民法院（2016）京0105民初58805号民事判决书；二审：北京知识产权法院（2018）京73民终158号民事判决书。

异，可能存在完全不同的事实认定及判决结果。电视剧《×玉传》中，正是因为某某伟达公司未能证明其提供的仅是搜索链接服务，导致抗辩不成立，从而认定某某伟达公司通过涉案软件直接提供了该剧，直接侵害了原告的信息网络传播权。

当然，这也使有观点批评“一些法院在形式上尊重‘服务器标准’，而在程序上却以用户为判定主体，采用用户感知标准进行判断，只要网络服务商提供的网络技术行为使用户感觉到是该网络服务商提供的上传行为，就推定该服务商具有侵权行为，然后要求服务商举证反驳”。[①] 事实上，即便适用服务器标准认定直接侵权与帮助侵权无争议，也不意味着从权利人发现侵权并取证所反映的事实出发，要求被告举证即代表了所谓的“形式上尊重服务器标准，程序上采用用户感知标准”。一是，服务器标准和用户感知标准之争，并不是形式和程序该如何适用某标准的问题。二是，对于权利人而言，其能且仅能从发现的被告行为出发进行取证并提出主张，要求权利人对被告实施的行为客观上由谁初始上传，并存储于谁控制的服务器进行举证，显然过于苛刻。三是，要求被告在权利人初步举证的情况下，对于其与权利人举证事实不一致的抗辩内容提交反证，亦是对“谁主张、谁举证”原则的适用，并未过度加重被告的举证义务，也符合《信息网络传播权司法解释》对举证责任分配的规定。四是，客观上只有被告自己最清楚其使用的技术、与谁有合作、是否自己控制存储作品的服务器等事实。这些事实，由被告举证，符合举证便利及举证效率的要求。

客观上，大量案件无法查清初始上传行为及存储服务器等客观事实，重要原因，一是权利人难以知晓被告经营所用技术以及具体经营情况，而离这部分事实最近最直接的被告主观上不愿意将自己的经营情况公开给包括权利人、法院在内的其他人；二是权利人从发现被告行为到取证再到起诉直至法院开庭审理的过程较长，而网络数据信息的更迭简便迅捷，导致事后证明未固定的网络事实存在障碍。诉讼时效这一客观原因加上部分权利人拖延诉讼的主观原因，增加了被告事后证明的难度。所以，即便司法裁判愿意接受客观性更强的“服务器标准”，很多案件中也难以按此标准查明真正的客观事实，而只能用举证规则来认定与案件相关的法律事实。

---

① 冯刚：《侵害信息网络传播权纠纷案件审理问题研究》，载《知识产权》2015 年第 11 期。

最高人民法院早在2009年作出的关于电影《×剑》的判决①中即明确了："某文公司提交的公证书显示，通过互联网进入海南某通公司的网站，点击其首页上的'影视频道'，即可在进入的页面上进行操作观看电影《×剑》。进入的网页上虽然有'影视天地'的名称，但该网页上没有显示任何对应的域名或者网站名称等信息可以表明该网页属于第三方所有。该网页的IP地址亦不能证明该网页另属其他主体所有，故从某文公司及其他社会公众的角度，播放《×剑》电影的网页至少从表面上属于海南某通公司。海南某通公司如欲证明该网页仅是其链接的第三方网站，其不应为该网页上的侵权行为承担责任，应提交相应的证据。因该网页的IP地址位于海南某通公司管理的地址段范围内，海南某通公司能够提供该证据，而包括某文公司在内的社会公众均无法获得。在海南某通公司未提供相关证据的情况下，其关于仅提供链接服务的抗辩不能得到支持。"

大部分案件中，关于被告如何实施被诉行为这一事实，若被告自己不解释说明或提交证据证明，包括权利人在内的其他人均无法知晓。

案例

电影《××B面》案②

某视公司经授权取得电影《××B面》自2010年5月15日至2015年5月14日的独家信息网络传播权。

2014年4月8日，原告使用手机下载安装被告开发经营的"某客影视"应用软件。该软件自称"拥有自主知识产权的智能推荐引擎，创造性地融合了兴趣图谱和社交图谱，给用户带来一键播放个性化内容和以片交友的全新体验"。该应用主界面分为"推荐""分类""直播""我的看客"等栏目，"分类"项下有"电影、电视剧、综艺"等。在"电影"下"最热选项"中可找到涉案电影海报图标。点击该图标，出现"某视"等三个选项，页面同时附该影片信息

① 最高人民法院（2009）民提字第17号民事再审判决书，参见最高人民法院公报网，http://gongbao.court.gov.cn/Details/65831065ef277100ec95e040129687.html，最后访问时间：2022年2月22日。

② 一审：北京市朝阳区人民法院（2016）京0105民初19470号民事判决书；二审：北京知识产权法院（2017）京73民终1008号民事判决书。

和分集列表。选择点击“某视”，可正常播放。播放过程均在涉案软件自带播放器界面内完成，未出现页面跳转，也未显示影片来源网址或域名信息。

某视公司主张被告通过涉案应用软件提供电影《××B 面》的在线播放服务，侵害其享有的信息网络传播权。被告抗辩其仅提供搜索链接服务，不是内容服务提供者，在收到某视公司投诉后及时删除了涉案链接，尽到了合理注意义务。被告提供了涉案应用软件技术文档介绍其如何通过网页链接地址来寻找网页、读取网页内容，再整理好存储到数据库中，针对特定网站的特定链接采取特定策略进行抓取。被告对其“某客影视爬虫软件”等还进行了著作权登记。

一审法院认定被告未经许可通过信息网络提供涉案电影，直接侵害了某视公司的信息网络传播权。即便被告提供了搜索链接服务，在收到某视公司律师函后未及时采取必要措施，未尽到合理注意义务，亦构成侵权。

二审判决认为：“判断某一主体是否实施了将作品、表演、录音录像制品上传至或以其他方式将其置于向公众开放的网络服务器中的行为，需要以各方当事人的举证为基础。通常情况下，如果权利人可以证明公众在被诉侵权人网站或 APP 的页面下即可以获得相关内容，则可推定该内容存储于被诉侵权人网站的服务器中。之所以作此推定，是因为该网站服务器处于被诉侵权人的控制下，权利人通常只能固定该网站页面中所显示的内容，而对于相关内容的具体存储位置客观上很难取证证明。如果在相关内容处于被诉侵权人网站页面中的情况下，仍不能推定被诉侵权人网络服务器中存有该内容，将意味着除非被诉侵权人自认，权利人客观上将无法举证证明任一网站实施了信息网络传播行为，显然有悖公平，也对权利人课以过高的举证责任。当然，这一推定并非不能被推翻，只是这一举证责任应由被诉侵权人承担。”

按照上案的审理思路，即使适用服务器标准，也不能不考虑举证责任分配的问题。要求权利人举证证明被诉作品是否由被告上传至其控制的服务器中过于严苛，将此举证责任分配给被告更为合理。

2. 链接的证明

与举证责任分配相关的还有链接的证明问题。有些原告不理解，既然原告不负有证明被诉行为属于链接的举证责任，为何法院会在被告不提供证据的情况下，仅依据原告提交的证据，即认定被告实施了链接行为；有些被告不理解，为何其提交了大量证据证明被诉行为属于链接，但法院依然认定其实施的行为不属于链接而是直接提供了作品？这些问题本质上是链接的举证认证问题。

要判断被诉行为属于提供作品还是提供链接，应适用《信息网络传播权司法解释》第6条的规定，即“原告有初步证据证明网络服务提供者提供了相关作品、表演、录音录像制品，但网络服务提供者能够证明其仅提供网络服务，且无过错的，人民法院不应认定为构成侵权”。

此规定不仅明确了包括链接在内的网络服务提供者的举证证明责任，还对相关证据证明力判断提供了指引，即原告证明被告直接提供作品仅需提供初步证据，但被告要推翻该初步证据证明的事实，就不只是初步证据即可，而要满足“能够证明仅提供网络服务”的证明效力。大部分视频著作权案件中，被告抗辩其提供了搜索链接，但最终法院认定被告直接提供了被诉视频的原因，是根据当事人提交的证据，按照民事诉讼证据认定规则综合考虑全部证据的证明力后认定被告直接提供了被诉视频。

作者曾梳理过近年来侵害信息网络传播权的相关司法判决，发现能被法院最终认定为链接服务的情形相对较少，不少被告表示对其设定的链接服务证明责任过重。事实果真如此吗？下文通过对此类案件中被告举证的实际情形及原因分析，再评判证明标准恰当与否。

一般情况下，权利人发现侵权后，较少对典型的搜索引擎服务涉及的搜索链接行为提起侵权诉讼，引发争议较多的是在不发生网址跳转的深度链接中，也是上文介绍服务器标准讨论较多的情形。实践中，被告主张自己提供的仅是对作品的搜索链接服务，相关举证情况主要有以下情形：

第一，多数被告出于各种原因无法提交任何证据。第二，部分被告会提交与第三方网站的合作协议，证明第三方网站实际提供涉案作品，其仅提供搜索链接服务。第三，部分被告会提交自己的网站后台信息，显示涉案作品或涉案作品所在栏目的数据信息实际来源于第三方网站。具体而言，主要还有三种情况，一是该被告不仅提交网站后台信息，而且提交与第三方网站之间的合作协议或表达合作意思的往来邮件，证明与第三方网站之间存在符合双方约定的API接口等合作关系；二是该被告仅提供后台数据信息，与第三方网站没有合作；三是被告提交其后台信息证明其网络传输速度较低，不足以支持其服务器本地存储视频的传播服务。第四，部分被告提交软件著作权登记证书证明其仅开发了被诉软件，不应对该软件中出现的侵权作品负责。另外，部分被告提交相关硬件设备流通许可资质证明，主张其仅为电视机顶盒等硬件设备生产商，其预置在硬件中的软件具备链接第三方网站的功能。第五，少数被告通过公证取证或申请法院勘验方式证明在访问其网站或软件点播查看相关作品时，通过 Wireshark 等抓包软件能显示作品文件数据流来自第三方网站。第六，少数被告会提交法院认定其提供了搜索链接服务的在先判决。第七，通过指出原告证据所显示的被告网站细节主张被告实施了链接服务。

以上情形除了第一类不举证之外，在其他情形下被告都会提交相关证据。第四类、第六类举证相对简单，但证明力较弱：著作权登记证书、资质文件以及法院判决仅能作为证明被告提供链接服务的间接证据；相关证书、资质文件主要是为了满足行政管理等需要而办理，并不能据此认定被告实际经营中的具体行为及行为性质。而且，法院判定侵权，需要查明侵权行为在个案中的表现形式，特别要审查当前互联网快速发展环境下网络企业广泛拓展自身业务所实施的客观行为。许多企业所经营的网站既有员工编辑整理后发布作品的栏目，也有供用户上传作品的栏目，还有与其他主体合作的栏目，以及对其他网站中特定栏目或内容设置链接的栏目。某一判决中法院认定被告提供了链接服务，在其他案件中仅能作为事实方面的参考，其他案件中不能据此直接认定被诉行为为链接服务。

其余情形中，被告举证较为困难。第二类、第三类情形中被告要拿出与第三方的合作协议，第三类情形中还要提供自己的后台数据信息，不论是涉及合作方信息，还是后台信息，都会让被告承担一定的泄密风险，有些被告权衡再三并不愿意出示这方面的证据。第五类证据一般需要被告验证完可行性后通过公证取证证明，或明确技术问题后及时向法院申请勘验并创造条件积极配合法院完成勘验。

对上述情形中典型的证明链接行为的证据作具体分析：

（1）被告与第三人的合作协议。仅提供合作协议较难证明被告提供链接服务。由于合同的相对性原则，合同关系通常只约束合同双方，无法对抗合同以外的第三人。如果被告仅提供与第三方的合作协议，用以抗辩其实际提供了链接服务，法院结合原告提交的反映被告实施了提供作品行为的初步证据，则可能出现三种情况：第一，原告初步证据无法体现被告与第三方的合作关系，且原告否认合作关系真实存在。第二，原告的初步证据虽然显示被告与第三方有合作关系，但被告行为并非仅提供链接，大部分情况下被告与第三方的合作协议会被认定为二者以分工合作形式提供侵权作品。这两种情况下，被告往往无法完成链接举证证明责任。第三，被告同时能提供其网站后台信息，且相关信息显示与合作协议约定严格相符的链接表现形式，在能排除被告与第三方以分工合作形式提供作品的情况下，被告的行为有可能被认定为提供了链接服务。第三种情况在实践中较为少见，究其原因，一方面，被告与第三方的合作协议一般较为笼统，不会具体到双方合作栏目甚至作品名称，另一方面，即使合作协议中明确约定了具体业务合作流程，业务人员在执行过程中也难以严格依约执行。若协议约定与实际业务形态不一致，则可能认为合作协议与被诉行为无关。

（2）被告网站后台信息。被告应诉后提供的网站后台信息证明力较弱。网络数据信息存在易修改且不留痕迹的特点，被告网站后台信息完全由被告掌控，原告起诉材料送达被告，被告清楚了解原告所指控的侵权事实后，完全有机会、有能力调整自己的网站后台信息。原告一般会对被告提交的后台数据信息真实性、完整性提出质疑。因此，如果被告仅以其网站后台信息证明仅提供了侵权作品链接服务，若原告否认的，法院一般不采信被告的抗辩。

案例

综艺节目《××大本营》案[①]

某某阳光公司经授权取得某卫视《××大本营》节目的独家信息网络传播权。某某阳光公司发现“某某通”网站的“影视”栏目下出现搜某网等四个选项，选择“搜某网”的“搜某视频”下搜索“××大本营”，出现多期“××大本营”视频，可按期点击，均处于某某通网址下播放。

某某阳光公司主张被告直接提供了涉案综艺节目，侵害其信息网络传播权。被告抗辩其仅提供了相关视频链接。被告解释其网站带宽小，无法存储传输涉案节目，其使用测试软件对相关视频网站设定链接，涉案节目实际存储于被链视频网站服务器上。为此，被告提交了其网站后台截屏文件以及网

① 一审：北京市海淀区人民法院（2015）海民（知）初字第9279号民事判决书；二审：北京知识产权法院（2015）京知民终字第1175号民事判决书。

站截图文件，证明该网站带宽测试中文件传输速度不足40MB/秒。

一审判决否认了被告提交证据的效力，认定被告直接提供了涉案综艺节目，侵害了某某阳光公司的信息网络传播权。二审法院查明某某阳光公司提交的被告网站公证书显示，在涉案节目加载过程中，视频播放页面左下角显示有“http：//tv.××××.com/upload/……”加载结束后，会显示“完成”字样，故认为，“因该显示内容通常系视频播放过程中，浏览器对播放视频所存储网址的自动显示，设链网站较难对其进行更改，故在无相反证据的情况下，依据这一显示内容，可合理认为涉案内容系存储于搜某网站，而非上诉人网站”。

二审根据原告公证时被告网站相关情况改判了被告行为性质的认定，而非采纳了被告的后台信息。

（3）原告取证的被告网站信息。在有些案件中，被告无法提交有效证据证明其仅提供了涉案视频的链接服务，于是仔细研究原告提供的侵权公证书，希望能找出线索帮助证明自己的主张。除了上文综艺节目《××大本营》案中涉案节目加载过程中显示第三方网址之外，被告主张其提供链接行为主要强调的被告网站信息还包括：

一是被告页面中主动添加的第三方标志。在电影《××B面》案中，二审判决明确指出：“点击涉案影片图标后即便存在不同网站的选项，考虑到上述选项均由上诉人所作，且点击之后是否真实地进入到相关网站，网络用户并无判断，故这一情形不能当然证明被诉行为系搜索链接行为。”可见，仅有被告在其控制页面中自行设置的标注，包括第三方网站信息，不足以证明相关视频与被标注网站有关。

二是网站水印。水印通常附着在视频文件上。电影《××B面》案二审判决同时指出：“至于在播放界面上存在其他网站水印这一情形，同样亦仅能说明该视频曾在该水印网站中播放，但不意味着其目前仍存储于该网站并由该网站提供传播。”将水印排除在行为主体判断标志外，并不难理解，正如当前各类短视频在不同媒体间频繁转发，均带有相关短视频平台标志，但不会有人因为看到了短视频文件上的水印就认为自己登录了该短视频平台，只会认为该短视频可能最初源自该短视频平台。

三是缓冲提示。有些被告将页面文件加载过程中的缓冲提示主张为页面跳转。当然，不排除网页实际跳转过程中存在缓冲，但如果仅显示“缓冲过程中……”“努力加载中……”等，缓冲前后的页面设置、风格设计完全相同，或缓冲过程中页面无第三方网站 URL 地址等相对客观的标识信息，无法判断此缓冲发生于不同网站间切换时，通常会认为系因网速等问题发生了站内缓冲。

因此，仅有被告网站中的上述信息，一般难以认定被告网站中的作品链接来自第三方网站。

（4）被告提供的数据抓包证据。被告通过抓包文件证明其提供链接服务存在较高的技术要求。虽然移动端已经越来越弱化网页 URL 地址，但仍有较多方式可以查看网站中文件数据流信息。一些被告会主张其被诉应用软件本身就是一个搜索链接应用，并通过抓包方式取证证明通过该应用所访问的所有作品都来自第三方网站。实践中，部分判决已经采纳了被告的此类举证并认定被告提供了链接服务，如在某效公司与周某侵害作品信息网络传播权案[①]中，法院根据某效公司提交的对被诉侵权图片的网络数据进行抓包分析公证认定，抓包工具抓取结果显示涉案图片在被诉侵权页面源代码中的 URL 地址，上述 URL 地址与周某新浪博客中对应图片的 URL 地址相一致，在周某新浪博客中无法显示的图片，在被诉侵权网页上同样无法显示，故某效公司涉案网站显示的被诉侵权图片系链接来自周某的新浪博客。

也有案件中，法院并未采纳此类证据。例如，在“暴风××”案[②]中，被告在二审期间提交了在涉案应用上播放影视剧的网络地址截屏，并提供了针对这些网络地址的数据抓包流程说明，欲证明涉案影片并非存储在被告服务器上，但未获得法院支持。要证明侵权作品的数据流来源，仅靠事后截图文件和文字描述显然是不够的，即便是将抓包过程以公证或勘验的形式完整呈现，也不一定能满足链接证明目的。

案例

电视剧《天涯×××》案[③]

某某社公司经授权取得了电视剧《天涯×××》的独家信息网络传播权。

---

① 北京知识产权法院（2019）京 73 民终 2103 号民事判决书。

② 北京知识产权法院（2017）京 73 民终 2021 号民事判决书。

③ 一审：北京市朝阳区人民法院（2017）京 0105 民初 8257 号民事判决书；二审：北京知识产权法院（2019）京 73 民终 1373 号民事判决书。

该公司于2014年7月14日取证显示，电视机顶盒“××多盒子”的“×视猫”视频软件（版本2.3.1）中，“电视剧”栏目下提供该剧全集播放，且页面中有导演、主演以及剧情简介。随机点击相应剧集，播放过程未发生跳转，无片前广告，在播放页面右上角有“某视网”水印。

2017年10月24日，通过“Wirehsark”抓包软件对当时的“×视猫”视频软件（版本3.1.3）播放涉案作品产生的数据流进行抓包公证并获取网络URL信息，该URL信息显示系第三方网址。

该案中，被告的反证形式明显强于“暴风××”案中的截图和说明，但依然未获得法院支持。原因在于，考虑到网络数据主要由被告掌握以及便于修改的特点，事后要自证网络中曾经发生的事实并不容易。尽量还原至原告取证当时的环境是此类抓包证据得以采纳的前提，一审法院结合原告取证显示的被告软件播放页面情况、抓包公证涉及的软件版本等因素，认为被告提供的抓包公证无法证明某某社公司取证的“×视猫”软件仅对涉案电视剧的播放提供了链接，故支持了原告关于被告直接提供作品的主张。二审维持了一审判决意见。

可见，原告提交的被告网站相关证据证明力更强，主要原因在于原告取证时通常不会告知被告，所以其呈现的被告行为状态相对客观。事后要证明被告实施的仅是从第三方网站设链的行为，也要使抓包取证行为尽量回溯到与原告取证时类似的网络环境中进行，至少需要满足以下条件：一是以原告公证取证当时版本的被告应用软件作为数据流抓包的对象。应用软件不断升级更新是常态，升级更新通常意味着软件功能、设置的变化，针对不同版本的被告应用软件进行抓包，验证其中文件的数据来源是不合理的。如何取得与原告公证当时相同版本的被告应用软件，由被告直接提供显然不合适。或者从第三方应用市场取得与原告公证当时版本一致的被告应用软件，或者从原告公证取证过程中保存的被告应用软件，同时注意在抓包操作前以及过程中不能更新升级。二是从公开市场中选择常用的抓包软件和解压分析软件。Wireshark等抓包软件是较为常见的工具类软件，一般的应用市场都有正版下载，如果使用被告自己的抓包软件或者不知来源的抓包软件，可能影响客观结果，导致抓包分析证据不具有可采性。解压分析软件亦是如此。三是尽量确保取证流程与原告公证取证流程一致。比如，原告取证是通过从被告网站首页层层点击后找到的涉案影片，被告抓包取证时就不能从被告网站上搜索找到涉案影片。不同的路径有可能产生数据流的偏差，影响抓包结果的可采性。四是确保抓包过程的客观性。被告或者通过公证方式，或者由法院组织双方勘验，完整留存抓包数据流信息，并使用第三方分析工具软件查看数据来源信息。

严格按上述过程进行数据抓包分析，确实对被告提出了较高的举证要求。很多案件中被告提供的数据抓包分析反证不能满足以上全部要件。比如，若被告是通过网站提供侵权作品，被告网站的升级可能不以“版本”更迭来呈现，事后如何证明抓取的数据流信息不会因为时间的推移而影响客观性；又如，若被告软件在第三方应用市场的更替是“覆盖式”的，并非每个版本都保留，事后无法从公开途径取得原告取证当时的版本。此外，被告在接到侵权警告或应诉通知后通常会及时删除侵权文件或断开侵权链接，因为存在侵权风险，事后再进行抓包分析时，可能无法直接找到被诉作品，其他作品的播放数据流能否直接作为侵权作品传播情况使用也存在争议。

以上种种，有人不禁会问，为何要设置如此严格的链接举证证明责任，据此分配举证责任是否违背公平原则，使被告穷尽办法也无法完成举证证明责任?

作者认为上述规则恰是考虑了客观技术条件，并在不违背利益平衡原则基础上所设。民事诉讼中常用的优势证据规则是综合全案证据，运用逻辑推理和日常生活经验分析判断的结果。

有些案件中，即使被告未举证，也可能将被告行为认定为提供了视频链接。如原告根据被诉行为实际情况主张被告提供了侵权视频链接，此时被告一般无须再费力证明自己提供了链接，而仅需将抗辩重点放在有无过错方面。

有些案件中，原告取证显示被告应用软件或网站提供视频播放时存在跳转链接，此种情形符合一般意义上链接行为的基本特点，即使被告不提交其提供了链接行为的证据，在原告无法进一步举证并说明这种跳转链接不属实的情况下，法院通常会认定被告提供了链接服务。如电影《××记》案[①]中，在被告网站搜索“××记”进行全站搜索，可以得到多个影视搜索结果和文章搜索结果。点击影视结果中的“××记”图标，进入的相关页面显示有涉案电影的海报、导演、演员、上映时日、剧情介绍等信息，上述网页均在被告网

① 一审：北京市朝阳区人民法院（2015）朝民（知）初字第5252号民事判决书；二审：北京知识产权法院（2015）京知民终字第796号民事判决书。

站域名下。在上述网页的最下方显示有“××记－正版全片在线观看”栏目，点击标注来源为“某艺”的“标清版”图标后，页面跳转至某某艺公司运营的网址为 http：//www. ×××yi. com 的某某艺网电影频道下进行在线播放。此种情形下，被告一般无须再举证其提供的是链接。

关于链接认定过程中的“页面跳转”问题，作者赞同“是否具有页面跳转是判断链接行为的一个主要标志，随着网络技术的发展，法院在判断是否具有页面跳转时不应只局限于 PC 端页面跳转方式”。[①] 但显然，法院的判断依据和规则也不能因为技术的发展隐蔽了相关行为而减轻当事人的举证责任。移动互联网时代，只有带有全网搜索功能的移动应用软件（App）可实现在不同网站页面间的链接，大部分专门应用软件无法对其他应用软件文件设置链接。若有移动应用软件可实现对其他网站或应用软件之间的链接，通常认为其或者是链接了他人网页版内容，或者与被链网站存在合作关系，或者需要破坏被链网站的技术措施。前述情形下，在移动终端设备上显示被链网站网页版格式往往与设链应用软件页面不同，因此在第一种情形下二者无法完美切换，一般能体现跳转步骤。完全不出现“跳转”痕迹的，常在第二种、第三种情形下才能实现。此时，要证明存在链接行为，在没有“页面跳转”这一客观表现的情况下，被告仅凭其陈述意见，无法让人信服确实发生了跳转链接行为，此时，被告必然需要进一步举证并充分解释说明。

即使没有明显的网站页面跳转，如上文中综艺节目《××大本营》案中，被告网站视频播放页面左下角显示有视频文件第三方网络地址，经综合考虑整个播放过程的证据，法院最终认定被告提供的涉案视频来源于第三方网站。

如果被告网站或应用软件实际提供对第三方网站视频文件的链接，但在提供视频播放服务时，既无跳转环节，在视频播放页面也无来源网站链接地址等信息，而是有意设计其网站直接播放的现象，甚至部分被告的官网或应用推介中还专门强调其能提供各类影视剧。当发生侵权纠纷时，被告要证明其仅提供了侵权视频的搜索链接，就要有足以推翻前述证据的相反证据，才能使原被告双方举证责任的分配规则合理化。从权益平衡的角度来看，向包括权利人在内的用户作出公示的行为人理应是该行为的利益主体，权利人一旦发现侵权行为自然会向公示的行为人主张权利。若该行为人要将责任转移

---

① 冯刚：《侵害信息网络传播权纠纷案件审理问题研究》，载《知识产权》2015 年第 11 期。

给非公示的人同时免除自己的责任，为了避免不合理的转移债务致使权利人合法诉求落空，公示的行为人只有承担充分有效提举反证的义务才能让人信服。

所以，被告不要只看到在诉讼中对其强调的举证责任有多重，而看不到其经营行为本身存在的问题。很多被告在经营活动中专门宣称自己能提供海量影视剧等作品，并以此作为宣传亮点，只是在被诉侵权的时候才强调侵权内容与自己无关。也有被告一方面标注自己仅提供链接，内容都来源于第三方，另一方面却以与第三方网站完全不同的方式提供侵权作品，比如第三方网站仅提供某小说 20 章免费试读，其余为付费阅读内容，但被告应用软件可以提供显示来源于第三方网站中该文学作品的全部内容。如果被告只是链接服务提供者，就应该向用户诚实告知自己只提供了链接，并让用户准确了解作品来源以及来源网站实际提供作品的情况。因此，被告在诉讼中举证自己提供“链接服务”的难度，取决于其通过应用软件等经营活动提供内容的方式以及诚信公示的程度。

3. 虚假链接

部分网络经营者为了通过“避风港规则”免责，会发挥“聪明才智”将自己的行为伪装成链接，只要权利人因为诉讼策略或举证能力不足，或者法院对纠纷事实的审查认定标准不那么严格，被告就有可能获得其所期待的那份侥幸。大部分情况下，按照举证责任分配原则确立的侵权判定规则还是能准确查明被诉行为的性质，并作出责任判断。下文列举实践中常见的不被法院认定为提供了搜索链接行为的典型情形。

（1）链接到不知名网站。搜索链接行为最重要的特点就是通过搜索找到并进入另一网站。有些网络经营者为了让自己的行为也具有搜索链接的特点，便将站内搜索扩展为多个网站间的搜索，原本仅在自己网站直接播放视频的步骤增加至跳转链接到其他网站中播放。但关键是，其他网站未明确标明经营主体，也无任何 ICP 备案记录，在设链网站无法对此作合理解释时，法院通常会认为视频文件的存储、播放、链接等行为都控制在设链网站处，其他被链网站仅视为设链网站的扩展服务器。

按照《互联网信息服务管理办法》第 4 条第 1 款的规定，国家对经营性互联网信息服务实行许可制度；对非经营性互联网信息服务实行备案制度。一般情况下，经营性网站获得许可的相关业务经营许可证以及非经营性网站的 ICP 备案信息都是我们判断网站经营者的主要依据。特别是 ICP 备案信息，适用范围更广泛。《北京高院著作权审理指南》第 9.29 条规定了“网站登记备案信息、网站中标示的信息载明的经营者，是网站经营者。上述经营者主体不一致的，可以认定为共同经营者，但有相反证据的除外”。

曾有案件中原告主张被告网站未经许可传播其享有的动画片，被告抗辩其网站中的动画片来源于某动漫网站，其仅设置了搜索链接。但诉讼中无法直接登录某动漫网站，经查询，也不存在该动漫网站的 ICP 备案信息。法院则认为，被告虽主张其网站中的动画片来源于某动漫网站，但无法证明该网站存在并已经过合法备案，且涉案动画片的搜索、播放过程均系通过被告网站及被告专属播放器得以实现，故认定被告未经许可，通过其网站提供了涉案动画片的在线播放服务，侵害了原告享有的信息网络传播权。

上案中，虽然表面看被告对涉案动画片设置了来自某动漫网站的链接，但观看资源定向来自某动漫网站，且某动漫网站上的视频资源仅能通过被告播放器得以播放。由此，让人对被告网站实际提供侵权作品的链接产生了合理怀疑，即不合理的定向搜索链接且被链接对象不明，则脱离了搜索链接的本质特点，属于披上了“搜索链接”技术外衣的提供侵权视频行为。

（2）链接地址虚假。为了能制造链接的假象，部分经营者会在视频播放页面中设置第三方来源网址，如果他人不进行实际验证，无法发现此类地址为虚假地址。作者曾在数起影视剧权利人起诉某视频聚合手机客户端软件经营者侵权时，发现在被告应用软件中推荐有多部权利人的影视剧，点击后提示来源有多个第三方视频网站，选择某一视频网站后可直接播放相应的剧集，播放页面上端出现第三方视频网站播放地址；点击该地址后可跳转进入第三方视频网站首页或其他栏目，无法播放该剧。若直接进入第三方视频网站搜索该剧，亦无法找到该剧。

诉讼中，被告无法解释其视频播放页面中的链接地址为何会出现上述情形。通过询问第三方视频网站经营者，获得解释为其网站曾获得播放涉案视频的授权，但期限已至，故做了网站显示页面的屏蔽，但后台服务器中仍存有该剧文件。出现此种情形，存在两种可能，一是被告播放页面中的地址真实，但只是被链网站此前的地址，所以无法播放；二是虚假地址。至于虚假地址的情形还有两种可能，其一，被告控制的服务器中存有涉案视频，只是在播放界面中设置了一个虚假链接；其二，被告网站采取技术措施绕过了被链网站屏蔽技术直接取得了后台数据文件地址并设置了链接，但在被告播放页面中所设链接地址是虚假的。不论是何种假设，都可以直接否定被告提供了链接行为这一结论。

（3）被链网站与被告播放视频的情形不同。被告设定的视频链接地址真实，点击该地址能跳转到第三方被链网站播放涉案视频，但被链网站播放状态与被告网站播放状态不一致，被告无法做合理解释的，依然无法认定被告提供的是视频链接。

案 例

电视剧《××××之崛起》案[①]

某某社公司经授权取得了电视剧《××××之崛起》的独家信息网络传播权。被告开发经营了“×图手机电视”安卓客户端软件。某某社公司发现，安装并使用该客户端软件可搜索并在线点播观看涉案电视剧。搜索结果为唯一结果。播放过程无跳转，播放时无片头广告，页面无水印。播放页面顶部剧集名称下显示了相关来源网页地址。将来源网址复制粘贴至浏览器地址栏，可进入来源网站对应剧集的播放页面，片头有广告，且有网站水印，该剧集名称与被告应用软件所播剧集名称略有不同；查看来源网站中视频播放地址，无法显示具体的网页地址，仅提示“未知协议”。该来源网站明确发布权利声明，其对正版资源视频均采取了反盗版和防盗链技术措施。

诉讼中，针对某某社公司提出的被告侵害其信息网络传播权的主张，被告抗辩称其仅提供了涉案电视剧的链接，不构成侵权。但一、二审法院均认为，虽然被告抗辩其仅提供链接服务，并且在播放窗口显示了来源网页地址，但在涉案电视剧播放过程中，既没有发生页面跳转，也未显示视频网站的片头广告和水印，且涉案电视剧名称也略有差异。被告软件中的网页来源地址可由被告自行编辑，加之来源网站对其全部正版视频均采取了反盗版和防盗链措施，现有证据无法证明被告传播的涉案电视剧置于来源网站，故被告实施了直接传播该剧的行为，侵害了某某社公司的信息网络传播权。

---

① 一审：北京市朝阳区人民法院（2018）京 0105 民初 68987 号民事判决书；二审：北京知识产权法院（2019）京 73 民终 1959 号民事判决书。

可见，被告行为要被认定为构成对第三方网站的搜索链接，应满足涉案作品的实际播放行为完全由第三方网站控制，被告设置链接的同时也提供涉案作品的，应当视为直接提供作品。

4. 定向链接

定向链接不是一个规范的行业或法律概念，而是通过诉讼纠纷中呈现的链接形式提炼出来的概念，一般是指网站虽然设置了链接，但被链对象较少甚至唯一，即经过设链者筛选确定链接指向的链接行为。本书第一章电视机顶盒播放综艺节目《××向上》案中，二审法院将同某公司通过××视频向用户提供某酷网中涉案节目的行为认定为主动定向链接的行为，存在主观过错。分析思路为：相对于被动的全网搜索链接，主动的定向链接（提供者对于被链接内容进行主动整理编排，且其链接仅指向少量有限网站）提供者应负有更高的认知义务。这一认知义务的具体内容，在相当程度上受到被链接内容性质的影响。通常而言，如果被链接内容是影视类作品，则链接服务提供者有义务对被链接网站传播的内容是否属于正版传播内容进行了解，并应尽可能将其链接服务指向正版的链接网站。这一了解渠道包括多种方式，既包括向权利人询问，亦包括向集体管理组织，或被链接网站询问，以及从公开网络信息中查询等。如果链接服务提供者尽到上述了解义务，则即便其最终链接到的内容确非合法传播的内容，仍应认定其主观不具有过错。

之所以作此认定，系考虑到主动定向链接中，链接服务提供者进行的选择、编排或整理等系基于网络用户的体验考虑而主动设置，这一做法一方面会为网络用户提供更具有针对性的指引，使得搜索、链接网站具有更大的用户黏性，进而为其带来更多的经济利益；另一方面亦会在被链接网站的行为构成侵权的情况下，对权利人造成更大的损害。而上述情形对于被动全网链接显然不存在，在此情况下，如认定主动定向链接提供者与被动全网链接提供者具有相同的认知义务，显然有失公平。

对于被链接内容而言，影视类作品与其他类型的作品有所不同，权利人虽亦会授权网站予以传播，但影视类作品的权利人数量并不多，且被授权的正版网站的数量通常较为有限，因此即便要求主动定向链接服务提供者应对于上述作品的正版网站有所认知，并尽量做到仅提供针对正版网站的链接，亦不会为其带来过重的负担。反之，如果不对其赋予这一义务，则很可能出现的情形是，即便主动定向链接服务提供者知道被链接内容并非合法传播，但因其对这一情形并无了解的义务，因此仍会主张其主观并不知道，而著作权人客观上亦很难要求其对该情形予以了解，从而无法证明其主观具有过错，客观上使得著作权人虽受到损害，但却无法获得保护。据此，对于主动定向链接提供者赋予上述义务较为合理。

通常情况下，搜索引擎服务提供者通过搜索链接技术链接到的被链对象并不是其提前预知的网站，而定向链接则不然。定向链接虽然也使用了链接技术，但与网站内部链接行为，以及与他人合作设链行为并无本质差异，即被链对象是设链者主动选取并提前设定好的。此时，定向链接提供者主观意思就不仅是设定链接服务，而是通过设定链接向用户提供被链对象的内容。

有被告开发经营“某影视大全”视频 App，其中设有搜索功能的对话框，网络用户只要输入其想看的影视作品名称，就能搜索到该影视作品的图标或者搜索结果，此外，无论选择何种播放源，都会自动跳转到某网站。该网站未进行 ICP 备案，也未在网站上标注经营者等信息，且没有证据证明该网站传播相关电视剧取得了权利人授权。

法院认定，被告提供的并不是一般的搜索引擎服务，而是定向链接服务。定向链接是基于链接对象的选择特定化而导致搜索结果链接的特定性的一种链接状态，是进行人工干预设定条件的链接。定向链接体现了设链者自身的主观意图和对被链网站的选择。

不同于“全网链接”或“开放式链接”，一对一链接具有特定性和指向性的特点，作为一对一定向链接的提供者，被告应当知道 www. ×××your. com 网站涉嫌侵权的可能性较大。被告开发专门搜索、链接影视作品的某影视大全 App，应当且有能力注意到经常被链接网站及被链接内容的情况，但是根据某狐公司提供的公证证据来看，被告显然没有尽到应该注意的事项，甚至是故意放纵 www. ×××your. com 网站的侵权行为。

上案情形不仅是定向链接问题，还涉及定向链接到不知名网站，法院最终认定被告直接提供了侵权作品。

当然，也有观点认为经营者只要定向设链到正版网站，由于正版网站作品取得授权的可能性大，设链者主观过错小，反而可以免除设链者的侵权责任。此种观点有一定的讨论空间。立法给链接服务提供者设定只有存在主观过错才承担赔偿责任的规则，基本前提是，链接服务属于技术类服务，链接技术虽然由人开发完成，但通常在事先设定好的链接规则下非由人主观选择获取被链结果。被链内容涉嫌侵权时，设链者非提前预设或知晓被链内容，也无法判断被链内容侵权与否，只要在知道被链内容侵权后及时断开链接或阻止侵权内容扩大传播即可不承担赔偿责任。这种法律责任的豁免基础是设链者对被链内容的无选择性，只要满足链接技术要求，都可作为被链内容。但定向链接不同，“定向”即明确体现了设链者的主观选择，这种主观选择越集中，越能体现选择者的主观意图和取舍，对被链内容了解越多越清楚，才能越精准地选择并取舍。所以，定向设链者显然在设链之前即知道了被链内容，那么其就不再适用针对普通设链者的责任豁免。

如果深度定向链接到正版网站中的相关内容，则表明设链者对该正版网站中的具体内容作了考察后设链。此时一般存在两种情形，一是正版网站知道设链行为存在，则体现了双方合作设链传播作品的主观意图以及行为，若此种行为违反了被链作品权利人的许可，不排除设链者与被链网站经营者构成以分工合作方式提供作品；二是正版网站不知道他人对其设链，而视频网站一般会对网站或其中的视频采取技术保护措施，即他人未经许可设链是所谓的“盗链”行为，则设链者的主观过错集中在破坏他人技术措施方面，应承担侵害著作权的法律责任。

如果简单认为定向链接到正版网站的情形主观过错低，就容易产生只有对盗版网站设链才有过错，“盗链”正版网站不侵权的错觉。

第三节 视频传播中典型行为的侵权认定

一、深层链接

深层链接，也称为深度链接，并非特定的链接专有名词，而是相对于跳转到第三方被链网站的普通链接而言，由设链网站采取技术措施使用户在未脱离设链网站页面的情况下直接进入被链接网站，获得被链网站上的内容。此时用户页面地址栏里显示的是设链网站的网址，而非被链接网站的网址，但网页中的相关内容实际储存于被链接网站服务器，由被链网站控制。上文提及的各类标准之争，主要源于深层链接行为的性质认定。深层链接问题在实践中也引发了关于链接的证明、虚假链接、定向链接等问题，上文已充分展开，此处不再赘述。

值得一提的是，电视剧《宫锁××》案二审判决中提及的对深层链接行为认定行政责任、刑事责任的情形并非只是理论猜想。2013 年 12 月 27 日，国家版权局针对某播公司侵害某视公司作品信息网络传播权行为作出处罚（国版字〔2013〕19 号责令整改通知书）。2014 年，某讯公司向深圳市场监督管理局投诉某播公司“在明知或者应知小网站不具备授权可能性的情况下，主动采集其网站数据设置链接，并对该设链网页上的内容进行分类、整理、编辑、排序和推荐，还将小网站伪装成行业内具有较高知名度的大网站，不仅侵害了某讯公司的民事权利，还损害了整个网络视频版权市场的秩序，损害了公共利益”。同年 6 月，深圳市场监督管理局对某播公司作出行政处罚决定，对其未经许可侵犯他人合法权益，扰乱网络视频版权秩序，损害公共利益的行为处以 2.6 亿元罚款。该决定后被深圳市中级人民法院一审、广东省高级人民法院二审维持。[①] 某播公司通过设链行为引发的纠纷不仅刷新了视频版权行业行政处罚个案罚金的新高，也间接导致了此后轰动全国的刑事案件。

此外，2019 年 11 月，上海市第三中级人民法院在一起侵犯著作权罪的案件[②]中认定，吴某明知从盗版网站上获取的电视剧没有权利人授权，却通过深度链接方式获取片源并在自己网站上对外播放，侵犯了权利人的信息网络传播权，且非法经营数额高达 30 万余元，属于法律规定的“具有其他特别严重情节”，已经符合侵犯著作权罪的入刑条件。

对于权利人而言，行政、刑事手段一般不能弥补其经济损失，但优势在于效率高、执行力强，对净化权利人作品传播市场有立竿见影的效果。

---

① 一审：深圳市中级人民法院作出（2014）深中法知行初字第 2 号行政判决书；二审：广东省高级人民法院（2016）粤行终 492 号行政判决书，《“快播”诉深圳市场监管局案终审宣判：驳回上诉，维持原判》，载中国法院网，https：//www.chinacourt.org/article/detail/2018/12/id/3638977.shtml，最后访问时间：2022 年 2 月 22 日。

② 《以“深度链接”获取暴利构成犯罪 上海三中院宣判一起侵犯著作权案件》，载中国法院网，https：//www.chinacourt.org/article/detail/2019/11/id/4631980.shtml.，最后访问时间：2021 年 6 月 29 日。

二、技术措施

传统的侵犯著作权民事案件涉及技术措施的问题较少，但随着作品传播技术的飞速发展，影视作品传播利益的高期望值与侵权复制成本日益低廉之间的矛盾，使影视作品权利人不得不首先实施力所能及的自力救济，即为传播中的作品施加一定的技术措施，限制传播范围和对象，从而控制传播利益。但往往“道高一尺，魔高一丈”，技术措施被规避或破坏的情形屡屡发生，自力救济的低效使权利人不得不将维权对象从侵犯作品法定权利前移至对保护作品的技术措施。

1996 年缔结的 WCT 在第 11 条“关于技术措施的义务”中明确要求缔约各方必须规定法律补救办法，制止规避由作者为行使其权利而使用的技术措施（如加密码）①。我国将技术措施纳入著作权保护范畴始于 2001 年《著作权法》，其中第 47 条第 1 款第 6 项规定：“未经著作权人或者与著作权有关的权利人许可，故意避开或者破坏权利人为其作品、录音录像制品等采取的保护著作权或者与著作权有关的权利的技术措施的，法律、行政法规另有规定的除外。”《信息网络传播权保护条例》第 4 条除了明确权利人可以采取技术措施之外，他人不得故意避开或者破坏技术措施，还进一步规定他人“不得故意制造、进口或者向公众提供主要用于避开或者破坏技术措施的装置或者部件，不得故意为他人避开或者破坏技术措施提供技术服务”。同时，该条例明确了技术措施的概念，即“用于防止、限制未经权利人许可浏览、欣赏作品、表演、录音录像制品的或者通过信息网络向公众提供作品、表演、录音录像制品的有效技术、装置或者部件”。

通常而言，著作权人就作品的特定使用行为而享有对应的专有权利，如复制、发行、网络传播等分别产生复制权、发行权、信息网络传播权等，既包括权利人自用和许可他人使用，也包括禁止他人使用的权利。对于著作权人而言，技术措施涉及的权利与前述法定权利不同，法律仅规定他人故意避开、破坏技术措施应当承担相应的法律责任，在法定权利列举部分并未出现

---

① *WIPO Copyright Treaty*（*WCT*），载 WIPO 官网，https：//wipolex. wipo. int/en/text/295157. 最后访问时间：2021 年 6 月 20 日。

技术措施内容。因此，有观点认为，针对技术措施的侵权行为，严格来说并非“侵权”，而仅是法律规定的违法行为。也有观点认为，不必拘泥于侵害著作权法规定的法定权利才属于侵权行为，著作权法列举的应当承担侵权法律责任的行为都应属于侵权行为。有观点进一步指出，“如果说由非破坏技术措施的扩大范围式传播只是传播行为的量变，破坏技术措施式的再传播即因违背权利人控制传播的意愿，就构成传播行为法律属性的质变。在此，链接技术只是手段，决定行为性质的关键是对于信息网络传播权的直接行使或者损害，这在定性上具有根本意义。权利人通过技术措施（被链网站采取的作品接触限制措施）控制信息网络传播权的权利行使主体及权利范围，如果他人擅自通过盗链等破坏技术措施的方式改变权利行使主体和扩张其传播范围，就此而言是对专有权的直接侵害，显然构成作品提供和直接侵权”。[①] 实际上，以上分歧在实践处理中意义不大。“侵权”何尝不是一种“违法”行为？而且，法院通常也只能按照侵权思路审理避开、破坏技术措施的行为，并对之课以侵权法律责任。

从立法层面，著作权法领域规制的技术措施相关行为既包括避开或破坏著作权人为作品所设置的技术措施，也包括向他人提供避开技术措施的技术、装置或者部件（《信息网络传播权保护条例》第 12 条）。从理论层面，技术措施包括接触控制措施，既防止未经许可阅读、欣赏文学艺术作品或运行计算机软件的技术措施，也包括版权控制措施，即防止未经许可复制、传播作品的技术措施。[②]

实际案例中，权利人仅针对提供避开技术措施的技术、装置或者部件的行为提出维权主张的情形极少，且大部分避开、破坏技术措施的行为也不会仅针对接触控制措施，基本都会以复制、传播为目的避开、破坏著作权控制措施。常见的情况是，针对作品的故意避开或破坏技术措施行为仅是侵权行为的一个环节，即行为人最终的目的还是要获得技术措施所保护的作品。如果发生了同时避开或破坏技术措施，以及实现侵权作品传播的行为，该作为一项侵权行为对待还是作为两项独立的行为来对待？权利人通常会将之作为侵害具体的著作权行为来对待，并将避开、破坏技术措施的行为作为侵害著

---

① 王艳芳：《论侵害信息网络传播权行为的认定标准》，载《中外法学》2017 年第 2 期。

② 王迁：《著作权法》，中国人民大学出版社 2015 年版，第 445 页。

作权行为恶意较大的情节来主张。若是被避开、破坏技术措施的主体有权合法传播作品，则权利人可能会对他人避开、破坏技术措施的行为单独提出主张。

案例

电视剧《道士××》案①

某视公司经授权取得了电视剧《道士××》的专有信息网络传播权。该剧在某视网及其客户端上使用某视公司的专用播放器播放。

为保护其网站上播出的《道士××》等电视剧，某视公司采取防止他人未经允许播出的相应措施，其中包括：第一，使用不同的服务器存储不同信息。可直接链接访问的特定视频资源对应的URL地址与视频资源最终存储的URL地址不同，两个URL地址对应的服务器不同。同时，视频资源存储的URL地址，经过某视公司加密处理，包含多个参数，且上述部分参数的数值一直变化，参数之一的KEY值由某视公司经过加密处理。第二，针对用户的播放请求进行播放器验证，只有使用某视公司的播放器才允许播出。前述两项措施目的是阻止他人未经某视公司许可对视频资源的抓取和直接访问。第三，对需要会员付费才能观看的影视剧，播放之前需进行收费验证环节，验证用户是否正常交纳费用。播放期间提示："您可免费观看前6分钟，如果完整观看请开通会员。已是会员，请登录。"第四，某视公司通过其网站上的ROBOTS协议设定，禁止其他网站对其服务器上存储的视频文件的抓取和直接访问。

某杉公司经营××猫视频软件，在某视网提供该剧收费观看期间，通过以下步骤可播放电视剧《道士××》：

（1）在××猫软件主界面的"电影"一栏中搜索"道士××"首字母，出现包含该影片的搜索结果列表；

（2）在搜索结果里，点击影片《道士××》，进入该片的主界面，左侧栏有"收藏影片""播放影片"等五个选项，右侧有电影宣传海报，以及导演、主演、类型、地区、时长、标签、剧情简介等内容；

① 北京市朝阳区人民法院（2015）朝民（知）初字第44290号民事判决书，北京市海淀区人民法院（2018）京0108民初19310号民事判决中引用前述判决认定的相关事实。

(3) 点击“播放影片”选项，页面出现缓冲标志、影片名称、“某视”的文字标注；

(4) 缓冲之后，弹出视频源、清晰度、视频比例三个选项。该剧仅有“某视 TV”一个可选择的视频源。选择相应选项后，视频开始播出之前的缓冲，缓冲界面，显示有“道士××某视 103kb/s”；

(5) 缓冲完毕开始播放，播放时无片前广告且可完整播放。正片播出过程中，画面无某视标识。播放过程中，用户可通过播放器实现前进、后退、选择播放位置功能。

某视公司主张某杉公司侵害其信息网络传播权。法院经审理认为，用户通过××猫软件获取涉案作品最重要的前提，即某杉公司存在破解、盗取某视公司视频资源的绝对链接地址的行为；该破解、盗取行为显然具有违法性，对某视公司构成了直接损害；而其实施的行为与该损害后果有着直接的因果关系，某杉公司存在主观故意。某杉公司的涉案行为符合侵权行为的构成要件。某杉公司使用涉案手段，通过其播放器实现了未经某视公司许可的视频播放，应认定属于避开或者破坏技术措施的行为，其行为使用户最终实现了通过网络，在任意的时间、地点获取作品的目的，对涉案作品所对应的绝对 URL 地址达到了实际的有效获取和控制，从而达到对涉案作品进行提供与传播的直接控制，构成了对某视公司涉案作品信息网络传播权的直接侵害。

以上是避开或破坏技术措施的典型案例。可以看到，通过技术措施实施侵权行为既包括提供避开或破坏技术措施的工具（此案中是××猫软件），也包括避开或破坏技术措施之后通过信息网络传播涉案视频；所针对的技术措施即体现为对正版网站非付费用户无法看到 6 分钟以后作品内容的接触控制措施，在一定程度上也是作为控制作品传播的版权控制措施。涉案电视剧播放过程中，既未跳转到某视公司网站，也未按某视公司网站设定的播放形式提供给用户，且擦去了某视网标识，与某杉公司直接通过××猫软件提供无异，实现了电视剧“道士××”超出某视网被授权范围的传播，被认定构成直接侵权。

需要注意的是，著作权领域的技术措施必须针对著作权法保护的客体，若仅是破坏或避开网站经营等所采取的技术措施或者原告仅对相关技术措施存在一定权益但不享有著作权时，则不应适用著作权法的相关规定。比如，甲公司于 2001 年通过扫描某图书馆藏书而制作某电子书。该书作者于 1945

年去世，该书著作财产权已经超过保护期。乙公司不直接扫描制作电子书，而是通过破坏甲公司对该电子书所设置的技术措施，复制该电子书并转换为乙阅览器可以打开的格式，该行为最终被认定构成不正当竞争。

三、互联网电视

互联网电视（OTT）是国家三网融合的产物。目前，对互联网电视相关的内容服务和集成业务施行牌照管理制度。国家广播电影电视总局办公厅于2011年10月28日发布了《持有互联网电视牌照机构运营管理要求》的通知（广办发网字〔2011〕181号，以下简称181号文），其中规定互联网电视集成平台由节目集成和播出系统、EPG管理系统、客户端管理系统、计费系统、DRM数字版权保护系统等主要功能系统完整组成，互联网电视集成机构对所建集成平台应当独家拥有资产控制权和运营权、管理权。互联网电视集成平台只能选择连接广电总局批准的互联网电视内容服务机构设立的合法内容服务平台；互联网电视集成机构与互联网电视机顶盒生产企业合作，互联网电视集成机构所选择合作的互联网电视终端产品，只能唯一连接互联网电视集成平台。

目前，经广电总局批准持有互联网电视集成服务的牌照方有七家。持有互联网电视内容服务的牌照方较多，主要为各地广播电视台。其中有部分集成服务牌照方与内容服务牌照方合一。

多年来，涉及互联网电视的侵权纠纷，大多表现为权利人起诉集成服务、内容服务牌照方以及互联网电视终端产品经营者。

案 例

电影《××流浪记》案[①]

中某某亚公司享有电影《××流浪记》在我国大陆地区的独家信息网络传播权。2014年8月，中某某亚公司与某某艺公司订立协议，将包括涉案电影在内的106部作品非独家许可某某艺公司网站及客户端平台使用。

---

① 北京知识产权法院（2021）京73民终194号民事判决书。

2015 年 3 月，中某某亚公司委托律师在天猫网站的某城宽带官方旗舰店购买了××盒子互联网机顶盒，收货后涉案盒子上标注“××TV 某河互联网公司监制”。将该盒子连接网络后进入菜单页面，搜索涉案电影，可直接获得并播放该电影。操作页面中出现“××TV”。

中某某亚公司起诉某河互联网公司、某城宽带公司等侵害其信息网络传播权。某河互联网公司应诉后对使用××盒子连接互联网在线点播相关影视作品的数据来源进行抓包，显示来自某某艺公司网站。某河互联网公司抗辩其使用的涉案电影有合法来源。

一、二审法院均认为，涉案影片通过××盒子中的集成播控平台进行播放。在点击播放过程中，未显示水印或播放内容来源，亦未显示播放页面发生跳转或显示跳转至其他相关网站的链接地址。某河互联网公司进行的抓包公证的时间晚于中某某亚公司公证证据保全的时间，该证据不能真实反映中某某亚公司公证证据保全时涉案影片的来源情况。同时，现有证据无法证明通过××盒子播放涉案影片属于某某艺公司所获授权范围。某城宽带公司系涉案××盒子的销售商，现有证据无法证明某城宽带公司参与了对涉案影片的提供和传播行为。法院最终认定某河互联网公司的行为构成侵权。

可见，互联网电视集成播控平台经营者对其平台上的作品承担直接责任，如果播控平台经营者与他人合作提供作品，还要审查合作方是否有权授予其通过互联网电视平台使用作品，以及互联网电视平台在实际运营过程中能否体现当事人的合作关系。另外，按照上文提到的 181 号文的要求，互联网电视集成平台不能与设立在公共互联网上的网站进行相互链接，不能将公共互联网上的内容直接提供给用户。因此，即便考虑某河互联网公司的播控方身份，其通过抓包证明涉案播控平台上提供的影片均来自某某艺网站服务器，实际上也否定了其严格遵守有关部门对互联网电视的监管要求，在一定程度上也会影响法院出于尽量不与国家政策鼓励行为相悖而在法律框架内对相关主体的责任判断。

涉及互联网电视的纠纷中，争议较多的是互联网电视终端产品生产者的法律责任。按照 181 号文的要求，互联网电视传播的所有内容均由集成播控方与内容提供方负责，广电机构对终端产品生产者发放编号予以管控。实践中，当权利人发现互联网电视平台中传播侵权视频，在无法准确分辨互联网电视业务经营者内部复杂合作关系的情况下，会首先将互联网电视终端产品生产者诉至法院。此时，终端产品生产者是否需要承担相应的法律责任，应视案件中的具体行为而定。

案例

电影《小淘气×××》案①

某念公司经授权取得了电影《小淘气×××》的独家信息网络传播权。

2014年6月，使用某米盒子与公证处电视机相连，连接公证处无线网络，进入的页面左上角可见“×××TV”标识，首页上端排列有热门推荐、影视分类、专区、排行榜等栏目，“热门推荐”栏目中有涉案电影海报。点击海报，显示有导演、演员及剧情简介等信息，页面右上角提示“有433人正在观看、60955次播放”。可完全播放涉案影片。某念公司主张某米公司侵害其信息网络传播权。某米公司申请追加某来电视公司为第三人。

某米公司抗辩其仅是某米盒子的生产商和销售商，涉案影片由某来电视公司提供；某米公司与某来电视公司合作是为了满足广电总局对某米盒子制造、销售的强制性规定。

某米公司提交了其与某来电视公司订立的《合作协议》，其中约定某来电视公司负责互联网电视业务的建设、运营、市场开发、宣传推广及其他商业化经营。某米公司负责互联网电视终端产品硬件设备的开发设计、产品运营和市场营销等方面的业务，协助未来公司完善产品交互设计。双方共同发挥各自优势资源和能力，以联合运营模式开展合作，双方联合运营产品；双方协商决定服务的价格和收费方式。

法院认为，根据某米公司与某来电视公司订立的《合作协议》，双方以联合运营模式开展合作，联合运营产品，共同负责相关软件模块升级管理、协商决定服务价格和收费方式等，二者属于以分工合作方式共同提供作品，某米公司应当承担侵权责任。

对于互联网电视模式下机顶盒生产商法律责任的认定有一个发展过程。早期，机顶盒生产商强调其主要为了执行国家三网融合政策只能选择有限的

① 一审：北京市海淀区人民法院（2016）京0108民终21626号民事判决书；二审：北京知识产权法院（2017）京73民终681号民事判决书。

牌照商合作，而其无法控制互联网电视集成平台上所提供的视频节目，因此法院曾判决机顶盒生产商不承担法律责任。[①] 后来，随着案件数量增加，侵权情形充分呈现，逐步发现互联网电视机顶盒生产商与互联网电视集成播控平台方订立的协议往往较为笼统，在实际执行过程中双方的合作实则非常密切。作为机顶盒等硬件产品唯一接入的网络平台，互联网电视平台系统中会为硬件生产商在首页推荐等显著栏目进行宣传推广，双方提供付费合作栏目，由硬件生产商负责收费软件系统以及向用户的收费服务，再与播控平台方分享利益等。同时，互联网电视硬件生产商也在自己的产品包装、销售宣传网页中宣称其可提供海量视频资源等。如此种种，最终形成多数意见为，认定互联网电视产品生产商与集成播控平台方以及内容提供方达成了关系密切的深度合作，满足以分工合作方式共同提供作品的要件，应当向权利人承担共同侵权的法律责任。

四、IPTV

IPTV（Internet Protocol Television）不是一个法律概念，而是一个三网融合背景下广电行业赋予的概念，广电行业称 IPTV 为交互式网络电视，即指按照国家三网（电信网、广播电视网、互联网）融合相关政策建立起来的大屏端新媒体业务，利用宽带网，集互联网、多媒体、通信等技术于一体，向家庭用户提供包括数字电视在内的多种交互式视频服务的业务。具体而言，IPTV 的业务是电信运营商通过 IP 专网和专用的 IPTV 机顶盒开展的一项包括网络直播、点播、回看等的以电视机为终端的视频服务。

三网融合始于 2001 年发布的《中华人民共和国国民经济和社会发展第十个五年计划纲要》，其中“建设信息基础设施”一节中提出“促进电信、电视、计算机三网融合”[②]。2009 年 4 月，国务院办公厅发布的《电子信息产业调整和振兴规划》首次明确提出了“支持 IPTV（网络电视）、手机电视等新

---

① 北京市海淀区人民法院（2013）海民初字第 23588 号民事判决书。

② 2001 年《中华人民共和国国民经济和社会发展第十个五年计划纲要》，载中国人大网，http://www.npc.gov.cn/wxzl/gongbao/2001-03/19/content_5134505.htm，最后访问时间：2021 年 7 月 20 日。

兴服务业发展”。[①] 此后，《国务院关于印发推进三网融合总体方案的通知》《国务院办公厅关于印发三网融合推广方案的通知》《专网及定向传播视听节目服务管理规定》以及《IPTV 集成播控平台与传输系统规范对接工作方案》等一系列文件的出台，进一步推动并规范 IPTV 业务的开展。根据工信部统计数据显示，截至 2021 年 7 月，全国 IPTV 用户数达到 3.367 亿户，比上年末净增 2108 万户。[②] 国家政策激励和促进下快速发展的 IPTV 行业，同时也面临着较多著作权纠纷。

（一）直播与点播

1. 直播

2020 年《著作权法》出台之前，根据对立法关于广播权以及此规定来源的伯尔尼公约第 11 条的理解，广播权仅规制初始无线方式传播作品的行为，若以初始有线方式提供视频节目，如有线电视网提供视频直播，则无法适用广播权，司法实践中大多适用“其他权利”。这部分在上一章广播权部分已有阐述，此处不再展开。

2020 年《著作权法》对广播权进行了修改，将初始有线或者无线方式公开传播或者转播作品的行为都纳入广播权范畴，弥补了因为初始有线方式的直播服务只能通过“其他权利”保护的不足，也化解了多年来的争议，在此不作过多展开。

2. 点播

从法律行为判断法律关系，通过 IPTV 业务向用户提供的视频点播服务，与网站通过互联网向用户提供的视频点播服务并无本质差别。著作权法意义上信息网络传播权所涉及的网络是一个广义概念，并不局限于互联网，而是包括局域网、特定的传输网络等在内，显然能涵盖 IPTV 业务所强调的专网。因此，IPTV 业务中的视频点播服务，无疑落入信息网络传播权保护范畴。

---

① 《电子信息产业调整和振兴规划》，载中国政府网，http：//www.gov.cn/zwgk/2009-04/15/content_1282430.htm. 最后访问时间：2021 年 9 月 30 日。

② 《2021 年 1—7 月通信业经济运行情况》，载工业和信息化部网站，https：//www.miit.gov.cn/gxsj/tjfx/txy/art/2021/art_8607403763f64a10a11d9694746fce0c.html. 最后访问时间：2021 年 9 月 30 日。

案例

电影《画×Ⅱ》案①

迅某公司经授权取得了电影《画×Ⅱ》的专有信息网络传播权，期限自2012年6月28日起至2017年6月27日止。2013年9月25日，迅某公司发现，在武汉市江汉区某小区安装某城宽带并购买高清IPTV机顶盒联网后，进入“××广电IPTV”界面，该主界面左侧设置有首页、高清、直播、轮播、点播、回看等选项；通过“搜索”找到电影《画×Ⅱ》，显示该片剧情简介、剧照等，选择“播放”选项并点击快进键，能够正常播放电影《画×Ⅱ》。

迅某公司将××广播电视台、××广电公司以及机顶盒生产商斯某某公司作为共同被告诉至法院，主张三者共同侵害其信息网络传播权。一审法院认为，××广电IPTV点播平台由××广播电视台设立管理、××广电公司运营维护，二者对所提供的影视作品合法来源具有审查义务，属于被控传播行为的责任主体。斯某某公司仅仅依据××广播电视台和××广电公司的需求，在机顶盒中设置了定向物理连接提供了技术支持，不应承担侵权责任。

后××广播电视台上诉主张，其为遵守《国务院关于推进三网融合总体方案》等文件精神，与××网络电视台合作，涉案影片由××网络电视台提供，其主观上并无积极侵权恶意。二审法院认为，虽然根据国务院及国家广播电影电视总局相关规定，互联网电视集成平台只能选择连接国家广播电影电视总局批准的互联网电视内容服务机构设立的内容服务平台，但两者系共同合作关系，××广播电视台作为互联网电视集成平台的管理运营者，当内容服务平台提供的影片侵犯权利人的著作权时，也应承担相应的侵权责任，驳回了××广播电视台的上诉。

（二）回看

近年来，全国多家法院都审理了涉及IPTV“回看”相关的纠纷，对于“回看”行为的认定，主要存在落入广播权抑或信息网络传播权行为范畴的分歧。广播权控制的主要行为中，第一类是直播，第二类是同步转播，第二类

① 湖北省高级人民法院（2016）鄂民终1108号民事判决书。

行为是对第一类行为的实时再传播行为。正如前文提到的，按照 2001 年、2010 年《著作权法》对广播权的相关规定，传统的电台、电视台传播作品主要涉及广播权。有判决认定“回看”属于广播权控制的行为。[①] IPTV 业务在网络环境中同步电视台的节目，电信公司提供的 IPTV 自动、完整“回看”的行为“与其同步转播电视频道直播密不可分，仍系广播行为的应有之义”。但这属于少数观点。

大部分判决认定“回看”属于信息网络传播权控制的行为。信息网络传播权的实质性特点是权利人控制作品的交互式传播方式，典型情形是“点播”，而“回看”从时间上以及视频节目完整度上对用户可点播的视频节目做了一定的限制，但正如上一章中对信息网络传播权的解释，该权项所涉及的部分限定条件不能作绝对化理解。尽管目前的“回看”仅设计为前三日或七日的视频节目，但并不影响此种提供行为仍落入信息网络传播权控制的范畴。“回看”应属于信息网络传播权控制的行为，理由有三个：

一是信息网络传播权概念中的“公众”并非指全部公众，不论是理论上还是实际上，任何作品的传播都不可能要求全部公众现实、客观地获得，而是指相对于权利人而言的“不特定公众”。因此，IPTV 通过专网提供视频节目，并非针对全部公众，并不影响其仍作为信息网络传播权行为的认定。

二是信息网络传播权项下被传播的作品，并不要求必须是完整的作品，只要是作品中受著作权法保护的部分，都可以作为信息网络传播行为的对象。很显然，如果未经许可传播他人完整的作品才能认定侵权，要规避侵权则非常容易。在使用他人作品时，可以进行细枝末节的修改、删节，这也是近年来侵权使用完整影视剧的行为已经凤毛麟角，但将热播剧切割成片段，通过短视频平台传播的行为日渐增多的原因。

三是提供“回看”服务的 IPTV 经营者，已将视频节目存储在其控制的服务器上，即便按照服务器标准来评价“回看”行为，提供“回看”服务也是实施了信息网络传播行为中直接提供作品的行为。部分案件中，IPTV 经营者抗辩称“回看”只是其 IPTV 系统软件的附带功能，并无主观过错。但显然，任何系统都是人为设计制作的，基本不存在无意识的功能设计，以此来抗辩不存在主观过错并没有说服力。

---

① 浙江省杭州市中级人民法院（2019）浙 01 民终 10859 号民事判决书。

2020年《著作权法》第47条第1款第3项规定了广播电台、电视台有权禁止未经其许可将其播放的广播、电视通过信息网络向公众传播。此规定在修改过程中几度调整，曾明确广播电台、电视台作为邻接权人时，权利客体是其播放的“载有节目的信号”，对其播放的“载有节目的信号”享有信息网络传播权①。不少学者认为广播组织权的客体应限定为“信号”，信号具有流动性、动态性和即时性，互联网领域即时的传播以及延迟的转播可以通过该条第一款前两项予以规制，将载有作品的信号网络传播权赋予广播组织，很可能出现对著作权人的侵权行为。② 最终，2020年《著作权法》第47条第1款保留了第3项，将“信号”改为“广播、电视”。该规定依然维持此前法律的相关规定，但“其播放的广播、电视”不简单等同于原始的广播电视节目，而是基于广播电台、电视台的人力物力投入而形成的，与播放时的节目信号相联系的广播、电视。③

另外，2020年《著作权法》第47条增加了第2款，广播电台、电视台行使前款规定的权利，不得影响、限制或者侵害他人行使著作权或者与著作权有关的权利。对此，全国人民代表大会宪法和法律委员会关于著作权法修正案草案审议结果的报告中解释，“一些协会、企业、专家和社会公众提出，广播组织权利的行使往往会涉及他人的著作权保护问题，建议明确广播电台、电视台在行使上述权利时，不得影响他人享有的著作权或者与著作权有关的权利”。④ 因此，即便适用2020年《著作权法》第47条的相关规定，在广播电视播出机构未获得影视剧等视频节目信息网络传播权的情况下，通过IPTV提供的此类视频“回看”服务，也不能当然认为不构成侵权。

---

① 《关于〈中华人民共和国著作权法修正案（草案）〉的说明》，载中国人大网，http：//www. npc. gov. cn/npc/c30834/202011/f254003ab9144f5db7363cb3e01cabde. shtml. 最后访问时间：2021年6月20日。

② 李陶：《广播组织权的立法设计待完善》，载“中国知识产权报”微信公众号，https：//mp. weixin. qq. com/s? src=11&timestamp=1641907498&ver=3552&signature=9Ky9dgWk86-ql0woqgFhthdFuENbqXOr9ncvnBNxBR7K0ie8-KeMgY3oMvdDsy6kPPCzBPKiXmqz3Wxi2d4yqwZ9AUl3pGaq3kYfceA7BCZYHp7BVsl80vDf5TEuJB13&new=1，最后访问时间：2022年1月6日。

③ 黄薇、王雷鸣主编：《中华人民共和国著作权法导读与释义》，中国民主法制出版社2021年版，第239页。

④ 《全国人民代表大会宪法和法律委员会关于〈中华人民共和国著作权法修正案（草案）〉审议结果的报告》，载中国人大网，http：//www. npc. gov. cn/npc/c30834/202011/16a796a57f1649d2959939519c4701 df. shtml. 最后访问时间：2021年6月20日。

（三）电信企业法律责任

按照国家一系列政策规范要求，执行落实 IPTV 的主体主要包括控制 IPTV 集成播控总平台、分平台的广播电视播出机构以及为集成播控平台与用户端之间提供信号传输和技术保障的电信企业。IPTV 播出的视频节目中，一旦发生侵权，相关广播电视播出机构一般情况下需要承担相应的法律责任，但提供信号传输和技术保障的电信企业是否需共同承担法律责任，属于争议较多的问题。

之所以专门提出电信企业的法律责任问题，原因在于 IPTV 模式下视频节目的提供方式有其特殊性。IPTV 业务中相关节目内容只能由广播电视播出机构提供并控制，同时，按照《国务院办公厅关于印发三网融合推广方案的通知》（国办发〔2015〕65 号）要求，电信企业可提供节目和 EPG 条目，经广播电视播出机构审核后统一纳入集成播控平台的节目源和 EPG。具体案件中，如果能查明被诉侵权节目的提供者，比如查明被诉侵权节目由电信企业自行提供，电信企业显然应当承担法律责任。如果在案证据无法明确被诉侵权节目的实际提供者，是否将电信企业与广播电视播出机构作为分工合作共同提供被诉侵权节目的主体对待，实践中存在不同的观点。有认为电信企业为满足专网传输要求而开展 IPTV 业务，在广播电视机构也认可电信企业只负责网络传输等基础服务的情况下，可以认定电信企业不承担因 IPTV 传播视频节目侵权而承担的法律责任。但是，由于各地 IPTV 业务开展情况各异，实践中呈现出来的电信企业与广电机构的合作方式也存在差异。

案例

电视剧《××的心》案[①]

某某艺公司经授权取得了电视剧《××的心》独家信息网络传播权。

2019 年 4 月，某某艺公司委托代理人在河北省石家庄市对使用“某通讯运营公司”网络盒子设备、开启“电视机”，进入“河北 IPTV 天翼高清”界面，在“直播频道”的“回看”栏目下查看相关卫视台所播的涉案电视剧部分剧集。某某艺公司主张某通讯运营公司河北分公司、某通讯运营公司石家

① 北京知识产权法院（2021）京 73 民终 524 号民事判决书。

庄分公司共同侵害其对涉案电视剧享有的信息网络传播权。

某通讯运营公司河北分公司为证明IPTV是专网定向传播，并非信息网络传播行为，提供了《国家广播电视总局办公厅（2019）第10期通报》《国家新闻出版广电总局令第6号》《关于IPTV集成播控平台建设有关问题的通知（广电总局43号文）》。

法院认定，某通讯运营公司河北分公司未经某某艺公司许可，在其运营的“河北××”IPTV平台中，提供了涉案作品的在线播放服务，使公众可以在其个人选定的时间和地点获得涉案作品，侵害了某某艺公司的信息网络传播权，应当承担侵权责任。

上案中，被告抗辩其是履行国家政策要求的传输技术服务方，但仅提交了一系列国家政策文件，不能认定完成了举证责任。因此，如果当事人不提交IPTV业务合作合同，导致无法查明涉案IPTV业务经营过程中相关主体的具体行为，一般认为电信企业需要承担相应的侵权责任。

部分案件中，电信企业能够提供其与广播电视播出机构订立的IPTV业务合作合同。此时，法院还会审查合同约定与当事人履行合同情况，同时也会与国家政策规定要求相比较，以此判断电信企业的行为是否属于执行国家政策要求下履行合同的行为。

案例

电影《功夫××》案①

某某艺公司经授权取得了电影《功夫××》的独家信息网络传播权。2019年10月30日，某某艺公司委托代理人在银川市某酒店房间内使用房间“某通讯运营公司”机顶盒，启动电视机，界面出现“中国IPTV-宁夏”字样。在“回看”栏目下可观看10月27日的涉案电影。某某艺公司主张某通讯运营公司宁夏分公司侵害其享有的信息网络传播权。

某通讯运营公司宁夏分公司抗辩其仅为IPTV提供传输方，为此提交了《国务院办公厅关于印发三网融合推广方案的通知》（国办发〔2015〕65号）等系列政策文件，同时提供了其（丙方）与爱某电视公司（甲方）、宁夏某

① 北京知识产权法院（2020）京73民终2967号民事判决书。

电视台（乙方）于2015年3月订立的《IPTV合作框架协议》，其中约定：

1.2. 甲方会同乙方负责宁夏IPTV集成播控平台的建设和管理，负责宁夏IPTV集成播控平台节目的统一集成和播出监控，负责电子节目指南（EPG）、甲、乙双方所接入视频等内容的管理。用户端和计费管理由甲、乙、丙三方协商确定，可采取“双认证、双计费”模式。丙方可提供节目和EPG条目，经审查后统一纳入节目源和EPG。

1.3. 丙方负责IPTV传输平台的设计、建设与维护，负责IPTV业务信号传输、分发、运维和客户服务。负责用户的计费管理、认证、受理、用户端的安装等IPTV业务管理工作。

4.2.1. 基础包标准资费为25元/月/户（含回看费）。

4.2.2 在宁夏IPTV平台整合完成后，三方约定由丙方按照10元/月/户的固定价格从基础包标准资费中结算给甲、乙方（其中：甲方40%、乙方60%），结算以丙方计费系统实际收费的用户数据为基础，按照实际进行结算，扣除免费体验费用、欠费费用、公费用户等。

法院认为，首先，涉案系统进入界面显示为“中国IPTV-宁夏”，无任何爱某电视公司、宁夏某电视台的相关标识，他人无法知晓涉案作品为爱某电视公司、宁夏某电视台提供；其次，某通讯运营公司宁夏分公司提供《IPTV合作框架协议》，其中明确约定在运营区域内的IPTV平台对获得的收益参与分成，超出了仅提供技术服务的范畴；最后，某通讯运营公司宁夏分公司并未提交有效证据证明其享有涉案作品信息网络传播权的合法授权。从而认定某通讯运营公司宁夏分公司侵害了某某艺公司的信息网络传播权。

上案中，某通讯运营公司宁夏分公司提交了IPTV合作协议，相较于协议约定与权利人公证取证所显示的情况，由于涉案系统及被诉电影播放过程中，无任何合同对方当事人的标识，无从判断被诉行为是否属于宁夏分公司履行协议所为。当然，即便认可被诉行为属于宁夏分公司履行合作协议的行为，因协议中约定了宁夏分公司可以提供节目和EPG条目，经审查后统一纳入节目源和EPG，在合同对方当事人未进入诉讼，也未作明确表示排除被诉电影由宁夏分公司提供的情况下，亦不能直接排除宁夏分公司的法律责任。

之所以对电信企业参与的IPTV业务进行相对严格的审查标准，在一定程度上与当前IPTV业务的规范化尚待提高有关。部分案件显示，有地方电信企业与广播电视播出机构未严格按照国家相关部门对 IPTV 所设定的规范要求开展业务。在此情况下，电信企业仍以其执行国家政策要求进行抗辩，显然并不合理。

如果有证据证明电信企业严格按照国家政策文件要求仅提供了信号传输和技术保障支持，且对被诉侵权视频的传播不存在主观过错的，可以不承担相关的侵权责任。但是，如果电信企业并未严格执行国家政策要求，且其与被诉视频传播行为相关的其他主体存在密切合作关系，一般情况下难以否认电信企业对被诉视频的传播不知情，易将之作为共同提供被诉视频主体对待。

虽然都以执行国家政策抗辩，但在已有的部分案件中，法院没有认定互联网电视硬件设备商与 IPTV 电信企业免除侵权责任。究其原因，执行国家政策的理由不能成为侵权行为的“避风港”。相关国家政策显然是在法律法规框架下为发展国民经济而制定，国家三网融合政策的执行落地并不应、也不能以侵害著作权人权利为代价。不论是执行国家政策，还是自由市场选择，都要依法行使权利。不能以执行国家政策为名，侵害权利人利益；也不能仅享受政策管控带来的有限竞争及市场红利，但却不愿担负所对应的版权成本及法律责任。即便存在国家政策因素，法院仍应在查明事实基础上按照法律法规作出裁判，要从经营者所实施的行为本身出发判断行为性质并依法认定相应的法律责任。正如在法院在审理某手机电视集成播控平台经营者被诉侵权案①中认定，被告“经营涉案应用符合当前国家政策导向、相关行政机关行政许可和主体身份资质规定是其在现阶段正常开展市场经营活动的基本行为要求，但不能以其行为符合行政管理要求即直接认定作为民事主体的被告实施的经营行为亦满足民事法律行为的合法性要求，有权无须经过他人许可即使用他人作品”。“即使相关行政机关通过规范性文件要求手机电视业务的内容服务牌照机构负责内容播控管理，也不代表相关行政机关颁发的牌照许可资质即能在牌照机构未获得相关作品权利人使用作品许可的情况下，替代作品许可使用合同直接解释牌照机构使用或许可他人使用权利人作品获得了合法授权。”

五、其他网络服务行为

虽然《信息网络传播权保护条例》仅规定了四类网络服务，实践中引发

① 北京市海淀区人民法院（2017）京 0108 民初 35053 号民事判决书。

纠纷的网络服务也主要集中在提供信息存储空间和搜索链接这两类服务上，但随着网络经济的多元化发展以及视频权利人网络维权热情和需求的提升，针对其他网络服务商开展的维权活动也陆续出现。

（一）微信小程序

案例

×信小程序传播《×××的心理学课》案[①]

某豆公司经授权取得《×××的心理学课》的信息网络传播权，其主张某讯公司作为×信小程序的平台管理者，对小程序内容具有审核的义务，已对“在线××”“咯咯×”“回×”三个侵权小程序的直接侵权行为构成帮助行为，应立即删除涉案小程序，并与直接侵权人共同承担赔偿责任。

某讯公司抗辩其小程序服务并非一般意义上的网络服务，是一种移动页面接入技术服务的基础性服务，是在用户和开发者之间提供信息接入通道，小程序平台不存储开发者具体服务内容，并非信息存储服务空间，小程序上内容由开发者直接向用户提供，小程序平台技术上无法针对实际由开发者提供的具体服务内容采取删除、屏蔽等处理措施。

法院认为，某讯公司仅为页面接入提供基础性技术服务的主体，属于基础性网络服务，不属于适用“通知删除”规则的网络服务提供者。某讯公司已经公示了页面开发者即内容提供者的主体信息，不存在侵权意图和过错。因客观技术原因和法律规定，某讯公司并不具有删除侵权内容的义务，不应承担侵权责任或整体下架涉案小程序的责任。

通常认为，适用法律法规解决个案纠纷时，原则上应采取“文义解释”方法，即按照法律条文用语之文义及通常使用方式，以阐释法律之意义的内容[②]。网络服务提供者的概念始于《信息网络传播权保护条例》，根据该条例

① 一审：杭州互联网法院（2018）浙0192民初7184号民事判决书；二审：杭州市中级人民法院（2019）浙01民终4268号民事判决书，该案入选2019年度杭州法院知识产权司法保护十大案件，载澎湃号“杭州中院”，https://www.thepaper.cn/newsDetail_forward_7059231，最后访问时间：2022年3月15日。

② 梁慧星：《民法解释学》，中国政法大学出版社2000年版，第210页。

立法释义，“网络服务提供者是指为通过信息网络向公众提供信息或者获取网络信息等目的提供服务的机构，如为公众提供接入互联网服务、传输服务对象的信息，或者为单位或者个人出租网页，或者提供搜索或者链接服务等”，并确认第20条至第23条与美国《数字千年版权法》中对提供相关服务的四类网络服务提供者相类似，在遵守相应规定的前提下，可以不承担经济赔偿责任的情形①。需要注意的是，该条例中针对自动接入、自动传输服务经营者可予免除的是赔偿责任，而非笼统的侵权责任，对于停止侵权这一类似于保护绝对权的“物上请求权”责任，即便是网络服务提供者，也应当予以承担。只有涉及公共利益或考虑比例原则等特殊情形下，才能不停止侵权。

在现有的法律框架下，“网络服务”是相对于直接提供作品等行为而言的，×信小程序服务不直接提供作品等著作权法所保护的客体，属于一类网络服务。至于此项服务提供过程中涉及侵害他人著作权，有权不采取停止侵权的措施，则有必要充分查明网络服务行为的具体实现方式，并解释其服务特点及特殊性，才能完成实施该网络服务与不停止侵权之间的逻辑自洽。

（二）云服务器租赁

自从引发网络侵权纠纷以来，权利人维权关注点主要集中针对侵权内容提供者、传播侵权内容的网站经营者，特别是推行多年的实名制要求在一定程度上为权利人锁定侵权行为实施者提供了便利。但也有一些典型例外情形，云服务器经营者作为被诉主体即为一例。

案例

《我叫××畅爽版》游戏案②

某某卓越公司开发运营移动端游戏《我叫××online》和《我叫××2》，享有两款游戏的著作权。某某卓越公司发现www. call××. com网站提供侵权游戏《我叫××畅爽版》各版本下载服务，下载完成后可联网运行游戏。

经比较，《我叫××畅爽版》与《我叫××Online》除了游戏名称略有不同、

① 张建华主编：《信息网络传播权保护条例释义》，中国法制出版社2006年版，第52页、第76~79页。

② 北京知识产权法院（2017）京73民终1194号民事判决书。

游戏中的虚拟货币“符石”的兑换价格等存在区别以外，两款游戏在游戏图标、人物形象、游戏界面、游戏规则、游戏中的文字等方面完全相同。游戏《我叫××畅爽版》存储于某某云公司提供的服务器上。

某某卓越公司向某某云公司发出停止侵权的通知：

第一次通知：2015 年 10 月 12 日，某某卓越公司通过某某云公司网站中的“工单支持”版块与某某云公司“售后工程师”联络。“工单支持”版块是某某云公司的工程师为客户解决云产品技术问题的沟通通道，不是投诉通道。某某云公司客服人员向某某卓越公司告知了接收投诉的指定邮箱。

第二次通知：某某卓越公司于 2015 年 10 月 12 日 16 时 35 分以电子邮件方式向某某云公司指定邮箱发出邮件，邮件标题为“我叫××私服处理”，内容包括标题为“安卓高清版本”“IOS 正版下载”“IOS 越狱版下载”的三条网址链接。

第三次通知：某某卓越公司于 2015 年 10 月 29 日通过中通快递向某某云公司递送了通知函。某某云公司于 2015 年 11 月 1 日收到该函件。该通知函没有附件资料，仅描述了侵权概况、提出了要求，没有提供权利人联系方式。

二审法院经审理认为，某某云公司不属于《信息网络传播权保护条例》规定的四类网络服务提供者，但属于《侵权责任法》第 36 条规定的网络服务提供者。对于三次通知：1. 某某卓越公司向“工单支持”版块发出信息和上传附件不足以作为合格通知；2. 某某云公司无法合理意识到某某卓越公司是在针对存储于某某云公司服务器中的服务器端部分主张权利，也不可能主动安装《我叫××畅爽版》游戏客户端部分，再主动通过技术手段核查与之通信的服务器端部分的 IP 地址，故第二份通知明显欠缺合格通知的必要信息；3. 通知函没有提供准确定位侵权作品的信息，且没有体现任何联系方式。因此，三次通知均不属于合格有效的通知。

针对云服务器租赁服务，二审法院指出，由于服务对象运营的网站和应用、提供的内容或服务均依托于其承租的云服务器，联络提供云服务器租赁服务的网络服务提供者可能比联络承租云服务器的侵权人更加便利，权利人可能都会选择通知提供云服务器租赁服务的网络服务提供者，并要求关停提供侵权内容的云服务器，如果不对提供云服务器租赁服务的网络服务提供者采取措施的义务进行必要的限制，可能会妨碍网络产业的正常发展。即使接到有效通知，某某云公司亦非必须采取“关停服务器”或“强行删除服务器内全部数据”的措施，而应当基于通知内容所能提供的信息及根据该信息所能作出的一般性合理判断，采取与其技术管理能力和职能相适应的“转通知”措施。二审判决驳回了某某卓越公司的诉讼请求。

上案判决作出时，《民法典》尚未施行，法院未排除云服务器租赁经营者为网络服务提供者，而是将云服务器经营者界定为《侵权责任法》① 意义上的网络服务提供者。该法第 36 条第 2 款规定了“网络用户利用网络服务实施侵权行为的，被侵权人有权通知网络服务提供者采取删除、屏蔽、断开链接等必要措施。网络服务提供者接到通知后未及时采取必要措施的，对损害的扩大部分与该网络用户承担连带责任”。但判决从云服务器租赁的性质、行业特点以及产业发展与权利人利益平衡等进行了多角度、多层次的分析论证，对有效通知、合理措施等的要求作了针对性解释与限制。一定程度上反映出在行业分工日益细化的情况下，权利人要积极、准确、高效地维权，也不断面临挑战。《民法典》第 1194 条至第 1197 条吸收并细化了《侵权责任法》中网络服务提供者承担法律责任的要件，设置了包括采取必要措施、转通知等规定，为实践中多样化网络服务提供者法律责任的判断提供了法律依据。

（三）域名注册

域名（Domain Name），是由一串用点分隔的名字组成的互联网上某一台计算机或计算机组的名称，用于在数据传输时对计算机的定位标识。域名就好比互联网中的门牌号，任何网站经营都离不开域名注册和解析服务，否则将失去互联互通的身份标识。面对侵权行为，有些权利人想到从域名注册和解析入手给侵权人釜底抽薪的打击。如×××k 域名案②中，某某克公司主张三个域名×××kitaly. com、×××kgroup. com 以及×××kbj. com 的注册与使用侵害其商标权，向某里公司发送律师函，要求停止解析服务，律师函包括了权利人的商标证、被控侵权网站的域名及侵权行为表现、要求采取的相关措施和理由以及发送通知律师的授权委托书。

某里公司在合理时间内将投诉信息转通知给被投诉的涉案三域名注册人。转通知后，某里公司收到×××kgroup. com、×××kitaly. com 域名注册人的回复，

① 根据《民法典》，该法已于 2021 年 1 月 1 日起失效。

② 北京市海淀区人民法院（2017）京 0108 民初 3395 号民事判决书。

回复中包含了商标注册证材料，并要求某里公司不能将个人信息提供给投诉人。某里公司未停止域名解析服务，后被起诉。

法院认为，某里公司基于部分被投诉人已回复内容以及其不具备判断侵权与否的能力的客观情况，对涉案三域名采取统一的未停止解析的处理措施，具有合理性，未支持某某克公司的诉讼请求。

不难看出，法院在对待信息存储空间、搜索链接以外网络服务提供者对侵权作品传播时的过错及法律责任判断相对谨慎保守。一方面，距离侵权作品直接传播行为越远的网络服务行为往往更体现网络服务的基础特性，此类服务一般就其平台上的不同具体业务采取无差别对待的方式开展经营，因此不宜对网络服务提供者施以过高的注意义务。另一方面，过错要件的考察也会因为网络服务的特性而存在迥异的客观效果。针对信息存储空间服务提供者，权利人提供作品名、链接地址一般就能准确找到侵权作品并作屏蔽或删除，但对于网络游戏这样的复杂作品，既有服务器端软件，又有客户端软件，游戏引擎、动画资源、支付兑换等软件或文件还可能分别存储于不同的服务器，在此情况下，要求涉及该游戏的网络服务器经营者根据权利人提供的有限信息精准找到其服务器中的侵权游戏并施以措施制止游戏运营，显然颇有难度。

因此，只有结合具体案情分析网络服务提供者应当具有的注意义务以及过错程度，才能对网络服务提供者的法律责任作出恰当判定。

第六章

赔偿责任

赔偿损失作为一项重要的侵权责任承担方式，多年来一直是著作权法理论界和实务界广泛关注的问题，焦点主要集中于赔偿数额如何体现对权利的保护、对侵权以惩治，以及反映著作权的市场价值等问题。在视频著作权民事案件中，绝大部分权利人维权诉讼的目的是获得相应的经济赔偿。虽然《民法典》第179条规定了11种承担民事责任的方式，但民事侵权案件中最常用且最重要的民事责任就是赔偿损失。2020年《著作权法》第52条、第53条中针对侵权行为规定了侵权人应承担的赔偿损失等民事责任。该法第53条第1款第1项、第3项、第4项规定的侵权行为中包括了未经权利人许可，侵害他人信息网络传播权的行为。第54条则规定了赔偿计算方法，“侵犯著作权或者与著作权有关的权利的，侵权人应当按照权利人因此受到的实际损失或者侵权人的违法所得给予赔偿；权利人的实际损失或者侵权人的违法所得难以计算的，可以参照该权利使用费给予赔偿。对故意侵犯著作权或者与著作权有关的权利，情节严重的，可以在按照上述方法确定数额的一倍以上五倍以下给予赔偿。权利人的实际损失、侵权人的违法所得、权利使用费难以计算的，由人民法院根据侵权行为的情节，判决给予五百元以上五百万元以下的赔偿……”

赔偿损失往往是当事人最关心的问题，对于原告而言，赔偿损失数额直接影响其维权诉讼的效果；对于被告而言，赔偿损失数额决定其所负担的债务。赔偿数额可不止是一串数字，而是可能影响甚至决定一个企业的存续、正常运行和进一步发展等至关重要的问题。

涉及赔偿责任的法律问题非常多，本章重点讨论实践中三类较多关注的问题，即侵害视频著作权案件中的赔偿损失计算方法、适用最多的法定赔偿以及近年来热烈讨论的惩罚性赔偿问题。

第一节 赔偿计算方法

一、赔偿计算的一般原则

侵犯著作权属于一般民事侵权范畴，按照我国对民事财产权受侵害的一般赔偿规则，应适用“填平原则”依市场价格或相关合理方式计算损害赔偿，即“损害赔偿之最高指导原则在于赔偿被害人所受之损害，俾于赔偿之结果，有如损害事故未曾发生者然”①。《民法典》第1184条规定，侵害他人财产的，财产损失按照损失发生时的市场价格或者其他合理方式计算。这正体现了“填平原则”，除非法律有特别规定。

2018年2月，中共中央办公厅、国务院办公厅印发《关于加强知识产权审判领域改革创新若干问题的意见》，其中明确提出：“坚持知识产权创造价值、权利人理应享有利益回报的价值导向。……建立以补偿为主、惩罚为辅的侵权损害司法认定机制，着力破解知识产权侵权诉讼‘赔偿低’问题。”②由侵权人通过赔偿权利人的损失来弥补其侵权造成的影响体现了损害赔偿计算的一般原则。填平性赔偿的功能主要体现在由侵权人承担赔偿责任使权利人的经济损失恢复到未被侵权的状态。这是立法设计的理想状态。所以，历版著作权法所规定的赔偿损失责任中，首先提到的赔偿计算方法是权利人的实际损失。

实际上，大部分视频著作权侵权案件中，被诉侵权行为都属于一般性或常规类型的侵权行为，由被告承担弥补权利人实际损失的损害赔偿责任即可。2020年发布的《北京市高级人民法院关于侵害知识产权及不正当竞争案件确定损害赔偿的指导意见及法定赔偿的裁判标准》（以下简称《北京高院损害赔

---

① 曾世雄：《损害赔偿法原理》，中国政法大学出版社2001年版，第16页。

② 《关于加强知识产权审判领域改革创新若干问题的意见》，载中国政府网，http：//www.gov.cn/zhengce/2018-02/27/content_5269267.htm. 最后访问时间：2021年6月30日。

偿指导意见及法定赔偿标准》）第 1.1 条第 1 款规定了确定损害赔偿应坚持知识产权市场价值导向，遵循填平原则，体现补偿为主、惩罚为辅的损害赔偿司法认定机制。

适用填平原则，重点在于“填平”，而判断“填平”与否，离不开以商业应用环境下相对客观的市场价格为参照标准。如果当事人对作品的市场价格能达成一致意见，或者存在相对成熟稳定的市场定价机制，在民事侵权案件中可以参考适用。但著作权纠纷案件中涉及的许多作品，系由自然人以非商业用途创作完成，且作品类型多样，商业应用环境并不成熟稳定。同时由于著作权保护期限长、权项多，多人同时使用并不减损作品使用效果等特点，特定情形下某类作品的著作权市场价格难以确定。

虽然一些正规制作的影视剧能相对准确地计算出制作成本①，如北京××影业投资有限公司与××电影集团公司制片分公司合同纠纷案中可以了解到，电影《武林外传》投资成本 1700 万元，但权利人对于影视剧发行等各类收益预期往往随着市场情况波动。不断上涨的版权费用吸引了资本的疯狂涌入，频频刷出“天价”版权费。2018 年 6 月，中宣部等多部门联合发文治理影视行业天价片酬问题②，通过一定程度的行政干预，也能给影视版权市场“退烧”。

市场中版权价格的高低波动直接影响诉讼纠纷中法院对公允市场价格的判断。对于权利人而言，其往往愿意提交体现高额许可费的证据，以此证明其实际损失或被告的侵权获利。但如果许可费数额较低，如早期的影视剧市场，权利人则不愿意提交相关许可使用费的证据。

对于法院而言，如果能克服当事人不举证或举证不足的弊端，使侵权判赔数额尽量体现作品的市场价值，满足权利人侵权损失的填平要求，无疑是完美达到了审判效果。所以，当个案中作品市场价格难以准确确定的时候，寻求行业指导价或公允的市场定价方法，是法院多年来为解决侵权损害赔偿问题不懈努力的方法之一。

---

① 《〈武林外传〉电影版合同纠纷案开庭》，载中国法院网，https://www.chinacourt.org/article/detail/2013/11/id/1123822.shtml. 最后访问时间：2021 年 9 月 30 日。

② 《中宣部等部门联合印发〈通知〉治理影视业天价片酬“阴阳合同”偷逃税等问题》，载新华网，http://www.xinhuanet.com//mrdx/2018-06/28/c_137286071.htm. 最后访问时间：2021 年 9 月 30 日。

国家新闻出版广电总局发布的《使用文字作品支付报酬办法》属于文字出版领域获得普遍共识的文字报酬参考计算依据。根据2005年发布的《北京市高级人民法院关于确定著作权侵权损害赔偿责任的指导意见》（以下简称《北京高院著作权赔偿意见》）[①] 第25条规定，被告以报刊、图书出版或类似方式侵权的，可考虑相关因素，参照国家有关稿酬规定的2倍至5倍范围内确定赔偿数额。随着近些年网络传播行为的普及，上述报酬办法逐步扩展适用到涉及文字作品的其他案件中。《北京高院损害赔偿指导意见及法定赔偿标准》第2.8条规定，被告未经许可通过发行图书、报刊等或者通过信息网络传播涉案文字作品，无法查明许可使用费，也无法查明出版发行数量或者下载量、阅读量的，可以参考国家行政主管部门规定的基本稿酬标准确定赔偿数额。其中，原创作品按照80元至300元/千字计算，翻译作品按照50元至200元/千字计算，汇编作品按照10元至20元/千字计算。不足千字部分按千字计算。

因此，在文字作品著作权案件中，如果当事人举证不到位，一般可以参考前述办法计算损害赔偿数额。但对于其他类型作品的著作权案件，由于缺乏行业普遍适用的报酬计算方法，要寻求正常市场价格的参考依据较为困难。

视频节目之间可能产生的价格差异远大于文字作品之间的价格差异。而且，影视剧等视频节目存在热播期，即在公开发行较短的期间内，权利人一般需要实现收回成本、取得大部分收益的目标。而文字作品则不同，莫言2012年获得诺贝尔文学奖时，其多部经典小说已创作完成数十年，一直有不少读者追随。这也是《北京高院损害赔偿指导意见及法定赔偿标准》中，著作权保护期即将届满属于涉及视频类案件可酌情减少赔偿数额的考虑因素，但不属于涉及文字作品案件可酌情减少赔偿数额的考虑因素。

对于一般的财产权民事案件，若发生无法通过当事人举证方式解决诉讼标的额方面的争议，大多会寻求权威机构评估作价等方式解决。知识产权领域亦不排除通过评估方式提供可参考的损失赔偿数额。相关部门和行业协会较早就关注到对知识产权提供权威机构估值的必要性，从而制定了与资产评估相关的规范性文件。其中，国家知识产权局等部门于2006年即发布了《关

---

① 2020年发布《北京市高级人民法院关于侵害知识产权及不正当竞争案件确定损害赔偿的指导意见及法定赔偿的裁判标准》后，《北京高院著作权赔偿意见》已废止。

于加强知识产权资产评估管理工作若干问题的通知》①，中国资产评估协会于2010年12月18日发布了《著作权资产评估指导意见》②，对评估操作要求等作了具体规范，并提出了采用市场法、收益法和成本法三种基本方法以及衍生方法作为评估方法。但是，在司法实践中，少有当事人以资产评估报告作为实际损失或侵权获利的证据。原因一方面是开展对包括著作权在内的知识产权进行资产评估存在难度。正如上文已经分析的，由于知识产权自身的特点，影响了成熟稳定市场价格体系的形成和发展。因此，即便有资质的评估机构能出具相关的价格评估意见，也不一定能得到当事人的认可和信服。另一方面大部分知识产权侵权行为属于普通的民事侵权行为，加之法院的分案标准多为一作品一案，原告对每案可获得的判赔数额有自己相对合理的预期，若是提交损失评估报告等证据，显然会增加维权成本，影响原告最终获得的赔偿收益。而若是作品价值高、侵权行为严重的纠纷，当事人往往能提供有针对性的与赔偿相关的直接证据，损失评估报告等间接证据并不属于当事人优先选择的证据类型。

因此，在主要依靠当事人举证来证明实际损失和侵权获利数额，并满足填平要求的情况下，由于权利人维权成本、举证难度、诉讼策略等原因，对于实际损失或侵权获利的举证往往不到位，而侵权人对于侵权获利并无举证动力。因此，要使最终的赔偿数额能充分弥补权利人的实际损失并非容易之事。部分案件中，法院确定的赔偿数额双方均不满意，权利人认为过低，侵权人认为过高。

案例

电视剧《×语》案③

某视公司经授权取得了电视剧《×语》的独家信息网络传播权。

2018年12月24日，某视公司公证取证显示，进入被告经营的“机某论

① 《2006年国家知识产权局年报》，载国家知识产权局网站，https：//www. cnipa. gov. cn/art/2007/6/29/art_ 953_ 110251. html. 最后访问时间：2021年9月30日。

② 该意见已于2017年修订，载中国资产评估协会网站“评估准则”栏目，http：//www. cas. org. cn/pgbz/pgzc/55870. htm. 最后访问时间：2021年9月30日。

③ 北京知识产权法院（2021）京73民终220号民事判决书。

坛”，有“其他、短片、喜剧、电视剧、综艺”等栏目，在“其他”栏目中找到用户于2013年4月30日发布的“《×语》36集全迅某下载”，并可下载后播放该剧。机某网系被告收购而来，于2018年6月1日完成备案主体变更登记。

一审法院认定被告构成帮助侵权，并综合考虑涉案电视剧的知名度、被告主观过错、侵权持续时间等因素，判决被告赔偿某视公司经济损失5000元。某视公司认为一审判决赔偿数额过低提起上诉，请求二审支持其主张的5万元经济损失。被告认为一审判决赔偿数额过高亦提起上诉，请求二审改判驳回某视公司的诉讼请求。

二、赔偿计算方法的类型

2020年《著作权法》第54条规定了四类赔偿计算方法：权利人实际损失、侵权人违法所得、权利使用费以及法定赔偿。2010年《著作权法》仅规定了权利人实际损失、侵权人违法所得以及法定赔偿。2020年《著作权法》增加权利使用费是参考借鉴了专利法、商标法的相关规定。

（一）实际损失

按照侵权赔偿的填平原则，需要填平的正是权利人因侵权行为造成的实际损失。通常认为，要求侵权人承担损害赔偿的法律责任，重点在于确定经济赔偿的具体数额，这需要权利人因侵权行为而产生的实际损失数额相对明确。

根据损害赔偿的差额假定说，填平的对象是两种利益状态在特定时间点的差距。一种利益状态是现实的，即原告在该时间点实际享有的利益总和。另一种利益状态是假想的，即如果被告的侵权行为没有发生，原告在该时间点本应享有的利益总和。当前者小于后者时，法院便会以假想利益状态为被减数，以实际利益状态为减数，将二者之差确定为损害赔偿额。但法律意义上的损害远不像日常用语上的损害那么简单。假想世界的产生机制要求我们在想象中回到发生侵权行为的时间点，从真实世界中抽除侵权行为，再让这个没有侵权行为的世界在想象中发展，几乎是不可能完成的任务。[①] 因此，在司法实务中，差额假定说是逻辑上成立，客观上难以准确实现的理论。

---

① 蒋舸：《知识产权法定赔偿向传统损害赔偿方式的回归》，载《法商研究》2019年第2期。

1. 实际损失存在与否的判断

某些案件反映出，侵权行为发生时，权利人未处于将其作品置于交易市场或并不享有正常市场利益的情况下，能否视为权利人并无实际损失，甚至被告的行为并不侵权，因此产生被告无须承担赔偿责任的讨论。例如，在郭某诉茶颜公司等著作权案[①]中，由于郭某通过微博发布其创作的“歪脖子拯救世界”组图时注明，“#歪脖子情侣头像送给大家使用#”“现一并打包到这里请点击下载”，并附下载链接地址。同时还留言“别的没啥好说的，记得关注我的微博”。针对上述表示，法院认为郭某的上述表示未作任何关于著作权限制的声明，若解释为只允许下载又不允许使用显然不合情理。郭某通过分享作品、允许下载来获得了更多粉丝的关注，在其微博的知名度、影响力得以提升后，再主张商业性使用构成侵权有违诚信原则。

上案通过分析作者公开发表作品时的意思表示解释作者许可他人使用其作品，这属于结合当事人提供的证据对法律事实所作的认定。2020 年《著作权法》第 26 条第 1 款规定，除了法律明确规定之外，使用他人作品应当同著作权人订立许可使用合同。一般情况下，著作权人许可他人使用作品需要通过能明确体现许可使用意思表示的合同等方式作出。上案中，法院实际将作者的意思表示作为要约，他人使用行为则作为接受要约的承诺，从而完成许可使用合同。当然，此种解释在缺少通常的许可使用合同需要具备的许可性质、期限、价格等约定的情况下对著作权人相对不利，但也在一定程度上督促著作权人慎重作出允许他人使用其作品的意思表示。

有些视频著作权案件中，权利人维权所涉及的境外影视剧尚未获得我国有关部门的发行审批。考虑到当前的影视剧传播行政许可规范，权利人若未获得发行审批，则无法通过正常渠道传播发行相关影视剧，也就无法获得相关的经济收益。若他人侵权，能否以此为由认定权利人无收益即无损失？

某公司经授权取得了境外引进的 13 部影片的独家信息网络传播权。该公司针对被告网站侵权传播这 13 部影片提出侵权之诉，主张赔偿经济损失及合理开支共计 15 万元。被告主要抗辩某公司对涉案 13 部影片未获得《电影片公映许可证》，不得在我国公开发行，不存在合法收益，即不应赔偿。

法院审理后认为，被告的行为存在过错，侵害了某公司的信息网络传播

① 浙江省杭州市中级人民法院（2015）浙杭知终字第 244 号民事判决书。

权。《电影片公映许可证》是行政审批的相关文件，涉案13部影片虽未经过行政审批，但仍属于作品，应当依据著作权法予以保护，但涉案13部影片未取得《电影片公映许可证》的情况将作为酌定赔偿数额的重要因素，比照已合法出版发行或已经行政审批的作品适当从低确定赔偿数额，最终判决被告赔偿经济损失及合理开支共计3.2万元。

正如第三章第二节中对2010年《著作权法》第4条修改的情况介绍，不能一概认为未获得行政审批许可的视频节目即不受著作权法保护，无法实现经济权益。当然，此类视频节目被侵权，权利人据此产生的实际损失，显然不能与其他经过行政审批许可的视频节目一样获得无差别待遇。《北京高院损害赔偿指导意见及法定赔偿标准》第6.14条规定了涉案视频未获得审批许可即在我国境内公开传播属于可酌情减少判赔数额的考量因素。

视频节目属于较复杂作品，融合了编剧、演员、导演等众多参与者的创作成果，同时视频节目本身也可能是小说、动漫，甚至游戏、在先影视剧的衍生作品。一般而言，正规制作的影视剧等视频节目制作成本较高，制作者对于视频节目中所涉及的元素是否取得合法权利会作相对慎重的审查。类似于第五章中电影《九层××》道具使用书法作品构成侵权，甚至整个视频节目侵权的情形并不多见。

若是作为维权对象的视频节目中存在侵权元素，为非法演绎作品，非法演绎作品的权利人能否向侵权人主张其实际损失。第三章权属认定中已提及，目前，我国法院在侵权判定过程中一般将非法演绎作品作为普通作品对待，不因其中包含侵权内容而否定著作权。当他人对非法演绎作品实施侵权行为，非法演绎作品的权利人亦可进行维权诉讼，只是法院在考虑赔偿责任时，会尽量排除原作品的独创性部分，主要针对演绎创作部分确定侵权行为所造成的损害。例如，在林某与某房地产公司侵害信息网络传播权案①中，林某创作了19幅“贴玻璃”系列卡通人物形象美术作品，这些作品呈现为头部、手臂等向前贴玻璃的人物形象。某房地产公司在自己的微博账号中使用了这些人物形象，并辩称涉案作品均来自著名卡通人物形象，但林某未经卡通形象著作权人授权进行创作，涉案作品属于非法演绎作品。法院认为，涉案作品虽系在已有动漫形象的基础上创作而成，但林某采用将相应卡通形象的脸部、

① 北京市海淀区人民法院（2018）京0108民初50091号民事判决书。

嘴巴、手臂等部位向前贴的“贴玻璃”设计，具有其独特的艺术特点，体现了作者的个性，故涉案作品具有一定的独创性，符合作品的构成要件。未经已有作品著作权人的许可，在已有作品的基础上创作出新作品，可能涉及侵害已有作品的著作权，但由于新作品本身属于创作活动的产物，林某付出了自己的独创性劳动，不影响其对新作品即涉案作品所享有的著作权，他人未经许可不得随意使用。但将涉案作品系在已有卡通形象的基础上创作而成作为赔偿损失计算的考量因素，判赔经济损失 2 万元。

因此，一般情况下，凡是著作权人以财产权作为请求权基础提起诉讼，都可以主张赔偿损失。除非著作权人已将侵权行为所涉财产权利许可他人使用，即便著作权人为自然人，并无证据证明将作品投入商业使用的情况，也不影响其向侵权人主张经济赔偿。当然，此时的实际损失可能处于难以计算的状态，法院会根据案件具体情况考虑以其他方法确定赔偿数额。

2. 实际损失的确定方法

理论上，实际损失是权利人本应获得但因侵权行为而未获得的合法收益。按经济学理论，只有在完全竞争的均衡市场①环境下，没有其他因素对定价、利润率等产生影响，才能准确计算仅因侵权行为而造成的权利人收益的减少。传统商品经济市场中，通过商品销量的减少、利润的减少、价格被侵蚀的程度等可量化指标来计算权利人的实际损失。

为了尽可能为司法裁判提供计算权利人实际损失的方法，《最高法院著作权民事案件司法解释》第 24 条规定了“权利人的实际损失，可以根据权利人因侵权所造成复制品发行减少量或者侵权复制品销售量与权利人发行该复制品单位利润乘积计算。发行减少量难以确定的，按照侵权复制品市场销售量确定”。该规定早最出现于 2002 年的司法解释中。可见，当时网络尚未兴起，实践中较为普遍的侵权行为主要涉及侵害作品复制权、发行权。这些权利被侵害的损失计算方法，主要可以通过复制品发行量或销售量减少情况进行计算。

《北京高院著作权赔偿意见》第 7 条为权利人实际损失的计算方法列举了

① ［美］保罗·萨缪尔森、威廉·诺德豪斯：《经济学》，萧琛等译，商务印书馆 1999 年版，第 22~28 页。完全竞争（Perfect competition）意味着没有一家企业或一位消费者足以影响整个市场价格；市场均衡（Market equilibrium）是指在某一价格水平上，买者愿意购买的数量刚好等于卖者愿意出售的数量，这一价格就形成了供给和需求的均衡。

几类典型情形，包括被告侵权使原告利润减少的数额；被告以报刊、图书出版或类似方式侵权的，可参照国家有关稿酬的规定；原告合理的许可使用费；原告复制品销量减少的数量乘以该复制品每件利润之积；被告侵权复制品数量乘以原告每件复制品利润之积；因被告侵权导致原告许可使用合同不能履行或难以正常履行产生的预期利润损失；因被告侵权导致原告作品价值下降产生的损失等。除了其中参照国家稿酬规定以及合理的许可使用费，其余计算方法在实践中能顺利应用的也并不多。比如，如何判断原告利润减少与被诉侵权行为的因果关系，如何区分经营管理不善等其他因素与被诉侵权行为同时作用下后者造成原告利润的减少量。作品价值问题更难以准确界定，作品价值不仅体现市场价值，还体现专业价值或艺术价值，有些艺术价值高的作品由于“曲高和寡”不一定市场价值也高。

网络市场环境下，传统经济下的许多成本收益衡量指标所发挥评判标准作用有限，如产品价格的构成不再重点考虑成本与利润率，收益指标也不再重点考虑产品销售后扣除成本的盈余，反而获客成本、用户数量、活跃度、留存度等新指标对定价、收益起到重要作用。这也是我们看到市场上眼花缭乱的各类补贴、优惠频出，以及不少一线互联网企业上市多年仍亏损但并不影响其正常经营，甚至日益扩大规模的原因。

视频著作权案件中，要准确计算实际损失的市场环境几乎是不存在的。身处于纠纷中的权利人、侵权人以及诉讼阶段才参与进来的当事人代理人、审理案件的法官等都无法掌握相关行业市场全局情况，亦无法准确判断侵权行为对权利人行使合法权利的影响。

早期，曾有贺岁片权利人起诉视频网站侵权，主张其实际损失为被告网站在该片热播期向公众提供该片而造成其票房收益损失，以被告网站点击数作为影院观影人数与电影票价相乘进行计算，主张 100 万元的损失赔偿数额。但该主张并没有得到法院的支持，理由主要是，多数人仅限于浏览，目前视频网站营利模式主要来源于广告，其效果不取决于影片是否被全部观看而是影片取得了多少关注或者吸引了多少流量，因此不宜按观看次数乘以票价的方式计算损失。而按点击量计算广告费用，网站通过传播涉案影片可获利益大致可以确定。可以本片公证时间为准计算，到影片被删除时止，考虑贺岁片的规律，计算出被告网站借此片所获广告收益作为损失赔偿。

上案发生于网络视频行业起步发展阶段，视频网站大多会显示视频文件的用户点击量，且点击量与广告收益的计算方式也相对单一。当前的网络视频行业，为了告别“唯播放量论”，已有网站关闭前台播放量①，而且网络广告的计算方式也更加复杂多样，为计算权利人的实际损失或侵权获利不断增加难度。

比如，某电视剧在电视台公开发行后，不久便发现有网站未经许可传播该电视剧。权利人对侵权网站提起诉讼，并在诉讼中提交其授权其他网站非独家行使该剧信息网络传播权的合同作为其实际损失的证据，主张被告对其造成的实际损失就是其与他人所订合同中约定的数额。

权利人主张的实际损失计算方法不无道理，因为被告可以比作该剧信息网络传播权的普通被许可人。但是，仍要考察权利人所提交合同约定的权利与被诉侵权行为所对应权利的可比性。可比性主要从以下几个方面判断：

一是许可使用合同的真实性、客观性。权利人在诉讼期间作为证据提交的许可使用合同，不排除为了诉讼而专门制作。是否存在真实的许可使用关系，即该合同是否为双方正常经营需要而订立，是否实际履行，是否存在明显违背行业惯例和交易规则的情形等，都影响法院对该证据可采性的判断。若是许可使用合同约定，被许可人按照院线票价与其网站中视频节目被下载次数计算总收入后分配收益，一般可以认定违背行业惯常的视频节目收益分配方式。

二是许可使用权利的性质。一般认为，被诉侵权行为可对应普通被许可行为。著作权相关的独家权利通常与专有使用权同义。根据《著作权法实施条例》第 24 条规定，当事人可以对专有使用权内容进行约定。因此，权利人授予他人非独家使用权，并不一定等同于普通许可使用权，有可能是排他使用权，或是排除某些特定主体的许可使用权。

三是授权期限及范围。若权利人授予其他网站使用权的期限较长，而被诉侵权行为持续时间较短，则不能直接以许可使用合同约定的许可使用费作为参考依据。而且，只有相近时间段的许可使用费才有参考价值，十年前与当下的信息网络传播权价格显然不同。

---

① 声明《告别唯流量时代 ××艺正式宣布关闭显示前台播放量》，载微信公众号，https：//mp. weixin. qq. com/s？ src = 11&timestamp = 1641908295&ver = 3552&signature = PvocmpbPjs9v2PRT3YP3VQpmzczdfxTBHh5PehGWbujmF0UlxaJUHNVqT83crjXgiEjne0BgZ4P2OLPYYSR4vOlzfDDDX4hEk56JvPSkBhR9HsnOkrt7BEiB-baexI6W&new = 1，最后访问时间：2022 年 1 月 6 日。

虽然同是信息网络传播权，若许可使用合同中明确约定了地域范围或特定的网络传播形式，比如通过局域网进行传播，而被告网站仅覆盖某些地区，显然也不能直接以许可使用合同中约定的许可使用费作为参考。

四是被告网站与许可使用合同中约定的网站规模、视频的具体传播方式等。只有被告网站与许可使用合同中约定的网站中用户规模、网站性质、视频所处栏目性质、用户观看或下载方式具有可比性，许可使用合同中约定的使用费才可作为权利人因被诉侵权行为造成实际损失的参考依据。

所以，在具体案件中，通过当事人提交具有参考意义的证据确定权利人实际损失存在相当的难度。

《北京高院损害赔偿指导意见及法定赔偿标准》没有规定实际损失的具体计算方法，而是在第 1.7 条对实际损失的确定方法提供了参考原则，即确定权利人的实际损失应当运用证据规则，采取优势证据标准，考虑知识产权的市场价值、贡献率等合理因素。这反映了近年来以生产销售侵权复制品形式的侵权行为在民事纠纷案件中已非主流，而著作权领域日益多样化的侵权形式使相对准确计算实际损失越来越缺少类型化方法，当事人与法官需要运用智慧，根据个案特性找出适当的实际损失的证明方法，运用证据规则来确定实际损失情况。

案 例

综艺节目《中国×××》案[①]

某讯公司经授权取得了《中国×××（第三季）》的独家信息网络传播权。该节目首轮播出前，权利人已委托国家版权局作为重点影视作品公开预警。某讯公司亦在节目播出前及播出期间多次向被告多个工作邮箱发送侵权预警函。但首轮播出不久，某讯公司发现被告未经许可通过其某风影音播放器向用户提供第一期“××××应届高考生被导师哄抢”视频节目，故提起诉讼。某讯公司主张某风公司应赔偿其经济损失 199 万元及合理开支 1 万元，共计 200 万元。

---

① 一审：北京市石景山区人民法院（2016）京 0107 民初 4683 号民事判决书；二审：北京知识产权法院（2017）京 73 民终 1261 号民事判决书。

某讯公司主张按实际损失计算赔偿数额。计算依据为：

1. 分销许可使用费的损失，某讯公司支付了1.2亿元获得《中国×××（第三季）》共16期节目的独家授权，分摊到每期节目采购费用应为750万元。被告在涉案节目热播期实施侵权行为，致使某讯公司未能享有独家播出权利，被告应当分担原告支出的采购成本的二分之一，即375万元/期。

2. 某讯公司广告收益的损失，原告提供的广告协议都属于执行结算协议，需要根据网站的流量在节目播出后按照实际发生数据进行结算。某讯公司拥有涉案综艺节目独家播放权利，在没有其他平台播放时，用户集中在原告平台观看，由此产生的广告收益自然集中在原告视频网络。被告在节目热播期侵权，分流了大量用户至其播放平台，相关广告收益也由被告获得，原告的广告收益自然受损，应当按照原告提交的广告合同总金额1.98亿元，计算单期节目广告损失为1250万元。

法院认为，某讯公司获得的权利范围与被告具体使用情况在授权内容、使用范围、授权时间上均存在一定差异，依据某讯公司提交的广告合同亦无法直接推算出其因涉案侵权行为遭受的广告损失具体数额。在权利人的实际损失和被告因侵权行为的违法所得均难以确定的情况下，综合案件因素裁量确定赔偿数额为100万元。

上案是较为典型的原告以实际损失主张赔偿数额并提交证据的情形。一般情况下，原告评估其用于证明实际损失的证据所显示的数额较高，能满足其赔偿预期时，才会提交相关证据并主张按实际损失计算赔偿数额。法院在综合案件具体情节、被告抗辩意见，并对相关行业中视频节目传播市场价格作出相对理性判断的基础上确定赔偿数额。

（二）侵权获利

侵权获利理应是与实际损失相对应的存在，即侵权人的获利就是权利人的实际损失。“侵权人利润往往被视为权利人损失的附属变量。”① 侵权获利赔偿是涵摄权利保护论和创新激励观的规范性范畴，其规范价值不在于单向度的获利追索与返还，而在于调适权益保护与创造自由之间此消彼长的关系，

① ［德］格哈德·瓦格纳：《损害赔偿法的未来：商业化、惩罚性赔偿、集体性损害》，王程芳译，中国法制出版社2012年版，第145页。

保持二者的张力。①

为了实现对权利人利益的保护以及对侵权行为的打击，有必要将侵权获利赔偿给权利人。对此合理化的解释主要是出于传统侵权损害赔偿救济方式的不充分性，以及多元视角下损害赔偿内涵的自然扩展。② 侵权获利在著作权法中被规定为“侵权人的违法所得”，与商标法等法律中规定的“侵权人因侵权所获得的利益”同义。

正如上文分析的那样，由于权利人实际损失情况复杂且难以计算，传统市场经济中的产品销售利润、营业利润、净利润等指标在视频著作权案件中基本无用武之地。实践中，类似情况也发生在侵权获利上，侵权获利的计算也复杂多样。有些侵权行为发生时，侵权人提供侵权视频仅是吸引用户的手段方式之一，尚无法判断其营利模式，也无法判断其从侵权视频中可获得的收益。常见的存在侵权收益的有以下几种情形：

1. 点播收益

在早期的一些案件中，有被告网站按单部视频节目设定价格向用户提供影视剧。这实际上是将视频节目视为有形商品，收益则类似于复制品的发行价格。客观上，此种情形可以相对准确计算被告的侵权获利。但实践中，得以准确计算还取决于当事人举证，若当事人不举证或不充分举证，依然无法准确计算侵权收益。

例如，有被告网站设置“影院”栏目，搜索相关影片名称，搜索结果有该片基本信息和内容简介，并显示“影片价格：￥2 元”，登录该网站付费购买影片后，可在线播放该电影。法院在考量各种因素后酌情确定赔偿数额为 5 万元。

上案是网络视频发展早期典型的收费型侵权行为。理论上可以精准计算出被告的侵权获利，但实际情况往往与理论设想十分遥远。从被告的角度，不提交相应的证据，一方面是客观原因，即合作方之间可能存在合作不规范、结算不清晰或业务不稳定等现实问题，被告无法提交能清晰准确反映收益情况的证据。另一方面是主观原因，即实际收益远高于原告主张的赔偿数额，被告一旦提供收益证据，原告了解后会及时增加赔偿请求，被告为了避免承担较高的赔偿责任而不愿意提交。从原告的角度看，如果其意识到被告网站

① 杨涛：《知识产权侵权获利赔偿制度的完善路径》，载《现代法学》2020 年第 5 期。

② 杨涛：《知识产权侵权获利赔偿制度的完善路经》，载《现代法学》2020 年第 5 期。

经营规模大、用户数量多、影响力广泛，则其有可能更希望看到被告提供涉案视频的获利证据；如果经其了解被告网站经营情况一般，针对被诉视频节目的实际获利情况有可能远低于原告主张的赔偿数额，则原告一般并不在意被告是否提交侵权获利的证据，即使被告提交了相关证据，原告也会尽可能找问题、挑毛病，意在使法院不采纳被告的相关证据。

在当前主流网站基本实现正版化的情况下，极少遇到类似上案这种简单粗暴的直接侵权形式，经营者采用准确定位的方法进行收费的视频节目，一般都取得了影片的合法授权，更多发生的是各类隐蔽型侵权行为，侵权获利的计算也更为困难。

2. 会员费

有些侵权行为发生时，被告网站提供会员包月收费观看视频节目的服务。此时，法院可以确定的是被告通过被诉视频直接获得了经济利益，但个案中侵权获利具体多少则不甚明确。要相对准确地计算，需要了解被告网站共有多少收费会员、会员费涉及点播涉案视频的有多少，这些事实若无证据支持，往往难以查清。如同上文的点播收益，会员费分摊到具体的视频节目上所对应的收益理论上是可以查清楚的，但被告会衡量提供准确收益信息的后果，只有在其认为收益远少于权利人主张的赔偿数额时，才愿意将与被诉侵权视频相关的收益数据作为证据提交。权利人对于这部分证据往往难以接受。若是收益数额高于权利人主张的赔偿数额时，被告一般不会将相关收益数据作为证据提交。此时，是否直接适用举证妨碍来处理赔偿问题，下文将具体分析。

3. 广告收益

有些侵权行为发生时，被诉视频被添加片头广告或在所处栏目提供广告，广告收益与被诉视频有关，能否直接按照点击量计算侵权获利？司法实务界经过反复研讨论证，最终达成的共识为，按照《信息网络传播权司法解释》第 11 条的规定，只有针对特定视频投放广告获取收益，或者获取与其传播的视频存在特定联系的经济利益，才能认定属于从被诉视频中直接获得经济利益。其他一般性广告费并不属于直接获得的经济利益，不能作为侵权获利对待。例如，被告未经许可在其经营的网站中传播相关视频节目，且在该节目播放前及播放过程中设置广告，法院只是将此作为被告网站吸引用户浏览网站、增加该网站获得投资或广告收益机会的因素，不以广告的存在认定被告从被诉视频中直接获得经济利益。

案例

电视节目《×××人与狼“母子情缘”》案①

龚某、梁某拍摄制作了《××狼群》的纪录片视频，随2012年7月出版的小说发行。2015年12月，龚某等发现某视网网站“视频”栏目下可搜索到“《×事》20140519×××人与狼‘母子情缘’”的上、下两段视频共一小时左右。视频播放前有14秒广告，画面左上角有某卫视标志，播放过程中有广告弹出。上述节目共选用原告视频163段，时长共22分49秒。媒体资源网显示“2014某卫视广告价格表”自2014年1月1日起执行，在“15：57播出的节目《家事》”5秒广告费8000元、10秒广告费12000元、15秒广告费15000元，在“21：30播出的节目《家事》”的5秒广告费35000元、10秒广告费52500元、15秒广告费70000元。

法院认定央视网上播出的广告属于收取一般性广告费的情形，不属于被告直接获得经济利益的情况。龚某等提交的证据能够证明某电视台在2014年度中被诉电视节目所在栏目的两档播出时间的广告价格，某电视台未提交证据予以反驳，故法院推定被诉电视节目在某电视台首播期间获得广告费收入，但未直接以此计算被告的侵权获利，而是根据龚某等拍摄原创视频所付出的成本、被告的主观恶意、侵权行为持续时间、被诉电视节目中选用原告视频的时长占比等因素，酌情确定赔偿数额为25万元。

从上述案件查明事实看，龚某等人拍摄制作相关纪录片视频，最初是以小说附赠的光盘视频资料形式销售的，并未许可电视台或网站播出其视频节目，因此没有用于比照被诉行为的许可使用合同价格计算实际损失。对于电视节目中选用原告视频的侵权行为，龚某等提交了第三方网站登载的某卫视被诉节目所在栏目的广告费价目表，但法院并未直接采纳该广告费作为侵权获利的计算依据，原因在于某卫视的两档时段广告费价格不同，被诉节目属于某卫视哪一档节目、节目中广告的情况等事实未在该案中直接查明。虽然上述部分事实属于客观事实，但民事案件中认定的事实以当事人举证为原则，法院释明或主动调查相关事实仅在确有必要的情况下进行。况且，在部分事

---

① 北京知识产权法院（2017）京73民终445号民事判决书。

实穷尽方式查明后，仍存在如何确定被诉节目中使用原告视频对被诉节目价值的影响，进而对广告收益的影响等主观判断因素，在一定程度上影响了当事人举证和法院穷尽方式查明客观事实的必要性。

以上是视频著作权案件中常见的与侵权获利有关的情节，归纳起来，重要的是，侵权获利应与侵权行为存在对应关系。只有因侵权行为产生的获利，才能作为侵权获利对待，而不能将被告全部经营所得作为侵权获利对待。这体现在被告会员费和广告收益与侵权获利的判断上。

此外，侵权人无获利是否不用赔偿？许多案件中，被告主要的抗辩理由是被诉行为仅是其试运行、测试性业务内容，或者未取得任何收益。此种理由即便有证据证明，最多也只能确认被告无侵权获利，但不能否定被告应承担赔偿损失的法律责任。只要原告的财产性权利受到侵害，就可以向被告主张赔偿经济损失，而不论被告是否因被诉侵权行为取得点播收益、会员费、广告费等收益。至于选择赔偿计算方式、确定具体的赔偿数额，是在认定赔偿责任后另一层次的问题。

侵权获利能否超出实际损失？在“填平原则”下，侵权获利主要是实际损失难以计算时的替代性损失计算方案，故不应超出实际损失。当然，此种比较方式在实践中较少发生。原因还是实际损失和侵权获利本身难以计算的特性。特别是在2020年《著作权法》施行前，实际损失和侵权获利的适用有先后顺序时，只有实际损失难以计算时才考虑适用侵权获利，如果能比较侵权获利与实际损失的差异，就意味着可以计算实际损失，并无侵权获利的适用空间。当然，2020年《著作权法》取消了实际损失和侵权获利的适用先后顺序，从法律规定层面理解，给了权利人更多的选择权，可以以超出实际损失的侵权获利主张其经济赔偿。

（三）权利使用费

权利使用费，也可称为许可使用费，将权利使用费作为赔偿计算方法，最早出现在专利法中，之后商标法吸收借鉴了相关规定。2020年《著作权法》第54条第1款中规定了“权利人的实际损失或者侵权人的违法所得难以计算的，可以参照该权利使用费给予赔偿”，正式将权利使用费作为独立于权利人实际损失和侵权人违法所得的赔偿计算方法。

立法机关表示，增设权利使用费作为赔偿方式的做法是基于此前著作权法有关损害赔偿规定在实践中存在一些问题所作出的：被侵权人的实际损失往往难以确定；只要求侵权人就其违法所得赔偿权利人，难以弥补权利人的实际损失，也难以震慑侵权行为。把权利使用费确定为侵权赔偿额计算的一种标准，有助于进一步减少权利人的举证负担，在权利人无法举证自己遭受的损失或侵权人违法所得的情况下，可以证明相关产品在市场中的版权许可使用价格作为赔偿数额；有助于防止法定赔偿的滥用，遏制通过商业诉讼进行的权利滥用行为。①

将权利使用费作为赔偿额计算的一种参考标准，立法机关的初衷和方向无疑是正确的，有利于推动形成成熟完善的著作权许可使用市场。当然，现阶段，与专利市场当事人对许可使用费价格具有相对高的共识度不同，许多作品的许可使用费价格体系尚未形成。原因是多方面的，最根本的原因是基于多类型作品、多权项体系、多方式用途基础上的著作权许可市场的建立难度非常大，难以在较短期间内形成相对稳定、有共识性的价格体系。与视频相关的许可使用费由于视频本身、当事人博弈能力等的差异更是千差万别。因此，现阶段，如果当事人在案件中无法提交因侵权行为造成的实际损失或侵权获利证据，往往也难以提供可参考的许可使用费证据。

此外，部分案件中当事人能提交许可使用费相关的证据，此部分证据或者作为权利人实际损失，或者作为侵权人违法所得使用，不属于在权利人的实际损失或者侵权人的违法所得难以计算情形下的另外计算方式的证据。所以，实践中，直接参考合理的许可使用费计算赔偿数额的情形并不普遍。但是，与侵权获利的认定应与侵权行为有对应关系不同，权利使用费属于可参照的标准，应当考察当事人提交的权利使用费与被诉行为产生的实际损失或侵权获利的可比性。

案例

游戏《武侠××》案②

某某世界公司经某某社公司授权，取得了《××作品集》游戏改编权及

① 黄薇、王雷鸣主编：《中华人民共和国著作权法导读与释义》，中国民主法制出版社 2021 年版，第 269~270 页。

② 北京市高级人民法院（2018）京民终 226 号民事判决书。

改编后商业开发的独家权利。某谷公司开发、某某乐享公司等运营的《武侠××》游戏使用了《××英雄传》《××侠侣》《××屠龙记》《××江湖》四部作品的核心人物和武功，占被告游戏设置的70%左右，且人物、武功描述等与原告作品存在对应关系或相似性。被告游戏对涉案作品的具体创作要素进行了截取式、组合式的使用，能够使涉案游戏相关用户通过游戏卡牌的形式部分获得欣赏涉案作品的体验。

二审法院支持了某某世界公司、某某社公司提出的侵害改编权的主张，虽然某谷网、某某乐享公司等因合作运营《武侠××》游戏获得营业利润170236250元，即使乘以未经许可无偿使用的涉案作品中的相关元素对《武侠××》营业利润的贡献率，亦远超著作权法规定的法定赔偿50万元的最高限额。著作权法（2010年《著作权法》）虽然未将著作权许可使用费的倍数作为确定赔偿额的方式之一，但根据《最高人民法院关于审理著作权民事纠纷案件适用法律若干问题的解释》的规定，作品的合理使用费是确定赔偿数额应予考虑的因素之一，知识产权审判实践中，也一直将稿酬、合理的许可使用费的倍数作为确定损害赔偿额的方式。本案可以参照涉案作品的移动终端改编权使用费来确定损害赔偿额。

在案证据可以证明，某某世界公司于2014年取得涉案作品在中国大陆市场三年的独家移动终端游戏软件改编许可支付的对价为每部小说200万元（含税）。被告游戏上线运营为2014年。最终参照涉案作品在中国大陆市场三年的独家移动终端游戏软件改编权许可费800万元的2倍来确定本案的赔偿数额为1600万元。

上案是参照权利使用费计算损害赔偿的典型案例。虽然所参考的权利许可使用合同所约定的权利性质、授权客体等不同，但法院综合考虑本案因素，认为可以将该合同金额作为计算赔偿额的依据使用。

值得指出的是，《专利法》《商标法》中规定的赔偿损失计算方式之一为“许可使用费的倍数”，2020年《著作权法》仅规定“权利使用费”。至于是否需要考虑“倍数”，以及“倍数”是否含“一倍”等问题，虽然已经受到一些学者的关注，但在实际适用过程中往往不属于主要争议点。虽然2020年《著作权法》未强调以权利使用费“合理”确定，但显然，可参考的权利使用费与案件相关情节相比理应具有合理性，才符合民事损害赔偿基本原则下的惯常逻辑。

（四）法定赔偿

法定赔偿是权利人的实际损失、侵权人的违法所得、权利使用费都难以确定时，由法院根据侵权行为的情节，在法定赔偿限额内确定赔偿数额的赔偿计算方法。实践中，法定赔偿的适用率远高于实际损失、侵权获利或权利使用费。此现象多年来持续受到理论界、实务界的广泛关注，讨论主要集中在法定赔偿适用过多、以司法定价代替市场定价、法官自由裁量权过大、同案不同判等诸多问题上①。但客观上，法定赔偿的适用既有当事人及代理人等案件参与者们主观上便捷处理赔偿计算数额的惰性使然，又有明确计算出实际损失或侵权获利存在难度的现实困境，还有赔偿计算的理论可行性与当事人举证到位的实操性之间难以逾越的鸿沟，以及即便当事人有意识、有能力举证但不愿意提交对自己不利证据的主观顾虑等多重原因。

另外，网络视频行业随着近些年网络经济的快速发展而发展，市场定价模式并不成熟，由法院以法定赔偿方式确定个案赔偿数额，虽然存在司法定价替代市场定价的弊端，但某种程度上也为权利人等相关主体提供了市场定价的参考依据和基础。这反映在大量案件中的当事人以法院个案判赔数额为基础达成一系列纠纷案件和解，或顺利实现后续合作的情况。

关于法定赔偿的适用条件、视频著作权案件中从高或从低确定法定赔偿数额的因素等，将在下一节中详细展开。

（五）裁量性赔偿

裁量性赔偿不属于法律规定的赔偿计算方法，而是充分尊重市场营收规律计算权利人实际损失或侵权人违法所得的一种方法。之所以在本节中介绍裁量性赔偿，一是因为此种方法已被实践应用，在解决知识产权损害赔偿计算依据不充分等问题上发挥其作用，二是为了与法律规定的赔偿计算方法相区分。

---

① 叶霖：《知识产权损害赔偿数额高低之辩证分析》，载《电子知识产权》2018 年第 12 期；蒋舸：《知识产权法定赔偿向传统损害赔偿方式的回归》，载《法商研究》2019 年第 2 期；曹新明：《我国知识产权侵权损害赔偿计算标准新设计》，载《现代法学》2019 年第 1 期。

视频著作权案件中，当事人提交的证据尽管无法精确计算权利人的实际损失或者侵权人的违法所得时，但可以按正常的市场交易规则、惯例等计算出权利人的实际损失或者侵权人的违法所得，就可以按裁量性方法进行计算。按裁量性赔偿的方法可以计算出高于法定赔偿最高额的赔偿数额。

裁量性赔偿主要是为了加强知识产权保护的司法作用，加大知识产权的保护力度，也是在《中共中央 国务院关于完善产权保护制度依法保护产权的意见》① 明确“加大知识产权侵权行为惩治力度，提高知识产权侵权成本”大环境下的要求。裁量性赔偿提出时，我国各知识产权专门法所规定的法定赔偿额上限并未提升至500万元，特别是著作权法的法定赔偿额上限仅50万元。裁量性赔偿可以超出法定赔偿额上限裁量计算侵权赔偿数额，一定程度上满足了加大知识产权保护的要求。

同时，有学者认识到知识产权损害赔偿存在“固有的巨大不确定性”，但批评法院在立法并未要求实际损失、侵权获利与许可使用费达到能够精确确定的程度的情况下，严格适用证明责任规则的实践惯性，以及学界对知识产权损害赔偿复杂本性的挖掘不足，导致许多人认为只有在能够精确认定损害的情况下才能适用传统损害赔偿计算方式。从而造成法定赔偿方式适用过多等问题。②

裁量性赔偿在一定程度上是为了减少知识产权损害赔偿计算的不确定性而提出。《北京高院著作权审理指南》第8.8条规定，按照权利人的实际损失、侵权人的违法所得均无法精确计算赔偿数额，裁量确定赔偿数额时，除根据当事人提交的证据外，还可以考虑如下因素：（1）原告主张权利的作品市场价格、发行量、所在行业正常利润率；（2）侵权商品的市场价格、销售数量、所在行业正常利润率以及作品对商品售价的贡献率；（3）原告主张权利的作品类型、所在行业的经营主体盈利模式，如互联网流量、点击率、广告收入等对损害赔偿的影响；（4）其他因素。

适用裁量性赔偿，体现了个案中损害赔偿数额一定范围内的可计算性。这种可计算性，不是准确对应权利人的实际损失或侵权人的侵权获利，但主

---

① 《中共中央 国务院关于完善产权保护制度依法保护产权的意见》，载中国政府网，http：//www.gov.cn/zhengce/2016-11/27/content_ 5138533.htm. 最后访问时间：2021年7月29日。

② 蒋舸：《知识产权法定赔偿向传统损害赔偿方式的回归》，载《法商研究》2019年第2期。

要涉及两个方面因素：第一，当事人所在行业的正常利润率。不仅是权利人就其作品使用市场所在行业的正常利润率，也可以是侵权商品所在行业的正常利润率。利润率因素，是为了结合权利人作品或侵权商品发行数量、传播范围、市场规模而计算出权利人可由其作品取得的正常收益或被告可能获得的侵权收益。第二，根据行业盈利模式考虑作品在市场收益中所占比例情况。权利人因作品产生的市场收益或被告因使用侵权商品而获得的侵权收益往往在当事人各自完整的商业模式中实现，被诉作品所带来的收益或者可以量化为收益比例的一部分，也可能由于当事人以互联网流量或页面展示广告等方式盈利而不直接反映在使用作品的过程中。因此，被诉作品带来的收益比例情况需要结合个案证据的具体情形进行考虑。[①]

案 例

游戏《梦想××王》案[②]

某映动画通过演绎《××王》漫画制作动画片，对动画片以及动画片中人物卡通形象美术作品享有著作权。2014 年 7 月 1 日，某某南梦宫经某映动画授权，取得在中国地区使用原告动画片及其中角色形象美术作品制作运营手机卡牌游戏《××王启航》的权利。被告自 2013 年 7 月起，将其制作的《梦想××王》手机卡牌游戏在其官网及多个游戏应用市场上线供用户下载游戏。

关于被告游戏的运营情况，原告提供第三方网站网页显示：2013 年 9 月，被告相关人员接受媒体采访时表示："从东拼西凑两三万元钱创立公司，到旗下产品《梦想××王》月流水做到 2000 万以上""到 9 月应该会超过 3000 万，不信我可以给你看后台"。

2016 年 11 月 23 日，查看多个游戏应用市场中被告游戏下载安装量从 40 万次至 2073 万次不等。被告表示该游戏于 2016 年 11 月底已从各应用市场下

① 曹丽萍：《〈侵害著作权案件审理指南〉条文解读系列之八》，载微信公众号"知产力"，https：//mp. weixin. qq. com/s? src=11&timestamp=1641908406&ver=3552&signature=VSSNnPUqSn3fcD874u0w3gignzYhNZ0RQDlRArxK3 * Xr * w0swG7t7S8WXFi8ThxnxD4im0gqV6YreBQ5R * RM-gAHJZgM9KvrHVB8Ma H0JFO4wOagVZAO7ow6DEgpmxzM&new=1，最后访问时间：2022 年 1 月 6 日。

② 北京市海淀区人民法院（2016）京 0108 民初 27959 号民事判决书。

线。同时，被告表示，该款游戏的运营收益，游戏应用市场获得 80%，其仅占 20%。

法院认定被告游戏使用原告动画片中角色形象美术作品构成侵权，数量达到 214 幅，覆盖了被告游戏中的绝大部分角色形象。在计算赔偿损失时，虽然双方未能提交证据证明原告实际损失或被告的侵权获利，但本案证据显示被告通过运营《梦想××王》游戏获利可观，并综合考虑相关市场因素，裁量计算被告应赔偿原告经济损失 300 万元。

关于裁量计算因素主要有以下方面：第一，被告游戏运营持续三年多。在手机游戏生命周期通常仅 6 个月左右的情况下，被告游戏在市场中表现突出。被告相关人员曾在该游戏上线三个月左右即通过媒体宣传该游戏月流水 2000 万元以上。第二，被告游戏中的角色形象使用了原告动画片中的美术作品，被告游戏得以正常运营还包括游戏软件、游戏画面中的其他元素，被告运营游戏所获收益中，应考虑侵权作品的收益占比情况。第三，手机游戏收益在开发运营商与游戏应用市场之间分配的比例。第四，原告作品演绎自漫画作品，被告赔偿责任还需考虑对漫画作者留有必要的份额。

很多案件中，适用裁量性赔偿的举证要求并不低于适用实际损失或侵权获利的举证要求，在司法实践中能顺利适用此赔偿计算方法的情形并不多。2020 年《著作权法》已将法定赔偿额上限提高至 500 万元，该数额已能满足大部分视频著作权案件中原告对于赔偿损失的预期数额。因此，除非能提供充分证据且裁量计算的数额高于 500 万元，原告可能更愿意法院适用法定赔偿方法确定判赔数额。

三、赔偿计算方法的顺位

2020 年《著作权法》施行前，著作权领域的赔偿计算方法按权利人实际损失、侵权人违法所得、法定赔偿的顺位依次适用。反映在判决的赔偿责任部分论述中，适用法定赔偿之前需要强调当事人未提交证据或未提交充分证据可以证明权利人实际损失或侵权人违法所得，法院才根据侵权情节适用法定赔偿确定赔偿数额。

从上述顺位可知，因侵权行为造成权利人实际损失才是侵权人承担赔偿责任的基础，只是在实际损失难以确定的情况下，才依次适用侵权获利或法定赔偿计算赔偿数额。从法律条文字面规定理解，如果侵权行为未造成权利人实际损失，则侵权人无须承担赔偿责任。这也是部分案件中，被告会提供原告公开的审计报告、宣传报道等证据，证明侵权行为发生时，原告的经营规模仍在扩大、收益仍在增长，以此来证明侵权行为未对原告造成实际损失。但事实上，法院一般不会采信此理由而认定侵权行为未对权利人造成实际损失。因为权利人的实际损失不仅包括直接损失，也包括间接损失，间接损失一般情况下可以解释为合理预期收益的损失。比如，上文中提到境外影视剧未经审批无法在电视台、院线等媒体合法传播，但并不意味着引进这些作品的权利人无法获得行政审批可以自行行使或许可他人行使相关权利，即便行使过程中可能存在违反行政管理规定的情况，也不必然直接否定权利人据此享有的财产权。

2020 年《著作权法》将实际损失和侵权获利共同作为第一顺位的赔偿计算方法。这是需要注意的立法变化。这不仅是赔偿计算方法顺位的些微调整，其意义主要在于：

一是体现了加大著作权保护、有效打击侵权行为的立法精神。在实际损失与侵权获利数额无差别的情况下，二者适用时是否有顺位，结果并无区别。但若有差别，或者实际损失高于侵权获利，或者实际损失低于侵权获利，二者适用时是否有顺位，结果会存在差异。实践中的多数情形会发生侵权获利高于，甚至远高于实际损失的情况。与工业产权不同，作品的产生可以与商业使用无关，作者往往也不善于将作品推入市场实现商业利益。而相当部分的被告都是以商业主体形式存在，使用他人作品正是为了提升其产品、服务或经营活动的吸引力和影响力。所以，被告的侵权获利高于原告的实际损失是完全有可能的。只要有证据证明侵权获利情况，原告就有权利选择适用侵权获利计算赔偿数额。这体现了民事赔偿责任便利当事人举证、加大权利保护和有效遏制侵权并举的价值导向。

二是侵权获利不再成为实际损失这一赔偿计算方法的替代方案，而有了单独存在的意义和价值。即使权利人未说明或未举证其实际损失存在，也无法合理推定权利人的实际损失情况，都不影响其直接选择以侵权获利主张被告承担赔偿责任，也不影响权利人可以获得高于其实际损失的侵权获利的经济赔偿。

当然，赔偿计算方法的顺位调整依然无法避免当事人举证问题。权利人可以直接选择侵权获利主张赔偿数额，但应举证证明侵权获利情况。无法证明的，则其主张也难以获得支持。

四、赔偿计算方法的举证

诉讼中，当事人举证为侵权判定以及法律责任的确定提供重要的事实基础。上文所论及的多处重要症结也主要集中在当事人举证问题上。之所以法定赔偿适用多，主要是当事人对实际损失或侵权获利举证不到位；之所以赔偿计算方法的顺位问题在实践中并不突出，也主要是当事人无法完成相应的举证，从而使位于前列的赔偿计算方法并不能发挥适用优势。

具体案件中，当事人举证情况直接影响的不仅是法院可适用的赔偿计算方法，而且还有赔偿数额。许多案件中，面对最终的判赔数额，原告认为过低，被告认为过高。还有当事人，在做原告的案件中认为判赔数额过低，在做被告的案件中认为判赔数额过高。排除当事人的情绪化因素，深层次的原因是司法定价与市场定价差距过大。正如大多数交易中的当事人无法准确知晓对方的交易底价，作为非市场主体的法官在有限的价格信息下更难作出恰当的估价。

（一）权利人举证

视频著作权侵权案件中，权利人一般为原告。民事诉讼中最基本的举证规则是“谁主张，谁举证”。由于原告主张被告应向其承担相应的赔偿责任，因此，有关赔偿方面的证据首先应由原告提交。除了原告经过考虑为了防止泄密等原因不愿主动提交之外，原告通常会将其认为与赔偿有关的或可参考的证据一并提交法院，以此对其主张提供支持。由于被诉行为相关的获利情况主要由侵权人掌握，权利人能提交的主要是与其实际损失有关的证据，或者将其使用作品可获得收益的证据与被诉行为相关的证据相结合，以此证明实施被诉行为本应为权利人带来收益的情况。当然，权利人也能提交相关公开渠道可获得的体现被告侵权获利的证据。

案例

节目《商务××》案①

2003年3月20日，某园中心与金某签订合作协议，约定联合制作《现代××》电视和光盘系列节目，某园中心负责全部资金投入和录制。后某园中心委托他人出版光盘出版物，名称确定为《商务××》，每套定价120元。

2014年7月，某园中心发现在某酷网中搜索"金某商务礼仪"，在"原创与教育"栏目下出现大量节目视频，搜索结果排列内容超过11页，每个页面列表为20个视频，不同用户上传这些视频的时间为1年至6年前不等，时长为30分钟左右，点击量最多为20.9万次。某酷网页面中有广告，网页右侧有相关推荐视频。某园中心主张被告构成帮助侵权，主张被告赔偿其经济损失及合理开支共计50万元。关于经济损失，某园中心表示涉案节目内容在某酷网的点击量合计超过百万次，导致其销售数量减少；其表示涉案光盘销售最好的时候为每年2000套至3000套，涉案讲座视频不只为被动录制老师讲课的内容，拍摄时有主持人提问、互动、动画等内容穿插，小动画系其自行制作。

一审法院认为涉案视频在某酷网有大量上传内容，时间持续较长，点击量高，被告作为某酷网的经营者获得与点击量相关的利益。某园中心对涉案视频享有录像制作者权，某酷网传播上述视频，影响其光盘的销售，考虑其光盘出版时间为2003年，其未举证证明有其他销售方式，其与出版社和金某本人关于光盘出版销售的合同均已到期，一审法院对其损失酌予从低考虑，经济损失及合理开支共计2万元。

某园中心认为赔偿数额过低上诉。二审诉讼中，某园中心提交了其与金某于2015年订立的补充协议及银行付款凭证，证明其与金某之间仍存在合同关系。某园中心同时主张，涉案节目光盘每套利润400元，每套20集，每集20元，涉案视频点击量总共为100万次，均摊到每集为5万点击量，每套涉案光盘的利润损失为2000万元（20集×20元×5万=2000万元），但其仅主张50万元。

---

① 北京知识产权法院（2016）京73民终274号民事判决书。

二审法院认为，某园中心主张按照每套光盘 400 元的利润标准计算涉案视频的实际损失，但其并未就此提供相应证据，亦未提供证据证明被告的违法所得。二审法院最终考虑涉案节目性质、某园中心未提交证据证明涉案光盘获得大量销售，以及被告非直接侵权人等，酌情提高经济损失为 5 万元。

上案中，涉案节目有正式出版物，其中标明了公开售价，虽然被诉行为所涉及的权项与涉案节目光盘出版发行涉及的权项不同，但原告提交相关证据在一定程度上反映了涉案节目的市场价格，有助于法院确定赔偿数额。由于原告仅提供了涉案节目出版物单价，并未提供销售情况以及因被诉行为造成销售量减少等证据，所以仅将出版物定价作为确定赔偿数额的参考因素。二审法院虽然部分提高了判赔数额，但也未采纳原告提出的以被告网站点击量视为出版物销量的计算方法。原因是显而易见的，网站点击量主要体现了相关文件受关注的程度，每次点击并不一定是一次完整的播放，与用户购买一套正式出版物不可同日而语。

在第五章电视剧《××记》相关音乐作品案中，原告除了证明某某艺网站上播出使用其为电视剧《××记》创作的《××记序曲》与《孙××交友》音乐作品的《××外传》及《××外传 2》之外，原告还提交了其授予上海某游公司使用《××记序曲》音乐作品为游戏背景音乐而签订《“爆炸××”手机游戏授权合作协议》，授权费用 18 万元并已履行。原告主张被告赔偿其经济损失 60 万元，一审法院并未支持其损失计算方式，而是适用法定赔偿确定赔偿数额为 15 万元。

原告认为一审判赔数额太低，其提交相关合作协议是为了证明单首作品的许可使用费在 15 万元以上，其在二审诉讼期间还补充提交了关于《××记序曲》授权许可协议，授予他人将该音乐作品永久重制于电影《××记之孙××三打×××》中作为配乐，授权费用为 20 万元。二审法院认为，原告提交的授权协议或者期间为永久，或者授权范围为游戏平台，与本案情况不同，不宜将授权协议所约定的授权使用费数额直接等同于权利人的实际损失，最终维持了一审判决的相关认定。

大部分情况下，并不是权利人不提交与实际损失相关的证据，而是侵权行为发生的场景、模式、受众群体等参照因素与权利人许可他人使用其作品的因素存在差异，法院无法直接参照使用或作为主要的参考标准使用。在这种情况下，一些持有大量正版视频节目的权利人，为了快速高效净化网络市场，清理网络中的侵权视频，就不再提供用于证明与其实际损失相关的证据，而是直接主张法院适用法定赔偿确定赔偿数额。特别是2020年《著作权法》将法定赔偿额上限提升至500万元，已基本能满足权利人对于个案赔偿数额的心理预期。对于一些常规类型的侵权案件，权利人与其耗时费力准备并提交许可使用合同等证据，既有泄露商业秘密的风险，又有极大可能无法被法院完全采纳，无法适用权利人实际损失的赔偿计算方法，不如将举证重点放在作品知名度、被诉行为持续时间、被告过错等方面，增加法院适用法定赔偿时酌加因素的考虑范围。

（二）侵权人举证

视频著作权侵权案件中，侵权人一般为被告。大部分被告的举证集中在针对被诉主体、被诉行为以及过错等方面，少部分被告会针对赔偿责任提交相应的反驳证据。一方面，能自认被诉行为构成侵权的被告不多，大部分被告希望从根本上否定被诉行为发生、否定被诉行为由其实施，或者否定被诉行为的侵权性质。只要某一环反驳成立，原告的主张就得不到支持，也就无所谓赔偿问题。另一方面，在原告举证其实际损失都相当困难的情况下，要举证被告的侵权获利更为困难。面对原告无法提交证据证明的事实，被告并无动力证明其获利情况。

围绕赔偿责任，被告一般不提交证据。如果被告抗辩其无侵权获利，对于否定事实一般无须举证，而且司法解释等均规定网站中的一般性广告并不属于网站经营者从侵权内容中直接获利，因此，即使被诉视频页面中有广告等营利性设置，通常也不认为属于被告侵权获利的直接依据。少量案件中，被告会提交用户交易量等后台数据，证明被诉视频被用户付费点播或下载的量极少，远不及原告主张的数额。但对于这些完全由被告控制并制作的单方文件或材料，原告一般不认可其真实性，法院也无法据此认定侵权获利情况。

网络视频著作权案件中，极少有侵权获利相关的证据，除当事人主观上不愿意提交外，客观原因主要有以下几个方面：一是与视频相关的侵权行为所涉及的交易市场尚不成熟，缺乏客观的收益评价机制及评价方法，导致当事人无法提交。不论是因制作视频引发的侵权纠纷，还是因传播引发的侵权纠纷，由于视频类型多样化、侵权元素内容复杂、使用量存在差异，以及网络传播模式等快速变化发展，如何将被诉视频所产生的收益从被告经营获利中区分并准确提取出来非常困难。而且，当前相当部分互联网行业发展模式主要以用户和市场规模为利益驱动，以传统意义上成本收益相关的评价标准判断往往都是亏损，不存在获利。在这种情况下，较难将被诉视频获利的数据从被告相关经营材料中提取出来并作为证据提交。二是侵害信息网络传播权等视频著作权案件中常见的侵权行为并不以被告为经营主体或被诉行为涉及经营行为为条件，诸如学校开办的网站提供侵权视频被权利人起诉，大部分学校会抗辩其提供被诉视频不以营利为目的，实际也无获利，无法提交相关获利证据。三是随着权利人维权热情提高，以及监控侵权方式的优化，许多侵权行为发生时，被告刚开始经营，尚无获利，被告无法提供与获利相关的证据。

（三）举证妨碍

为了解决被告有侵权获利但却不主动提交相关获利证据的问题，2020 年《著作权法》借鉴了其他知识产权法以及《民事诉讼法司法解释》中“责令提供书证”的相关规定，在第 54 条第 4 款规定了举证妨碍规则，“人民法院为确定赔偿数额，在权利人已经尽了必要举证责任，而与侵权行为相关的账簿、资料等主要由侵权人掌握的，可以责令侵权人提供与侵权行为相关的账簿、资料等；侵权人不提供，或者提供虚假的账簿、资料等的，人民法院可以参考权利人的主张和提供的证据确定赔偿数额”。

举证妨碍制度，目的是减轻权利人的举证负担。由于知识产权权利的无形性和侵权行为的隐蔽性，很多证据实际由侵权人控制，而权利人无法获取，也就难以证明侵权事实及损害事实，导致损害赔偿额难以计算。在适用举证妨碍制度时，可责令当事人提供的证据仅限于与侵权行为相关的账簿、资料等书证。[①]

理论上，适用举证妨碍制度可以弥补权利人难以取得，而侵权人无动力提交侵权获利证据，从而无法确定侵权人获利情况的缺陷。但该制度的适用有严格的条件：

---

① 黄薇、王雷鸣主编：《中华人民共和国著作权法导读与释义》，中国民主法制出版社 2021 年版，第 271~272 页。

一是赔偿责任领域的举证妨碍制度的目的是解决赔偿数额的确定问题。侵权案件中，侵权人持有的与侵权行为相关的证据不只与赔偿相关，如在侵害计算机软件著作权案件中，原告主张被告侵权的软件源代码由被告掌握，在满足一定条件下，法院也会要求被告提交其软件源代码，若不提交的，也会承担一定诉讼后果，该程序就不属于赔偿责任领域的举证妨碍。

二是权利人已经尽了必要举证责任。这是适用举证妨碍制度的前提。减轻权利人举证责任并不是免除其举证责任，权利人只有尽了必要举证责任，证明侵权人存在获利事实，但因为客观原因无法取得具体的侵权获利证据时，才能适用举证妨碍。如何理解“尽了必要举证责任”，这需要在个案中进行判断。权利人至少需要对存在侵权获利进行举证。比如，权利人可以将其从公开领域获得的侵权人传播被诉视频获利的相关宣传报道作为证据。

三是举证妨碍所针对的证据仅涉及与侵权行为相关的账簿、资料等书证。针对侵权行为的其他证据，如被诉视频所处的服务器情况等非账簿、资料相关的证据不属于侵权人需要提交的证据范畴。

四是侵权人无正当理由不提交或者提交虚假的账簿、资料的，法院才可以参考权利人主张和证据确定赔偿数额。满足举证妨碍要求的侵权人不提交证据，并不包括侵权人没有获利或者虽然有获利但有正当理由无法提交的情形。因此，并不是任一视频著作权侵权案件中，被告不提交与获利相关的账簿、资料时，法院都需要适用举证妨碍规定，直接按原告主张和证据确定赔偿数额。

案例

推广视频《××××滑雪》案[①]

2018年1月28日，刘某在××场网站发表了《××××滑雪》的视频，片长2′8″。

微信公众号“×条”于2018年3月18日发布一篇广告文章，文章标题下方有××沃汽车的动态广告，正文中有涉案视频，文末显示“点击阅读原文，

① 一审：北京市海淀区人民法院（2018）京0108民初34939号民事判决书；二审：北京知识产权法院（2019）京73民终1663号民事判决书。

进入××沃官方，立即预约试驾，感受自律带来的自由！”等文字。2018 年 4 月 19 日取证时，该文阅读量 100000+，点赞 423。

另外，被告将附有涉案视频的广告文章同步发布于其微博账号，阅读量达到 33 万+。

为证明被告侵权获利情况，刘某提交其询问被告广告收费的邮件，内容为“×条您好，请问微信广告如何收费？”返回邮件列表，查看名为“《×条》媒体刊例介绍 2018Q1”的邮件，发件人为×××××，邮件内容为“附件为我司刊例介绍，还请收悉。如有广告合作意向随时沟通。期待合作！”打开附件中的 PDF 文件，为被告的广告刊例报价，其中“微信头条+全网”视频定制拍摄报价为 150 万/条，“微信头条”底部 Banner 报价为 15 万/次，“微信次条”内容创意传播报价为 12 万/条，“微信三条”内容创意传播报价为 10 万/条，“微博”内容创意传播报价为 10 万/条。被告认可涉案视频是广告主投放，适用上述刊例报价，但表示涉案视频非定制拍摄，属于一般的微博微信投放，且未达到一定的流量标准，实际收费远低于刊例报价，同时，被告表示无法明确涉案视频的实际收益。

为证明×条公司公众号受众广泛，传播迅速，浏览量大，刘某提交了多篇网络报道：1. 搜某网于 2015 年 11 月 23 日发布的标题为《“×条”创始人，如何每天一条视频月入 3000 万?》；2. 名为“××竞技”的用户在简书网中于 2017 年 1 月 12 日发布的标题为《月入 3000 万估值一亿美金的微信公众号出路在哪里?》，文章介绍“每天只发一条内容，每一条内容都是视频，每一条视频都是广告，每一条广告收 100 万，每一条都是原创，每天都要无数广告订单，看到这里估计大家都知道它是谁了，没错它的名字就叫‘×条’”；3. 名为“××轩网”的用户在新浪博客发布的标题为《估值一亿美金的微信公众号“×条”月入 3000 万》的文章等。被告认可上述证据的真实性，但不认可其证明目的。

法院认为，被告理应持有涉案视频的收益证据，但其拒不提交，依照其认可的 2018 年广告刊例报价，非定制视频的微博传播报价为 10 万/条，微信传播报价为 10 至 15 万/条，广告收费金额较高。并且，被告于 2018 年 3 月 18 日分别在微博和微信发布涉案视频，至刘某公证取证时，阅读量已累计 40 万以上，且被告在收到本案起诉材料后未及时删除涉案视频，致使侵权行为一直持续至 2018 年 9 月，侵权影响范围大。法院最终确定经济损失为 50 万元。

第二节 法定赔偿

一、法定赔偿的适用

“法定赔偿”不是一个法定概念，而是无法按照权利人的实际损失、侵权人的违法所得，或者权利使用费计算赔偿数额时，由法院根据侵权情节确定赔偿数额的方法。正如上一节中分析的，损害赔偿数额的确定，归根到底是对当事人利益范围的确定，而知识产权客体在使用过程中不具有排他性，从而加大了利益评价和衡量的难度。这一根本原因反映在诉讼中，体现为知识产权侵权案件赔偿数额的计算一直是典型的顽疾，绝大部分视频著作权侵权案件的损害赔偿都按照法定赔偿确定赔偿数额，这与知识产权民事侵权案件中普遍存在的问题类似。

实践中，权利人的实际损失、侵权人的违法所得以及权利使用费不仅是当事人主张问题，更重要的是当事人举证问题。只有当事人提交与损失、获利、权利使用费相关的证据，才有按照这些方法计算赔偿数额的基础和可能性。不论是当事人不举证，还是举证不足以证明其主张，都会影响损害赔偿的可计算性，而最终只能适用法定赔偿确定赔偿数额。

至于如何指导当事人举证，甚至适用举证妨碍制度的问题，虽然不少专家学者、法律人士从多角度、多层次，运用多种学说方法提出了各种解决方案和建设性意见，但要在个案中得到完美落实难度极大。

除了当事人诉讼和举证能力不足，无法或不愿意委托专业律师对其进行指导之外，还有将与损失或获利等相关的证据作为自己的商业秘密对待不愿意作为证据提交，也有仅提交对自己有利的证据或自己认为有效的证据，导致证据真实性、完整性、关联性不足而无法被采纳的情况。这些问题的改善以及根本改观，不仅需要全社会诚信机制的系统性提升、财务制度的不断健全完善，而且也需要当事人诉讼能力的全面提高，非一朝一夕之事。

因此，尽管法律法规等规范性文件不断完善赔偿责任和证据规则方面的制度规定，但可以合理预见的是，在今后相当长一段时间内，法定赔偿的计算方法仍属于视频著作权案件中主要的赔偿计算方法。

《北京高院损害赔偿指导意见及法定赔偿标准》除了对法定赔偿适用过程中的一些原则性问题进行规范之外，还在第六章规定了视频类作品、制品法定赔偿的裁判标准，对视频著作权案件中适用法定赔偿的考量因素、各类典型侵权行为的基本赔偿标准等作了指引性规定。在一定程度上为法定赔偿的规范适用以及裁判一致性提供了参考标准。

法定赔偿在实践中适用最多，其也有适用条件限制。法定赔偿的适用顺位在最后。只有在其他可计算赔偿数额的方法都难以适用的情况下，才考虑适用法定赔偿。当然，针对部分案件中，原告直接主张由法院确定赔偿数额的情形，如果原告不提交也不准备提交与实际损失、侵权获利等相关的证据，可以直接推定按实际损失、侵权获利以及权利使用费难以计算，而适用法定赔偿。

二、法定赔偿的酌定因素

在可计算的赔偿方法难以适用的情况下，由法院根据侵权行为情节确定赔偿数额。法定赔偿的适用过程中需要考虑与侵权行为相关的一系列酌定因素，这也是不少判决在论述赔偿数额确定过程时，使用“酌定”“酌情考虑”等字样的原因。视频著作权案件中，法院需要酌定以下因素：

（一）被诉视频的市场价值

赔偿责任是由于财产权受侵害而产生，因此确定赔偿数额的酌定因素中离不开权利客体的市场价值。市场价值不同于作品的艺术价值、专业成就等方面的价值。有些专业水平很高的作品可能关注人群并不多，作品的商业性使用情景也不多，并不体现很高的市场价值。反观广大群众喜闻乐见的一些通俗类作品因为使用场景多样而有助于提升其市场价值，就有可能在侵权案件中获得更高的赔偿额。

被诉视频的市场价值从两个方面判断，一是被诉视频本身市场价值的体现，如口碑、票房收益、获奖情况等可以初步判断相关视频在广大用户中受欢迎的程度。受欢迎程度越广的视频一般认为其市场价值越高。二是侵权发生时与被诉视频热播期的间隔时间。在通常情况下，视频节目公开发行初期为其热播期，这段时间较短。虽然视频节目的著作权保护期都较长，但视频节目主要的市场价值在热播期内实现。因此，如果视频节目本身市场价值高，或热播期的视频被侵权，均属于可酌情提高赔偿数额的情形。

本书第一章中介绍的电视剧《大军师司马懿之××××》案中，涉案电视剧于 2017 年 6 月 22 日在两大卫视频道首播，后经第三方网站统计，该剧在各卫星频道节目收视率排行榜中排名前列，至 2017 年 10 月 20 日，涉案电视剧在某酷网播放量达到 64. 5 亿次①。被告在涉案电视剧热播期间，通过所经营的“手机电视直播大全”，提供该剧直播及部分剧集的回看服务。法院酌情考虑案件因素确定被告按法定赔偿额上限赔偿某酷公司经济损失 50 万元。

而本章第一节提到的某公司以引进的 13 部电影被侵权起诉的案件中，13 部影片均未获得境内公开发行许可，法院将此作为酌定赔偿数额的重要因素，比照已合法出版发行或已经行政审批的作品从低确定赔偿数额，最终确定经济损失及合理开支共计 3. 2 万元。

（二）权利范围

法律规定的著作权许可使用合同需要包括许可使用的权利性质、地域范围、期间、付酬标准和办法等。由于社会经济文化生活的不断丰富，行业细分市场日益增多，权利人对被许可权利的划分也越来越细致。比如，按客户端数量、类型划分，将安卓端应用使用作品的权利许可给 A，将 ios 端应用使用作品的权利许可给 B；按硬件设备划分，将手机端应用使用作品的权利许可给 C，将网络电视端应用使用作品的权利许可给 D；按衍生品类型划分，将改编网络游戏的权利许可给 E，将改编动漫的权利许可给 F。再加上权利人授权链条的不断延长，不仅同一项权利可以许可多个主体同时行使，而且该权利按不同性质划分还可能形成上下游共同的权利人。诸如此类的权利划分意味着市场利益分割的精细化，这也需要体现在权利人因侵权所受损害的赔偿方面。

正因为权利人可获得的赔偿数额高低与其财产权被侵害范围有关。一项期限短、范围小、行使场景有限的权利被侵害，权利人可获得的损害赔偿数额显然较低，反之亦然。

---

① 北京市海淀区人民法院（2017）京 0108 民初 35128 号民事判决书中当事人提交公证书显示该剧播放量。

从技术上能一次完成的被诉行为，有可能涉及多个权利人的权利。比如，歌手选秀类综艺节目不仅可将整体画面作为视听作品对待，而且能分离出现歌手演唱的音频部分，分别授予视频网站、听书网站独家使用。若他人未经许可使用相关歌手演唱的音视频节目，则需要具体区分侵害了哪个独家权利人的权利。

（三）被诉行为

被诉行为的影响范围、持续时间、方式手段等特点是法定赔偿适用中酌情考虑因素的重要方面。被诉行为各方面评估指标的严重程度与赔偿数额呈正相关的关系。通常而言，被诉行为的相关特点对赔偿数额影响的因素集中在酌加或酌减因素方面，主要受到权利人关注的是酌加因素。法院在适用法定赔偿时会综合权衡酌加及酌减因素。

案 例

电视剧《××爱情七》案①

某酷公司经授权取得了电视剧《××爱情七》的独家信息网络传播权。该剧于 2014 年 2 月首播。

2017 年 9 月，某酷公司发现在手机中安装“×咕爱看”App，可搜索到涉案电视剧的全集列表，随机点播部分剧集，可在线免费观看。部分剧集播放页面左下角显示数字 4 万等。被告解释并提交证据证明播放页面左下角的数字为该应用安卓端、ios 端合计的点播量，该应用仅针对浙江移动用户。

法院认定被告构成侵权，虽然被告在 ios 和安卓移动端均实施了侵权行为，且涉案电视剧播放次数较多，但仍要考虑以下主要因素：第一，涉案电视剧首播时间较早，侵权行为发生时已非该剧的热播期，受关注程度有所降低。第二，涉案电视剧仅限浙江省移动用户观看，侵权行为的传播范围有限。第三，被告向用户免费提供涉案电视剧。综合以上情节，法院酌定赔偿数额为 8 万元。

---

① 一审：北京市海淀区人民法院（2017）京 0108 民初 59114 号民事判决书；二审：北京知识产权法院（2018）京 73 民终 1597 号民事判决书。

案例

电影《惊世××》案[①]

某华公司经授权取得了电影《惊世××》（2001 年公开发行）在中国大陆地区 2011 年 4 月 25 日至 2015 年 4 月 22 日的独占性信息网络传播权。

2014 年 3 月 1 日，某华公司对使用××盒子播放涉案电影进行保全：先在“××中心”在线充值，购买包月 15 米币“欧美大片”，可进入“欧美大片”频道，点击播放涉案电影。被告在接到本案起诉状后下线了涉案电影。某华公司主张被告侵害其信息网络传播权，应赔偿其经济损失 5 万元。

法院认定被告构成侵权，考虑到涉案电影的制作发行时间较早、被告采取收费点播模式、侵权行为持续时间等因素，确定赔偿数额 3 万元。

以上两案是法定赔偿适用过程中考虑被诉行为常见特点的典型网络视频著作权案件，其中主要涉及以下几个方面：

一是被诉行为涉及的传播渠道和途径。当前的网络环境被划分为移动端、PC 端、电视端、其他智能端等，传播渠道越广泛、用户规模越大，赔偿数额应越高。

二是被诉行为涉及的地域范围。虽然网络环境以互联互通为基本原则，但网络经营者依然可以通过地域范围的划分实现权利范围的物理隔离。这在 IPTV、互联网电视、手机电视等国家政策支持的相关业务中体现得更为明显。

三是向用户免费还是付费提供被诉视频。如果是付费提供被诉视频，则不排除会被认定为侵权人通过被诉视频直接获得经济利益，存在侵权获利是显而易见的，其侵权情节的严重程度更甚于免费提供被诉视频。

四是被诉视频受关注的程度。被诉视频受关注的程度反映了被诉行为对权利人权利造成损害的范围。视频节目的用户市场替代性较强，如果被告实施被诉行为已经使相当规模的用户获得了被诉视频，这些用户一般不会再对权利人以同样方式提供被诉视频感兴趣，权利人的市场被替代，市场收益受到减损。被诉视频的点击量既反映了观看该视频的用户数量，也反映了被告

---

① 北京市海淀区人民法院（2014）海民（知）初字第 18735 号民事判决书。

因这些用户流量而获得的广告或流量收益。

五是被诉行为持续时间。一般情况下，被诉行为持续时间越长，被诉视频被用户关注到的可能性越大，受关注的用户量越多，对权利人造成的损害越大。当然，不能仅考虑被诉行为的持续时间，还要考虑权利人获得权利的期间，若是被诉行为持续时间长，但大部分时间均不在权利人所获权利期间内，就意味着因被诉行为产生的侵权损害还需要分配给其他权利人。那么，涉案损害赔偿的确定就不能覆盖被诉行为的整个持续阶段。

（四）侵权人过错

法定赔偿的考虑因素中，上文所列举的因素主要为客观因素。作为侵权判定要件之一的主观过错，同时也是认定赔偿责任的必要因素。

本书第一章第三节的综艺节目《中国×××》案中，虽然法院适用裁量性赔偿超出了法定赔偿额上限，按每期《中国×××（第三季）》100万元确定赔偿数额，但法院在裁量计算过程中专门强调了被告存在主观恶意，在涉案节目首播前以及首播期间收到原告委托的中国版权保护中心多次发出的预警和侵权警告通知后，仍在涉案节目热播期间实施被诉行为。在这种情况下，可以认定被告实施侵权行为主观上是明知的，不仅直接提供了被诉视频，而且明知该提供行为的侵权性质，仍然为之，存在显而易见的过错。

案例

电影《日出××》案[①]

电影频道享有电影《日出××》的信息网络传播权。2014年4月24日，电影频道发现在某酷网中搜索涉案电影片名，可进入影片播放页面播放该片。电影频道起诉某酷网经营者侵权，主张赔偿经济损失8万元。

诉讼中，电影频道提交了北京市第一中级人民法院于2012年3月19日作出的（2012）一中民终字第2518号民事判决书，其中认定电影频道曾因某酷网中播放涉案影片提起诉讼，北京市海淀区人民法院于2011年10月31日作出的（2011）海民初字第15557号民事判决书中判令被告立即停止侵权、向

① 北京市海淀区人民法院（2015）海民（知）初字第6034号民事判决书。

电影频道赔偿经济损失及合理开支共计 2 万元。该案二审维持一审判决后，被告已执行生效判决。

在考虑被告重复侵权情节的基础上，法院判决被告赔偿原告经济损失 4 万元。

被告实施侵权行为存在主观过错的程度，是影响法定赔偿数额高低的重要因素。被告过错明显，甚至存在故意或恶意，可以作为法院在法定赔偿限额内从高确定赔偿数额的基础。

上文中归纳的法定赔偿适用过程中常见的考虑因素，具体到个案，可能同时出现酌加因素和酌减因素并存的情形。例如，被诉视频知名度高、市场价值大，但被诉行为持续时间短、受众范围小；被诉视频市场价值低，但被诉行为持续时间长，且被告主观故意明显。法定赔偿的适用过程，就是一个综合全部因素后确定赔偿数额的过程。电影《日出××》案中虽然被告重复侵权，主观过错非常明显，但侵权行为距该片发行时间较为久远，侵权行为发生时的市场价值已不高，而且被告通过网站传播该片不存在收费、推荐等情节，也无证据证明被告网站上的该片用户点击量大、关注程度高。因此，最终的赔偿数额仅在第一次判赔额基础上加倍计算。

第三节 惩罚性赔偿

惩罚性赔偿（punitive indemnity/punitive damages），相对于填平性赔偿，是指赔偿数额超出侵权人给被侵权人造成的实际损失数额的赔偿制度[①]。惩罚性赔偿的历史源远流长，早在 4000 多年前的《汉莫拉比》法典中已有相关规定[②]。近代以来，大陆法体系将赔偿制度的功能主要设定为修复因侵权行为所

---

① 王利明：《惩罚性赔偿研究》，载《中国社会科学》2000 年第 7 期。

② In the *Code of Hammurabi*, punitive damages, in the sense of multiple damages, were payable for offences, such as stealing cattle (from a temple, thirty-fold; from a freeman, ten-fold), a merchant cheating his agent (six times the amount), or a common carrier failing to deliver goods (five-fold their value). See G. DRIVER-J. MiLES, *The Babylonian Laws*, Oxford, 2007, pp. 500-501.

造成的损害，而非惩罚行为人[①]。将惩罚性赔偿运用于司法实践得益于英美法的判例制度[②]。我国民事侵权领域吸收了大陆法系的立法渊源，主要遵循“填平补齐”的损害赔偿原则，只在消费者权益保护等某些特殊领域引入了惩罚性赔偿。知识产权领域的惩罚性赔偿较早出现在商标法中。2013 年 8 月 30 日修正的《商标法》[③] 第 63 条第 1 款中规定了对恶意侵犯商标专用权，情节严重的，可以在按照权利人的实际损失、侵权人的侵权获利、商标许可使用费的合理倍数确定数额的一倍以上三倍以下确定赔偿数额。

随着我国从知识产权使用国、引进国逐步转变为知识产权创造国、输出国，全社会对知识产权领域的严重侵权行为关注度加强，加大惩治力度、提高违法成本、提升知识产权保护效果的需求日益强烈，全面引入惩罚性赔偿制度的呼声渐高。此后，惩罚性赔偿制度的法律修订和政策制定工作加速推进。作为我国市场经济领域基本法的《民法典》明确规定了知识产权惩罚性赔偿制度，包括现行《著作权法》在内最新修正的多部知识产权部门法均增加了惩罚性赔偿条款，从而使惩罚性赔偿在知识产权领域实现“全覆盖”。

根据 2020 年《著作权法》第 54 条第 1 款的规定，对故意侵犯著作权或者与著作权有关的权利，情节严重的，可以在按照权利人实际损失、侵权人违法所得或者权利使用费确定数额的一倍以上五倍以下给予赔偿。著作权领域惩罚性赔偿规则的出台，受到了业界、学界的广泛欢迎。许多人期待该制度能解决著作权侵权赔偿低、维权成本高等的问题。

由于 2020 年《著作权法》于 2021 年 6 月 1 日起施行，视频著作权纠纷中直接适用惩罚性赔偿的典型案例尚不多，本节主要讨论惩罚性赔偿这一著作权领域新规则的适用问题。

要准确恰当适用惩罚性赔偿，首先应明确其适用的要件。从法律规定看，惩罚性赔偿的适用要件主要包括了程序性要件和实体性要件。2021 年 3 月 2

---

① John Y. Gotanda, *Punitive Damages*: *A Comparative Analysis*, 42 COLUM. J. TRANSNAT'L L. 391, 396-98 (2004).

② 学者们一般认为，英国最早的惩罚性赔偿案例是 1763 年 Huckle v. money (MICHAELMAS TERM, 4 GEO. Ⅲ. 1763, Huckle v. Money. C. B. A new trial for excessive damages in assault and imprisonment refused.)，美国最早的惩罚性赔偿案件是 1784 年 Genay v. Norris 案 (Genay v. Norris, 1 S. C. L. (1 Bay) 6, 7 (1784))。

③ 修正后的《中华人民共和国商标法》已于 2019 年 11 月 1 日起实施。

日，《最高人民法院关于审理侵害知识产权民事案件适用惩罚性赔偿的解释》（以下简称《知识产权惩罚性赔偿司法解释》），为正确实施知识产权惩罚性赔偿制度，依法惩处严重侵害知识产权行为，全面加强知识产权保护，对惩罚性赔偿在实务中的执行运用提供了依据。

（一）程序性要件

1. 请求适用

虽然法律未规定惩罚性赔偿的提出主体、提出阶段等启动程序事项，但考虑到用于民事救济的赔偿责任，其事实基础是私权利受损。惩罚性赔偿属于民事赔偿责任的一种形式，仍离不开民事救济的基本范畴。同时，适用惩罚性赔偿可能使被告承担远超权利人实际损失或侵权人侵权获利的赔偿责任，这种通过司法程序达到惩罚目的的民事责任，不应由法院代替当事人提出主张。因此，惩罚性赔偿的适用应由权利人主动明确提出，而非由法院依职权适用。即使法院在审理案件中发现被告侵权情节严重，且主观故意明显，在原告未明确请求适用惩罚性赔偿的情况下，法院一般不能越俎代庖帮助原告提出主张。

《知识产权惩罚性赔偿司法解释》第 1 条第 1 款规定了“原告主张被告故意侵害其依法享有的知识产权且情节严重，请求判令被告承担惩罚性赔偿责任的，人民法院应当依法审查处理”。其中强调了“原告主张”。对于原告而言，其若希望法院加大对被告侵权行为的惩罚力度，首先应当主动提出适用惩罚性赔偿请求。

2. 提出阶段

惩罚性赔偿的提出阶段也是一项实务中比较重要的程序性事项。原告有权提出惩罚性赔偿的请求，是否可以在任意诉讼阶段提出，一审、二审、甚至再审阶段都能提出惩罚性赔偿请求吗？显然不是。民事诉讼基本的纠纷解决原则包括了公平、公正和效率。除非有正当合法的理由，当事人的主张以及举证过程都应当在一审阶段完成，对方当事人才能对其主张有合理预期并提出针对性意见，法院才能在尽可能查明纠纷事实的情况下准确作出裁判。

《知识产权惩罚性赔偿司法解释》第 2 条规定了“原告请求惩罚性赔偿的，应当在起诉时明确赔偿数额、计算方式以及所依据的事实和理由。原告在一审法庭辩论终结前增加惩罚性赔偿请求的，人民法院应当准许；在二审中增加惩罚性赔偿请求的，人民法院可以根据当事人自愿的原则进行调解，调解不成的，告知当事人另行起诉”。

上述规定要求惩罚性赔偿的提出阶段原则上限于一审诉讼中，如果根据案件审理情况或者在诉讼过程中新发现的事实，有必要增加惩罚性赔偿请求的，也应当在一审法庭辩论终结前提出。如果二审中再增加惩罚性赔偿请求的，二审法院只能对此组织当事人进行调解，调解不成的，原告可以另行起诉。此规定主要将惩罚性赔偿作为一项单独的诉讼请求对待，为了确保当事人的审级利益，不能在二审过程中直接处理。

当然，按照司法解释的上述规定，如果原告在二审中提出惩罚性赔偿请求，且未调解成功，原告再次以惩罚性赔偿为由起诉被告，此时的诉讼与前诉是何关系，法院是否无须再就被诉行为侵权性质进行判定，仅就惩罚性赔偿能否适用以及赔偿数额作出判决？后案审理中若发现前案认定事实存在明显错误，或者因当事人补充提交证据导致前案生效判决认定的事实错误，后案判决对相关事实的认定能否直接变更？

如果前案中原告主张按实际损失、侵权获利或权利许可费主张赔偿未获法院支持，法院按法定赔偿酌情确定被告应承担的赔偿数额，而在后案件中原告主张适用惩罚性赔偿，在原告补充提交实际损失等作为惩罚性赔偿基数的证据的情况下，法院该如何处理？如果原告无合理理由解释在前案中为何不提交这些证据，能否不支持其惩罚性赔偿主张，以及由此造成当事人诉累以及司法资源的浪费如何处理？

原告再次就同样的被诉行为向被告提出惩罚性赔偿请求，其对被诉行为提出主张的诉讼时效起算点同第一次起诉时，还是另行计算？

既然惩罚性赔偿的请求可以作为单独诉求提出，如果当事人在一、二审阶段均未提出惩罚性赔偿请求，但在二审判决后，原告发现了可适用惩罚性赔偿的事实基础并取证，能否以发现新的事实和证据，足以推翻原判决、裁定为由，进入再审程序？

以上问题仍处于讨论阶段，作者亦无周全肯定的解决方案。这些问题主要是由上述司法解释规定而产生，可能在实践中并不会真实发生。但若发生，相关处理方式的选择显然会对当事人权利产生一定的影响。

3. 赔偿的可计算性

惩罚性赔偿适用要件中另一重要的程序性要件就是赔偿的可计算性。不少人关注惩罚性赔偿是被其“惩罚性”概念所吸引，认为这项制度是遏制严重侵权行为的利器。而落实此项制度，要将“惩罚性”具体化，离不开赔偿的可计算性。

只有惩罚性赔偿基数可以计算出来，惩罚性赔偿才有用武之地。按照《知识产权惩罚性赔偿司法解释》第5条的规定，著作权案件中惩罚性赔偿的基数可以有以下四类：一是权利人的实际损失，二是侵权人的违法所得，三是权利许可费（倍数），四是适用举证妨碍所确定的赔偿数额。

上述惩罚性赔偿的基数不包括法定赔偿所确定的赔偿数额。若惩罚性赔偿可以由法院根据案件具体情形综合确定合理数额，则与法定赔偿无异，模糊了这两类赔偿机制适用的条件。已有学者表示，“在不能充分确定具体实际损失数额及确切论证法定赔偿在具体案件中发挥着实际赔偿功能的情况下，轻易将法定赔偿作为惩罚性赔偿的适用基数只会弱化惩罚性赔偿的超额遏制功能，也违背了惩罚性赔偿的基本理论”。①

所以，要适用惩罚性赔偿，对权利人提出的最大挑战就是其需要提交上述四类作为基数的证据，前三类主要是能直接计算相关数额的证据，第四类可以是权利人提交的初步证明侵权人因被诉行为存在获利的证据，而被告拒不提交相关获利证据时，法院按举证妨碍参考原告主张和证据确定的数额。如果权利人无法提交相关证据，无法计算出基数，则难以适用惩罚性赔偿。

（二）实体性要件

满足程序性要件的基础上，适用惩罚性赔偿还要满足实体性要件。

1. 主观要件

《商标法》《反不正当竞争法》中关于惩罚性赔偿所规定的主观要件为“恶意”，由于《民法典》对知识产权惩罚性赔偿相关规定中使用了“故意”，2020年《著作权法》中关于惩罚性赔偿所规定的主观要件亦为“故意”。“故意”和“恶意”二者虽然用词不同，但含义相同。②

---

① 李正华、朱君全：《法定赔偿与惩罚性赔偿条款关系辨析——〈商标法〉与〈专利法〉修改草案惩罚性赔偿条款之对比分析》，载《电子知识产权》2016年第1期。

② 《最高人民法院出台知识产权惩罚性赔偿司法解释依法惩处严重侵害知识产权行为》，载最高人民法院网站：http：//www. court. gov. cn/fabu-xiangqing-288861. html. 最后访问时间：2021年6月29日。

所谓“故意”，是指明知而且追求行为结果的发生，惩罚性赔偿所适用的故意，不包括应当知道（重大过失的情形）。

不论是“故意”，还是“恶意”，都是行为人的主观态度。侵权人往往否认自己实施相关行为系“故意”或“恶意”。权利人在侵权行为发生之后以一定方式固定证据并在诉讼过程中出示，从而证明侵权人实施侵权行为时处于某种主观状态。法院则要综合全案证据所反映出来的事实并根据日常生活经验法则认定行为人在实施行为当时的主观态度。

侵害著作权案件中，被告存在主观故意可以从多方面予以体现：

第一，侵权人自我宣传介绍中显示其知晓权利人作品并有意与权利人作品相关联。通常而言，侵权人主动将使用权利人作品内容作为宣传亮点，高调主张与权利人作品的关系，反映了典型的侵权故意。上文提及的游戏《梦想××王》案中，被告游戏官网宣传其游戏时，其游戏宣传介绍的人物、概念都直接指向权利人的知名动画《××王》。凡是被告主动将侵权作品与权利作品关联的，一般都能认定被告对其行为的侵权性质是有明确认知，且故意为之。

第二，故意不停止侵权行为体现出侵权人积极追求侵权行为给其带来的收益。侵权人对于侵权行为若只是无心之失，在权利人明确提出侵权警告或者起诉维权后，不论对涉案行为的性质认定是否有争议，都会首先停止涉案行为，以免侵权后果扩大。如果被告不顾权利人质疑，持续、重复或变相重复实施涉案行为，则难谓过失或善意。例如，上文提及的综艺节目《中国×××》案中，权利人委托中国版权保护中心多次发出侵权通知，被告仍然在涉案节目热播期间实施侵权行为，显然存在故意情节。

另外，被告在明知存在侵权风险且已经被诉至法院的情况下，依然不采取措施停止涉案行为，甚至在法院作出行为保全裁定后拒不履行，无疑体现出积极追求侵权结果发生并使其扩大，其动力显然在于涉案行为对其经营活动有重要影响，或者能提供可观的经济收益，或者对推动其经营项目有重要作用，或者能吸引大量用户，迅速扩大被告的市场或行业影响力。

第三，被告存在举证妨碍或妨碍民事诉讼的行为在一定程度上反映了侵权故意。虽然对侵权故意的考察主要应回溯到侵权发生当时的情景，但对他人主观故意的认定可以通过一系列证据以及被告对涉案行为的态度进行综合判断。有被告一方面抗辩其对涉案行为不存在主观故意，另一方面又对自己持有的与侵权行为相关的证据拒不提供，甚至伪造、毁灭重要证据，妨碍法院审理案件。在被告没有正当理由的情况下，对涉案行为相关证据进行极力掩饰无疑让人对其实施该行为的主观状态合理认定为直接故意。

当事人在诉讼中趋利避害的常见表现为愿意积极提交对己方有利的证据，不提交对自己不利的证据。部分情况下，被告会主动提交证据证明其获利远低于原告主张或法院对此类案件的一般判赔额，如果其持有证据但无正当理由拒不提交，无外乎存在以下两种情形：一是被告获利高于原告主张或法院对此类案件的一般判赔额，原告知晓后可能会增加或调整诉讼请求，被告并不愿意如实向原告承担相应的赔偿等责任；二是被告经评估认为其持有的相关证据会改变原告或法院对其行为性质、侵权获利等的认识，成为攻子之盾的“矛”。即使被告在实施涉案行为时因存在认识偏差而未体现出直接故意，但其在诉讼阶段重新评估涉案行为后，不论出现以上哪种情况，都能反映其有意掩盖行为性质、规模、后果等重要事实，也可以认定对涉案行为存在侵权故意。

2. 客观要件

侵权情节严重是适用惩罚性赔偿的必要条件之一。侵权情节严重主要针对行为人的手段方式及其造成的后果等客观方面：

一是侵权行为的手段方式恶劣程度高。侵害著作权案件按侵权行为的严重程度，基本可以分为轻微侵权、常规侵权以及严重侵权。绝大多数侵害著作权纠纷涉及前两种侵权行为，如何衡量少数侵权行为满足情节严重的要件，需要从使用他人作品的数量、规模、持续时间、影响范围、行为特点等多维度进行综合考虑。满足单一要件不一定能被认定为侵权情节严重，比如某网络平台侵权传播了权利人的一幅漫画，持续多年，但用户浏览量仅个位数，且该漫画仅作为该平台某栏目多级页面中的配图使用。因此，该侵权行为一般被归入轻微侵权或常规侵权范畴，不以情节严重处理。

游戏《武侠××》案中，被告游戏共设有弟子 110 个，其中与原告作品中的角色存在对应关系的共 76 个，为全部核心人物，占游戏总人物角色数量的近 70%；被告游戏共设有武功 116 种，与涉案作品中描述的武功存在对应关系的共 82 个，占比为 71%；被告游戏中设置的关卡与涉案作品中的故事场景存在对应关系有 8 个，占总关卡数的 25%。[①] 可见，使用原告作品中的重要表

① 参见北京市高级人民法院（2018）京民终 226 号民事判决书。

达成为被告游戏的核心元素，构成了被告游戏主题的基本内容以及吸引玩家的重要“筹码”，此类侵权行为可以认定为情节严重。

二是侵权结果严重。一般情况下，行为与结果之间呈正相关关系，侵权行为的严重程度可以作为判断侵权结果严重程度的重要依据。侵害著作权案件中，较为普遍的现象是，由于知识产权的无形性特点，无法量化侵权后果，即使有证据证明侵权行为的严重性，也只能在法定赔偿额限度内从高判赔。

侵权后果严重可以从两个角度考察，一是权利人损失巨大。如果侵权行为导致权利人损失巨大，即便侵权人获利较少或者无法查清侵权获利，也不足以抗辩侵权后果的严重性。二是侵权获利巨大。如果权利人的实际损失无法查清，特别是在某些情况下权利人尚未开拓市场，而侵权行为已泛滥，此时对权利人作品的传播极其不利。游戏《梦想××王》案中，权利人许可他人在中国境内改编《××王》系列正版游戏尚未完成并上线，被告的侵权游戏已经广泛持续传播。如有公开报道“在短短一周时间内，《梦想××王》各项指标增幅达 150%，日收入过万；《梦想××王》手游在推出一周内就登顶小米游戏中心收入排行；《梦想××王》安卓版正式推出的第二个月，其月流水已经超过 2000 万”①。对于游戏玩家而言，往往会认准同一主题的一款游戏，在后推出的相同主题的游戏显然会失去先占优势。在此种情况下，权利人的损失虽然不能直接客观量化，但潜在、既定的损失是毫无疑问的，而且往往比与侵权作品同时传播所受损失更大。

由于惩罚性赔偿数额在加倍计算的情况下会相当程度放大处罚效果，有必要谨慎适用，不仅满足程序性要件，还要满足实体性要件，并严格依法适用，防止滥用。

---

① 参见北京市海淀区人民法院（2016）京 0108 民初 27959 号民事判决书。

图书在版编目（CIP）数据

视频著作权纠纷实务要点与案例评析 / 曹丽萍著
. —北京：中国法制出版社，2022.7
ISBN 978-7-5216-2755-8

Ⅰ. ①视… Ⅱ. ①曹… Ⅲ. ①视频-著作权-研究-中国 Ⅳ. ①D923.414

中国版本图书馆 CIP 数据核字（2022）第 114391 号

责任编辑：王　熹　　　　封面设计：周黎明

视频著作权纠纷实务要点与案例评析

SHIPIN ZHUZUOQUAN JIUFEN SHIWU YAODIAN YU ANLI PINGXI

著者/曹丽萍
经销/新华书店
印刷/三河市紫恒印装有限公司
开本/730 毫米×1030 毫米　16 开　　　　印张/ 22　字数/ 294 千
版次/2022 年 7 月第 1 版　　　　2022 年 7 月第 1 次印刷

中国法制出版社出版
书号 ISBN 978-7-5216-2755-8　　　　定价：88.00 元

北京市西城区西便门西里甲 16 号西便门办公区
邮政编码：100053　　　　传真：010-63141600
网址：http：//www.zgfzs.com　　　　**编辑部电话：010-63141795**
市场营销部电话：010-63141612　　　　**印务部电话：010-63141606**

（如有印装质量问题，请与本社印务部联系。）